Sophie Engelhardt
Nachrichtenlose Kulturgüter

Schriften zum Kulturgüterschutz
Cultural Property Studies

Schriften zum Kulturgüterschutz
Cultural Property Studies

Herausgegeben von
Edited by

Sophie Engelhardt

Nachrichtenlose Kulturgüter

De Gruyter

Dr. iur. *Sophie Engelhardt*, Berlin

ISBN 978-3-11-028798-1
e-ISBN 978-3-11-029140-7

Bibliografische Information der Deutschen Nationalbibliothek

Die Deutsche Nationalbibliothek verzeichnet diese Publikation in der Deutschen Nationalbibliografie; detaillierte bibliografische Daten sind im Internet über <http://dnb.d-nb.de> abrufbar.

Datenkonvertierung: Werksatz Schmidt & Schulz GmbH, Gräfenhainichen

Druck: Hubert & Co. GmbH & Co. KG, Göttingen

♾ Gedruckt auf säurefreiem Papier

Printed in Germany

www.degruyter.com

Vorwort

Die vorliegende Arbeit wurde im Wintersemester 2011/2012 als Dissertation vom Fachbereich Rechtswissenschaft der Freien Universität Berlin angenommen. Sie befindet sich auf dem Stand von August 2011.

Besonderer Dank gilt meinen Betreuern, Herrn Univ.-Prof. Dr. Christian Armbrüster als Erst- und Herrn Prof. Dr. Dr. h.c. Kurt Siehr, M.C.L. als Zweitgutachter. Beiden bin ich sehr verbunden für wesentliche fachliche Anregungen und ihre große und stets prompte und freundliche Hilfsbereitschaft in allen Belangen rund um den Prozess der Promotion. Herrn Prof. Dr. Siehr danke ich insbesondere für die Einladung in den Kreis des Internationalen Doktoranden- und Habilitandenseminars „Kunst und Recht“. Der hierdurch ermöglichte kollegiale Austausch hat mir kulturgüterrechtliche Fragen auf umfassende Weise nahegebracht. Die Möglichkeit der Teilnahme an den jährlichen Treffen dieses Seminars gehört für mich mit zu den glücklichsten Umständen der Arbeit an der Dissertation.

Mein Dank gilt ferner der Heinrich Böll Stiftung, die mir durch finanzielle und inspirierende ideelle Förderung als Promotionsstipendiatin ermöglicht hat, mich ausgiebig der Arbeit an der Dissertation widmen zu können.

Unerlässlich war für die Erstellung der Arbeit die Einführung in archäologische Fragen und die Funktionsweisen der Museen sowie der staatlichen Kunstsammlungen. Ermöglicht wurde mir dies unter anderem dank zahlreicher wesentlicher Anregungen durch Herrn Robert Kirchmaier aus der Direktion der Bayerischen Staatsgemäldesammlung sowie Herrn Prof. Dr. Dr. h.c. mult. Hermann Parzinger, dem Präsidenten der Stiftung Preußischer Kulturbesitz, der mir im Rahmen eines Mentoringprogramms in den Jahren 2008 bis 2009 in ausgiebigen Gesprächen und durch die Verbindung zu weiteren Mitarbeiterinnen der Stiftung Preußischer Kulturbesitz, insbesondere zu Frau Dorothea Kathmann und Frau Carola Thielecke, zu einem tieferen Verständnis für diese Materie verholfen hat. Ihnen allen bin ich dafür sehr verbunden.

Der FAZIT-Stiftung danke ich für die Gewährung eines großzügigen Druckkostenzuschusses.

Ohne den Rückhalt und die Hilfe durch meine Familie und meine Freunde in trüben Stunden und in der hektischen Korrektur- und Endphase wäre diese Arbeit jedoch nie zustande gekommen. Ihnen allen danke ich von Herzen.

Berlin, im Januar 2013 | Sophie Engelhardt

Inhaltsübersicht

Inhaltsverzeichnis

Anlagen

Abkürzungsverzeichnis

a. A.	anderer Ansicht
a. a. O.	am angegebenen Ort
A.C.	Appeal Cases
a.E.	am Ende
AA&L	Art Antiquity and Law
ABl.	Amtsblatt
ABl.EG	Amtsblatt der Europäischen Gemeinschaften
Abs.	Absatz
AcP	Archiv für die civilistische Praxis
All E.R.	All England Law Report
Anm.	Anmerkung
Art.	Artikel
ASOG Bln	Allgemeines Gesetz zum Schutz der öffentlichen Sicherheit und Ordnung in Berlin
AT	Allgemeiner Teil
Aufl.	Auflage
AusglLeistG	Gesetz über staatliche Ausgleichsleistungen für Enteignungen auf besatzungsrechtlicher oder besatzungshoheitlicher Grundlage, die nicht mehr rückgängig gemacht werden können (Ausgleichleistungsgesetz) v. 1.12.1994, Neugefasst durch Bekanntmachung v. 13.7.2004, BGBl. I 2004, 1665, zuletzt geändert durch Art. 1 Gesetz v. 3.7.2009 BGBl. I 2004, 1688
BADV	Bundesamt für zentrale Dienste und zur Regelung offener Vermögensfragen
BayObLG	Bayerisches Oberstes Landesgericht
Bd.	Band
BdWürttbDSchG	Denkmalschutzgesetz Baden-Württemberg
Begr.	Begründer
Beschl.	Beschluss
BGB	Bürgerliches Gesetzbuch
BGBl.	Bundesgesetzblatt
BGH	Bundesgerichtshof
BGHZ	Entscheidungen des Bundesgerichtshofs in Zivilsachen
Bl.	Blatt
BT-Drucksache	Drucksache des Deutschen Bundestages
BVerfG	Bundesverfassungsgericht
BVerfGE	Entscheidungen des Bundesverfassungsgerichts
BVerwG	Bundesverwaltungsgericht
BVerwGE	Entscheidungen des Bundesverwaltungsgerichts
C.A.	Court of Appeal (England)
DA	Deutschland Archiv
DDR	Deutsche Demokratische Republik
ders.	derselbe
dies.	dieselbe

DÖV	Die Öffentliche Verwaltung
DVBl.	Deutsches Verwaltungsblatt
DVO bwPolG	Verordnung des Innenministeriums zur Durchführung des baden-württembergischen Polizeigesetzes
EBV	Eigentümer-Besitzer-Verhältnis
EG	Europäische Gemeinschaft
EGBGB	Einführungsgesetz zum Bürgerlichen Gesetzbuch
EU	Europäische Union
EUV	Vertrag über die Europäische Union
f./ff.	folgende
FBA	Folgenbeseitigungsanspruch
FG	Finanzgericht
Fn.	Fußnote
FS	Festschrift
gem.	gemäß
GG	Grundgesetz
ggf.	gegebenenfalls
GoA	Geschäftsführung ohne Auftrag
GRUR Int	Gewerblicher Rechtsschutz und Urheberrecht, Internationaler Teil
Haager Abkommen von 1899	II. Haager Abkommen betreffend die Gesetze und Gebräuche des Landkriges vom 29.7.1899, nebst Anlage: Bestimmungen, betreffend die Gesetzes und Gebräuche des Landkrieges, RGBl. 1901, 423.
Haager Abkommen von 1907	IV. Haager Abkommen, betreffend die Gesetze und Gebräuche des Landkriegs vom 18.10.1907, RGBl. 1910, 107
Haager Konvention von 1954	Konvention zum Schutz von Kulturgut bei bewaffneten Konflikten vom 14.5.1954, BGBl. II 1967, 1235 ff.
Haager Landkriegsordnung	Ordnung der Gesetze und Gebräuche des Landkriegs, Anlage zum IV. Haager Abkommen vom 18.10.1907, RGBl. 1910, 132
h. M.	herrschende Meinung
HICOG	High Commissioner of Germany
Hrsg.	Herausgeber
hrsg.	herausgegeben
i. S. d.	im Sinne der/des
i. V. m.	in Verbindung mit
ICOM	International Council of Museums
ICOMOS	International Council on Monuments and Sites
IGH	Internationaler Gerichtshof
Int.J. Cultural Property	International Journal of Cultural Property
IPR	Internationales Privatrecht
IPRax	Praxis des Internationalen Privat- und Verfahrensrechts
Irak-VO	Verordnung (EG) Nr. 1210/2003 des Rates vom 7. Juli 2003 über bestimmte spezifische Beschränkungen in den wirtschaftlichen und finanziellen Beziehungen zu Irak und zur Aufhebung der Verordnung (EG) Nr. 2465/1996 – VO Nr. 1210/2003

IRG	Gesetz über die internationale Rechtshilfe in Strafsachen vom 23.12.1982, BGBl. I 1982, 2071
JuS	Juristische Schulung
JZ	Juristenzeitung
KGS-Forum	Kulturgüterschutz-Forum
KGTG	Kulturgütertransfergesetz
KultgSchG	Gesetz zum Schutz deutschen Kulturgutes gegen Abwanderung (Kulturgutschutzgesetz) vom 6.8.1955, BGBl. I 1955, 501, neugefasst durch Bekanntmachung vom 6.8.1999, BGBl. I 1999, 1754, zuletzt geändert durch Art. 2 Gesetz vom 18.5.2007, BGBl. I 2007, 757.
KultGüRückG	Gesetz zur Ausführung des UNESCO-Übereinkommens vom 14.11.1970 über Maßnahmen zum Verbot und zur Verhütung der rechtswidrigen Einfuhr, Ausfuhr und Übereignung von Kulturgut und zur Umsetzung der Richtlinie 93/7/EWG des Rates vom 15.3.1993 über die Rückgabe von unrechtmäßig aus dem Hoheitsgebiet eines Mitgliedstaats verbrachten Kulturgütern, vom 19.5.2007, BGBl. I 2007, 757
KUR	Kunst und Recht
LG	Landgericht
lit.	littera
LM	Das Nachschlagewerk des Bundesgerichtshofs in Zivilsachen, herausgegeben von Fritz L. Lindenmaier und Philipp M. Möhring
Ls	Leitsätze
m. w. N.	mit weiteren Nachweisen
M.R.	Master of the Rolls
MDR	Monatsschrift für Deutsches Recht
Michigan L.R.	Michigan Law Review
MüKo-BGB	Münchener Kommentar zum Bürgerlichen Gesetzbuch
MüKo-StGB	Münchener Kommentar zum Strafgesetzbuch
Nds.MBl	Niedersächsisches Ministerialblatt
NJW	Neue Juristische Wochenschrift
Nr.	Nummer
OLG	Oberlandesgericht
OVG	Oberverwaltungsgericht
PolBenGebO Bln	Polizeibenutzungsgebührenordnung Berlin
Protokolle	Protokolle der Kommission für die zweite Lesung des Entwurfs des Bürgerlichen Gesetzbuchs
PrPVG	Preußisches Polizeiverwaltungsgesetz vom 1.6.1931
Q.B.	Law Reports of the Queen's Bench Division
RdC	Recueil des Cours de l'Académie de Droit Internationale de la Haye
REAO	Anordnung BK/O (49) der Alliierten Kommandantur Berlin über die Rückerstattung feststellbarer Vermögensgegenstände an Opfer der nationalsozialistischen Unterdrückungsmaßnahmen
REG BritZ	Rückerstattungsgesetz für die Britische Zone

RG	Reichsgericht
RGBl.	(deutsches) Reichsgesetzblatt
Richtlinie 93/7/EWG	Richtlinie des Rates vom 15.3.1993 über die Rückgabe von unrechtmäßig aus dem Hoheitsgebiet eines Mitgliedstaats verbrachten Kulturgütern, ABl. L 74 vom 27.3.1993, 74 ff.
RiStVB	Richtlinien für das Strafverfahren und das Bußgeldverfahren (RiStBV) vom 1.1.1977, i. d. F. vom 1.1.2008, BAnz Nr. 208 vom 8.11.2007, 7950
Rn.	Randnummer
Rpfleger	Der Deutsche Rechtspfleger
RRa	ReiseRecht aktuell
Rspr.	Rechtsprechung
RVG	Reichsvermögensgesetz
RzW	Rechtsprechung zum Wiedergutmachungsrecht
SchuldRModG	Gesetz zur Modernisierung des Schuldrechts vom 26.11.2001, BGBl. I, 3138
SJZ	Süddeutsche Juristenzeitung
SPK	Stiftung Preußischer Kulturbesitz
StGB	Strafgesetzbuch
u. a.	unter anderem/ unter anderen
U.S.	United States
Überleitungsvertrag	Vertrag zur Regelung aus Krieg und Besatzung entstandener Fragen vom 26.5.1952 in der Fassung der Bekanntmachung vom 31.3.1955
UEK	Unabhängige Expertenkommission Schweiz – Zweiter Weltkrieg
UNESCO	United Nations Education, Scientific and Cultural Organisation
UNESCO Konvention 1970	Übereinkommen vom 14. November 1970 über Maßnahmen zum Verbot und zur Verhütung der unzulässigen Einfuhr, Ausfuhr und Übereignung von Kulturgut
UNIDROIT Konvention 1995	Konvention über die Rückgabe gestohlener oder illegal exportierter Kulturgüter vom 24.6.1995
Urt.	Urteil
USREG	Gesetz Nr. 59 der US-amerikanischen Militärregierung über die Rückerstattung feststellbarer Vermögensgegenstände
v.	vom
VermG	Gesetz zur Regelung offener Vermögensfragen
VGH	Verwaltungsgerichtshof
vgl.	vergleiche
Vol.	Volume
Vorbem	Vorbemerkung
Wiener Vertragsrechtsübereinkommen	Wiener Übereinkommen über das Recht der Verträge vom 23.5.1969, BGBl. II, 1985, 927
W.L.R.	Weekly Law Reports
WVRK	Wiener Vertragsrechtsübereinkommen

Yale L.J.	Yale Law Journal
z. B.	zum Beispiel
ZaöRV	Zeitschrift für ausländisches öffentliches Recht und Völkerrecht
ZOV	Zeitschrift für offene Vermögensfragen

1. Kapitel: Einführung

A. Gegenstand der Arbeit

I. Anlass für die Untersuchung und Einführung in die Thematik

„*A qui appartenaient ces tableaux?*" – unter diesem Titel fand im Jahr 2008 eine Ausstellung von 53 Gemälden, die in Frankreich seit Ende des Zweiten Weltkriegs aufbewahrt werden, im Jerusalem-Museum in Israel statt.[1] Die Ausstellung diente nicht lediglich der Präsentation der Werke, sondern entsprechend dem Titel der Schau, der Suche nach den Eigentümern dieser Kulturgüter.

Im Edirne Museum in der Türkei werden in einem besonderen Raum Münzen und Kunstwerke ausgestellt, die bei dem Versuch der ungenehmigten Einfuhr als Schmuggelgut sichergestellt wurden und deren Herkunft nicht ermittelt werden kann.[2] Es handelt sich dabei um Kulturgüter, deren Provenienz auf illegale Raubgrabungen hinweist, deren genauer Ausgrabungsort und damit auch das Herkunftsland unbekannt ist, so dass weder ein privater noch ein staatlicher Eigentümer für die Objekte ermittelt werden kann.

Dies sind zwei herausgegriffene Beispiele dafür, dass sich weltweit Kulturgüter in staatlichem Besitz befinden und aufbewahrt werden, ohne dass sich ein Eigentümer ermitteln lässt. Auch in Deutschland führen die verschiedensten Umstände zu der Situation, dass Kulturgüter, deren Provenienz nicht geklärt werden kann, in staatliche Obhut gelangen. Zwar besteht in diesen Fällen kein Zweifel darüber, dass die Kulturgüter nicht im Eigentum der aufbewahrenden Institution stehen und daher nicht als eigener, sondern als so genannter Fremdbesitz verwahrt werden. Ein Eigentümer oder sonst Berechtigter lässt sich jedoch nicht ermitteln. Die vorliegende Arbeit widmet sich der Untersuchung rechtlicher Probleme im Umgang mit diesen, so genannten nachrichtenlosen Kulturgütern. Nachrichtenlos sind Kulturgüter, deren Eigentümer nicht oder nicht mehr festgestellt werden können. Die Untersuchung ist bezogen auf bewegliche Kulturgüter in staatlicher Aufbewahrung in Deutschland. Sie betrifft also Objekte, die in staatlichen Museen, sonstigen wissenschaftlichen Einrichtungen oder Behörden aufbewahrt werden.

---

1 „*A qui appartenaient ces tableaux?*" („Wem gehören diese Bilder?"), vgl. *Kemle*, Kunstrechtsspiegel 2008, 105.

2 Siehe http://www.kultur.gov.tr/EN/belge/2-19936/eski2yeni.html unter Archaeology and Ethnography Museum (abgerufen am 15.3.2011).

Die nationalsozialistische Herrschaft und der damit einhergehende beispiellose Kunstraub einerseits und der Versuch des Absatzes von archäologischen und sonstigen Kulturgütern, die aus ungenehmigten Grabungen stammen oder aufgrund sonstiger Umstände unrechtmäßig aus ihren Herkunftsstaaten nach Deutschland verbracht worden sind, andererseits, illustrieren zwei Arten von Umständen, die auch in Deutschland zu einem Bestand an staatlich verwahrten nachrichtenlosen Kulturgütern geführt haben. Darüber hinaus können weitere, höchst unterschiedliche Umstände zu einer Unaufklärbarkeit von Eigentumssituationen an Kulturgütern, die deswegen in staatlichem Besitz verbleiben, führen. Die Beispiele reichen hierbei von Kulturgütern, die als „Kriegstrophäen" nach dem Zweiten Weltkrieg von alliierten Soldaten entwendet wurden und von deren Erben an Deutschland zurück gegeben worden sind, über Kulturgüter, die von DDR-Bürgern auf der Flucht zurückgelassen wurden bis hin zu Kulturgütern, die als Beute aus sonstigen Straftaten zulasten unbekannter Geschädigter erwachsen sind. Gelangen diese nachrichtenlosen Kulturgüter in die Obhut der öffentlichen Hand, stellt sich die Frage nach dem Verbleib, mithin dem richtigen Verwahrungsort und der Verwahrungszuständigkeit der Gegenstände.

Soweit es sich hierbei um Kulturgüter handelt, deren Herkunft auf illegale Raubgrabungen hindeutet, kommt zu der ungeklärten rechtlichen Aufbewahrungssituation erschwerend hinzu, dass Selbstverpflichtungserklärungen und Verhaltenskodizes von Museen und Archäologen die kommerzielle und wissenschaftliche Nutzung, teilweise sogar die Inbesitznahme dieser Gegenstände, verbieten. Hintergrund dieser Regelungen ist die Bemühung, illegale Raubgrabungen und den illegalen Kunsthandel weder direkt noch indirekt zu fördern, sondern durch eine globale ablehnende Haltung Kulturgütern ungeklärter Provenienz gegenüber einzudämmen. Die mit dem Makel der illegalen Herkunft behafteten Kulturgüter sollen keine Absatzmärkte finden und durch eine Nutzung oder sonstige Verwertung durch staatliche Institutionen nicht „bereinigt" werden. Unbeantwortet bleibt dabei jedoch die Frage, wie mit diesen nachrichtenlosen Kulturgütern statt dessen zu verfahren ist. Ein vollständiger Bann der Aufnahme von Kulturgütern ungeklärter Provenienz birgt die Gefahr, dass sie, statt einer geregelten und transparenten Aufbewahrung zugeführt zu werden, in ungeklärten Aufbewahrungsverhältnissen und der Öffentlichkeit vorenthalten bleiben oder sogar wieder in den Kreislauf des illegalen Kunstmarktes gelangen. Den aufgezeigten praktischen Missständen abzuhelfen, indem die rechtlichen Fragen zur Handhabung nachrichtenloser Kulturgüter aufgeworfen und beantwortet werden, ist das Anliegen der vorliegenden Untersuchung.

Untersucht wird dafür die Situation nachrichtenloser Kulturgüter im Rechtsverkehr aus der Sicht des deutschen Rechts. Die dauerhafte Verwahrung nachrichtenloser Kulturgüter durch die öffentliche Hand wirft juristische und daraus resultierende praktische Fragen auf, die trotz der aufgezeigten praktischen Relevanz bislang weitgehend unbeantwortet geblieben sind. Spezielle gesetzliche Regelungen hierfür existieren im deutschen Rechtssystem nicht. Während jedoch zahlreiche Gegenstände einer raschen Entwertung und Vergänglichkeit unterliegen, erhält sich der Wert eines Kulturguts über lange Zeit oder gewinnt sogar noch erheblich dazu. Fragen der eigentumsrechtlichen Zuordnung und der Aufbewahrung nach dem Verstreichen ungewöhnlich langer Zeiträume werden so insbesondere im Zusammenhang mit Kulturgütern relevant. Die Lösungsvorschläge für eine dauerhafte Aufbewahrung nachrichtenloser Kulturgüter müssen der kulturellen und wirtschaftlichen Bedeutung der in Frage stehenden Gegenstände Rechnung tragen. Zugleich sind die durch Abkommen, Selbstverpflichtungserklärungen und ethische Richtlinien von Archäologen und Museen geschaffenen Rahmenbedingungen zu beachten. Die vorliegende Arbeit soll die Lücke in der Entwicklung „fairer und gerechter Lösungen"[3] im Umgang mit Kulturgütern schließen, die dadurch entsteht, dass die gegenwärtige Rechtspraxis fast ausnahmslos um die Lösung akuter, häufig im Zusammenhang mit Restitutionsforderungen zu Tage tretender Rechtsfragen bemüht ist. Beinahe vollkommen unbeleuchtet ist hingegen bislang die Frage, in welcher Art und Weise mit Gegenständen verfahren werden soll, deren Eigentümer sich bislang nicht feststellen lassen und möglicherweise auch in Zukunft nicht festgestellt werden können. Die Beantwortung dieser Frage erfordert eine Untersuchung der rechtlichen Situation, die sich aus dem Umstand der Nachrichtenlosigkeit ergibt.

Die Eigenschaft der aufbewahrten Objekte als Zeugnisse der Menschheitsgeschichte begründet ein besonderes Interesse an der sich anschließenden rechtlichen Fragestellung, ob und gegebenenfalls welche Möglichkeit besteht, die verwahrten Kulturgüter zu nutzen. Interessant ist dabei, ob und in welcher Form die untersuchten Gegenstände öffentlich ausgestellt und erforscht werden können. Es wird gezeigt werden, dass zwischen den einzelnen Fallgruppen nachrichtenloser Kulturgüter zu differenzieren ist. Einbezogen werden hierbei rechtliche sowie rechtspolitische Gesichtspunkte. Praktische Erwägungen führen ferner zu der Frage, ob eine Aufbewahrung für unbestimmte Zeit fortgesetzt werden muss oder ob eine Verwertung der nachrichtenlosen Kulturgüter möglich ist. Auch der konkrete Inhalt des Aufbewahrungsverhältnisses sowie die Möglichkeit der Geltendmachung eines Kostenausgleichs für eventuell getätigte Aufwendungen und Nutzungen während der Aufbewahrung der Kulturgüter ist von entscheidender praktischer Relevanz und daher ebenfalls einer Untersuchung zu unterziehen.

---

[3] So in Punkt 9 der Grundsätze der Washingtoner Konferenz in Bezug auf Kunstwerke, die von den Nationalsozialisten beschlagnahmt wurden, veröffentlicht im Zusammenhang mit der Washingtoner Konferenz über Vermögenswerte aus der Zeit des Holocaust, Washington, D.C., v. 3.12.1998 (Washingtoner Erklärung), abgedruckt in: *Koordinierungsstelle für Kulturgutverluste (Hrsg.)*, Band 2, Museen im Zwielicht, Magdeburg 2002, S. 301 f. sowie als Anlage IV zu dieser Arbeit. Siehe näher zur Washingtoner Erklärung unten, 5. Kapitel C.

Die Aufbewahrung der nachrichtenlosen Kulturgüter erfolgt stets mit dem Ziel ihrer Rückgabe an die Eigentümer oder Herkunftsstaaten, wenn sie diesen durch nichtige Rechtsakte oder kriminelle Handlungen abhanden gekommen oder unter Verstoß gegen die jeweils gültigen Gesetze im Herkunftsstaat ausgeführt worden sind. Dieses Ziel entspricht sowohl dem rechtspolitischen Interesse Deutschlands als auch dem in Regelungen und internationalen Abkommen zutage tretenden Anliegen der Staatengemeinschaft. Bemühungen von Staaten, zum Schutz und der Bewahrung von Kulturgütern Ausfuhrbeschränkungen zu erlassen und damit zur Bewahrung der kulturellen Traditionen und Identitäten beizutragen, sind als legitimes Anliegen jedes Staates anerkannt.[4] So ist die Rückführung illegal verbrachter Kulturgüter Gegenstand verschiedener internationaler Abkommen und Regelungen geworden. Hervorgehoben seien hierbei die UNESCO Konvention vom 14.11.1970 (UNESCO Konvention 1970) und die europäische Richtlinie 93/7/EWG des Rates vom 15.3.1993 (Richtlinie 93/7/EWG), deren Regelungen in Deutschland jeweils im Kulturgüterrückgabegesetz (KultGüRückG) umgesetzt worden sind.[5] Aus diesem Grund erfolgt auch die Untersuchung der Aufbewahrung nachrichtenloser Kulturgüter in dieser Arbeit im Hinblick auf ihre mögliche Rückgabe in dem Fall, dass die Provenienzgeschichte der nachrichtenlosen Kulturgüter aufklärbar wird und ein Eigentümer festgestellt werden kann.

II. Gang der Untersuchung

Die Arbeit teilt sich im Folgenden in sechs Kapitel. Im Anschluss an die Einführung der für die Untersuchung relevanten Begriffe und Untersuchungsgegenstände wird in den folgenden Kapiteln zwei, drei und vier die Situation nachrichtenloser Kulturgüter unter drei verschiedenen Gesichtspunkten beleuchtet: Das zweite Kapitel untersucht die zivilrechtliche Situation nachrichtenloser Kulturgüter. Das dritte Kapitel erörtert die hoheitlichen Maßnahmen, die zur staatlichen Besitzbegründung geführt haben und bezieht deren Einfluss auf die zivilrechtliche Situation der Kulturgüter ein. Das vierte Kapitel wendet sich dem staatlichen Verwahrungsverhältnis zu. Diese drei Aspekte schaffen den Verständnishintergrund für die Situation nachrichtenloser Kulturgüter, die entsteht,

---

4 *Schumann/Schmidt-Bremme*, NJW 2002, 574. Auch die Rechtsprechung stellt in ihren Erwägungen gesamtstaatliche Erwägungen zum Schutz von Kulturgütern und dem Kunstmarkt an, vgl. BGH, Urt. v. 22.6.1972, II ZR 113/70, BGHZ 59, 82 (86), NJW 1972, 1575; dazu *Mann*, NJW 1972, 2179; *Armbrüster*, NJW 2001, 3581 (3584).

5 Umfassend zur Umsetzung der Richtlinie 93/7/EWG in Deutschland *Wiese*, S. 25 ff.; zur Umsetzung der UNESCO Konvention 1970 in Deutschland *Rietschel*, S. 135 ff. Darüber hinaus erwächst Deutschland aus Art. 18 des Wiener Vertragsrechtsübereinkommens (WVRK) die Verpflichtung, aufgrund der Unterzeichnung der UNESCO Konvention 1970 keine Schritte zu unternehmen, die dem Gedanken der Konvention abträglich wären, *Schumann/Schmidt-Bremme*, NJW 2002, 574 (575, Fn. 9). Dazu eingehend 5. Kapitel E VI. 2.

wenn die Herkunft der – bis zu diesem Zeitpunkt nachrichtenlosen – Kulturgüter aufgeklärt wird und die Eigentümer eine Rückgabe aus der staatlichen Aufbewahrung fordern. Das fünfte Kapitel stellt die nachrichtenlosen Kulturgüter in den Kontext des internationalen Rechts und im sechsten Kapitel wird ein konkreter Arbeitsplan zur Lösung der praktischen Probleme, die im Zusammenhang mit nachrichtenlosen Kulturgütern in Deutschland entstanden sind, vorgeschlagen.

Im 1. Kapitel werden die Untersuchungsgegenstände vorgestellt, auf die sich die Arbeit bezieht. Die untersuchten Kulturgüter werden trotz unterschiedlicher Umstände, die ihrer Aufbewahrung in staatlichen Stellen zugrunde liegen, unter dem Begriff der so genannten nachrichtenlosen Kulturgüter zusammengefasst. Der Begriff der Nachrichtenlosigkeit wird unter Abgrenzung zu den gebräuchlichen rechtswissenschaftlichen Termini präzisiert und entwickelt. Die untersuchten Kulturgüter werden nach den Umständen, die ihre Nachrichtenlosigkeit verursacht haben, in Fallgruppen eingeteilt.

Im 2. Kapitel werden die Eigentumsverhältnisse der untersuchten nachrichtenlosen Kulturgüter erörtert. Hierfür wird zunächst die dingliche Ausgangslage der Kulturgüter betrachtet, mithin der Frage nachgegangen, wem das Eigentum an den Kulturgütern in dem Moment zusteht, in welchem sie in die staatliche Aufbewahrung in Deutschland gelangen. Für diese Erörterung werden die der Untersuchung zugrunde gelegten Fallgruppen nachrichtenloser Kulturgüter in drei Ausgangssituationen eingeteilt, die den drei grundlegend unterschiedlichen Umständen, durch welche die ursprünglich Berechtigten den Besitz an oder die Möglichkeit des Zugriffs auf die Kulturgüter eingebüßt haben, geschuldet sind. Anschließend wird dargelegt, dass ein Eigentumserwerb Dritter an nachrichtenlosen Kulturgütern nach den allgemeinen zivilrechtlichen Regelungen nicht in Betracht kommt. Untersucht wird sodann, welchen Einfluss das Verstreichen langer Zeiträume bei der Aufbewahrung auf die dingliche Rechtslage sowie auf die Durchsetzung dinglicher Ansprüche hat. Besondere Bedeutung kommt der Erörterung des eigentumsrechtlichen Herausgabeanspruchs aus § 985 BGB zu, dessen Durchsetzbarkeit im Zusammenhang mit Rückgabeforderungen von Kulturgütern in der Praxis in zahlreichen Fällen dem Problem der Verjährung ausgesetzt ist. Bezogen auf die Herausgabe nachrichtenloser Kulturgüter wird erläutert werden, dass der dingliche Anspruch auf Herausgabe für 30 Jahre ab dem Herausgabeverlangen des Eigentümers besteht und somit keine Probleme bei der Durchsetzung zu erwarten sind. Den Rechten der unbekannten Eigentümer wird unter dem Aspekt, inwieweit eine mögliche Nutzung der Kulturgüter während der Aufbewahrung erfolgen kann, entscheidende Bedeutung zugemessen.

Das 3. Kapitel widmet sich der Untersuchung der konkreten Umstände der Einlagerung nachrichtenloser Kulturgüter in die staatliche Aufbewahrung. Die Einlagerungsumstände können in zwei Gruppen unterteilt werden. Unterschieden wird einerseits in Einlagerungen im Zusammenhang oder im Anschluss an hoheitliche Maßnahmen bei der Verfolgung illegaler Vortaten. Die Einlagerungen von Kulturgütern erfolgen dabei durch Sicherstellungsmaßnahmen. Dies können spezialgesetzlich angeordnete Beschlagnahmen oder sonstige Sicherstellungen sein. Andererseits erfolgt die Aufbewahrung in sonstigen, als treuhändische Verwahrung bezeichneten Fällen. Während im 2. Kapitel die zivilrechtliche Situation der Kulturgüter untersucht wird, erfolgt im 3. Kapitel die Erörterung eines möglichen Eigentumsverlusts durch hoheitliche Maßnahmen. In diesem Zusammenhang wird eingehend auf die Möglichkeit einer Veräußerung nachrichtenloser Kulturgüter aus dem staatlichen Gewahrsam eingegangen, die im Ergebnis im Ausnahmefall befürwortet wird.

Das 4. Kapitel untersucht das der hoheitlichen Aufbewahrung nachrichtenloser Kulturgüter zugrundeliegende Rechtsverhältnis. In Ermangelung einer spezialgesetzlichen Ausgestaltung wird das Aufbewahrungsverhältnis als öffentlich-rechtliche Verwahrung klassifiziert. Ein Schwerpunkt der Prüfung liegt auf den gegenseitig bestehenden Rechten und Pflichten und ihrem Niederschlag bei der Rückabwicklung des Aufbewahrungsverhältnisses. Im Ergebnis wird festgestellt, dass aufgrund mangelnder Vorgaben für den Inhalt der öffentlich-rechtlichen Verwahrung eine Unsicherheit über den genauen Inhalt des Aufbewahrungsverhältnisses und eventueller Kostenausgleichsregelungen für Nutzungen oder Aufwendungen zwischen Verwahrer und Hinterleger besteht. Virulent wird dies insbesondere bei der Frage, inwieweit Aufwendungen des staatlichen Verwahrers auf die aufbewahrten nachrichtenlosen Kulturgüter, etwa in Gestalt von Restaurierungen, im Fall einer Rückgabe an den Eigentümer geltend gemacht werden können. Mangels spezialgesetzlicher Ausgestaltung derartiger Kostenregelungen, können hiergegen in zweierlei Hinsicht grundlegende Bedenken erhoben werden. Zunächst muss ermittelt werden, ob und gegebenenfalls nach welchen (zivilrechtlichen) Grundsätzen überhaupt ein Ausgleich von Kosten und Nutzungen im Verwahrungsverhältnis möglich ist. Sodann erfolgt eine Auseinandersetzung mit den grundlegenden verfassungsrechtlichen Bedenken gegen die Anwendung dieser Ausgleichsregelungen im Rahmen der öffentlich-rechtlichen Verwahrung. Im Ergebnis wird aufgrund der besonderen Situation bei der Verwahrung der Kulturgüter für die unbekannten Eigentümer von einer überwiegend zivilrechtliche Prägung der Verwahrungssituation ausgegangen und damit eine Rückabwicklung nach zivilrechtlichen Grundsätzen bejaht.

Das 5. Kapitel wendet sich der Behandlung nachrichtenloser Kulturgüter auf der Ebene des internationalen Rechts zu. Aufgezeigt wird die Entwicklung des internationalen Kulturgüterrechts, auf dessen gegenwärtigem Stand sich eine Bewusstseinsbildung für die Aufbewahrung von verlagerten Kulturgütern vollzieht. Neben anderen Umständen wird hierbei auch die Nachrichtenlosigkeit von Kulturgütern als Gefahrentatbestand identifiziert, der besondere Aufbewahrungsumstände zur Folge haben muss. Die relevanten Vorgaben und Vorschläge für eine Aufbewahrung in so genannten „Zufluchtsstätten" oder „sicheren Häfen", mithin *Safe-Haven*-Einrichtungen für Kulturgüter, werden identifiziert, erörtert und ins Verhältnis gesetzt. Dabei wird die Schwierigkeit in Bezug auf die Aufbewahrung solcher nachrichtenloser Kulturgüter besonders deutlich, deren Herkunft auf illegale Vortaten – insbesondere illegale Raubgrabungen – hindeutet.

In der Schlussbetrachtung, dem 6. Kapitel, wird ein konkret formulierter Entwurf eines Modells für innerstaatliche *Safe-Haven*-Einrichtungen, das für die Umsetzung in Deutschland vorgeschlagen wird, vorgestellt. Die Arbeit endet mit Thesen, die die Arbeit zusammenfassen.

B. Begriffsklärung

Die besondere rechtswissenschaftliche Betrachtung von Kulturgütern trägt dem Umstand Rechnung, dass diesen Sachen i. S. d. § 90 BGB eine spezielle Bedeutung zugeschrieben wird. Neben dem ihnen selbst innewohnenden materiellen oder funktionalen Wert führen ästhetische, historische oder sonstige Gründe zu einer darüber hinausreichenden subjektiven Werterhöhung. Das Maß dieser Werterhöhung sowie der Grund hierfür sind abhängig von vielen Faktoren. Diese besondere Stellung von Kulturgütern im Gegensatz zu sonstigen Sachen rechtfertigt ihre spezielle Behandlung.

Eine Untersuchung, in deren Mittelpunkt Fragen im Zusammenhang mit Kulturgütern stehen, bedarf aus der Natur der Sache heraus zunächst einer terminologischen Klarstellung des Begriffs „Kulturgut". Hierfür werden im Folgenden Ansätze zur legislativen Konkretisierung des Kulturgutbegriffs überblicksartig zusammengefasst. Besonders Bezug genommen wird auf das umfassende Begriffsverständnis in Art. 1 UNESCO Konvention 1970.

I. Kulturgut

Auf die Schwierigkeit, den Begriff des Kulturguts allgemeingültig zu definieren, deutet bereits die Vielzahl an rechtswissenschaftlichen Ausführungen zu dieser Frage hin.[6] Gleichwohl ist auch für die vorliegende Untersuchung die Festlegung auf einen Kulturgutbegriff notwendig, um den Untersuchungsgegenstand einzugrenzen. Die Definition des Begriffs Kulturgut steht einer Vielzahl von Interpre-

---

6 Treffend *Müller-Katzenburg*: „[…] das wiederholt versuchte, aber vergebliche Unterfangen, dem auslegungsfähigen Begriff ‚Kulturgut' einen präzise eingegrenzten Inhalt zuzuordnen.", Internationale Standards, S. 139; vom Scheitern des Versuchs Kulturgut zu definieren spricht *Jenschke*, S. 30 f. Eingehend zum Kulturgutbegriff *Schorlemer*, S. 46 ff. Außerdem *O'Keefe*, UNESCO 1970, S. 34.

tationen, Ansätzen und Ausführungen offen. Grund hierfür ist, dass es sich um einen unbestimmten Rechtsbegriff handelt, der jeweils im Einzelfall einer wertenden Konkretisierung bedarf. Es existiert weder im nationalen Recht noch im Völkerrecht eine allgemeingültige Definition.[7] Auch in der Rechtsprechung erfolgt weder auf nationaler[8] noch auf europäischer[9] Ebene eine einheitliche begriffliche Verwendung. Schließlich wird ein Kulturgut auch in internationalen Konventionen jeweils unterschiedlich umschrieben.[10]

1. Konkretisierung der Untersuchung auf bewegliche Kulturgüter

Im Hinblick auf die vorliegende Untersuchung ist zunächst eine Konkretisierung auf bewegliche Kulturgüter geboten. Zwar ist ohne Zweifel allgemein anerkannt, dass Kulturgüter bewegliche und unbewegliche Güter umfassen können.[11] Auch bei unbeweglichen Kulturgütern ist es möglich, dass Eigentumsverhältnisse ungeklärt sind. Vor dem Hintergrund der unterschiedlichen praktischen und rechtlichen Fragestellungen, die die Behandlung beweglicher und unbeweglicher Kulturgüter verlangt, begrenzen sich die Ausführungen der vorliegenden Arbeit auf erstere. Die unbeweglichen Kulturgüter bleiben für die vorliegende Untersuchung von Kulturgütern, deren Eigentümer nicht festgestellt werden können, folglich außer Betracht.[12]

---

[7] Unter anderen hierzu *Gornig*, in: Kulturgüterschutz – Aspekte, S. 17 f.; *Schorlemer*, S. 82; *Behnisch-Hollatz*, S. 5; *Hipp*, S. 10; *Wiese*, S. 38 f.; *Müller-Katzenburg*, Internationale Standards, S. 313 ff.; *Boos*, KUR 2005, 161 (163); *Roellecke*, in: Kulturgüter-Schutz, S. 31; *Pabst*, S. 31 ff.

[8] BVerwG, Beschl. v. 30.3.1992, 7 B 21/92, NJW 1992, 2584 mit dem Hinweis, dass der Begriff des Kulturguts unscharf sei, da er sich auf eine Vielzahl von Bedeutungsebenen beziehe. VGH München, Urt. v. 4.12.1991, 7 B 89.349, führt zum Begriff des „Kulturguts" weit aus: „[...] nach dem allgemeinen Begriffsverständnis jedes geistige Schaffen und Wirken des Menschen, mag es sich in Werken der Kunst, Musik, Literatur oder Wissenschaft dokumentieren [...] oder seinen Ausdruck in der wertebewussten Prägung der Lebensverhältnisse und der Umwelt des Menschen finden", NJW 1992, 2584 (2586). Darüber hinaus BVerwG, Urt. v. 27.5.1993, 7 C 33/92, BVerwGE 92, 288 (289) mit Ausführungen zum Begriff des national wertvollen Kulturguts, der sich ebenfalls abstrakt nicht abschließend bestimmen lasse.

[9] *Schroeder*, in: Streinz, EUV/EGV, Art. 30 EGV Rn. 18.

[10] Art. 1 der UNESCO Konvention 1970 definiert Kulturgut als „[...] das von jedem Staat aus religiösen oder weltlichen Gründen als für Archäologie, Vorgeschichte, Geschichte, Literatur, Kunst oder Wissenschaft bedeutungsvoll bezeichnete Gut [...]" Eine ähnliche Definition trifft Art. 2 der UNIDROIT Konvention 1995. Anderslautend hingegen die Definition des Begriffs Kulturgut in der Haager Konvention von 1954. Dazu sogleich näher unter 4.

[11] *Wyss*, S. 81 f.; *Müller-Katzenburg*, Internationale Standards, S. 132; *Hipp*, S. 1 ff. Die Abgrenzungsschwierigkeiten zwischen beweglichen und unbeweglichen Kulturgütern sollen vorliegend nicht vertieft werden, hierzu *Müller-Katzenburg*, Internationale Standards S. 132 f. zu einem Urteil des französischen Cour d'appel de Montperlier v. 18.12.1984, D.1985, 208; Cass. Ass. Pl. 15.4.1988, D.1988, 325.

[12] Zu den Fallgruppen beweglicher nachrichtenloser Kulturgüter siehe sogleich unter C.

2. Abgrenzung Kulturgut – Kunstwerk

Die teilweise synonyme Verwendung der Begriffe Kulturgut und Kunstwerk in der Literatur[13] ist bei näherer Betrachtung unzutreffend. Allgemeine sprachliche Erwägungen führen zu dem Schluss, dass es sich dabei lediglich um eine sprachliche Ungenauigkeit handelt. Dieser Auffassung ist auch der deutsche Gesetzgeber gefolgt, indem er in § 1 Abs. 1 des Gesetzes zum Schutz deutschen Kulturguts gegen Abwanderung (KultgSchG) die Bezeichnung Kulturgut als Oberbegriff verwendet, der neben anderen Gegenständen auch Kunstwerke umfassen kann.[14] Gebraucht wird im Folgenden der Oberbegriff des Kulturguts, der insbesondere auch Kunstwerke einschließt.

3. Normative Konkretisierungen des Kulturgutbegriffs

Zur Konkretisierung des Kulturgutbegriffs werden verschiedene normative Methoden eingesetzt.[15] Während in der Haager Landkriegsordnung von 1907[16] noch geringe Aufmerksamkeit auf die Definition des Begriffs verwendet worden ist, enthalten die jüngeren Konventionen zu Fragen des Kulturgüterschutzes umfangreiche Ausführungen zur Bestimmung des maßgeblichen Kulturgutbegriffs.[17] Einerseits existieren Regelungen, deren Anwendbarkeit sich durch das Vorschalten eines Eintragungssystems für Kulturgüter ausschließlich auf bestimmte, konkret bezeichnete Objekte erstreckt. Für schützenswert befundene Kulturgüter werden in diesem Fall in spezielle Kulturgutverzeichnisse eingetragen. Die Tatsache der Eintragung entscheidet in diesem Fall darüber, ob ein Gegenstand besonderen Schutzbestimmungen eines Bezug nehmenden Kulturgutschutzgesetzes unterliegt.[18]

Eine weitere Methode der Bestimmung von Kulturgütern ist die Aufzählung bestimmter Kategorien von Kulturgütern, die schützenswert sein sollen. Diese

---

13 Siehe hierzu das Inhaltsverzeichnis bei *Knott*, S. 9 ff. sowie beispielsweise S. 22. Die Verwendung der unterschiedlichen Terminologie erklärt sich auch nicht aus der dortigen Fn. 1.

14 § 1 Abs. 1 KultgSchG beginnt mit den Worten: „Kunstwerke und anderes Kulturgut […].“ Zur selben Einordnung gelangen auch *Odendahl*, S. 398 m. w. N. sowie *Müller-Katzenburg*, Internationale Standards, S. 132. A.A. *Strauch*, S. 20 f.

15 Ausführlich und mit zahlreichen weiteren Nachweisen hierzu *Odendahl*, S. 386 ff.; *Müller-Katzenburg*, Internationale Standards, S. 134 ff.

16 Anlage zum Haager Abkommen von 1907. Die Bestimmungen des Haager Abkommens von 1907 fanden wiederum Aufnahme in eine Anlage, die Ordnung der Gesetze und Gebräuche des Landkriegs, die so genannte Haager Landkriegsordnung.

17 Ausführlich hierzu *Pabst*, S. 41 ff.

18 Vgl. § 1 Abs. 3 KultGüRückG, der bestimmt, dass „geschütztes deutsches Kulturgut […]“ i. S. d. Gesetzes nur solche Gegenstände sind, die nach den Bestimmungen des KultgSchG in das Verzeichnis national wertvollen Kulturgutes oder in das Verzeichnis national wertvoller Archive eingetragen worden sind bzw. für die ein Eintragungsverfahren in Gang gesetzt worden ist.

Art der Kategorisierung bezieht aufgrund ihrer Abstraktheit mehr Gegenstände als das vorher genannte Eintragungssystem ein und findet sich vor allem in Regelungen europäischer Rechtsetzung.[19]

Ein noch weiter gefasster Anwendungsbereich wird aufgrund eines Kriterienkatalogs erreicht. Die Aufzählung von Eigenschaften, die der betreffende Gegenstand zumeist alternativ haben muss, um als Kulturgut im Sinne des jeweiligen Gesetzes angesehen zu werden, charakterisiert diese Methode. Maßgeblich ist häufig eine bestimmte künstlerische, ästhetische oder historische Bedeutung des Gegenstands, ein bestimmtes, z. B. nationales Interesse oder eine besondere Nähe zu einer Epoche, Region oder Volksgruppe. Diese Methode der Begriffsbestimmung zeichnet sich zwar durch große Flexibilität, andererseits aber auch durch ein hohes Maß an Unbestimmtheit aus.

Schließlich findet sich auch die Möglichkeit der Verbindung verschiedener Konkretisierungsmethoden, wie etwa in Art. 1 der UNESCO Konvention 1970, dem ersten rechtlichen Instrument weltweiter Anwendung, das spezifisch die Eindämmung und Bekämpfung des rechtswidrigen Handels mit Kulturgütern in Friedenszeiten zum Gegenstand hat.[20] Aufgestellt werden hier Kriterien sowie Kategorien von Kulturgütern, die erfüllt sein müssen. Der Begriff des Kulturguts wird in Art. 1 UNESCO Konvention 1970 zweiteilig definiert: Das Gut muss vom Staat *„aus religiösen oder weltlichen Gründen als für Archäologie, Vorgeschichte, Geschichte, Literatur, Kunst oder Wissenschaft bedeutungsvoll bezeichnet“* worden sein. Ferner muss das in Frage stehende Gut zu einer der elf folgenden Objektkategorien gehören: seltene Exemplare der Zoologie, Botanik, Mineralogie, Anatomie und Paläontologie; Gut von geschichtlichem Wert; archäologische Fundstücke; Teile von Denkmälern oder archäologischen Lagerstätten; Antiquitäten älter als 100 Jahre; Gegenstände von ethnologischem Interesse; Gut von künstlerischem Interesse; seltene Manuskripte und Inkunabeln sowie alte Publikationen und Dokumente von besonderem Interesse; Brief- und Steuermarken; Archive; Möbelstücke älter als 100 Jahre und alte Musikinstrumente. Diese Methode der Begriffsbestimmung liegt auch dem Kulturgutverständnis der UNIDROIT Konvention über die Rückgabe gestohlener oder illegal exportierter Kulturgüter vom 24.6.1995 (UNIDROIT Konvention 1995) zugrunde, mit der unmaßgeblichen Abweichung, dass dort in Art. 2 zunächst die Kriterien zur Begriffsbestimmung aufgestellt und erst im Anhang an die Konvention die Kulturgutkategorien genannt werden, in welche sich die Gegenstände einordnen

---

19 Art. 1 Nr. 1 Richtlinie 93/7/EWG.

20 Zur Bedeutung der UNESCO Konvention 1970 für den Kulturgüterschutz siehe unten, 5. Kapitel B. I. 4., ferner *Rietschel*, S. 19 ff.; *Müller-Katzenburg*, Internationale Standards, 91; *Siehr*, Schutz archäologischer Kulturgüter, 76 (84); *Planche*, KUR 2010, 143.

lassen müssen.[21] Diese, zuerst in der UNESCO Konvention 1970 verwendete Begriffsbestimmung bezieht sich ausschließlich auf bewegliche Sachen, ist aber ansonsten angelehnt an Art. 1 des Haager Konvention von 1954.[22]

4. Kulturgutbegriff dieser Untersuchung

Die vorliegende Untersuchung hat den Schutz und die regulierte Nutzung von Kulturgütern zum Gegenstand, die den Interessen der Eigentümer und dem der Allgemeinheit Rechnung tragen. Im Interesse des einzelnen Eigentümers wie auch dem der Allgemeinheit steht die Erhaltung und eine mit ethischen Gesichtspunkten zu vereinbarende Nutzung einer Vielzahl von Objekten, die aus künstlerischen, geschichtlichen oder archäologischen Gründen erhaltenswert erscheinen. Ein möglichst weites und international anerkanntes Verständnis des Kulturgutbegriffs kann damit dem Anliegen des Kulturgüterschutzes am besten entsprechen. Der Begriff des Kulturguts wird aus diesem Grund für die vorliegende Untersuchung in Anlehnung an die Begriffsbestimmung des Art. 1 der UNESCO Konvention 1970 in einem weiten Sinne aufgefasst.

Als Kulturgut gilt daher jeder körperliche Gegenstand, der aus religiösen oder weltlichen Gründen für die Archäologie, Vorgeschichte, Geschichte, Literatur, Kunst oder Wissenschaft besonders bedeutungsvoll ist.

II. Nachrichtenlosigkeit

Gegenstand der Untersuchung sind Kulturgüter, deren Eigentümer nicht festgestellt werden können. Die allgemeine Unsicherheit bei der Einordnung der hier untersuchten Kulturgüter zeichnet sich bereits im terminologischen Umgang mit ihnen ab. Eine einheitliche Begriffsbezeichnung existiert nicht.

Der Umstand, dass die Begriffe *herrenlose*, *erblose*, *verwaiste* oder *nachrichtenlose* Vermögensgegenstände oder der Begriff des sog. Fremdbesitzes in der wissenschaftlichen und öffentlichen Auseinandersetzung teilweise ohne Differenzierung verwendet werden, birgt das Risiko, allein durch die unbedachte Verwendung der Begrifflichkeiten in juristische Fallstricke zu geraten. Die Analyse der verschiedenen verwendeten Bezeichnungen ergibt, dass lediglich der Terminus der nachrichtenlosen Kulturgüter die Ausgangslage der untersuchten Gegenstände ausreichend korrekt bezeichnet. Diese Bezeichnung wird daher der folgenden Untersuchung zugrunde gelegt.

---

21 Zum Kulturgutbegriff der UNIDROIT Konvention 1995 *Raschèr*, in: UNIDROIT, 13 (18 f.) allerdings Fragen des Begriffs und der Anspruchsvoraussetzungen vermengend.

22 Art. 1 Haager Konvention von 1954 bezieht sich hingegen auf bewegliches und unbewegliches Gut, Baulichkeiten sowie „Denkmalsorte“. Hierzu ausführlich *Pabst*, S. 167 ff.

Der Begriff der „Nachrichtenlosigkeit" wird bislang im deutschen Recht nicht definiert und auch nicht als feststehender Fachbegriff verwendet. Erläutert wird daher unter Abgrenzung zu den im Schrifttum und in der Praxis verwendeten sonstigen Bezeichnungen im Folgenden, unter welchen Voraussetzungen Kulturgüter als „nachrichtenlos" bezeichnet werden können.

Der Begriff der Nachrichtenlosigkeit wird verwendet, um die ungeklärte Zuordnung eines Vermögensgegenstands zu einem Eigentümer auszudrücken. Ungeklärt ist diese Eigentumszuordnung, weil unzweifelhaft ist, dass es einen Eigentümer gibt oder zumindest gegeben hat, dieser Eigentümer jedoch nicht (mehr) festgestellt werden kann.[23] Der Eigentümer kann nicht festgestellt werden, wenn kein Kontakt zu ihm oder seinen Nachfahren hergestellt werden kann.

Die Gründe, die eine Nachrichtenlosigkeit zur Folge haben, lassen sich nicht von vornherein abschließend benennen. Beispiele hierfür sind, wie anhand von Fallgruppen zu zeigen sein wird, Kriege, Diebstahl und Raub sowie illegale archäologische Raubgrabungen, die vermehrt in Regionen kriegerischer Auseinandersetzungen stattfinden. Wie die Aufzählung dieser Fallgruppen, so ist auch diese Aufzählung der Umstände nicht erschöpfend. Weitere Situationen, die zu einer Nachrichtenlosigkeit von Kulturgütern führen, können hinzukommen. Systematisierend kann festgestellt werden, dass drei Faktoren eine häufige Ursache für eine Nachrichtenlosigkeit von Kulturgütern bilden.

Es handelt sich dabei (1) um illegale Raubgrabungen, (2) kriegerische Auseinandersetzungen oder sonstige Umstände, die zur Flucht und dem Zurücklassen oder anderweitigem Abhandenkommen von Kulturgütern führen, und schließlich (3) Diebstahl und sonstiges Abhandenkommen bei nicht feststellbaren Eigentümern.[24]

I. Abgrenzung zu Begriffen des BGB

Um die Bezeichnung der nicht zuzuordnenden Kulturgüter als nachrichtenlos rechtlich einzuordnen, ist die Klärung des Begriffs in Abgrenzung zu den im

---

[23] Der Begriff der „nachrichtenlosen" Vermögenswerte wird verwendet von *Girsberger*, insbesondere S. 25 ff.; im Zusammenhang mit Vermögen ohne Kundenkontakt bei Schweizer Banken *Bär*, S. 1 ff., sowie S. 153 ff. zum U.S.-amerikanischen Recht im *Uniform Unclaimed Property Act*. Siehe zur Nachrichtenlosigkeit im Bankengeschäft *Ernst & Young AG* (Hrsg.), 1.4.1., S. 15 f. zur Richtlinie über die Behandlung nachrichtenloser Konti, Hefte, Depots und Schrankfächer bei liechtensteinischen Banken vom 1.7.1999, herausgegeben vom Liechtensteinischen Bankenverband (LBV) sowie zu den Richtlinien der Schweizerischen Bankiervereinigung (SBVg) über die Behandlung nachrichtenloser Konten, Depots und Schrankfächer bei Schweizer Banken v. 3.2.2000.

[24] Mögliche Einwände der Verwendung des Begriffs der Nachrichtenlosigkeit können sich aus der sprichwörtlichen Betrachtung der Bezeichnung ergeben. Denn genau genommen ist nicht das Kulturgut, sondern die den Gegenstand aufbewahrende Institution ohne Nachricht vom Eigentümer und damit nachrichtenlos.

Zivilrecht gebräuchlichen Termini der Herrenlosigkeit, des Fremdbesitzes und der erblosen Güter sowie zu den im Urheberrecht verwendeten so genannten verwaisten Werken erforderlich.

a) Abgrenzung zur Herrenlosigkeit i. S. d. §§ 958, 959 BGB

Die dieser Untersuchung zugrunde gelegten Kulturgüter sind nicht „herrenlos" im Sinn des § 959 BGB: Eine Entäußerung des Eigentums (Dereliktion) seitens des Eigentümers liegt gerade nicht vor.[25] Herrenlos ist zunächst eine Sache, mithin auch ein Kulturgut, das sich nie im Eigentum (irgend-)einer Person befunden hat.[26] Es liegt jedoch auf der Hand, dass Kulturgüter als von Menschen gefertigte Artefakte sich zu irgendeinem Zeitpunkt im Eigentum irgendeiner Person befunden haben. Darüber hinaus kann eine Sache, und somit auch ein Kulturgut, nur herrenlos werden, wenn der Eigentümer in der Absicht, auf das Eigentum zu verzichten, den Besitz an dem Gegenstand aufgibt, er sein Eigentum also derelinquiert im Sinne des § 959 BGB.[27] Notwendig ist hierfür die Aufgabe oder der Verlust des unmittelbaren Besitzes.[28] Es hängt von den Umständen des Einzelfalls ab, ob aus einer Besitzaufgabe auf einen Verzichtswillen geschlossen werden kann.[29] Fraglich ist daher, ob im Einzelfall eine Dereliktion der betreffenden Gegenstände vorliegt.

Werden Gegenstände ihren Eigentümern gegen ihren Willen abgenommen, fehlt es an der für die Dereliktion erforderlichen Erklärung der Eigentumsaufgabe sowie einer freiwilligen Besitzaufgabe.[30] Selbst das Zurücklassen von Gegenständen auf der Flucht, beispielsweise während des Dritten Reiches, stellt lediglich eine Besitzaufgabe ohne Eigentumsaufgabe dar[31] und erfüllt damit nicht den

---

25 Zwar in „Anführungszeichen", doch ohne weitere Abgrenzungen zur Herrenlosigkeit i. S. d. BGB im Zusammenhang mit der Behandlung von Vermögensgegenständen aus jüdischem Besitz *Röhling*, S. 125 ff. An herrenlosen Sachen, somit also auch herrenlosen Kulturgütern, kann gem. § 958 BGB im Wege einer Aneignung Eigentum erworben werden. Dazu *Oechsler*, in: MüKo-BGB, § 958 Rn. 3.

26 *Oechsler*, in: MüKo-BGB, § 958 Rn. 3.

27 Siehe dazu der Fall eines Bildes von August Macke, das in den Sperrmüll entsorgt wurde: LG Bonn, Urt. v. 25.6.2002, 18 O 184/01, NJW 2003, 673, 674.

28 *Oechsler*, in: MüKo-BGB, § 959 Rn. 7.

29 Staudinger/*Gursky*, § 959 Rn. 1.

30 LG Bonn, Urt. v. 25.6.2002, 18 O 184/01, NJW 2003, 673, 675. Anders zu beurteilen ist der Fall, wenn der Berechtigte Kenntnis davon hat, wo sich Sachen befinden, die in seinem Eigentum stehen, und er sich mehrere Jahre lang nicht um eine Herausgabe bemüht. Für den Fall wertloser Geschäftsunterlagen wird hierbei ein schlüssiges Verhalten mit rechtsgeschäftlichem Erklärungswert im Sinne eines geäußerten Desinteresses an einer Rückgabe gesehen und eine Dereliktion i. S. d. § 950 BGB oder eine Übereignung i. S. d. § 929 ff. BGB angenommen, *Dörn*, wistra 1999, 175 (177).

31 Die Kundgabe der Eigentumsaufgabe ist eine Erklärung und daher nach dem allgemeinen Recht der Willenserklärung zu beurteilen, *Oechsler*, in: MüKo-BGB, § 959 Rn. 3 f. Es han-

Tatbestand der Dereliktion im Sinne des § 959 BGB.[32] Eine Dereliktion kann folglich auch nicht angenommen werden für die von DDR-Bürgern bei einer Übersiedlung unfreiwillig zurückgelassenen Kulturgüter.[33]

b) Grabungsfunde ausländischer Herkunft – keine Herrenlosigkeit

Staaten treffen Regelungen zu der Frage, wem das Eigentum an verborgenen und entdeckten Schätzen oder anderen archäologischen oder historisch wertvollen Gegenständen zufällt. Dieser Eigentumserwerb kann verschiedentlich ausgestaltet sein: Der gefundene Schatz kann dem Finder, dem Eigentümer von Grund und Boden, in welchem der Schatz gefunden wurde, dem Staat oder mehreren von ihnen zustehen.[34] Teilweise bestimmen nationale Gesetze für Funde aus archäologischen Grabungen, dass jeder Gegenstand, der im Staatsgebiet ausgegraben wird, in das Eigentum dieses Staates fällt (so genannte „*umbrella statutes*“ [35]). Ist es jedoch nicht möglich, den Herkunftsort der Gegenstände festzustellen, so bleibt es auch hier dabei, dass ein Eigentümer zunächst nicht ermittelt werden kann.

Zusammenfassend ist festzustellen, dass die hier untersuchten Kulturgüter nicht herrenlos i. S. d. §§ 958, 959 BGB sind.

c) Abgrenzung zu „Fremdbesitz“

Da im Zusammenhang mit nachrichtenlosen Kulturgütern teilweise der Begriff des „Fremdbesitzes“ aufgegriffen wird,[36] soll an dieser Stelle eine Klarstellung der Besitzarten hinsichtlich nachrichtenloser Kulturgüter in der Obhut der öffentlichen Hand vorgenommen werden.

---

delt sich um eine einseitige, nicht empfangsbedürftige und auslegungsfähige Erklärung, für die Geschäftsfähigkeit erforderlich ist. Die Aufgabe muss zwar weder wörtlich noch ausdrücklich erklärt werden, es muss jedoch eine Erklärung i. S. d. Rechtsgeschäftslehre vorliegen. Zwar kann die bewusste Aufgabe des Besitzes häufig als Erklärung der Eigentumsaufgabe gedeutet werden. Es gibt jedoch auch absichtliche Besitzaufgaben, denen dieser Erklärungswert nicht zugemessen werden kann, *ders.*, in: MüKo-BGB, § 978 Rn. 5.

32 *Oechsler*, in: MüKo-BGB, § 978 Rn. 3.

33 Zu beachten ist hierbei allerdings, dass das Eigentum an zurückgelassenen Vermögenswerten bei Übersiedlungen aus der DDR teilweise aufgrund gesetzlicher Bestimmungen der DDR verloren ging, hierzu *Hoerschelmann*, IFLA 1989, 27 (28 f.).

34 *Müller-Katzenburg*, Internationale Standards, S. 66 f.; *Siehr*, Schutz archäologischer Kulturgüter, 76 (77).

35 Siehe für eine Auflistung von Staaten, die *umbrella statutes* erlassen haben, *Moore*, 97 Yale L.J. (1988), 466 (470, Fn. 26) sowie *Merryman*, 83 Michigan L.R. (1985), 1881 (1890, Fn. 27).

36 So *Geismeier* bereits im Titel, siehe auch S. 7 f.

In der Regel befinden sich solche Kulturgüter im Besitz eines Museums oder einer sonstigen Institution, die zum Sammlungsbestand, mithin zum Eigentum der Institution oder deren Träger, gehören. Darüber hinaus werden Leihgaben in den Besitz der Institution aufgenommen. Dies kann für eine gewisse Zeit, üblicherweise für die Zeit einer bestimmten Ausstellung, geschehen.[37] Ferner kann mit dem Leihgeber auch eine leihweise Überlassung des Kulturguts auf längere oder auch unbestimmte Zeit vereinbart werden. Gebräuchlich ist hierfür der Begriff der Dauerleihgabe.[38] Besitzt die Behörde für sich selbst, übt sie die tatsächliche Sachherrschaft über ein Kulturgut in der Vorstellung aus, die Sache als „ihr gehörend" zu besitzen, so liegt ein Fall des Eigenbesitzes vor.[39] Ausdrücklich Erwähnung findet der Begriff des Eigenbesitzes in § 872 BGB.[40] Bei Kulturgütern, die als Leihgaben von einer Behörde in Besitz genommen worden sind, wird der Besitz nicht als eigener ausgeübt, sondern die Besitznahme erfolgt mit dem Wissen darum, dass für einen anderen, nämlich den Leihgeber – in häufigen Fällen ist dies der Eigentümer – aufbewahrt wird. Für die Institution ergibt sich ein Besitzrecht aus dem der Überlassung zugrunde liegenden (privatrechtlichen) Leihvertrag (§§ 598 ff. BGB). Die Behörde besitzt die entliehenen Kulturgüter in diesem Fall nicht als ihr gehörend i. S. d. § 872 BGB, sie ist folglich nicht Eigen-, sondern Fremdbesitzerin.[41] Das Besitzrecht der Behörde ist in diesem Fall von dem jeweiligen Eigentümer abgeleitet und – in der Regel im Rahmen eines Leihvertrags – rechtsgeschäftlich eingeräumt.

Die Bezeichnung des Fremdbesitzes ist somit nicht beschränkt auf Sachverhalte, in denen Sachen in ungeklärten Eigentumsverhältnissen aufbewahrt werden, sondern trifft schlechthin den Fall, dass der Besitzer eine Sache nicht als „ihm gehörig", sondern für einen anderen besitzt, der als besserer Berechtigter[42] anerkannt wird. Die Unterscheidung zwischen Eigen- und Fremdbesitz erlangt im Fall nachrichtenloser Kulturgüter vor allem im Zusammenhang mit der Möglichkeit des Eigentumserwerbs durch Ersitzung gem. §§ 937 ff. BGB Bedeutung. Sie betrifft allerdings nur einen Teilaspekt der rechtlichen Bewertung der hier untersuchten Kulturgüter und ist daher für ihre grundsätzliche Einordnung ungeeignet.

---

[37] Eingehend zum internationalen Leihverkehr *Kühl*, S. 1 ff.; *Boos*, S. 29 ff.

[38] Zur Dauerhaften Überlassung von Kulturgütern siehe *Kirchmaier*, in: Labyrinth des Rechts, S. 259 ff.

[39] Staudinger/*Bund*, Vorbem zu §§ 854 ff. Rn. 51 sowie § 872 Rn. 4.

[40] Besitzer wird die juristische Person (auch des öffentlichen Rechts) selbst; die Organe der juristischen Person üben die Sachherrschaft aus, die der juristischen Person zugerechnet wird. BGH, Urt. 31.3.1971, VIII ZR 256/69, BGHZ 56, 73 (75), NJW 1971, 1358; Palandt/*Bassenge*, § 854 Rn. 10.

[41] Zum Begriff des Fremdbesitzes Staudinger/*Bund*, § 872 Rn. 6. Der Begriff des Fremdbesitzes entstammt einem Vorschlag von *Dernburg*, § 13, 1.

[42] *Wieling*, SachR, § 3 II c); *Vieweg*/*Werner*, SachR, § 2 Rn. 13.

d) Abgrenzung zu „erblosen" Kulturgütern

Die Bezeichnung „erblos" beschreibt die Situation der nachrichtenlosen Kulturgüter vor dem Hintergrund der vorliegenden Untersuchung insoweit nicht präzise, als damit die Frage umgangen wird, welches rechtliche Schicksal Kulturgütern zuteil werden soll, bei denen nicht nur über die Person des Erblassers und eines Erben, sondern auch über die Tatsache eines Erbfalls Unklarheit besteht.[43] Darüber hinaus ist zu beachten, dass ein – auch nicht feststellbarer – ausländischer Staat oder eine hierfür legitimierte Organisation ein Vermögen erben kann.[44]

Grundsätzlich greift in Deutschland im Fall erbloser Vermögen, mithin im Fall nicht zu ermittelnder Erben, § 1936 BGB ein. Danach ist der Fiskus gesetzlicher Erbe, wenn natürliche Erben nicht vorhanden sind. Das Zugriffsrecht des Fiskus wird dabei als Erbrecht verstanden.[45] Der Erbe gilt als unbekannt, wenn über die Person des Erben Unklarheit herrscht.[46] Wann dies der Fall ist, beurteilt das Nachlassgericht von seinem Standpunkt aus.[47] Ausschlaggebend ist dabei der Umstand, ob der Erbe zurzeit nicht feststeht.[48] Ist der Eigentümer eines Kulturgutes nicht zu ermitteln, also auch nicht geklärt, ob es sich dabei um eine Privatperson handelt oder ob das Kulturgut im Eigentum eines ausländischen Staates steht, bieten die erbrechtlichen Vorschriften keine Handhabung für die Klärung der Frage der Aufbewahrung von Kulturgütern. Das Erbrecht bietet Lösungen für den Fall, dass ein Erbe nicht bekannt ist.[49] Ist die Sachlage so, wie im Fall der

---

43 Der Begriff der erbenlosen Vermögen wird in Österreich verwendet, dazu *Seidl-Hohenveldern*, Int. J. Cultural Property 6 (1997), 247.

44 Zum Fiskuserbrecht im Internationalen Privatrecht umfassend *Heckel*, S. 9 ff.

45 Staudinger/*Werner*, § 1936, Rn. 2; Palandt/*Weidlich*, § 1936, Rn. 1; *Leipold*, in: MüKo-BGB, § 1936, Rn. 18; *Heckel*, S. 19.

46 Ist lediglich der Aufenthalt des seiner Person nach bekannten Erben unbekannt, kann nur eine Abwesenheitspflegschaft für das Erbe angeordnet werden, es sei denn, eine Annahme der Erbschaft steht noch aus, *Leipold*, in: MüKo-BGB, § 1960 Rn. 9. Staudinger/*Marotzke*, § 1960 Rn. 8.

47 OLG Köln, Beschl. v. 2.1.1989, 2 Wx 57/88, FamRZ 1989, 547 (548); *Leipold*, in: MüKo-BGB, § 1960 Rn. 9.

48 Bereits eine hohe Wahrscheinlichkeit reicht aus, um einen Erben als bekannt im Sinne von § 1960 anzusehen. Das Vorliegen eines Erbescheins ist nicht erforderlich. Das Gericht nimmt selbst jedoch grundsätzlich keine umfangreichen Ermittlungen nach den Erben vor, sondern überlässt sie gegebenenfalls einem Nachlasspfleger. Anderes gilt, wenn das einschlägige Landesrecht eine Ermittlung der Erben von Amts wegen vorschreibt, *Leipold*, in: MüKo-BGB, § 1960 Rn. 9.

49 Der Fiskus erlangt eine durch Feststellungsbeschluss gem. § 1964 Abs. 2 BGB bestätige Erbenstellung, wenn feststeht, dass ein vorrangiger Erbe nicht vorhanden ist oder nicht innerhalb einer den Umständen entsprechenden Frist ermittelt wird (§§ 1964 Abs. 1, 1966 BGB), Staudinger/*Werner*, § 1936 Rn. 3. Die Vermutung der gesetzlichen Erbenstellung kann durch Gegenbeweis widerlegt werden, § 292 ZPO.

nachrichtenlosen Kulturgüter, besteht allerdings nicht (allein) über die Person des Erben Unkenntnis, sondern bereits über die des Erblassers und schließlich auch darüber, ob überhaupt ein Erbfall vorliegt. Denn da die Eigentümer der hier untersuchten Kulturgüter unbekannt sind, ist gerade nicht feststellbar, ob ein Erbfall eingetreten ist.

Insgesamt bietet die Anwendung erbrechtlicher Vorschriften daher keinen Lösungsweg für die Problemstellung der Aufbewahrung oder dem sonstigen Schicksal nachrichtenloser Kulturgüter.

2. Abgrenzung zu sonstigen Begrifflichkeiten – „verwaiste" Kulturgüter

Teilweise wird der Begriff der „verwaisten" Kulturgüter bzw. der englische Ausdruck der „*orphan works*" verwendet.[50] Auch dazu soll eine begriffliche Abgrenzung erfolgen. Im Gegensatz zu den hier untersuchten Kulturgütern, deren Eigentümer nicht festgestellt werden können, werden damit überwiegend solche Kulturgüter bezeichnet, deren *Urheber* nicht bekannt sind. Im Rahmen dieser Arbeit hat die Kenntnis über den Urheber keinen Einfluss auf die Eigentumsfähigkeit und sonstige dingliche Rechtsstellungen an einem Kulturgut. Selbst bei Unkenntnis des Urhebers kann beispielsweise das Eigentum an einem Kulturgut nach den allgemeinen zivilrechtlichen Vorschriften übertragen werden. Die Problematik der unbekannten Urheberschaft betrifft folglich nicht die in dieser Arbeit betrachtete Fragestellung nach dem rechtlichen Schicksal von Kulturgütern im Fall unbekannter Eigentümer.

3. Kein Aufgebotsverfahren für bewegliche (Kultur-)Güter

Eine gesetzliche Regelung zu einem Aufgebotsverfahren für bewegliche (Kultur-)Güter existiert im deutschen Recht nicht. Aufgebot bedeutet die Aufforderung an unbestimmte oder unbekannte Beteiligte, mithin eine Aufforderung an die Öffentlichkeit, Rechte oder Ansprüche anzumelden. Gemäß § 433 FamFG kann eine gerichtliche Aufforderung zur Anmeldung von Ansprüchen oder Rechten mit der Wirkung stattfinden, dass die Unterlassung der Anmeldung einen Rechtsnachteil zur Folge hat. Zweck des Aufgebotsverfahrens ist die Bemühung um Rechtssicherheit.[51] Rechtssicherheit soll darüber geschaffen werden, ob ein Recht oder ein Anspruch noch besteht oder nicht. § 433 FamFG beschränkt den Anwendungsbereich des Aufgebotsverfahrens auf die gesetzlich

---

50 Verwendet wird der Begriff der „verwaisten" Werke sowie „*orphan works*" als Werke unbekannter Urheber, vgl. *Spindler/Heckmann*, GRUR Int 2008, 271; *Eechoud u. a.*, S. 263 ff.

51 BGH, Urt. v. 14.3.1980, V ZR 68/78, NJW 1980, 2529.

vorgeschriebenen Fälle.[52] Das Aufgebotsverfahren stellt somit im Rahmen der vorliegenden Untersuchung keine Möglichkeit dar, Rechtspositionen an beweglichen nachrichtenlosen Kulturgütern zu klären oder zu verändern. Während für unbewegliches Eigentum die Situation eines nicht festzustellenden Eigentümers im Wege eines Aufgebotsverfahrens verändert werden kann und nach Abschluss des Aufgebotsverfahrens die Rechtsposition des bisherigen Eigentümers an dem Grundstück erlischt, existiert für bewegliche Sachen und folglich auch für bewegliche Kulturgüter keine entsprechende Regelung.

III. „Obhut" der „öffentlichen Hand"

Die vorliegende Untersuchung der rechtlichen Situation nachrichtenloser Kulturgüter bezieht sich nur auf solche Objekte, die sich in der Obhut der öffentlichen Hand, nicht jedoch im Besitz von Privaten befinden. Analysiert werden also Kulturgüter unbekannter Eigentümer, die durch staatliche Stellen aufbewahrt werden.

1. „Obhut" – Tatsächliche Sachherrschaft im öffentlichen Recht

Die Bezeichnung der Kulturgüter als in der „Obhut" der öffentlichen Hand befindlich setzt eine Sachherrschaft der Behörde über die aufbewahrten Kulturgüter voraus. Eine Sachherrschaft liegt vor, wenn die Behörde eine tatsächliche Einwirkungsmöglichkeit auf die Kulturgüter hat.

Die Behörde erlangt in den Fällen nachrichtenloser Kulturgüter die tatsächliche Sachherrschaft in der Regel jeweils nicht im Rahmen eines privatrechtlichen Rechtsgeschäfts, wie es beispielsweise im Rahmen eines Leihvertrages der Fall wäre, sondern in ihrer Eigenschaft als Trägerin öffentlicher Hoheitsgewalt.

Diese Sachherrschaft einer Behörde im Fall der Aufbewahrung nachrichtenloser Kulturgüter und das Verhältnis zwischen zivilrechtlichem Besitz und der tatsächlichen Sachherrschaft in einem öffentlich-rechtlichen Verhältnis wird im Folgenden noch eingehend untersucht werden.[53] Eingegangen wird dann auch auf die Frage, inwieweit diese Sachherrschaft mit den zivilrechtlichen Rechtsformen des Besitzes erklärt werden kann.

2. Abgrenzung zu gutgläubigem Eigenbesitz

Abzugrenzen von der hier behandelten Frage der bewussten Aufbewahrung nachrichtenloser Kulturgüter für einen Eigentümer ist der Fall, dass eine Behörde Kulturgüter „als ihr gehörend" aufbewahrt, sie sich also im Irrtum über ein ihr in Wirklichkeit nicht zustehendes Besitz- oder sogar Eigentumsrecht befindet.

---

[52] Z. B. § 927 BGB.

[53] Siehe dazu unten, 4. Kapitel D.

Entscheidend ist dies vor allem für die Frage einer möglichen Eigentumsersitzung gem. §§ 937 ff. BGB. Zugrunde gelegt werden dieser Arbeit ausschließlich die Fälle, in denen Klarheit darüber besteht, dass es sich nicht um Kulturgüter im Eigenbesitz der aufbewahrenden Institution handelt.

3. Öffentliche Hand

Dem Begriff der öffentlichen Hand wird im Folgenden ein weites Verständnis zugrunde gelegt. Lediglich in Abgrenzung zu dem hier nicht untersuchten Bestand von Kulturgütern, der sich im Besitz von Privaten befindet, werden alle Bestände an Kulturgütern in die Untersuchung mit einbezogen, die sich in der Sachherrschaft einer unmittelbaren oder mittelbaren Bundes-, Landes oder Kommunalbehörde, einer Körperschaft, Stiftung oder Anstalt des öffentlichen Rechts befinden.[54]

IV. Präzisierung und Entwicklung des Begriffs des nachrichtenlosen Kulturguts

Trotz möglicher Unterschiede zwischen den konkreten Umständen und rechtlichen Gegebenheiten hinsichtlich der in dieser Arbeit untersuchten Fallgruppen von Kulturgütern erfolgt ihre Zusammenfassung unter einem einheitlichen Begriff aufgrund gemeinsamer Merkmale. Die Kulturgüter befinden sich jeweils in hoheitlicher Obhut, also in der tatsächlichen Sachherrschaft einer Behörde. Die Zuordnung der Kulturgüter zu einem Eigentümer ist nicht zweifelsfrei möglich, da ein Eigentümer oder ein sonstiger Berechtigter nicht festgestellt werden kann.[55] Trotz angemessener Bemühung ist in den hier untersuchten Fällen eine (zweifelsfreie) Bestimmung eines Eigentümers (oder sonst Berechtigten) nicht möglich.[56] Schließlich hat die Behörde Kenntnis (oder grob fahrlässige Unkenntnis) von ihrem mangelnden Eigentum an den Kulturgütern und bewahrt sie für

---

54 Dies entspricht dem Begriffsverständnis einer Behörde in verwaltungsrechtlichen Zusammenhängen, dazu Stelkens/Bonk/Sachs/*Schmitz*, § 1 Rn. 246 ff.; *Kopp/Schenke*, VwGO, Anh 42 Rn. 16.

55 Im Folgenden wird im Sinne einer besseren Übersichtlichkeit jeweils von einem Eigentümer als Berechtigtem gesprochen werden. Im Einzelfall kann die Möglichkeit der Zuordnung des Kulturguts zu einem sonstigen, beispielsweise durch Leihvertrag oder sonstige schuldrechtliche Vereinbarung mit dem Eigentümer Berechtigten, bestehen. Da in diesen Fällen eine Herausgabe an einen Berechtigten möglich ist, würde damit die Nachrichtenlosigkeit entfallen.

56 Zur hier außer Acht bleibenden Frage einer Vertretung eines nicht feststellbaren Eigentümers, vgl. § 11b VermG und *Bendref*, ZOV 1992, 250. Die Feststellung des Eigentümers oder seines Aufenthaltes gilt als ausgeschlossen, wenn sie nicht mit einem vertretbaren Aufwand möglich ist. Als zumutbar gelten dabei Recherchen und Anfragen an öffentlich zugängliche Verzeichnisse, wie z. B. Einsicht in das Grundbuch bzw. eine Anfrage an das Einwohnermeldeamt des zuletzt bekannten Wohnorts des Eigentümers, *Fieberg/Reichenbach/Messerschmidt/Neuhaus – Budde*, § 11b VermG, Rn. 5.

die Eigentümer auf. Fünf Voraussetzungen müssen demnach erfüllt sein, um von einem nachrichtenlosen Kulturgut sprechen zu können: (1) ein bewegliches Kulturgut; (2) in der Obhut einer Behörde; (3) Zuordnung zu einem Eigentümer ist nicht möglich, da ein Eigentümer oder sonstiger Berechtigter nicht feststellbar ist; (4) trotz Bemühung um Auffindung des Eigentümers ist dessen Feststellung (zumindest vorübergehend) nicht möglich; (5) Kenntnis der aufbewahrenden Behörde von mangelndem eigenen Eigentum an dem Kulturgut.

Die Einordnung als nachrichtenlos bildet den Ausgangspunkt für die folgenden Erörterungen der auftretenden Fragen im Zusammenhang mit den untersuchten Kulturgütern. Es wird der Versuch einer Vereinheitlichung der rechtlichen Behandlung nachrichtenloser Kulturgüter unternommen. Dafür ist im Folgenden festzustellen, ob einheitliche Standards für die Aufnahme, Aufbewahrung sowie eine mögliche Nutzung der nachrichtenlosen Kulturgüter geschaffen werden können.

C. Fallgruppen nachrichtenloser Kulturgüter

Die folgende beispielhafte Aufzählung illustriert verschiedene Umstände, die zu Situationen führen, in denen die Eigentümer von Kulturgütern nicht oder zumindest nicht zweifelsfrei bestimmt werden können.

I. Illegal zutage geförderte Kulturgüter unbekannter Herkunft

Eine Fallgruppe nachrichtenloser Kulturgüter bilden die aus illegalen Raubgrabungen stammenden Artefakte, deren genauer Ausgrabungsort unbekannt ist, so dass ihre Herkunft nicht zweifelsfrei ermittelt werden kann. In Selbstverpflichtungserklärungen und ethischen Kodizes verpflichten sich Archäologen, Museen und Kunsthändler dazu, Gegenstände ungeklärter Herkunft weder zu Forschungs- noch zu Ausstellungszwecken zu nutzen, um Museen, die Forschung sowie den Kunsthandel von Gegenständen frei zu halten, die durch eine illegale Ausfuhr, Diebstahl, illegale Raubgrabungen oder sonstige kriminelle Vortaten erlangt worden sind. Gelangen diese Gegenstände durch Sicherstellung oder auf sonstige Weise in die Obhut der öffentlichen Hand, bleibt ungeklärt, welches Schicksal ihnen zuteil werden soll.

Einen besonders markanten Fall eines nicht zuzuordnenden Kunstschatzes illustriert das Beispiel des so genannten Sevso-Schatzes.[57] Es handelt sich dabei um eine als bedeutendster Schatz der Spätantike bezeichnete Sammlung silberner

---

[57] Teilweise wird er auch als Seuso-Schatz bezeichnet.

Gefäße und Platten[58], der derzeit unter der Ägide des Marquess of Northampton 1987 Settlement Trust[59] in England in einem Banktresor aufbewahrt wird.[60] Eine öffentliche Ausstellung, umfassende Erforschungen und Veröffentlichungen über diesen Kunstschatz sind nur sehr vereinzelt erfolgt und jeweils starker Kritik ausgesetzt gewesen.[61]

II. So genannter Restbestand CCP – nachrichtenlose Kulturgüter als Folge des Dritten Reichs

In Deutschland, wie auch in vielen anderen Staaten, taucht das Problem nachrichtenloser Kulturgüter vor allem im Zusammenhang mit den Folgen der Zeit des Dritten Reichs von 1933–1945 sowie den Nachkriegsjahren auf.

Insbesondere aufgrund des gezielten Kunstraubs durch die Nationalsozialisten sind Kulturgüter ihren Eigentümern abhanden gekommen.[62] Als Folge hiervon finden sich auch heute noch unter anderem in den staatlichen Sammlungen und Museen in Deutschland Kunstwerke, die aus dem Restbestand der so genannten *Central Collecting Points* (CCP) der Alliierten stammen. Die CCP wurden nach Ende des Zweiten Weltkriegs in München und Wiesbaden als Sammelstellen für aufgefundene Kulturgüter eingerichtet, deren Herkunft und Eigentümer nicht festgestellt werden konnten.

---

58 *Mundell Mango/Bennett,* Journal of Roman Archaeology, Supplementary Series No. 12, S. 9; *Greenfield*, S. 258.

59 Siehe hierzu auch kurze Zusammenfassung der Geschehnisse *Mundell Mango/Bennett*, Journal of Roman Archaeology, Supplementary Series No. 12, S. 9.

60 Herausgabeansprüche Kroatiens und Ungarns sind nicht bestätigt worden, da deren Eigentümerstellung nach Ansicht der Gerichte nicht hinreichend nachgewiesen werden konnte. Republic of Croatia, et al. v. Trustee of the Marquess of Northampton 1987 Settlement, 203 A.D.2d 167, 610 N.Y.S.2d 263 (1994); Republic of Croatia, et al. v. Trustee of the Marquess of Northampton 1987 Settlement, 232 A.D.2d 616, 648 N.Y.S.2d 25 (1st Dep't 1996). Der Herausgabeanspruch des Staates Libanon wurde zurückgezogen und ist daher nicht Gegenstand eines Urteils. Siehe auch Abdruck des Urteils in Journal of Roman Archaeology, Supplementary Series No. 12/1, 1994, 8.

61 *Merryman*, Working Paper, S. 3; siehe auch *Humphrey*, Journal of Roman Archaeology, Supplementary Series No. 12, 4. Der Wert des Sevso-Schatzes wird in immer wieder angestellten öffentlichen Spekulationen und Mutmaßungen derzeit auf Angaben zwischen 40 und 100 Mio. Britische Pfund geschätzt, vgl. *Kennedy,* The Guardian v. 17.10.2006, Onlineausgabe, http://www.guardian.co.uk/uk/2006/oct/17/arts.artsnews (aufgerufen am 15.3.2011). Der Fall Seuso, in: Pester Lloyd Nr. 01-03/2008 v. 17.1.2008, http://www.pesterlloyd.net/2008_03/0803seuso/0803seuso.html (aufgerufen am 15.3.2011). Siehe auch Kratzer im Kessel, in: Der Spiegel, 9/1990 v. 26.2.1990, S. 242 f.

62 Hierzu *Hartung*, S. 26 ff.; *Rudolph*, S. 11 ff.; *Syssoeva*, S. 33 ff.; *Nicholas*, S. 3 ff.; *dies.*, in: Spoils of War, S. 39 ff.; zu Rechtsfragen zum Handel mit geraubten Kulturgütern in den Jahren 1933–1950 in zahlreichen europäischen Ländern *Siehr*, Veröffentlichungen der UEK, S. 125 (125 ff., 184 ff.).

1. *Central Collecting Points*

Ursprünglich existierten mehrere vorläufige „*Collecting Points*". In diesen Sammelstellen wurden alle Kulturgüter eingelagert, die in der U.S.-amerikanischen Besatzungszone aufgefunden worden waren. Die Einlagerung diente der Aufbewahrung und dem Schutz der Gegenstände oder bezog sich auf solche Objekte, bei denen vermutet wurde, dass sie ihren ursprünglichen Eigentümern geraubt worden waren. 1946 existierten noch 4 solcher Sammelstellen in München, Wiesbaden, Marburg und Offenbach. Nachdem der Marburg *Central Collecting Point* am 15.6.1946 geschlossen worden war, spezialisierten sich die verbliebenen drei Sammelstellen auf bestimmte Objekte. Die Sammelstelle in Wiesbaden enthielt überwiegend staatliches Eigentum, insbesondere Gegenstände der früheren Preußischen Staatsmuseen, dem Staedel-Institut Frankfurt und den örtlichen Museen Wiesbadens sowie einen Anteil von Gegenständen, die von Deutschen Staatsbürgern konfisziert worden waren. Darüber hinaus befanden sich dort auch Objekte, die an ihre ursprünglichen Eigentümer restituiert werden sollten. Die Sammelstelle enthielt zeitweise geschätzte 700000 Objekte. Die Sammelstelle in München enthielt größtenteils Gegenstände, die restituiert werden sollten, sowie darüber hinaus Objekte aus dem Bayerischen Staatsmuseum. Diese Sammelstelle enthielt zeitweise bis zu 1 Million Objekte. Die dritte Sammelstelle, bekannt als das *Offenbach Archival Depot*, enthielt in erster Linie Objekte vermuteter jüdischer Eigentümer. Das *Offenbach Archival Depot* wurde im Juni 1949 geschlossen. Die Sammelstellen in München und Wiesbaden wurden im August 1951 geschlossen, obwohl einige Objekte weiterhin in München und Wiesbaden unter U.S.-amerikanischer Kontrolle aufbewahrt wurden.[63]

2. Nachrichtenlosigkeit eines Teilbestands der Kulturgüter aus den *Central Collecting Points*

Ein großer Bestand dieser Kulturgüter konnte an die Eigentümer zurückgegeben werden; in zahlreichen Fällen waren Berechtigte jedoch nicht zu ermitteln. Die Eigentümer dieser Kulturgüter sind mit hoher Wahrscheinlichkeit als Opfer des Nationalsozialismus umgekommen. Jedenfalls lassen sich weder die ursprünglichen Eigentümer noch anspruchsberechtigte legitimierte Erben feststellen. Das Bemühen um eine Rückführung nachrichtenloser Vermögen im Zusammenhang mit Ansprüchen von Opfern des Nazi-Regimes hat in der Vergangenheit zu einer Reihe von Staatsverträgen und Abkommen geführt, die die Ermittlung der Anspruchsberechtigten und die Restitution auch nicht individuell ausgerichteter

---

63 Hierzu *Smith*, in: Spoils of War, 126 ff.; *König*, CCP, www.badv.bund.de/003_menue_links/e0_ov/d0_provenienz/CCP.html (aufgerufen am 15.3.2011). Siehe dazu auch *Daniels*, U.S. High Commissioner for Germany (HICOG) Office Memorandum v. 27.6.1951, S. 2 f., erhältlich über die Website des United States Holocaust Memorial Museums, https://ushmm.org/museum/exhibit/online/oad/documents/rest10.pdf (aufgerufen am 25.2.2011).

Vermögenswerte zum Gegenstand hat. Diesem Bestand der im Zusammenhang mit dem Dritten Reich geraubten oder sonst zusammengetragenen Kulturgüter kommt insofern eine besondere Stellung zu, als er zunächst unter alliierte Verwaltung gestellt und erst in den 1960er Jahren der bundesdeutschen Verwaltung übergeben worden ist.

Der Restbestand CCP ist mit großer Sorgfalt dokumentiert worden.[64] Bereits in den Nachkriegsjahren bemühten sich die Verantwortlichen in den Sammelstellen die Provenienzen und die Herkunft der Kulturgüter festzustellen. Der Restbestand CCP wird gegenwärtig vom Bundesamt für zentrale Dienste und offene Vermögensfragen (BADV) verwaltet.

Auch in anderen europäischen Staaten werden Kulturgüter in staatlicher Obhut aufbewahrt, die – entsprechend dem Restbestand CCP – nach Ende des Zweiten Weltkriegs in hoheitliche Obhut gelangten und deren Eigentümer nicht ermittelt werden können. Eine Auseinandersetzug mit diesen nachrichtenlosen Kulturgütern war vor allem in Österreich,[65] Frankreich[66] und den Niederlanden[67] vernehmbar.

---

[64] *König*, CCP, www.badv.bund.de/003_menue_links/e0_ov/d0_provenienz/CCP.html (aufgerufen am 15.3.2011).

[65] In Österreich sind über 1000 nachrichtenlose Kulturgüter im nördlich von Wien gelegenen Kloster Mauerbach aufbewahrt worden. Sie galten als „erbenlos". Am 29. und 30.10.1996 erfolgte eine Auktion der Kulturgüter zugunsten des Bundesverbands der Israelitischen Kulturgemeinden Österreichs. Der Versteigerung war im Juli 1995 die Verabschiedung eines Gesetzes durch das österreichische Parlament vorangegangen, welches das Eigentum an diesen Kunstwerken dem Bundesverband der Israelitischen Kultusgemeinde Österreichs übertrug. Dazu *Seidl-Hohenveldern*, Int. J. Cultural Property, 6 (1997), 247 ff. sowie Bundesgesetz über die Rückgabe von Kunstgegenständen aus den Österreichischen Bundesmuseen und Sammlungen, BGBl. I Nr. 181/1998 v. 4.12.1998 (Kunstrückgabegesetz).

[66] In Frankreich werden nachrichtenlose Kulturgüter als Folge der Herrschaft der Nationalsozialisten unter der Bezeichnung *Musées Nationaux Récupération (MNR)* in staatlichen Museen aufbewahrt. Dazu *Decrét no 49 – 1344 du 30 septembre 1949 relatif à l afin des opérations de la commission de récupération artistique, Journal officiel de la République francaise* v. 2.10.1949, 9915. In einem Regierungserlass vom 30.9.1949 werden die *Museen als détenteurs précaires* – Treuhänder auf Widerruf – bezeichnet. Ferner wird den Museen in dem Erlass die Pflege der anvertrauten Kunstgüter übertragen. Ein Verzeichnis der *MNR* war bis zum Jahr 1996 nicht erhältlich, Informationen hierüber waren kaum zugänglich. *Feliciano*, Spoils of War Nr. 2, 1996, S. 16 (17 f.). *Anglade*, in: Claims for Restitution, S. 103 (109 ff.).

Eine *Commission de Récuperation Artistique* (CRA) wurde 1949 aufgelöst – 15000 Kunstwerke konnten nicht zurück gegeben werden an ihre ursprünglichen Eigentümer. Im Jahr 1949 wurden annähernd 2000 der bedeutendsten Kulturgüter ausgewählt und zur Aufbewahrung auf staatliche Museen verteilt. Die restlichen 13000 Kunstwerke wurden als künstlerisch zweitrangig eingestuft und ohne größeres Aufsehen zur Versteigerung freigegeben. Die Museen waren dazu angehalten, die ihnen anvertrauten *MNR*-Werke auszustellen. Es existierte zugleich eine gesetzliche Regelung, dass die Werke nicht ins Eigentum der Museen übergehen durften. Nach Schätzungen *Felicianos* befanden sich im Jahr 1996 mindestens 500 nachrichtenlose Kulturgüter im *Louvre*, 110 im *Musée d'Orsay*, 38 im *Centre Pompidou*,

III. So genannter „Fremdbesitz" an Kulturgütern in öffentlichen Einrichtungen – „Raubkunst"

Neben den soeben beschriebenen Fallgruppen nachrichtenloser Kulturgüter können weitere Umstände dazu führen, dass Kulturgüter in die Obhut der öffentlichen Hand geraten, ohne dass ein Eigentümer festgestellt werden kann. Dazu erfolgt die nachfolgende beispielhafte Illustration von einigen möglichen Gegebenheiten. In diesem, und später darzustellenden weiteren Fällen, wird teilweise der Begriff des Fremdbesitzes gewählt, um den Bestand an Kulturgütern zu bezeichnen.[68]

Bis in die jüngste Gegenwart stellt sich durch Provenienzrecherchen oder anlässlich von Restitutionsforderungen heraus, dass staatliche Sammlungen und sonstige Stellen in Deutschland Kulturgüter in ihrem Besitz haben, die zumeist jüdischen Bürgern im Dritten Reich geraubt oder anderweitig entzogen worden sind.[69] Im Gegensatz zu dem Restbestand CCP sind diese Umstände nicht von vornherein bekannt gewesen, sondern erst das Ergebnis späterer Provenienzrecherchen. Ergeben diese Recherchen, dass es sich um geraubtes oder sonst entzogenes Kulturgut handelt, dessen Eigentümer sich aber nicht feststellen lassen, so liegt auch hier ein Fall nachrichtenlosen Kulturguts vor. In der Regel ist die rechtliche Bewertung der Kulturgüter aus diesem so genannten Fremdbesitz ab diesem Zeitpunkt identisch mit der des Restbestands CCP, vor-

---

13 im *Musée Rodin* und die übrigen Kunstwerke in Depots oder anderen französischen Museen. Darüber hinaus würden einige der Kulturgüter für die Ausstattung von Amts- und Repräsentationsräumen der Regierung benutzt, wo sie der Öffentlichkeit nicht zugänglich sind. Im April 1996 habe es auch aufgrund öffentlichen Drucks erstmals seit den 50er Jahren Ausstellungen der in öffentlichen Museen befindlichen *MNR*-Kunstwerke gegeben, *Feliciano*, Das verlorene Museum, S. 215 ff., 232 f. Im Jahr 2008 fand eine Ausstellung von 53 Werken aus dem *MNR*-Bestand in Israel und Frankreich unter dem Titel „*A qui appartenaient ces tableaux?*" statt, vgl. *Kemle*, Kunstrechtsspiegel 2008, 105.

[67] In den Niederlanden wurden nachrichtenlose Kunstwerke der „*Stichting Nederlands Kunstbezit*" zugewiesen. Die nachrichtenlosen Kulturgüter sind in staatlicher Verwahrung, als Teil des *Instituut Collectie Nederland*, was wiederum dem Ministerium für Bildung, Kultur und Wissenschaft zugeordnet ist. Gemälde von Künstlern, die vor 1875 geboren wurden, sind in *Rijksdienst Beeldende Kunst (Hrsg.)* publiziert.

[68] So von *Geismeier*, S. 7 ff.

[69] Zur umstrittenen Rückgabe Ernst Ludwig Kirchners „Berliner Straßenszene" im Kontext der Rückerstattungsgeschichte in Deutschland *Lillteicher*, S. 9 ff.; zu diesem und anderen Restitutionsfällen *Trott zu Solz/Gielen*, ZOV 2006, 256 ff. Ferner zum Gemälde „*Fiat Iustitia*" von Carl Spitzweg, das als Bestand aus den CCP in der Bonner Villa Hammerschmidt, dem Wohnsitz des Bundespräsidenten, hing, der Rückgabe von sechs romanischen Wandmalereien aus der Stiftung Preußischer Kulturbesitz sowie der Rückgabe eines Gemäldes von Lenbach aus der ehemaligen Sammlung Sommergut an Erben der ursprünglichen Eigentümer, vgl. *Mönch*, Frankfurter Allgemeine Zeitung v. 23.2.2007, Feuilleton, S. 34.

ausgesetzt, dass die jeweilige Behörde eben nicht mehr für sich besitzt, mithin also keinen Eigenbesitz an den Sachen ausübt.[70] In beiden Fällen handelt es sich dann um eine Aufbewahrung für unbekannte Eigentümer. Neben den dargestellten Gruppen von Kulturgütern existieren weitere Konstellationen, in denen Kulturgüter in den Besitz von Museen gelangen, ohne dass später rekonstruiert werden kann, wem das Eigentum hieran zusteht, z. B. als Leihgaben oder Schenkungen. Den Wechseln der Museumsleitung, ungenauen oder fehlenden Aufzeichnungen über die Eingänge sowie Verlusten im Zusammenhang mit Umzügen, Auslagerungen oder sonstigen Umbrüchen ist es geschuldet, dass in bestimmten Fällen nicht rekonstruiert werden kann, wem das Eigentum hieran zusteht. Aus der vorliegenden Arbeit sollen diese Bestände ausgenommen werden, da es sich nicht um einen Fall der Aufbewahrung für einen unbekannten Eigentümer handelt.[71]

IV. Sichergestellte sowie zurückgegebene Raubkunst

Kulturgüter gelangen ferner auf dem Weg der Sicherstellung aufgrund einer Straftat in die Obhut der öffentlichen Hand.

Insbesondere während der Wirren des Zweiten Weltkriegs wurden zahlreiche Kulturgüter von Privatpersonen als „persönliche Kriegstrophäen" entwendet. Zwar ist das Eigentumsdelikt, das die Wegnahme des Kulturguts zum Gegenstand hatte, längst verjährt.[72] Werden diese Kulturgüter jedoch zum Gegenstand weiterer Straftaten, kann das Kulturgut für die Zwecke der Strafverfolgung dieser (neuerlichen) Straftat abermals beschlagnahmt werden. In Betracht kommt hier insbesondere ein Betrug(-sversuch) durch die „Veräußerung" von Kulturgütern, an denen tatsächlich aufgrund des Eingreifens des § 935 Abs. 1 BGB das Eigentum nicht auf einen, selbst gutgläubigen, Käufer übertragen werden kann. Im Fall der versuchten Veräußerung eines Mosaiks, das als Teil des so genannten Bernsteinzimmers identifiziert werden konnte, beschlagnahmte die Polizei bei fingierten Verkaufsverhandlungen im Rahmen der Strafverfolgung der Veräußerer das Kulturgut.[73]

---

[70] Wird der Besitz der Behörde für die Behörde selbst ausgeübt, also als gutgläubiger Eigenbesitz, kommt grundsätzlich die Möglichkeit eines Eigentumserwerbs durch Ersitzung gem. § 937 BGB in Betracht. Siehe dazu unten, 2. Kapitel IV. 1. c).

[71] Zu diesen *„unclaimed works"* siehe aber *Palmer*, in: Art Loans, S. 171 f.

[72] Gem. §§ 78 Abs. 1 Nr. 4 i.V.m. §§ 242, 249, 78a StGB verjähren die relevanten Eigentumsdelikte nach 5 Jahren ab Beendigung der Tat.

[73] Eine Beschwerde gegen die Beschlagnahme wurde durch das LG Bremen durch Beschl. v. 16.7.1997 als unbegründet verworfen, dazu Der Spiegel v. 19.5.1997, S. 35; Frankfurter Rundschau v. 18.7.1997, S. 28.

Erst in jüngster Zeit kommt es teilweise zu Rückgaben von Kulturgut aus dem Ausland, das vermutlich nach Ende des Zweiten Weltkriegs vor allem von abziehenden alliierten Streitkräften entwendet worden ist. Ein wiederholt beschriebenes Szenario ist in diesem Fall, dass sich Erben aus dem Ausland melden und die Rückgabe von Kulturgütern anbieten, die sie nach dem Ableben von Verwandten vorfinden.[74] In Deutschland werden diese Güter gegenwärtig an das Bundesamt für zentrale Dienste und zur Regelung offener Vermögensfragen (BADV) übergeben und dort gelagert. Da in der Regel das Eigentum hieran zwischenzeitlich nicht – auch nicht nach ausländischem Recht – übertragen worden ist oder durch gutgläubigen Eigenbesitz bei dem Erben des ursprünglich bösgläubigen Eigenbesitzers entstanden ist, bestehen die ursprünglichen Eigentumsverhältnisse fort.[75] Kann der ursprüngliche Eigentümer nicht festgestellt werden, steht jedoch fest, dass der Gegenstand dem ursprünglichen Eigentümer abhanden gekommen ist, so ist auch dieses Kulturgut nachrichtenlos im Sinne des dieser Arbeit zugrunde gelegten Verständnisses. Wie im oben bereits erläuterten Fall ist das Schicksal dieser Kulturgüter ungeklärt, wenn der ursprüngliche Eigentümer oder dessen Nachfahren nicht ausfindig gemacht werden können.[76]

V. Kriegsbedingte Einlagerungen

Neben den zwangsweise entzogenen Kulturgütern sind zahlreiche Kulturgüter während der Zeit des Zweiten Weltkriegs in öffentlichen Gebäuden zum Schutz vor Zerstörung eingelagert worden. Aufzeichnungen oder Vereinbarungen hierüber sind häufig nicht erhalten geblieben. Auf diese Weise lagert weiterhin ein als Fremdbesitz bezeichneter Bestand an nachrichtenlosen Kulturgütern in Museen.[77]

VI. Zurückgelassene Kulturgüter bei Flucht aus der DDR

Nachrichtenlose Kulturgüter können schließlich auch dem Eigentum von Bürgern aus der ehemaligen DDR stammen, die im Zuge der Übersiedlung der Eigentümer zurückgelassen wurden und in staatliche Obhut gelangt sind.[78] Auch

---

[74] Zur Rückgabe des Quedlinburger Domschatzes, der durch ein Mitglied der U.S.-Armee entwendet worden war, siehe *Siehr*, in: Claims for Restitution, 71 (81 ff.).

[75] Eine Ersitzung gem. § 937 BGB konnte aufgrund des § 937 Abs. 2 BGB nicht eintreten. Der Erbe war sich über die Herkunft des Mosaiks im Klaren, so dass er nicht durch Ersitzung gutgläubig Eigentum erwerben konnte. Hierzu ausführlich unten, 2. Kapitel IV. 1. c).

[76] Im beschriebenen Fall konnte allerdings festgestellt werden, dass die Rechtsnachfolger der russischen Zarenfamilie Eigentümer der Mosaike sind. Siehe zu diesem Fall *Krämer*, NJW 1997, 2580 f. sowie unten, 2. Kapitel IV. 1. c).

[77] Zu den Beständen der kriegsbedingten Einlagerungen in der Stiftung Preußischer Kulturbesitz, *Stiftung Preußischer Kulturbesitz (Hrsg.)*, S. 13 ff.; *Geismeier*, S. 19 ff.

[78] Zu Eigentumsverhältnissen an zurückgelassenen Vermögenswerten in der DDR von *Hoerschelmann*, IFLA 1989, 27 (27 ff.).

aus diesem Zusammenhang können Kulturgüter in den Besitz öffentlicher Einrichtungen gelangen, deren Eigentumssituation nicht eindeutig beantwortet werden kann.[79] In dieser Fallgruppe ist es allerdings bislang nur in Einzelfällen dazu gekommen, dass ein Eigentümer eines zurückgelassenen Kulturguts nicht feststellbar war. Dies liegt daran, dass die Teilung Deutschlands noch einen relativ jungen Teil der Geschichte darstellt und viele der Betroffenen noch selbst zur Aufklärung beitragen können, so dass seltener unaufklärbare Eigentumsverhältnisse vorliegen.

VII. Sonstiges Diebesgut unbekannter Herkunft

Ferner sind auch solche Kulturgüter nachrichtenlos, die als Diebesgut in sonstigen Fällen – außerhalb von illegalen Raubgrabungen oder Entzugstatbeständen im Dritten Reich – sichergestellt werden und deren Eigentümer nicht festgestellt werden können. Dies betrifft die Beute aus Diebstählen und sonstigen Vermögensdelikten.

VIII. Typologisierung der Fallgruppen nachrichtenloser Kulturgüter

Die vorstehenden Ausführungen machen deutlich, dass die Fallgruppen nachrichtenloser Kulturgüter grundlegende Differenzen aufweisen. Sie unterscheiden sich im Hinblick auf die Umstände, die zur Nachrichtenlosigkeit geführt haben, im Hinblick darauf, wie sie in die Obhut der öffentlichen Hand gelangt sind, sowie hinsichtlich der Erfordernisse und Gegebenheiten, die bei einer Aufbewahrung und möglichen Nutzung zu beachten sind. Die Bearbeitung der Kulturgüter unter dem Aspekt der Nachrichtenlosigkeit hat sich daher der Herausforderung dieser Inhomogenität der Fallgruppen zu stellen. Dennoch macht die Typologisierung der durch unterschiedliche Umstände in die Obhut der öffentlichen Hand gelangten Kulturgüter als nachrichtenlos eine gemeinsame Bearbeitung der aufgeführten Fallgruppen möglich.[80]

---

79 Auf Kulturgüter eingehend *von Hoerschelmann*, IFLA 1989, 27 (28).

80 Eine differenzierende Typologisierung von Kulturgütern mit „belasteter" Vergangenheit im Zusammenhang mit den Geschehnissen im Dritten Reich erfolgt bei *Siehr*, in: Kunstrecht, Rn. 85 ff., der Sachverhalte unterscheidet, in denen es um „entartete Kunst" in Staatshand oder Privatbesitz geht, um die so genannte Raub- und Beutekunst sowie um „Holocaust Art", mithin Kulturgüter, die im Zuge der Judenverfolgung in der Zeit des Nationalsozialismus den jüdischen Eigentümern entzogen wurden, oder solche Kulturgüter, die die Eigentümer in einer Zwangslage veräußern mussten, um diskriminierende Abgaben oder ihre Emigration zu finanzieren. Diese Kulturgüter können sich derzeit jeweils in staatlichen Museen bzw. anderer öffentlicher Verwahrung sowie in Privatbesitz befinden. Aufgegriffen wird diese Kategorisierung von *Crezelius*, KUR 2007, 125.

Die aufgeführten Fallgruppen nachrichtenloser Kulturgüter erheben keinen Anspruch auf eine abschließende Darstellung. Es kann nicht ausgeschlossen werden, dass weitere, bislang nicht vorgesehene Umstände dazu führen, die Eigentumssituation von Kulturgütern ungeklärt erscheinen zu lassen.

D. Zusammenfassung der Einführung

Die Fallgruppen nachrichtenloser Kulturgüter in der Obhut der öffentlichen Hand weisen in tatsächlicher und rechtlicher Hinsicht Unterschiede auf. Gemeinsam ist den untersuchten Kulturgütern allerdings, dass an ihrer Erhaltung ein über das private Interesse der unbekannten Eigentümer hinausgehendes allgemeines Interesse besteht. Dieses Interesse kann ethischer, moralischer, historischer, politischer, wissenschaftlicher oder kunsthistorischer Art sein. Hieraus erwächst das Bedürfnis, für die Aufbewahrung, Rückgabe und eine mögliche Nutzung einheitliche Standards festzulegen sowie einen möglichen Kostenausgleich zwischen dem aufbewahrenden Staat und dem Eigentümer vorzusehen. Gleichwohl herrscht bislang über das Aufbewahrungsverhältnis der Kulturgüter in der Obhut der öffentlichen Hand selbst weitestgehend Unklarheit. Weder das der Aufbewahrung zugrunde liegende Rechtsverhältnis noch die sich hieraus ergebenden Rechte und Pflichten der Eigentümer einerseits und der aufbewahrenden hoheitlichen Einrichtung andererseits sind in der Praxis und in der Rechtswissenschaft bislang eingehend aufgearbeitet worden.

2. Kapitel: Zivilrechtliche Situation nachrichtenloser Kulturgüter

Gegenstand des zweiten Kapitels ist die Untersuchung der zivilrechtlichen Situation nachrichtenloser Kulturgüter. Vorangestellt wird diesen Ausführungen in einem ersten Schritt die Klärung der Frage, inwieweit ausländische Rechtsnormen die Aufbewahrung und rechtliche Situation der aufbewahrten Kulturgüter beeinflussen. Klarzustellen ist, welches materielle Recht bei Sachverhalten mit einem Auslandsbezug zur Anwendung gelangt.

Anschließend werden die Eigentumsverhältnisse der untersuchten nachrichtenlosen Kulturgüter erörtert. Hierfür wird zunächst die dingliche Ausganglage der Kulturgüter betrachtet, mithin der Frage nachgegangen, wem das Eigentum an den Kulturgütern in dem Moment zusteht, in welchem sie in die staatliche Aufbewahrung in Deutschland gelangen. Die der Untersuchung zugrunde gelegten Fallgruppen nachrichtenloser Kulturgüter werden in drei Ausgangssituationen eingeteilt, die den drei grundlegend unterschiedlichen Umständen entsprechen, durch welche die ursprünglich Berechtigten den Besitz an den Kulturgütern oder die Möglichkeit des Zugriffs auf sie eingebüßt haben. Anschließend wird erörtert, aus welchen Gründen ein Eigentumserwerb Dritter an nachrichtenlosen Kulturgütern nach den allgemeinen zivilrechtlichen Regelungen nicht in Betracht kommt. Untersucht wird sodann, welchen Einfluss das Verstreichen langer Zeiträume bei der Aufbewahrung auf die dingliche Rechtslage sowie auf die Durchsetzung dinglicher Ansprüche hat. Besondere Bedeutung kommt der Erörterung des eigentumsrechtlichen Herausgabeanspruchs aus § 985 BGB zu, dessen Durchsetzbarkeit im Zusammenhang mit Rückgabeforderungen von Kulturgütern in der Praxis in zahlreichen Fällen dem Problem der Verjährung ausgesetzt ist. Im Ergebnis wird nachgewiesen werden, dass der dingliche Anspruch der Eigentümer auf Herausgabe der nachrichtenlosen Kulturgüter auch bei langjährigen Aufbewahrungsverhältnissen weiterhin durchsetzbar ist. Da die Verjährung des Herausgabeanspruchs erst in dem Moment des Herausgabeverlangens in Gang gesetzt wird, und ab diesem Moment für 30 Jahre läuft, sind keine Probleme bei der Durchsetzung der Herausgabeansprüche zu erwarten. Ferner wird die Möglichkeit einer Nutzung der nachrichtenlosen Kulturgüter während der Aufbewahrung geprüft.

A. International-privatrechtliche Grundlagen

Überlegungen zur zivilrechtlichen Ausgangslage nachrichtenloser Kulturgüter führen zu dem Ergebnis, dass in zahlreichen Fällen die Regelungen ausländischer Rechtsordnungen mit zu beachten sind. Dies betrifft Kulturgüter, bei denen die

Herkunft aus einem ausländischen Staat vermutet wird, jedoch keine genaue Herkunftsangabe erfolgen kann. Dies betrifft somit vor allem unrechtmäßig eingeführte, mithin aus ungenehmigten, örtlich nicht bestimmbaren Raubgrabungen stammende Kulturgüter. Darüber hinaus sind auch sonstige Kulturgüter von der Frage der Geltung des internationalen Privatrechts betroffen, wenn die Möglichkeit besteht, dass sie Gegenstand von Veräußerungsvorgängen in unterschiedlichen Ländern geworden sind und folglich eine dingliche Rechtsänderung nach unterschiedlichen Rechtsordnungen in Betracht kommt.

Berührt ein Sachverhalt verschiedene Rechtskreise, so muss festgelegt werden, nach welchem materiellen Recht (dem so genannten Sachrecht) aufkommende Rechtsfragen zu entscheiden sind. Bei Sachverhalten, die die Verlagerung von Kulturgütern betreffen, könnte eine Beurteilung nach inländischem, also deutschem Recht, nach dem Recht des Staates, in dem sich der Anspruchsteller befindet oder nach dem Recht des „Heimatstaates" des Kulturguts in Betracht kommen.[81] Hat der Anspruchsteller das Kulturgut in einem dritten Staat übereignet bekommen, könnte als anwendbares Recht darüber hinaus noch das Recht dieses Staates in Frage kommen.

Über die Frage des anzuwendenden materiellen Rechts entscheidet das Internationale Privatrecht. Gegenständliche Kulturgüter sind Sachen.[82] Das internationale Sachenrecht bestimmt das zur Anwendung berufene materielle Sachenrecht. Die auf diese Weise bestimmte maßgebliche nationale Sachenrechtsordnung wird als Sachstatut bezeichnet.[83] Die in Art. 43 Abs. 1 EGBGB enthaltene so genannte Situs-Regel gibt vor, dass Rechte an einer Sache grundsätzlich dem Recht des Staates unterliegen, in welchem sie sich befindet. Maßgeblich ist die jeweilige Belegenheit; ein Grenzübergang führt zu einem Statutenwechsel.[84] Somit ist für Vorgänge jeweils das Recht des Staates berufen, in dessen räumlichem Geltungsbereich die Sache zu dem Zeitpunkt belegen war.[85] Die Situs-Regel verhilft in der Regel dem Verkehrsinteresse.[86]

---

[81] Allgemein zu Herausgabeklagen geraubten Kulturguts *Siehr*, Geraubtes Kulturgut vor nationalen Gerichten, S. 497 ff. Zum Begriff des Internationalen Privatrechts und zum Verhältnis des IPR zum Völkerrecht siehe *ders.*, KUR 2009, 39 (42 f.).

[82] *Mansel*, in: Labyrinth des Rechts, S. 129 (142).

[83] *Mansel*, in: Labyrinth des Rechts, S. 129 (142).

[84] *Wendehorst*, in: MüKo-BGB, Art. 43 (EGBGB) Rn. 192.

[85] Vgl. hierzu Ausführungen des LG Berlin, Urt. v. 31.3.2008, 27 O 89/07, KUR 2009, 20 (21) zur Veräußerung eines Kunstwerks im Wege einer Versteigerung in New York, wobei nicht aufklärbar war, ob sich das Kunstwerk zur Zeit der Versteigerung selbst in Berlin oder in New York befand. Das Gericht ermittelt die Eigentumsübertragungstatbestände alternativ jeweils nach dem Recht der in Frage kommenden Belegenheitsstaaten, mithin nach den Regelungen des deutschen BGB sowie dem Recht des US-Bundesstaates New York.

[86] Ausnahmen hiervon sind vorgesehen für Einzelfälle (Art. 46 EGBGB).

Teilweise wird im Fall von Kulturgütern der Verkehrsschutz als geringer gewichtig angesehen als bei Verbrauchs- und Investitionsgütern und aus diesem Grund eine eigenständige Anknüpfung für möglich gehalten.[87] Unterschiedlich bewertet wird dann allerdings, worin diese Anknüpfung bestehen soll.[88] Die Diskussion hierüber ist noch unentschieden. Es wird für die weitere Betrachtung davon ausgegangen, dass für das Eigentum an den gegenwärtig in Deutschland aufbewahrten nachrichtenlosen Kulturgütern deutsches Sachrecht berufen ist.[89]

Die Frage der eigentumsrechtlichen Ausgangslage ist im Fall nachrichtenloser Kulturgüter nicht ohne Weiteres zu beantworten. Ist es nicht möglich, den Herkunftsort eines Kulturgutes festzustellen, so fehlen gerade Anhaltspunkte für eine Anknüpfung an ein konkretes ausländisches Recht. Ein systematisierender Überblick über die möglichen Eigentumsbegründungstatbestände unter Berücksichtigung der verschiedenen denkbaren rechtlichen Ausgestaltungen in möglichen Herkunftsstaaten ist daher erforderlich.[90]

Entscheidende Bedeutung kommt sodann der Untersuchung einer möglichen Veräußerung oder sonstigen Eigentumsübertragung der nachrichtenlosen Kulturgüter zu. Ist dies der Fall, so könnte eine Veräußerung der Gegenstände durch die aufbewahrende Institution als mögliche Alternative zu einer dauerhaften Aufbewahrung erwogen werden. Eine dauerhafte Aufbewahrung durch die öffentliche Hand könnte sich damit als nicht erforderlich herausstellen für den Umgang mit nachrichtenlosen Kulturgütern in Deutschland.

Für die Frage der Eigentumsübertragung und des -verlustes kommt die Situs-Regel zur Anwendung.[91] Es ist jeweils das Sachenrecht des Staates maßgeblich, in dem die Sache belegen ist (Art. 43 Abs. 1 EGBGB). Die hier untersuchten Kulturgüter befinden sich in der Obhut der öffentlichen Hand in Deutschland. Wird ein Kulturgut nach Deutschland verbracht, ist daher für eine mögliche Änderung der dinglichen Rechtslage deutsches Recht als das Recht des neuen Belegenheitsstaates maßgeblich.

---

[87] *Armbrüster*, NJW 2001, 3581 (3582); gegen eine besondere Anknüpfung für Kulturgüter als besondere Sachtypen allerdings *Wendehorst*, in: MüKo-BGB, Art. 43 (EGBGB) Rn. 193; *Müller-Katzenburg*, Internationale Standards, S. 232 f.

[88] Hierzu *Armbrüster*, NJW 2001, 3581 (3582 f.) m. zahlreichen weiteren Nachweisen sowie auch zu den kollisionsrechtlichen Fragestellungen, denen im Rahmen dieser Arbeit nicht weiter nachgegangen werden soll.

[89] Dies wird entweder durch die Situs-Regel oder eine eigenständige Anknüpfung erreicht. Eine solche Anknüpfung wird u. a. an das Recht des Staates befürwortet, in dem das Kulturgut sich vor seinem verbotswidrigen Export befand. Hierzu und zur Abgrenzung der Frage der Anknüpfung von dem Problem der extraterritorialen Geltung ausländischen öffentlichen Rechts *Armbrüster*, NJW 2001, 3581 (3582).

[90] Siehe dazu sogleich, unter B. I. 1.

[91] *Schoen*, NJW 2001, 537 (542).

B. Eigentumsverhältnisse an nachrichtenlosen Kulturgütern

Eine dauerhafte Aufbewahrung nachrichtenloser Kulturgüter ist nur dann erforderlich, wenn einerseits das Eigentum an nachrichtenlosen Kulturgütern nicht mittlerweile auf die öffentliche Einrichtung oder deren Träger übergegangen oder aus sonstigen Gründen das Eigentumsrecht der ursprünglichen Eigentümer erloschen ist. In letzterem Fall wäre eine spezielle Behandlung nachrichtenloser Kulturgüter nicht erforderlich, da sie wie die sonstigen, im Eigentum der aufbewahrenden Institutionen befindlichen Objekte zu behandeln wären.[92] Bestehen die Eigentumsrechte der ursprünglichen Eigentümer weiterhin fort, ist zu untersuchen, inwieweit deren Eigentümerbefugnisse das Aufbewahrungsverhältnis beeinflussen. Die Ausführungen dieses Abschnitts bilden daher die Grundlage für die weiteren Ausführungen zur Aufbewahrung nachrichtenloser Kulturgüter.

Aufgrund der unterschiedlichen rechtlichen Voraussetzungen der Fallgruppen nachrichtenloser Kulturgüter wird für diese Betrachtung die bereits in der Einführung aufgebrachte Unterteilung in sieben beispielhafte Fallgruppen beibehalten.[93] Untersucht wird, ob und gegebenenfalls inwieweit sich unterschiedliche Regelungen von Eigentumsrechten auf die rechtliche Bewertung und Behandlung der Kulturgüter in dem Fall auswirken, dass der Eigentümer nicht mehr bestimmt werden kann.

Während der Schwerpunkt des rechtlichen Interesses bei den illegal ausgegrabenen Kulturgütern auf der Frage der Eigentumsbegründung liegt, bildet die Frage eines möglichen Eigentumsübergangs und damit der mögliche Verlust der Rechte der ursprünglichen Eigentümer den Ausgangspunkt der Fragestellung für die sonstigen Fallgruppen.

I. Ausgangslage dinglicher Rechtspositionen an illegal zutage geförderten Kulturgütern unbekannter Herkunft

Für die Eigentumsbegründung an Kulturgütern, die als Grabungsfunde zutage gefördert werden, ist entsprechend der oben getroffenen Ausführungen gemäß der Situs-Regel das materielle Recht des Staates maßgeblich, in welchem die Grabung stattfindet.

---

92 „So ist etwa die Beurteilung einer Pflicht zur Erhaltung von Kulturgütern nicht von der Frage zu trennen, wem das jeweilige Kulturgut von Rechts wegen zusteht.“ *Fechner*, in: FS Mußgenug (2005), S. 485.

93 Siehe dazu oben, 1. Kapitel C.

Das Eigentumsrecht an archäologischen Funden wird in den jeweiligen Rechtsordnungen unterschiedlich gehandhabt. Im Fall der hier untersuchten Kulturgüter besteht die Besonderheit darin, dass der Herkunftsort der Objekte und damit die für die Eigentumsbegründung maßgebliche Rechtsordnung mangels dokumentierter Nachweise nicht zweifelsfrei festgestellt werden kann. Eine konkrete eigentumsrechtliche Klarstellung und Zuordnung kann gerade nicht erfolgen, ein Eigentümer nicht benannt werden. Die rechtliche Regelung zum Umgang mit nachrichtenlosen Kulturgütern erfordert jedoch eine Auseinandersetzung mit der Frage, welche möglichen Eigentumszuordnungsregelungen im Einzelfall eingreifen können und welche Folgen sich hieraus ergeben – also in welcher Weise und für wen das Eigentum an (unrechtmäßigen) Grabungsfunden begründet wird.

Da das konkrete Objekt aus mehreren Ländern stammen könnte und daher verschiedene eigentumsrechtliche Regelungen in Betracht kommen, soll überprüft werden, ob sich hieraus verschiedene rechtliche Konsequenzen für die Bewertung eigentumsrechtlicher Fragen und die Rechtsstellung möglicher Anspruchsteller ergeben. Neben Bestimmungen des deutschen Rechts sind daher im Folgenden ausländische Regeln mit einbezogen, sofern sie auf die Eigentumsstellung nachrichtenloser Kulturgüter einen Einfluss ausüben.

I. Eigentumsbegründung

Das Eigentum an archäologischen Funden entsteht in verschiedenen Staaten nach unterschiedlichen Modellen. In der Regel sehen die Rechtsordnungen vor, wem ein verborgen gelegener entdeckter Schatz oder ein sonstiger archäologisch oder historisch wertvoller Gegenstand gehört. In Betracht kommen hierfür der Finder, der Eigentümer des Grund und Bodens, in dem der Fund gelegen hat, sowie der Staat. In Betracht kommt ferner, dass das Eigentum an dem Fund als Miteigentum verschiedener Eigentümer ausgestaltet wird.

a) Schatzfund und Schatzregal

In Deutschland sieht § 984 BGB für den so genannten Schatzfund vor, dass der Entdecker des verborgen gelegenen Schatzes sowie der Eigentümer der Sache, in welcher der Schatz verborgen war, Eigentümer des Schatzes zu gleichen Teilen werden.[94] In einigen Bundesländern existieren die bundesrechtliche Regelung abändernde Vorschriften in den Landesdenkmalschutzgesetzen.[95] Abweichend

---

94 Ausführlich zu Schatzregalien *Dörner*, S. 20 ff. Historische Ausführungen zum Begriff des Schatzes *Dolezych*, S. 48 ff. sowie für einen historischen Überblick zu Schatzfundregelungen auch S. 52 ff.; ebenso *Chaffak*, S. 47 ff.; historisch rechtsvergleichend zum Schatzrecht *Schleiß*, S. 9 ff.

95 Aufgrund der Vorbehaltsnorm des Art. 73 EGBGB verbleibt jedoch die Gesetzgebungskompetenz hinsichtlich der Regalien bei den Ländern, so dass die landesrechtlichen Vor-

von § 984 BGB wird für den Fall der Entdeckung „*beweglichе[r] Kulturdenkmale, die herrenlos sind oder solange verborgen gewesen sind, dass ihr Eigentümer nicht mehr zu ermitteln ist*“[96] ein automatischer Eigentumserwerb des betreffenden Bundeslandes[97] vorgesehen.[98]

Ähnliche Regelungen eines automatischen Eigentumserwerbs des Staates existieren in ausländischen Rechtsordnungen.[99] So sieht beispielsweise Art. 724 des Schweizer ZGB vor, dass „*[h]errenlose Naturkörper oder Altertümer von wissenschaftlichem Wert [...] Eigentum des Kantons [sind], in dessen Gebiet sie gefunden worden sind.*“[100] Der Eigentümer des Grundstücks, in welchem die Gegenstände gefunden werden, wird nicht Miteigentümer an dem archäologischen Fund. Er ist vielmehr dazu verpflichtet, die Ausgrabung zu gestatten, allerdings hat er Anspruch auf Ersatz des hierdurch entstandenen Schadens.[101]

Auch das englische Recht sieht den automatischen Eigentumserwerb des Staates an einem Schatzfund (*treasure trove*) vor. [102]

---

schriften die bundesrechtliche Regelung über den Schatzfund abändern. Dazu Entscheidung des BVerfG zur Vereinbarkeit des § 23 BadWürttDSchG mit dem GG und zur Verfassungsmäßigkeit ähnlicher von § 984 BGB abweichender landesrechtlicher Bestimmungen BVerfG Beschluss v. 18.5.1988, 2 BvR 579/84, BVerfGE 78, 205, NJW 1988, 2593, a.A. *Schroeder* JZ 1989, 676. Unterschieden wird das kleine, große und umfassende Schatzregal. Siehe dazu *Deutsches Nationalkomitee für Denkmalschutz u. a. (Hrsg.)*, S. 32.

[96] So beispielhaft § 23 BdWürttbDSchG. Die Landesdenkmalschutzgesetze benutzen den Begriff des „Kulturdenkmals“. § 2 Abs. 1 BdWürttbDSchG definiert diese als „Sachen, Sachgesamtheiten und Teile von Sachen, an deren Erhaltung aus wissenschaftlichen, künstlerischen oder heimatgeschichtlichen Gründen ein öffentliches Interesse besteht.“ Zu den Begriffen und der Abgrenzung zwischen einem „Bodendenkmal“ und einem „Schatz“ *Dörner*, S. 14 ff., 36 ff.; *Oebbecke*, DVBl. 1983, 384 (385 f.).

[97] In folgenden Bundesländern existieren in den jeweiligen Landesdenkmalschutzgesetzen Schatzregale: Baden-Württemberg (§ 23), Berlin (§ 3 Abs. 2), Brandenburg (§ 12), Bremen (§ 19), Hamburg (§ 18 Abs. 3), Mecklenburg-Vorpommern (§ 13), Niedersachsen (§ 18), Rheinland-Pfalz (§ 19a), Saarland (§ 14), Sachsen (§ 25 Abs. 1), Sachsen-Anhalt (§ 12 Abs. 1), Schleswig-Holstein (§ 21), Thüringen (§ 17). Ausführlich dazu *Dörner*, S. 20 ff.; *Hönes*, DÖV 1992, 425.

[98] Zu historischen Hintergründen der Regelung *Schroeder*, JZ 1988, 676 (677 ff.) m. w. N.; *Müller-Katzenburg*, Internationale Standards, S. 67.

[99] Weitere ausländische Schatzfundregelungen stellt *Müller-Katzenburg*, Internationale Standards, S. 66 ff., dar.

[100] Art. 724 Abs. 1 ZGB (Schweiz), Fassung gem. Art. 32 Ziffer 1 des Kulturgütertransfergesetzes vom 20.6.2003, in Kraft seit 1.6.2005 (SR 444.1).

[101] Art. 724 Abs. 2 ZGB (Schweiz). In Abs. 3 ist geregelt, dass „*der Finder und im Falle des Schatzes auch der Eigentümer* [...] *Anspruch auf eine angemessene Vergütung [haben], die jedoch den Wert der Gegenstände nicht übersteigen soll.*“

[102] Geschützt werden allerdings nur Gold- und Silbermünzen als Schatzfunde, vgl. Sects. 1 (1) (a) (i) und 3 (3) Treasure Act 1996. Weitere Länder des *Commonwealth* weisen teilweise Regelungen auf, die den Begriff des *treasure trove* enthalten, allerdings mit unterschiedlich weitem

Je nach Ausgestaltung der Schatzfundregelungen entsteht das Eigentumsrecht an den zutage geförderten Sachen automatisch, also im Moment der Entdeckung. Die Regelungen über den Erwerb des Eigentums an verborgen gelegenen Kulturgütern greifen in der gleichen Weise ein, ungeachtet der Tatsache, ob die Ausgrabung mit oder ohne eine Genehmigung, mithin rechtmäßig oder rechtswidrig durchgeführt wurde.[103]

Für die Bewertung der rechtlichen Situation nachrichtenloser archäologischer Kulturgüter bedeutet dies, dass selbst an illegal zutage geförderten Kulturgütern Eigentumsrechte begründet werden. Archäologische Funde fallen also je nach gesetzlicher Ausgestaltung des Fundrechts als Schatzfund oder sog. Schatzregal ganz oder zu Teilen in das Eigentum des Finders, des Staates oder des Grundstückseigentümers, in dessen Gebiet oder Grundeigentum der Fund gemacht worden ist. Keinen Einfluss auf die so festgelegte Eigentumszuordnung hat es, wenn der Eigentümer den Besitz an dem Grabungsfund in der Folge verliert und die Person des Eigentümers, beispielsweise im Rahmen einer Sicherstellung, später nicht festgestellt werden kann.

b) *„Umbrella statutes"*

Weitergehende Regelungen zugunsten eines staatlichen Eigentumserwerbs treffen die so genannten *„umbrella statutes"*. Es handelt sich hierbei um Regelungen, wie sie in zahlreichen Staaten Lateinamerikas, Afrikas, Asiens und einigen Ländern Europas existieren und durch die Kulturgüter pauschal zum Eigentum des Staates erklärt werden.[104] Diese Regelungen erstrecken sich auch auf solche Kulturgüter, die jeweils bisher weder ausgegraben noch überhaupt entdeckt sind. Zahlreiche der aufbewahrten nachrichtenlosen Objekte stammen mutmaßlich aus einem dieser, an archäologischen Ressourcen reichen Länder. Für die vorliegende Studie ist es daher von entscheidender Bedeutung, inwieweit diese Gesetze Wirkung entfalten.[105] Problematisch ist hieran, dass die Wirksamkeit

---

Verständnis gebrauchen, *Prott/O'Keefe*, Vol. 1, Rn. 1013 f.; Müller-Katzenburg, Internationale Standards, S. 67.

103 Dies gilt für Grabungsfunde im In- und Ausland. Zum Eigentumserwerb bei rechtswidrigem Zutagefördern in Deutschland nach § 984 BGB sowie den jeweiligen landesrechtlichen Denkmalschutzgesetzen *Dörner*, S. 63 ff. Dort auch zu einem Urteil des OLG Jena (Seuff. Arch. 47 (1892) 273), in welchem das Gericht das Eigentum an einem Schatz, der in einem doppelten Boden eines zuvor entwendeten Koffers gefunden wurde, hälftig der Diebin zusprach. Auch nach geltender Rechtslage würde ebenso enschieden werden.

104 Für eine Liste von Staaten, die solche *umbrella statutes* erlassen haben, siehe *Moore*, 97 Yale Law Journal 1988, 471 (Fn. 26). Siehe auch *Prott/O'Keefe*, Vol. 1, Rn. 603 ff.

105 Zur eigentumsrechtlichen Situation illegal zutage geförderter Schatzfunde in Deutschland *Dörner*, S. 65 ff. Er kommt zu dem zutreffenden Ergebnis, dass in Bundesländern mit Schatz-

dieser Gesetze im Ausland nicht immer anerkannt wird.[106] Dies betrifft nicht die Frage des anwendbaren Rechts, also eine kollisionsrechtliche Problematik, sondern die Geltung ausländischer Regelungen über die Bestimmung staatlichen Eigentums. Aus deutscher Sicht wird eine mögliche Unbeachtlichkeit derartiger Eigentumsbestimmungen unter dem Gesichtspunkt der Vereinbarkeit mit der Konzeption des deutschen Sachenrechts als problematisch zu bedenken gegeben.[107] Grund hierfür könnte ein Widerspruch der *umbrella statutes* mit der wesentlichen Konzeption des Sachenrechts des BGB sein, wonach sich das Eigentum stets auf eine konkrete Sache bezieht (Spezialitätsprinzip).[108] Die Regelungen der *umbrella statutes* könnten jedoch so ausgelegt werden, dass sie auch bislang unbekannte Sachen zu Staatseigentum erklären. Keine Unvereinbarkeit mit der Konzeption des deutschen Sachenrechts besteht allerdings dann, wenn für den Eigentumserwerb an den verborgenen Kulturgütern erst auf den Moment der Entdeckung abgestellt wird.[109] Ohne Zweifel ist zumindest für diesen Zeitpunkt eine originäre Eigentumszuordnung auch nach deutschem Rechtsverständnis und der Konzeption des BGB möglich.[110] Auch in diesen Fällen besteht das Eigentumsrecht des Staats weiterhin, selbst wenn der konkrete Staat zu einem späteren Zeitpunkt nach Verbringung des Kulturguts an einen anderen Ort – beispielsweise im Wege der Ausfuhr zu Zwecken der Veräußerung – nicht ermittelt werden kann.

c) Verstoß gegen Exportverbote

Viele Staaten reglementieren den Export oder die Verbringung von Kulturgütern.[111] Sinn der Regelungen ist es, die unkontrollierte Abwanderung nationaler Kunstschätze ins Ausland zu verhindern. Die Regelungspraxis der Exportkontrollen erfolgt in unterschiedlichen Ausprägungen. In Deutschland ist die Ausfuhr von Kulturgütern im Gesetz zum Schutz deutschen Kulturguts gegen

---

regal bei ungenehmigten Grabungen von vornherein an den Grabungsfunden Landeseigentum entsteht. In Bundesländern ohne Schatzregal erwirbt hingegen der – wenn auch verbotswidrig handelnde – Entdecker Eigentum gem. § 984 BGB.

[106] *Müller-Katzenburg*, NJW 1999, 2551 (2553). Siehe außerdem zum Nachweis der Eigentümerstellung ausländischer Staaten zum Fall ägyptischer Kulturgüter im Rahmen eines Antrags auf Verbot der Ausfuhr von Antiquitäten KG, Urt. v. 16.10.2006, 10 U 286/05, NJW 2007, 705, IPRspr. 2006, Nr. 42, 63.

[107] *Armbrüster*, NJW 2001, 3581 (3583).

[108] Soergel/*Stadler*, Einl (Sachenrecht 1) Rn. 43; *Geier*, in: MüKo-BGB, Einleitung (zum Buch 3 Sachenrecht) Rn. 20.

[109] *Armbrüster*, NJW 2001, 3581 (3583).

[110] Siehe dazu oben unter a), vgl. hierzu § 984 BGB sowie die jeweiligen Vorschriften der Landesdenkmalschutzgesetze; *Armbrüster*, NJW 2001, 3581 (3583).

[111] Innerhalb der EU ohne Zollgrenzen bedeutet der *Export* eine *Verbringung*, hierzu und eingehend zu Exportverboten betreffend Kulturgüter *Siehr*, in: Illegale Archäologie?, 76 (81).

Abwanderung (KultgSchG) geregelt.[112] Es handelt sich dabei um ein Ausfuhr- und Verbringungsverbot für bestimmte Kulturgüter, die in ein Verzeichnis, namentlich das Verzeichnis national wertvollen Kulturguts, eingetragen sind. Ausländische Regelungen sehen stattdessen teilweise vor, dass durch Generalklauseln alle im jeweiligen Inland befindlichen Kulturgüter als „national wertvoll“ klassifiziert werden, und ordnen ein Verbot des Exports dieser Kulturgüter ohne staatliche Genehmigung an.[113]

Der Verstoß gegen ein Exportverbot bleibt für die dingliche Rechtsstellung des Eigentümers zunächst folgenlos. Die im Ausland begründeten Eigentumspositionen bleiben erhalten.

aa) Durchsetzung von Rückgabeforderungen widerrechtlich ausgeführter Kulturgüter ausländischer Staaten

Zu differenzieren ist von der Frage der Eigentümerstellung die Problematik der Durchsetzung von Rückgabeforderungen ausländischer Staaten im Fall der widerrechtlichen Ausfuhr von Kulturgütern. Die Durchsetzung von Exportverboten im Ausland ist problematisch.[114] Staaten erkennen grundsätzlich in ihrem Recht keine ausländischen Exportverbote an.[115] Grund hierfür ist, dass es sich bei Exportverboten um öffentlich-rechtliche Vorschriften eines ausländischen Staates handelt, die mangels internationaler Verpflichtungen darüber, ausländische Exportverbote anzuerkennen, in ihrer Geltung und Durchsetzung auf das Verbotsland beschränkt bleiben. Sofern keine internationalen Staatsverträge zur Anerkennung ausländischer Export- oder Verbringungsverbote existieren, bleibt es dabei, dass die Exportverbote international unwirksame nationale Verbote darstellen.

bb) Rückgabe von Kulturgütern nach dem KultGüRückG

Die Situation hat sich allerdings insoweit verändert, als innerhalb der EU durch die Umsetzung der Richtlinie 93/7/EWG[116] die Möglichkeit für die Mitgliedsstaaten geschaffen wurde, illegal exportierte Kulturgüter innerhalb der Union

---

[112] Zum KultgSchG bereits oben, im Rahmen der Bestimmung des Begriffs Kulturgut, 1. Kapitel, B. I. 2.

[113] *Siehr*, in: Illegale Archäologie?, 76 (81) mit Hinweis auf den italienischen *Decreto legislativo* v. 29.10.1999, N. 490, *Testo unico delle disposizioni legislative in materia di beni culturali ed ambientali: Gazzetta Ufficiale n.* 302 v. 27.12.1999, *Suppl. ordniario n.* 229.

[114] *Siehr*, in: Illegale Archäologie?, 76 (81). Siehe allerdings zur Tendenz der Lockerung dieses Grundsatzes *Müller-Katzenburg*, NJW 1999, 2551 (2553) sowie *dies.*, Internationale Standards, S. 179 ff. *Wiese*, S. 4.

[115] Siehe zur Nichtanwendung ausländischen öffentlichen Rechts durch den BGH unter Anwendung des Territorialitätsgrundsatzes Reithmann/Martiny/*Hiestand*, Rn. 1834.

[116] Eingehend hierzu *Wiese*, S. 17 f., 24 ff.

zurück zu fordern.[117] Ferner ist für Nicht-Mitgliedstaaten der EU, die jedoch Vertragsstaaten der UNESCO Konvention 1970 sind,[118] durch deren Umsetzung im KultGüRückG ebenfalls ein Rückgabeanspruch für illegal exportierte Kulturgüter vorgesehen.[119]

Es bleibt also bei der Feststellung, dass der Verstoß gegen ein ausländisches Exportverbot innerhalb und außerhalb der EU für die Stellung des Eigentümers sowie für eine eventuelle spätere Übereignung eines Kulturguts, das bereits vor der Veräußerung verbracht wurde, folgenlos ist.[120]

d) Verfall aufgrund verbotswidrigen Exports

Eine Auswirkung auf die eigentumsrechtliche Stellung unrechtmäßig ausgeführter Kulturgüter, mithin vor allem der hier im Zentrum der Betrachtung stehenden illegal zutage geförderten Kulturgüter, können allerdings so genannte Verfallsregeln haben. Diese sehen vor, dass Kulturgüter bei illegaler Ausfuhr in das Eigentum des Staates fallen, aus dem sie ausgeführt werden sollen. Werden Kulturgüter illegal zutage gefördert, um auf ausländischen Absatzmärkten veräußert zu werden, müssen sie aus dem Herkunftsland ausgeführt werden. Diese Ausfuhr unrechtmäßig zutage geförderter archäologischer Grabungsfunde wird ebenfalls auf ungenehmigtem Wege, ohne die erforderlichen Ausfuhrgenehmigungen erfolgen. Diese Kulturgüter sind es, die später beim Versuch der ungenehmigten Einfuhr nach Deutschland als nachrichtenlos sichergestellt werden. Kann ihre Herkunft nicht ermittelt werden, bilden sie die dieser Untersuchung zugrunde gelegte Fallgruppe illegal zutage geförderter Kulturgüter unbekannter Herkunft.[121]

Eine in einem ausländischen Staat durch Verfallsvorschriften angeordnete Enteignung muss nicht automatisch auch in Deutschland als solche anzuerkennen sein, wenn sich ein ausländischer Staat darauf beruft.[122] Den Prinzipien des

---

[117] Die Umsetzung der Richtlinie erfolgte in Deutschland durch das KultGüRückG. Der Anspruch auf Rückgabe von Kulturgütern für EU-Mitgliedstaaten ergibt sich aus § 6 Abs. 1 KultGüRückG. Zu den Entwicklungen der Anerkennung ausländischer Normen *Müller-Katzenburg*, Internationale Standards, S. 178 ff.

[118] Als Vertragsstaat der UNESCO Konvention 1970 gilt gem. § 1 Abs. 2 KultGüRückG jeder Staat, der die Konvention ratifiziert hat, ihr beigetreten ist oder sie angenommen hat.

[119] § 6 Abs. 2 KultGüRückG.

[120] Anders liegt der Fall, wenn das der Übereignung zugrunde liegende Kausalgeschäft darauf gerichtet ist, ein Kulturgut illegal zu exportieren. Hierzu *Armbrüster*, NJW 2001, 3581 (2584), der die Nichtigkeit der Übereignung in einem derartigen Fall aus § 134 BGB folgert. Anders der BGH, der sich für diesen Fall mit einem Rückgriff auf eine Nichtigkeit aufgrund § 138 BGB behalf, BGH, Urt. v. 22.6.1972, II ZR 113/70, BGHZ 59, 82 (86 f.), NJW 1972, 1575.

[121] Siehe oben, 1. Kapitel C. I.

[122] *Spaun*, S. 138.

Territorialitätsprinzips folgend ist dafür zunächst Voraussetzung, dass sich das Kulturgut zum Zeitpunkt der Enteignung auf dem Hoheitsgebiet des enteignenden Staates befand.[123] Darüber hinaus darf die Enteignung nicht dem deutschen *ordre public* (Art. 6 EGBGB) widersprechen.[124] Ferner sind, in Abhängigkeit von dem Anknüpfungspunkt für die Enteignung, ggf. völkerrechtliche Abkommen zu beachten.[125]

Das Territorialitätsprinzip kann der Anerkennung einer ausländischen Verfallklausel entgegenstehen, da das Kulturgut im Zeitpunkt der Enteignung, dem Grenzübertritt, ja gerade außer Landes gebracht wird und damit also gerade das Territorium des Staates verlässt, dessen Gesetze eine Enteignung für diesen Fall vorsehen. Möglicherweise handelt somit der Exportstaat nicht mehr in Ausübung eigener Hoheitsgewalt, wenn er den Eigentumserwerb für den Moment des Grenzübertritts anordnet.[126] Gegen die Anerkennung könnte sprechen, dass der Exportstaat die Enteignung ab dem Moment, in dem das Kulturgut außer Landes gebracht worden ist, nicht mehr in Ausübung eigener Hoheitsgewalt vollziehen kann.[127] Dem ist jedoch entgegen zu setzen, dass es vorliegend nicht um die Anerkennung ausländischer Vollzugsakte, sondern um die Anerkennung ausländischen Enteignungsrechts des Staates geht, in welchem das Kulturgut bisher belegen war.[128] Die Verfallgesetze bewirken nämlich eine Enteignung im

---

123 Zum Territorialprinzip in Bezug auf kulturgüterrechtliche Regelungen *Spaun*, S. 132 f; *Knott*, S. 99 ff.; *Armbrüster*, NJW 2001, 3581 (3583); *Kegel*, in: FS Caemmerer, 1978, S. 149 (168); *Armbrüster/Jopen*, ROW 1989, 332 (333) zur Klage eines nach West-Berlin übersiedelten Bürgers aus der DDR auf Herausgabe einer Standuhr, die bei ihm im Zusammenhang mit einem Nachbesteuerungsverfahren in der DDR durch die Behörden gepfändet und im Wege freihändigen Verkaufs verwertet worden war.

124 Die Bewertung eines Verstoßes gegen das *ordre public* hat allerdings mit großer Vorsicht zu erfolgen gibt *Armbrüster*, NJW 2001, 3581 (3583) zu bedenken.

125 Insbesondere ist dies der Fall bei der Enteignung so genannten „Feindvermögens". BVerwG, Urt. v. 29.4.1994, 7 C 47/93, BVerwGE 96, 8 (12 f.), NJW 1994, 2777 (2778); Urt. v. 28.7.1994, 7 C 14/94, BVerwGE 96, 253 (255), NJW 1994, 3306 (3307); siehe auch Überleitungsvertrag v. 23.10.1954, BGBl. II 1955, 405 (439); *Doehring*, IPRax 1998, 465; *Schoen*, NJW 2001, 537 (542); *Armbrüster*, NJW 2001, 3581 (3583).

126 Ausführungen hierzu von Lord Denning, M.R. in *Attorney-General of New Zealand v. Ortiz* (1984) 1 A.C. 19.

127 So entschieden in *Attorney of New Zealand v. Ortiz*, [1982] 2 W.L.R. 10 (Q.B.), [1982] 3 All E.R. 432 (Q.B.), zusammengefasst bei *Siehr*, in: FS Müller-Freienfels (1996), S. 57 (65). Die nächst höhere Instanz, der Court of Appeal, wies die Herausgabeklage ab. Lord Denning argumentierte unter anderem damit, dass eine Herausgabe gegen das Völkerrecht verstoße, da kein Staat Vermögen außerhalb seiner Hoheitsgrenzen enteignen und für sich reklamieren dürfe, *Attorney General of New Zealand v. Ortiz*, [1984] 1 A.C. 19 (C.A.). Dazu *Müller-Katzenburg*, Internationale Standards, S. 82; *Knott*, S. 114 ff. Australien und Neuseeland haben ihre Kulturgüterschutzgesetze im Anschluss an die Entscheidung abgeändert und sehen nun den Verfall schon dann vor, wenn ein Kulturgut ohne Ausführgenehmigung einen inländischen See- oder Lufthafen erreicht.

128 *Armbrüster*, NJW 2001, 3581 (3583).

Moment der letzten Zugriffsmöglichkeit, also der juristischen Sekunde vor dem Grenzübertritt.[129]

Ausländische Verfallklauseln stehen ferner auch nicht im Widerspruch zum deutschen *ordre public*. Zu bedenken gegeben wird dies zwar teilweise mit Hinweis auf die Anordnung einer entschädigungslosen Enteignung in den Verfallklauseln. Allerdings ist Anknüpfungspunkt der Enteignung ein Exportverbot. Folgerichtig wird daher mit Hinweis auf § 16 Abs. 3 KultgSchG, der eine entschädigungslose Einziehung auch im deutschen Recht vorsieht, eine Unvereinbarkeit der beschriebenen ausländischen Verfallklauseln mit wesentlichen Grundsätzen des deutschen Rechts (Art. 6 EGBGB) abgelehnt.[130]

Greifen folglich aufgrund illegalen Exports von archäologischen Funden ausländische Verfallsvorschriften ein, erwirbt ein ausländischer Staat Eigentum an den Kulturgütern. Die fehlende Möglichkeit, die Kulturgüter diesem bzw. einem bestimmten Herkunftsstaat zuzuordnen, lässt das auf diese Art etablierte Eigentumsrecht des Staates unberührt.[131]

2. Zwischenergebnis

Ermittlungen können ergeben, dass die illegal zutage geförderten Kulturgüter abweichend von der Eigentumsvermutung des § 1006 Abs. 1 Satz 1 BGB nicht dem letzten Gewahrsamsinhaber, sondern einem Dritten gehören. Im Fall von Kulturgütern, die aus illegalen Raubgrabungen stammen und unrechtmäßig aus dem Herkunftsland verbracht worden sind, kommen, als Eigentümer der be-

---

129 *Armbrüster*, NJW 2001, 3581 (3583); so im Ergebnis auch *Müller-Katzenburg*, Internationale Standards, S. 82 f. mit dem Hinweis, dass es angeraten sei, die Verfallswirkung sowie den -zeitpunkt ausdrücklich im Gesetz festzulegen, um unterschiedlichen Ergebnissen bei der Auslegung von Verfallvorschriften vorzubeugen, die den verschiedenen nationalen Traditionen bei der Auslegung von Verfallsvorschriften geschuldet sind.

130 *Armbrüster*, NJW 2001, 3581 (3583).

131 Entscheidende Bedeutung für diese Auffassung kommt insoweit zwei international beachteten gerichtlichen Entscheidungen zu, die von U.S.-amerikanischen Gerichten ergangen sind. In beiden Fällen ging es um illegal exportierte präkolumbianische Grabungsfunde, die in ihrem jeweiligen Herkunftsstaat zu Staatseigentum erklärt worden waren aufgrund entsprechender Kulturschutzgesetze. Die U.S.-amerikanischen Gerichte klassifizierten die Grabungsfunde jeweils als „stolen goods" gemäß den einschlägigen Bestimmungen des National Stolen Property Act (NSPA). Trotz der Einordnung als „*property of a very special kind*" sei das Eigentum fremder Staaten eine Rechtsposition, die gleichwohl als Volleigentum anzusehen sei und dementsprechend den Schutz der einschlägigen inländischen Gesetze genieße. Die *ex lege* Erklärung für den Erwerb von Eigentum wird in diesen Fällen auch dann nicht als unwirksam angesehen, wenn das Erfordernis einer besitzrechtlichen Position nicht erfüllt ist. Der erhobene Einwand, Eigentum erfordere stets auch Besitz, wurde nicht gelten gelassen – Besitz sei kein *sine qua non* des Eigentums. Siehe zu diesen Entscheidungen *Müller-Katzenburg*, NJW 1999, 2551 (2553).

schlagnahmten Kulturgüter vor allem die Quellenstaaten,[132] aber auch private Eigentümer in Betracht.[133] Entgegen der Vermutung des § 1006 BGB wird in den weit überwiegenden Fällen des Aufgreifens von Kulturgütern, deren Herkunft auf illegale Raubgrabungen hindeutet, und für die eine Ausfuhrgenehmigung nicht nachgewiesen werden kann, das Eigentum an den Objekten einem ausländischen Staat und nicht den letzten Gewahrsamsinhabern zustehen.[134]

II. Ausgangslage dinglicher Rechtspositionen an Kulturgütern aus dem Restbestand CCP sowie aus dem so genannten Fremdbesitz

Gegenstand des folgenden Abschnitts ist die Untersuchung der eigentumsrechtlichen Situation des bereits oben eingeführten so genannten Restbestandes CCP sowie des sonstigen „Fremdbesitzes" an Kulturgütern in Museen und sonstigen öffentlichen Institutionen in Deutschland. Dieser Bestand an Kulturgütern, deren Eigentümer nicht festgestellt werden können, wurde oben bereits einzelnen Einlagerungszeitpunkten zugeordnet. Zu klären ist, inwieweit rechtliche Begebenheiten seit dem Zeitpunkt, in welchem die ursprünglichen Eigentümer keine Sachherrschaft mehr über die Kulturgüter ausüben, Einfluss auf die eigentumsrechtliche Zuordnung haben konnten bzw., inwieweit das anwendbare Sachenrecht die eigentumsrechtliche Bewertung beeinflusst.

Es soll anhand der bekannten Einlagerungsperioden und der somit gegebenenfalls einschlägigen Rechtsakte ein Überblick über die möglichen eigentumsrechtlichen Positionen an den eingelagerten Kulturgütern gegeben werden. Wie auch im bereits erörterten Fall der nicht zuzuordnenden archäologischen Objekte, kommt der Klarstellung zivilrechtlicher Vorfragen entscheidende Bedeutung für den weiteren Umgang mit den Kulturgütern zu. Sowohl die konkrete Ausgestaltung einer Aufbewahrung als auch die Möglichkeit einer Übertragung des Eigentums hängt hiervon ab. Abermals müssen verallgemeinernde Überlegungen angestellt werden, da die konkreten Eigentumssituationen der einzelnen nachrichtenlosen Kulturgüter gerade nicht zweifelsfrei feststellbar sind.

---

[132] OLG Schleswig, Beschl. v. 10.2.1989, 1 Ausl. 2/89, NJW 1989, 3105; OLG Saarbrücken, Beschl. v. 19.9.2001, Ausl. 24/2000, (unveröffentlicht); hierzu *Siehr*, in: FS Müller-Freienfels (1996), S. 57 (63 ff.); sehr weit gehend *Armbrüster*, NJW 2001, 3581, 3582 ff.; *Schumann/Schmidt-Bremme*, NJW 2002, 574 (575).

[133] Für Beispiele, in denen nicht Staaten, sondern Private Eigentum an Ausgrabungsgegenständen erwerben *Walser*, KUR 2010, 3 (6).

[134] Anders ist die Sachlage im Fall des Eingreifens einer Schatzfundregelung, wie sie in § 984 BGB vorgesehen ist. Denn statt staatlichem Eigentum wird in diesem Fall ein Eigentumsrecht des Finders angeordnet, also auch das des illegalen Raubgräbers und/oder des Eigentümers des Grund und Bodens, aus welchem das Kulturgut zutage gefördert wurde.

Angemerkt werden muss, dass den privatrechtlichen Betrachtungen im Einzelfall Regelungen der Rechtsbeziehungen zwischen den beteiligten Staaten auf völkerrechtlicher Ebene vorangestellt werden müssen, wenn die Verlagerungen von Kulturgütern von staatlicher Seite veranlasst worden sind.[135]

I. Auswirkungen von Entzugsakten während des Dritten Reichs auf Eigentumsrechte

Untersucht wird zunächst, welche Auswirkungen die Entziehung durch oder aufgrund von nationalsozialistischen Gesetzen auf die dingliche Rechtslage und damit auf die Eigentümerstellung der ursprünglichen Eigentümer hat.

Den Entzug von Kulturgütern erlitten insbesondere jüdische Bürger. Darüber hinaus wurden Kulturgüter aufgrund des „Gesetzes über die Einziehung von Erzeugnissen entarteter Kunst" eingezogen. Entscheidend für die zivilrechtliche Situation der als Fremdbesitz oder Restbestand CCP aufbewahrten Bestände an nachrichtenlosen Kulturgütern sind folglich die Rechtswirksamkeit und ggf. die Rechtsfolgen dieser Entzugsakte. Maßgeblich ist zunächst, ob die Rechtsakte, auf welche die Entziehung gestützt worden ist, bereits seinerzeit nichtig gewesen sind. Das Ergebnis dieser Untersuchung ist in zweierlei Hinsicht bedeutsam. Einerseits für die Frage, welche Konsequenzen sich hieraus unmittelbar auf die Rechtsstellung der ursprünglichen Eigentümer ergeben. Darüber hinaus ist die Wirksamkeit der Rechtsakte im Hinblick auf eine Veräußerung an gutgläubige Dritte gem. §§ 932 ff. BGB entscheidend.

Die *ex nunc* wirkende Aufhebung einiger ausgewählter nationalsozialistischer Gesetze durch Art. 1 Nr. 1 Kontrollratsgesetz Nr. 1 vom 20.9.1945[136] sowie durch Art. 1 Nr. 1 Militärregierungsgesetz Nr. 1 vom 30.8.1945[137] lässt die Situation insoweit unberührt, als damit über die Wirksamkeit der Rechtsakte, die während des Dritten Reiches aufgrund der damals geltenden Gesetze vorgenommen worden sind, noch keine Aussage getroffen werden kann.[138] Bedeutung erlangt diese Frage ferner für einen möglichen gutgläubigen Eigentumserwerb eines Dritten an den entzogenen Kulturgütern.

Denn Voraussetzung eines wirksamen Eigentumserwerbs durch gutgläubige Dritte gem. §§ 932 ff. BGB ist, dass die Sache nicht abhanden gekommen ist i. S. d. § 935 Abs. 1 BGB. Das Abhandenkommen einer Sache gem. § 935 Abs. 1 BGB setzt einen unfreiwilligen Besitzverlust beim unmittelbaren Besitzer vor-

---

135 *Müller-Katzenburg*, NJW 1999, 2551 (2552).

136 Abgedruckt in: *Anders*, Abschnitt C 1/1. Ausführlich zur Aufhebung nationalsozialistischer Gesetze *Etzel*, S. 83 ff.

137 Abgedruckt in *Anders*, Abschnitt D 1/1.

138 AG Wiesbaden Urt. v. 13.11.1945, SJZ 1946, 36. Ausführlich hierzu *Rudolph*, S. 162 f.

aus.[139] Der Besitzverlust muss also ohne, nicht notwendig gegen den Willen des unmittelbaren Besitzers erfolgen.[140] Trotz fehlenden Besitzaufgabewillens beim unmittelbaren Besitzer ist eine Sache nicht abhanden gekommen, wenn die Wegnahme aufgrund eines rechtswirksamen Hoheitsakts erfolgt.[141] Dies gilt selbst dann, wenn der Hoheitsakt anfechtbar ist. Der staatliche Hoheitsakt überwindet den fehlenden Willen.[142] Ist der staatliche Hoheitsakt rechtswidrig, aber anfechtbar, so ist er bis zum Zeitpunkt seiner Aufhebung zu respektieren. Anders ist dies nach allgemeiner Ansicht, wenn die Maßnahme nichtig ist.[143]

Ein durch eine nichtige Maßnahme entzogenes Kulturgut ist somit seinem Eigentümer abhanden gekommen. Ein gutgläubiger rechtsgeschäftlicher Erwerb eines Dritten gem. §§ 932 ff. BGB ist damit ausgeschlossen.

a) Entzug jüdischen Kunstbesitzes

Mit der Beschlagnahme von Kulturgütern aus dem Besitz jüdischer Bürger durch die Nationalsozialisten wurde in der Regel zugleich ein Eigentumsübergang an den entzogenen Sachen an das Deutsche Reich angeordnet.[144]

Der BGH hat ausdrücklich festgestellt, dass die auf nationalsozialistische Gesetze gestützten Anordnungen zur Entziehung jüdischen Vermögens niemals Recht, sondern von Anfang an, also auch bereits zur Zeit ihrer formalen Geltung, „krasses Unrecht"[145] gewesen ist.[146] Das Gericht führt weiterhin aus, es sei nicht angemessen zu folgern, dass diese Gesetze bis zu ihrer formalen Aufhebung gültiges Recht gewesen seien und damit erst einer formalen Aufhebung bedürfen, um nicht mehr wirksam zu sein. Eine derart formalrechtliche Betrachtungsweise

---

139 Allgemein akzeptierte Formel im Anschluss an RG, Urt. v. 21.1.1921, VII 360/20, RGZ 101, 224 (225).

140 Soergel/*Henssler*, § 935 Rn. 2; *Oechsler*, in: MüKo-BGB, § 935 Rn. 2.

141 *Schoen*, NJW 2001, 537 (543).

142 BGH, Urt. v. 15.11.1951, III ZR 21/51, BGHZ 4, 10 (33), NJW 1952, 738; LG Bonn, Urt. v. 25.6.2002, 18 O 184/01, NJW 2003, 673, 675; *Oechsler*, in: MüKo-BGB, § 935 Rn. 12; Palandt/*Bassenge*, § 935 Rn. 6; Soergel/*Henssler*, § 935 Rn. 10.

143 *Westermann/Gursky/Eickmann*, § 49 I. 4.; *Oechsler*, in: MüKo-BGB, § 935 Rn. 12. Für Beschlagnahmen der Gestapo siehe LG Bonn, Urt. v. 25.6.2002, 18 O 184/01, NJW 2003, 673, 675.

144 Dies erfolgte aufgrund oder durch Gesetz, namentlich aufgrund der Einsatzverordnung samt der zu ihrer Durchführung erlassenen Verordnungen, des „Gesetzes über die Einziehung volks- und staatsfeindlichen Vermögens" sowie des „Gesetzes über den Widerruf von Einbürgerungen und die Aberkennung der deutschen Staatsangehörigkeit" sowie durch die 11. Verordnung zum Reichsbürgergesetz. Dazu ausführlich *Rudolph*, S. 162 f.

145 BGH, Urt. v 11.2.1953, II ZR 51/52, BGHZ 9, 34 (44), NJW 1953, 542 (544).

146 BGH, Urt. v. 8.10.1953, IV ZR 30/53, BGHZ 10, 340 (344 f.), NJW 1953, 1909 (1910).

würde verkennen, dass Unrecht nicht deshalb als Recht angesehen werden kann, weil es in die Form eines Gesetzes gekleidet ist.[147]

Bislang fehlt eine höchstrichterliche Aussage zur Frage, wie die eigentumsrechtliche Situation der im Dritten Reich durch staatliche Hoheitsakte entzogenen und aufgrund sonstiger verfolgungsbedingter Zwangsmaßnahmen weggegebenen Kulturgüter zu beurteilen ist.[148] Dies ändert jedoch nichts daran, dass weder dem staatlich angeordneten Kunstraub während der Zeit der nationalsozialistischen Herrschaft noch den durch die Nationalsozialisten angeordneten Beschlagnahmen von Kulturgütern eine Auswirkung auf die Eigentümerstellung der ursprünglichen Rechteinhaber beizumessen ist.[149] Den Einziehungs- und Beschlagnahmeakten kommt sowohl nach der so genannten Radbruchschen Formel[150] als auch nach den Kriterien des BVerfG[151] keine rechtliche Wirkung zu, die die eigentumsrechtlichen Positionen verändern konnte.[152] Zu unterscheiden ist allerdings die Frage der Nichtigkeit nationalsozialistischer Gesetzgebung und die der Rückabwicklung des rechtswidrigen Eigentumsentzugs nach spezialgesetzlichen und allgemeinen zivilrechtlichen Anspruchsgrundlagen. Letztere betrifft den Bereich der Rückgabe entzogener Kulturgüter an die Opfer nationalsozialistischer Entzugsakte – insbesondere die Rückgabe bei so genannten verfolgungsbedingten Entzugstatbeständen. Dies ist jedoch nicht Gegenstand der vorliegenden Arbeit, so dass auf die hierzu ergangenen zahlreichen Ausführungen verwiesen sei.[153]

---

147 BGH, Urt. v 11.2.1953, II ZR 51/52, BGHZ 9, 34 (44), NJW 1953, 542 (544).

148 Gleichwohl wird die Stellung der ursprünglichen Rechteinhaber als die rechtmäßigen Eigentümer der Kulturgüter zur Grundlage der gegenwärtigen rechtswissenschaftlichen und politischen Diskussion gemacht. *Maurus* spricht von einer Rückgabe entzogener Kulturgüter an die „wirklichen" Eigentümer, *Maurus*, Provenienzklärung und Restitution, S. 7, 9.

149 Hierzu auch LG Berlin, Urt. v. 10.2.2009, 19 O 116/08, KUR 2009, 57 ff.; *Druba*, KUR 2009, 48.

150 Zur Radbruchschen Formel sogleich auch unter b), eingehend *Rudolph*, S. 163 f. Nach *Radbruchs* eigenen Ausführungen war die Auseinandersetzung des AG Wiesbaden in seinem Urt. v. 13.11.1945, SJZ 1946, 36 über die Bedeutung naturrechtlicher Lehren zu Recht und Gesetz für die Entwicklung seiner Formel entscheidend, vgl. *Radbruch*, SJZ 1946, 105.

151 BVerfG, Beschl. v. 14.02.1968, 2 BvR 557/62, BVerfGE 23, 98 (106), NJW 1968, 1036.

152 Verneint wird allerdings das Vorliegen des Tatbestands eines Diebstahls gem. § 242 StGB aufgrund des Handelns durch staatliche Hoheitsakte, vgl. *Müller-Katzenburg*, NJW 1999, 2551 (2552).

153 Zu Rückforderungsmöglichkeiten entzogener Kulturgüter eingehend in letzter Zeit insbesondere *Rudolph*, vor allem S. 57 ff., 115 ff.; *Röhling*, S. 57 ff.; *Tatzkow/Henicke*, ZOV 2000, 67 ff. Zur Rückgabe der als nachrichtenlos aufbewahrten Kulturgüter unten, V. sowie 4. Kapitel E. I., II.

b) Als „entartet" eingezogene Kulturgüter

Das von der Reichsregierung erlassene „Gesetz über die Einziehung von Erzeugnissen entarteter Kunst" („Entartete Kunst"-Gesetz) vom 31.5.1938 sah in § 1 die entschädigungslose Entziehung von Kulturgütern, die sich im Eigentum von Reichsangehörigen oder inländischen juristischen Personen befanden, zugunsten des Reiches vor.[154] Ausgehend von der Möglichkeit, dass nachrichtenlose Kulturgüter aus den Beständen der als „entartet" eingezogenen Kulturgüter stammen, ist zu untersuchen, ob und inwieweit von dieser Vorschrift eine Änderung der eigentumsrechtlichen Positionen verursacht worden sein kann.

Es ist bislang höchstrichterlich nicht entschieden worden, ob das Gesetz rechtmäßig oder „offensichtlich so unhaltbar"[155] ist, dass es als nichtig anzusehen ist.[156] Die vorwiegende Meinung in der Literatur sieht das Gesetz sowie die Rechtsfolge der Einziehung entarteter Kunst als nichtig an.[157] Fraglich kann dies unter dem Gesichtspunkt sein, dass die Aktion „Entartete Kunst" jedenfalls nicht ausschließlich eine rein rassistisch und parteipolitisch motivierte Gesetzgebung war, sondern gegen den allgemeiner formulierten „Kulturzerfall" und die „Pseudokunst" gerichtet war.[158] Keinen unmittelbaren Anknüpfungspunkt für eine Enteignung bildete die religiöse, parteipolitische oder staatsbürgerliche Zugehörigkeit der Künstler. Betroffen waren Werke inländischer und ausländischer, jüdischer und nicht-jüdischer Künstler, NSDAP-Mitglieder und Parteiloser. Dennoch können die Anmaßungen eines faschistischen Regimes in Bezug auf die Werthaltigkeit und Güte von Kunstwerken keine Begründung für eine

---

154 RGBl. I 1938, 612. § 1 des Gesetzes lautete: *„Die Erzeugnisse entarteter Kunst, die vor dem Inkrafttreten dieses Gesetzes in Museen oder der Öffentlichkeit zugänglichen Sammlungen sichergestellt und von einer vom Führer und Reichskanzler bestimmten Stelle als entartete Kunst festgestellt sind, können ohne Entschädigung zugunsten des Reiches eingezogen werden, soweit sie bei der Sicherstellung im Eigentum von Reichsangehörigen oder inländischen juristischen Personen standen."*

155 *Siehr*, in: Kunstrecht, Rn. 87.

156 Zwar waren deutsche Gerichte in einigen Zusammenhängen mit Verfahren befasst, die eine Rückerstattung oder Entschädigung nach Rückerstattungsrecht für den Verlust von Werken „entarteter" Kunst ablehnten. Diese Verfahren trafen allerdings keine Aussage zur Rechtmäßgkeit der Einziehung, vgl. dazu *Siehr*, in: Kunstrecht, Rn. 87 mit Hinweisen auf zahlreiche Rechtsprechung.

157 *Siehr*, in: Kunstrecht, Rn. 87; *Rudolph*, S. 169; *Kunze*, S. 78, 89, 91 f.; *Müller-Katzenburg*, NJW 1999, 2551 (2552); *Heuer*, NJW 1999, 2558 (2561). Differenzierend ist zu beachten, dass selbst die Ureile, die eine Rückerstattung oder Entschädigung für den Verlust von „entarteten" Kunstwerken ablehnen, keine Aussage über die Rechtmäßigkeit der Entziehung aussagen. Dies liegt daran, dass sich gem. § 1 Abs. 1 Satz 1 die zonalen Rückerstattungsgesetze nur auf Sachen bezogen, deren Entzug rassistisch oder parteipolitisch motiviert war, nicht jedoch auf die Wiedergutmachung jeglichen Unrechts. Hierzu ausführlich *Siehr*, in: Kunstrecht, Rn. 87 m. w. N. zur Rechtsprechung.

158 So aufgeführt von *Hilleke*, in: Reichsrecht, I d 17.

Enteignung von Kunstwerken darstellen. Es ist daher gemäß der von *Radbruch* entwickelten[159] und vom BVerfG bestätigten[160] Formel davon auszugehen, dass diese der Einziehung zugrundegelegten Normen niemals Recht im materiellen Sinne, sondern bereits zur Zeit ihrer formalen Geltung gesetzliches Unrecht gewesen sind, da der Widerspruch des positiven Gesetzes zur Gerechtigkeit ein unerträgliches Maß erreichte. Dem von den Nationalsozialisten angeordneten Einziehungstatbestand wohnt folglich keine Rechtswirkung inne. Entgegen der in § 2 Abs. 1 Satz 2 des „Entartete Kunst"-Gesetzes formulierten Auffassung[161] hat das Gesetz keinen Übergang des Eigentums an den als „entartet" bezeichneten Kulturgütern zur Folge.

Insofern ist es auch unerheblich, dass die auf dieses Gesetz gestützte Einziehung von Kulturgütern seitens der Nationalsozialisten sich auch auf solche Sachen erstreckte, die sich im Eigentum ausländischer Bürger befanden und vom Wortlaut des Gesetzes gar nicht erfasst waren.[162] In keinem dieser Fälle ist die ursprüngliche Rechtsstellung der Eigentümer aufgehoben worden. Ihnen steht weiterhin das Eigentum an den Kulturgütern zu.[163]

c) Sonderfrage Erbrecht an Kulturgütern jüdischer Eigentümer

Das Schicksal von Kulturgütern, die als aus dem Eigentum ermordeter jüdischer Bürger deutscher Staatsangehörigkeit stammend identifiziert werden können, wirft besondere Schwierigkeiten auf. Angesichts der Massenvernichtung jüdischen Lebens durch das nationalsozialistische Regime in Deutschland während des Zweiten Weltkriegs kam insbesondere im Zusammenhang mit Vermögenswerten, deren konkrete Eigentümer nicht mehr festgestellt werden konnten, die allerdings ermordeten jüdischen Bürgern zugeschrieben werden konnten, die Frage der Rechtsnachfolge auf. Verstirbt ein Erblasser, der zur Zeit des Erbfalls keine Erben hinterlässt, tritt nach allgemeinen Rechtsgrundsätzen der Staat die Hinterlassenschaft des Erblassers an. Im deutschen Recht bestimmt § 1936 BGB,

---

[159] *Radbruch*, SJZ 1946, 105 (107).

[160] BVerfG Beschl. v. 14.02.1968, 2 BvR 557/62, BVerfGE 23, 98, NJW 1968, 1036.

[161] § 2 des „Entartete Kunst"-Gesetzes lautet: *„Die Einziehung ordnet der Führer und Reichskanzler an. Er trifft die Verfügung über die in das Eigentum des Reiches übergehenden Gegenstände. Er kann die im Satz 1 und 2 bestimmten Befugnisse auf andere Stellen übertragen."*

[162] LG München I, Urt. v. 8.12.1993, 9 O 15935/93, IPRax 1995, 43; dazu *Müller-Katzenburg*, NJW 1999, 2551 (2552), die darauf hinweist, dass im Verfahren um das Rückgabeverlangen des 1937 als „entartete" Kunst eingezogenen Bildes „Sumpflegende" von Paul Klee dieser Aspekt seitens des Gerichts nicht erörtert worden war, obwohl die damalige Eigentümerin – und Mutter des Klägers – Sowjetrussin war. Dazu auch die Urteilsanmerkung von *Jayme*, IPRax 1993, 43.

[163] Keine rechtliche Auswirkung hierauf hat die teilweise getroffene Feststellung darüber, dass die Entziehungen als staatlichen Hoheitsakte nicht den Tatbestand des Diebstahls gem. § 242 StGB erfüllen, hierzu *Müller-Katzenburg*, NJW 1999, 2551 (2552).

dass der Fiskus des Bundeslandes, dem der Erblasser zur Zeit des Todes angehört hat, gesetzlicher Erbe ist. Die Anwendung dieser Norm hätte zur Folge, dass das Eigentum an Kulturgütern ermordeter jüdischer Bürger deutscher Staatsangehörigkeit an den deutschen Staat gefallen wäre. Diese Rechtsfolge würde sogar unabhängig davon eintreten, ob den Bürgern während des NS-Regimes die deutsche Staatsangehörigkeit entzogen worden ist oder nicht. Ausschlaggebend für das Erbrecht des Fiskus ist gem. § 1939 BGB nämlich die Staatsangehörigkeit, die der Erblasser zuletzt besessen hat.[164] Eine Rechtsnachfolge des deutschen Fiskus als Urheber der beispiellosen Vernichtung jüdischen Lebens für aus jüdischem Eigentum stammende Kulturgüter kann keine angemessene Lösung bieten. Die Situation und das Schicksal des jüdischen Eigentums in Deutschland wurden daher schon vor Ende des Zweiten Weltkriegs diskutiert und Modelle zur Lösung dieses Problems konzipiert. Nach Ende des Zweiten Weltkriegs wurden besondere Regelungen zu erblosen Vermögen in Deutschland in Kraft gesetzt. Das gesetzliche Erbrecht des deutschen Staates wurde durch Gesetze der U.S.-amerikanischen und der britischen Militärregierungen im Fall von Gütern, für die Rückerstattungsregelungen eingriffen, ausgeschlossen.[165] Für Kulturgüter, die unter die Rückerstattungstatbestände der Gesetze der alliierten Militärregierungen fallen, ist ein Erbrecht des deutschen Fiskus ausgeschlossen.[166]

Die Rückerstattungsrechte werden von Nachfolgeorganisationen wahrgenommen.[167] Sowohl die Alliierten Rückerstattungsgesetze als auch das VermG sieht für die Rückgabeansprüche relativ kurze Anmeldefristen vor, innerhalb derer Rückgabeansprüche geltend gemacht werden und die als Ausschlussfristen bei Säumnis den totalen Rechtsverlust zur Folge hatten.[168]

---

[164] *Röhling*, S. 126.

[165] Gemäß Art. 9 Abs. 2 b REAO sollen Treuhandgesellschaften entzogenes Vermögen beanspruchen, wenn der Verfolgte *„ohne Hinterlassung eines durch letztwillige Verfügung eingesetzten Erben oder eines erbberechtigten Ehegatten oder sonstigen Verwandten“* verstorben ist oder stirbt. KG, Urt. v. 18.11.1965, 15 W 976/63, NJW, Beilage Rechtsprechung zum Wiedergutmachungsrecht, 1966, 212 (213). Zu Rechtewahrnehmungen durch Nachfolgeorganisationen siehe *Godin*, JR 1948, 33 f.

[166] Zur Gründung, Aufbau und Wirkungsweise der Nachfolgeorganisationen als „Erbe“ der Verfolgten siehe *Weismann*, in: Wiedergutmachung, S. 725 (735 ff.).

[167] Gleiches gilt, wenn der Berechtigte eine juristische Person des Handelsrechts oder eine nicht rechtsfähige Personenvereinigung ist, die aufgelöst wurde oder gezwungen worden ist, sich aufzulösen. *Godin*, JR 1948, 32 (33). Insgesamt werden in dem Artikel allerdings fragwürdige persönliche Meinungen über die „Gerechtigkeit“ der im Rückerstattungsgesetz getroffenen Regelungen geäußert. Siehe zu Nachfolgeorganisationen Art. 10 USREG und Art. 9 REG BritZ.

[168] Hierzu auch *König*, Wiedergutmachung, www.badv.bund.de/003_menue_links/e0_ov/d0_provenienz/b1_aufsaetze/a0_wiedergutmachung.html (aufgerufen am 15.3.2011).

Aber auch der Erbfall an eine bestimmte Organisation, wie beispielsweise Jewish Claims, stößt auf Kritik, da die Wirksamkeit und Berechtigung dieser Legitimation nicht unumstritten ist.[169] Die Berechtigung von Nachfolgeorganisationen zur Forderung unbeanspruchter Vermögen ist umso problematischer, wenn die Eigentumslage ungeklärt ist, also auch keine eindeutige Zuordnung beispielsweise zu einem jüdischen Eigentümer erfolgen kann.

Zu Fragen der völkerrechtlichen Legitimation und Rechtsnachfolge für jüdisches Eigentum sei an dieser Stelle auf die vorhandenen ausführlichen Ausführungen im Schrifttum verwiesen.[170] Für die vorliegende Untersuchung, bei der Informationen über die Eigentümer der maßgeblichen Kulturgüter gerade fehlen, da weder Eigentümer noch deren Staatsangehörigkeit ermittelt werden können und eine Zuordnung der nachrichtenlosen Kulturgüter zu einem Eigentümer also gerade nicht möglich ist, helfen die Überlegungen zur Ausgestaltung der Rückerstattung an Nachfolgeorganisationen einer möglichen Gruppe von Eigentümern nicht weiter.[171] Wie bereits in der Einführung dargelegt,[172] bieten die erbrechtlichen Vorschriften keinen Anknüpfungspunkt zur Klarstellung der rechtlichen Situation nachrichtenloser Kulturgüter.

2. Rechtsgeschäftliche Veräußerungen als Entzug von Kulturgütern

Neben dem Entzug durch oder aufgrund (nichtiger) nationalsozialistischer Gesetze existieren weitere Umstände im Zusammenhang mit dem Zweiten Weltkrieg, die die Nachrichtenlosigkeit von Kulturgütern verursacht haben. In Betracht kommen hierbei Zwangsveräußerungen zur Finanzierung der so genannten Reichsfluchtsteuer, Veräußerungen von Eigentum zur Finanzierung der Emigration und andere erpresserische Situationen, in denen verfolgte Bürger sich dazu gezwungen sahen, ihr Eigentum rechtsgeschäftlich zu veräußern. Rechtliche Lösungen für diese Fälle führen über § 138 Abs. 1 BGB, der bei einem Verstoß gegen die guten Sitten die Nichtigkeit des Rechtsgeschäfts zur Folge hat. Anerkannt ist, dass ein jüdischer Veräußerer sich in der Zeit vom 30.1.1933 bis zum 8.5.1945 in Deutschland in einer Notlage befunden hat und daher die von ihm in dieser Zeit abgeschlossenen Rechtsgeschäfte gem. § 138 Abs. 1 BGB nich-

---

[169] *Feliciano*, Spoils of War, 1996 (Nr. 3), S. 24 ff.

[170] *Röhling*, S. 125 ff. mit der Darstellung zahlreicher Lösungsvorschläge und -modelle. Allgemein zur Rückerstattung jüdischen Eigentums *Lillteicher*, S. 391 ff.

[171] So geschehen allerdings in Österreich, wo die im Kloster Mauerbach aufgefundenen Kulturgüter zugunsten der israelitischen Gemeinde versteigert wurden. Diese Lösung ist jedoch starker Kritik ausgesetzt gewesen. Siehe dazu bereits oben, 2. Kapitel II. 2.; *Feliciano*, Spoils of War, 1996 (Nr. 3), S. 24 ff.; aus der Sicht des Kunsthandels hierzu *Rumbler/Tasch*, in: Museen im Zwielicht, S. 195 (197).

[172] Siehe dazu 1. Kapitel Einleitung, B. II. 1. d).

tig sind.[173] Diese Auffassung liegt auch den alliierten Rückerstattungsgesetzen zugrunde[174] und hat sich zur rechtsethischen Wertung verfestigt.[175]

3. Entzug durch Straftaten

Kulturgüter sind ihren Eigentümern während des Dritten Reiches ferner durch organisierte oder sonstige Raubzüge[176] der Nationalsozialisten sowie sonstigen Diebstahl und Plünderungen entzogen worden, die ohne den Versuch staatlicher Legitimierung durch rassistische Gesetze und Hoheitsakte durchgeführt wurden.[177] Keiner dieser Akte berührt die dingliche Stellung der ursprünglichen Rechteinhaber oder vermag ihre Eigentümerstellung aufzuheben.

4. Zum Schutz eingelagerte Kulturgüter in Museen

Der Bestand des „Fremdbesitzes" in Museen setzt sich neben den Restbeständen aus den CCP aus einer weiteren Fallgruppe zusammen. Diese besteht aus undokumentierten Einlagerungen von Kulturgütern, die vor allem von privaten Bürgern dort zum Schutz vor möglichen Zerstörungen vor, während und nach Ende des Zweiten Weltkriegs eingelagert wurden, aber nie abgeholt worden sind.[178] Auch hier ist nach den Regelungen des BGB kein Rechtsverlust des ursprünglichen Eigentümers erfolgt.

5. Zwischenergebnis

Weder durch die nationalsozialistische Gesetzgebung noch durch hierauf gestützte hoheitliche Akte ist das Eigentum an den untersuchten Kulturgütern den ursprünglichen Eigentümern entzogen worden. Ferner ist den Eigentümern von

---

[173] Hierzu ausführlich *Rudolph*, S. 156 ff.; *Roemer*, SJZ 1946, 9 ff. mit Begründungen für die zur Bewertung der Sittenwidrigkeit maßgebliche Anschauung. A.A. wohl eine überwiegende Meinung mit dem allgemein gehaltenen und daher in der vorliegend zu beurteilenden Situation nicht tragfähigen Argument, dass Schuldverhältnisse nach der Zeit ihrer Entstehung zu bewerten sind. So u.a. *Hartung*, S. 269, Fn. 1109.

[174] So ist in Art. 2 Abs. 1 lit. a) USREG bestimmt, dass ein „gegen die guten Sitten verstoßendes Rechtsgeschäft" eine Entziehung im Sinne dieses Gesetzes darstellt. Als eine derartige Entziehung ist gem. Art. 3 und 4 USREG jedes von einem jüdischen Veräußerer in der Zeit vom 30.1.1933 bis 8.5.1945 abgeschlosse Rechtsgeschäft anzusehen. Hierzu *Rudolph*. S. 158 f.; *Godin*, JR 1948, 33.

[175] *Rudolph*, S. 158.

[176] Zum organisierten Kunstraub durch die Nationalsozialisten siehe *Hipp*, S. 53 ff.; *Hartung*, S. 26 ff.; *Rudolph*, S. 11 ff.; *Syssoeva*, S. 33 ff.; *Nicholas*, S. 3 ff.; *dies.*, in: Spoils of War, S. 39 ff.

[177] Auf zumeist verschlungenen Pfaden sind Teile dieser Kunstwerke in den Besitz von Museen und privaten Sammlern gelangt. Siehe hierzu beispielhaft zu Paul Klees „*Sumpflegende*": KG, Urt. v. 21.5.1992, 22 U 1922/92, NJW 1993, 1481 f.

[178] *Geismeier*, S. 8 ff.

Kulturgütern weder durch erzwungene rechtsgeschäftliche Veräußerungen noch durch den Entzug der Kulturgüter durch sonstige kriminelle Handlungen wie Raub oder Diebstahl des nationalsozialistischen Regimes das Eigentum an den Kulturgütern verloren gegangen. Sowohl die als Restbestand CCP als auch als sonstiger Fremdbesitz in Museen aufbewahrten Bestände an nachrichtenlosen Kulturgütern stehen weiterhin im Eigentum derjenigen, denen sie entzogen wurden. Auch die freiwillig zum Schutz eingelagerten, nicht abgeholten Kulturgüter stehen weiterhin im Eigentum derjenigen, die sie freiwillig eingelagert haben.

III. Ausgangslage dinglicher Rechtspositionen weiterer Fallgruppen nachrichtenloser Kulturgüter in der Obhut der öffentlichen Hand

Neben den genannten Beständen an nachrichtenlosen Kulturgütern werden weitere Kulturgüter in staatlicher Obhut für unbekannte Eigentümer aufbewahrt. Dies betrifft insbesondere Kulturgüter, die bei der Übersiedlung aus der DDR zurückgelassen worden sind.[179] Auch in diesen Fällen kann das Eigentumsrecht der ursprünglichen Rechteinhaber weiter bestehen.[180] Und schließlich verbleibt das Eigentum an sonstigen, außerhalb der bereits genannten Fälle gestohlenen Kulturgütern bei den ursprünglichen Rechteinhabern. Dies betrifft die als „Kriegstrophäen" entwendeten und sämtliche andere Fälle von gestohlenen Kul-

---

[179] Während des Bestehens der DDR existierten verschiedene Formen der staatlichen Verwaltung. So existierte eine staatliche Treuhandverwaltung über Flüchtlingsvermögen von Bürgern, die das Gebiet der DDR seit dem 10.6.1953 entgegen den Rechtsvorschriften verlassen hatten. Rechtsgrundlagen hierfür sind: Anordnung über die Behandlung des Vermögens von Personen, die die Deutsche Demokratische Republik nach dem 10.6.1954 verlassen, vom 1.12.1954, GBl. Nr. 130 S. 1231, abgedruckt in: *Fieberg/Reichenbach*, RWS-Dok. 7, Bd. 2 Nr. 3.9.; Anordnung Nr. 2 v. 20.8.1958 und für Berlin (Ost) die Anordnung über die Behandlung des Vermögens von Personen, die den demokratischen Sektor von Groß-Berlin nach dem 10.6.1953 verlassen, v. 8.4.1954, VOBl für Groß-Berlin I Nr. 15 S. 164, abgedruckt in: *Fieberg/Reichenbach*, RWS-Dok. 7, Bd. 2 Nr. 3.10. sowie die Anordnung Nr. 2 vom 3.10.1958. Diese Fälle sind nun von § 1 Abs. 4 VermG i.V.m. § 11 VermG erfasst (Aufhebung staatlicher Verwaltung). Die oben angeordnete staatliche Verwaltung war nicht mehr anzuordnen bei Ausreisen, die nach dem 31.7.1989 stattgefunden hatten, bzw. aufzuheben, wo sie bereits angeordnet worden war, wenn gewährleistet war, dass der Eigentümer seine Vermögensverhältnisse selbst oder durch einen Bevollmächtigten regelte (Anordnung von Vermögensfragen vom 11.11.1989. Diese Anordnung war eine Reaktion der DDR auf die im Sommer und Herbst stattfindende Massenflucht sowie die hernach geöffneten Grenzen). Dazu: Kimme/*Knorz/Gottfried/Gottfried*, § 1 IV VermG Rn. 4.2.

[180] Zum Schicksal von beweglichem Vermögen bei Übersiedlungen aus der DDR *Hoerschelmann*, IFLA 1989, 27 (28). Gegen das Weiterbestehen des Eigentums entschied der BGH entgegen den Vorinstanzen im Fall des Kunsthändlers Werner Schwarz, dessen Kunstsammlung in der DDR im Rahmen eines Nachbesteuerungsverfahrens gepfändet und verwertet wurde, BGH, Urt. v. 22.9.1988, IX ZR 263/87, NJW 1989, 1352; KG Berlin, Urt. v. 29.9.1987, 17 U 492/87, NJW 1988, 341. Ausführlich hierzu *Hipp*, S. 62 f.

turgütern. Es handelt sich sodann um einen ausdrücklich genannten Fall von abhanden gekommenen Sachen i. S. d. § 935 Abs. 1 BGB.

IV. Möglichkeiten gutgläubigen (Versteigerungs-)Erwerbs und Ersitzung nachrichtenloser Kulturgüter

Gegenstand des folgenden Abschnitts ist die Frage, ob das Eigentum der ursprünglichen Rechteinhaber möglicherweise auf die aufbewahrende Institution oder Dritte übertragen werden oder den ursprünglichen Rechteinabern auf sonstige Weise verloren gehen kann.

Da die Prüfung der dinglichen Ausgangslage sämtlicher Fallgruppen nachrichtenloser Kulturgüter zu dem Ergebnis geführt hat, dass die Rechte der unbekannten Eigentümer weiterhin bestehen, beziehen sich die folgenden Ausführungen auf alle Fallgruppen nachrichtenloser Kulturgüter. Wo die unterschiedlichen Fallgruppen nachrichtenloser Kulturgüter Differenzierungen in den rechtlichen Ausführungen erfordern, wird gesondert darauf eingegangen.

Das Eigentumsrecht der ursprünglichen Eigentümer nachrichtenloser Kulturgüter kann diesen verloren gehen, wenn eine Übertragung des Eigentumsrechts auf einen Dritten möglich ist oder das Eigentum – originär – aufgrund Ersitzung gem. § 937 BGB bei einem Dritten entsteht. Wie bereits oben festgestellt, ist das Sachenrecht des Staates maßgeblich, in welchem das Kulturgut belegen ist. Im Rahmen dieser Untersuchung richtet sich die Frage einer möglichen Eigentumsübertragung an den nachrichtenlosen Kulturgütern folglich nach dem deutschen Recht, da es sich bei den behandelten Objekten ausschließlich um solche handelt, die sich in Deutschland befinden.

1. Möglichkeiten rechtsgeschäftlicher Veräußerung der aufbewahrten nachrichtenlosen Kulturgüter

Insbesondere vor dem Hintergrund begrenzter räumlicher Kapazitäten zur Aufbewahrung der nachrichtenlosen Kulturgüter in öffentlichen Einrichtungen sowie der Entlastung vom organisatorischen Aufwand der Aufbewahrung ist die Möglichkeit einer Veräußerung der Objekte von Interesse.

Da die maßgeblichen Kulturgüter nicht im Eigentum der aufbewahrenden Institution, sondern weiterhin in dem der ursprünglichen Eigentümer stehen, kommt hierbei lediglich eine Eigentumsübertragung durch einen Nichtberechtigten i. S. d. §§ 932 ff. BGB in Betracht.

a) Gutgläubigkeit gem. § 932 BGB beim Erwerb nachrichtenloser Kulturgüter

Das deutsche Recht sieht grundsätzlich die Möglichkeit des rechtsgeschäftlichen Eigentumserwerbs vom Nichtberechtigten vor. Gem. §§ 929 S. 1, 932 ff. BGB ist die Übertragung des Eigentums an beweglichen Sachen auf einen gutgläubigen Erwerber möglich, sofern die Sache nicht i. S. d. § 935 Abs. 1 BGB abhanden gekommen ist.[181] Eine Möglichkeit, das Eigentum an i. S. d. § 935 Abs. 1 BGB abhanden gekommenen Sachen zu erwerben, ist in § 935 Abs. 2 vorgesehen, nämlich im Rahmen der Veräußerung der Sache durch eine öffentliche Versteigerung. Erforderlich ist hierfür allerdings abermals, dass der Erwerber in Bezug auf das Eigentumsrecht des Veräußerers gutgläubig ist.[182]

Gutgläubigkeit wird im deutschen Recht vermutet (§ 932 Abs. 2 BGB).[183] Es obliegt also der Gegenseite, den bösen Glauben nachzuweisen. Bösgläubig ist der Erwerber, wenn er wusste oder wissen musste, dass die Sache nicht im Eigentum des Veräußerers stand. § 932 Abs. 2 BGB regelt lediglich, wann die Gutgläubigkeit nicht vorliegt, nämlich wenn dem Erwerber bekannt oder infolge grober Fahrlässigkeit unbekannt ist, dass die Sache nicht dem Veräußerer gehört. Die Gutgläubigkeit des Erwerbers muss sich auf die Eigentümerstellung des Veräußerers beziehen.[184] Der Erwerber ist grob fahrlässig, wenn er die im Verkehr erforderliche Sorgfalt nach den gesamten Umständen in ungewöhnlich grobem Umfang verletzt und dasjenige unbeachtet gelassen hat, was im gegebenen Fall jedem hätte einleuchten müssen. Eine allgemeine Nachforschungspflicht des Erwerbers wird zwar grundsätzlich nicht vorausgesetzt.[185] Den Erwerber von – zumindest besonders wertvollen – Kulturgütern kann allerdings ausnahmsweise eine Nachforschungspflicht treffen.[186]

---

181 Die zivilrechtlichen Vorschriften vieler Staaten treffen Regelungen zu der Frage, ob und unter welchen Voraussetzungen das Eigentum an einer Sache durch einen Nichtberechtigten übertragen werden kann. In den meisten dieser Staaten wird eine derartige Eigentumsübertragung durch einen Nichtberechtigten vorgesehen unter der Voraussetzung, dass der Erwerber gutgläubig ist. *Siehr*, in: Illegale Archäologie?, 76 (78). Einen Überblick über materiellrechtliche Bestimmungen zum gutgläubigen Erwerb von Eigentum an beweglichen Sachen in verschiedenen Rechtsordnungen gibt *Spaun*, S. 59 ff.

182 Zur Möglichkeit der Veräußerung archäologischer Funde im Wege der öffentlichen Versteigerung *Peege*, KUR 2007, 111 ff. Zur Anforderung an eine „öffentliche Versteigerung" i. S. d. § 935 Abs. 2 BGB unter Besonderer Berücksichtigung der Versteigerungsveräußerung von Kulturgütern *Bischof*, KUR 2007, 62 ff.

183 Ebenso Art. 2 ZGB (Schweiz).

184 PWW/*Prütting*, § 932 Rn. 8.

185 Zur Klarstellung sei darauf hingewiesen, dass diese Nachforschungspflicht des Erwerbers hinsichtlich der Berechtigung des Veräußerers im Rahmen des dinglichen Erwerbstatbestands zu unterscheiden ist von der Untersuchungspflicht beim Kauf von Antiquitäten und Kunstwerken auf eventuelle Mängel. Auch hierüber herrscht allerdings häufig Unsicherheit. Zu dieser, im Rahmen der vorliegenden Arbeit nicht zu bearbeitenden, Problematik *Müller-Katzenburg*, NJW 2006, 553 (556 f.).

186 Ausführlich zur Nachforschungsobligenheit beim Erwerb von Kunstwerken *Rudolph*, S. 195 ff.; *Müller-Katzenburg*, NJW 1999, 2551 (2556). Zu vertraglichen und gesetzlichen Sorgfalts- und Nachforschungspflichten beim Erwerb von Kulturgütern im schweizerischen Recht siehe auch *Berger-Röthlisberger*, insbesondere S. 53 ff., 72 ff., 119 ff. Siehe auch OLG Celle,

aa) Einschränkung gutgläubigen Eigentumserwerbs an Antiken

Insbesondere im Zusammenhang mit der Weiterveräußerung von Antiken, also archäologischen Kulturgütern, ist versucht worden, den Kulturgüterschutz durch Reformen des geltenden Rechts zu stärken. Verschiedene Ansätze sind dabei ersichtlich. Teilweise werden Einschränkungen beim Gutglaubenserwerb befürwortet.[187] Vereinzelt wird die Klassifizierung bestimmter Kulturgüter zum so genannten *res extra commercium* befürwortet, wodurch sie dem Handel enthoben und damit einer Weiterveräußerung nicht zugänglich wären.[188] Wieder andere schlagen die Einführung einer Registrierungspflicht für sämtliche Antiken vor sowie die Einführung eines sog. „Antikenbriefs", der Voraussetzung für eine Veräußerung sein soll.[189] Schließlich wird darüber gestritten, ob nicht der Handel mit Antiken *de lege lata* weiterreichenden Beschränkungen unterworfen ist, wobei insbesondere das Gewicht rechtspolitischer Erwägungen bei der Auslegung und Anwendung des geltenden Rechts unterschiedlich bewertet wird.[190] Auf die Frage der Möglichkeit einer Weiterveräußerung nachrichtenloser Antiken hat diese Diskussion jedoch, wie im Folgenden gezeigt werden wird, keinen Einfluss.

bb) Kein gutgläubiger Erwerb bei offengelegtem Fremdbesitz

Für die hier untersuchten nachrichtenlosen Kulturgüter stellt sich jedoch eine andere Ausgangslage als die, die den aufgezeigten gegenwärtigen Diskussionen zur Gestaltung des Kunsthandels zugrunde liegt. Ausgangspunkt dieser Untersuchung ist – im Gegensatz zu den häufigen Fällen verheimlichter, verschleierter oder gefälschter Herkunftsangaben – die bewusste und öffentlich erkennbare Aufbewahrung von Kulturgütern in öffentlichen Einrichtungen für einen unbekannten Eigentümer.

Voraussetzung der rechtsgeschäftlichen Übertragung des Eigentums an nachrichtenlosen Kulturgütern durch die aufbewahrende Institution als einen Nichtberechtigten auf Dritte ist die Gutgläubigkeit des Erwerbers gem. § 932 BGB in

---

Urt. v. 17.9.2010, 4 U 30/08, GRUR-RR 2011, 24 zu den Sorgfaltsanforderung eines Museums beim Erwerb eines Tiepolo-Gemäldes aus dem Ausland und sich aufdrängenden Zweifeln an der Eigentümerstellung des Veräußerers.

[187] *Finkenauer*, KUR 2007, 96 (104) eingehend auf den Referentenentwurf eines „Rahmengesetzes zum Schutz nationalen Kulturguts", der allerdings im Jahr 1998 scheiterte.

[188] *Müller-Karpe*, Süddeutsche Zeitung v. 29./30./31.5.2004, S. 15.

[189] *Heilmeyer*, in: Illegale Archäologie?, S. 12 (13 f.); *Hanisch*, in: FS Müller-Freienfels (1986), S. 193 (223 f.) plädiert für einen „Kunstobjekt-Brief"; skeptisch hierzu *Müller-Katzenburg*, Internationale Standards, S. 331.

[190] Für weitreichende Einschränkungen beim Handel mit Kulturgütern aus illegalen Raubgrabungen *Dietrich*, Kunstrechtsspiegel 2008, 174 ff.; a. A. hierzu *Koch*, in einer Erwiderung auf den vorgenannten Artikel, KUR 2009, 49 ff.

Bezug auf das Eigentum des Veräußerers. Bereits aus diesem Grunde ist die Möglichkeit der Eigentumsübertragung der nachrichtenlosen Kulturgüter auf einen neuen Eigentümer in den untersuchten Fällen ausgeschlossen, da die Aufbewahrung für die unbekannten Eigentümer offengelegt ist.

b) Abhandenkommen gem. § 935 Abs. 1 BGB

Darüber hinaus würde ein Eigentumserwerb an den dargestellten nachrichtenlosen Kulturgütern an den Voraussetzungen des § 935 BGB scheitern. Ausgeschlossen ist danach der gutgläubige Erwerb von Sachen, die gestohlen wurden, verloren gegangen oder sonst abhanden gekommen sind. Abhandenkommen bedeutet einen Besitzverlust ohne oder gegen den Willen des unmittelbaren Besitzers.[191]

aa) Abhandenkommen illegal zutage geförderter Kulturgüter

Die Wirkung ausländischer Kulturgüterschutzgesetze gewinnt Bedeutung für die Prüfung eines Eigentumserwerbs im Inland, da der Wertung ausländischer Rechtsordnungen im Rahmen der Prüfung des Abhandenkommens gemäß § 935 Abs. 1 Satz 1 BGB eine entscheidende Rolle zukommen kann. Relevant wird diese Frage, wenn das Kulturgut zur Zeit der Besitzergreifung im räumlichen Geltungsbereich einer ausländischen Rechtsordnung belegen war. Die Schutzrichtung des § 935 Abs. 1 Satz 1 BGB ist auf die Wahrung der Eigentumsposition ausgerichtet. Ein Eigentumsübergang soll gerade dann nicht stattfinden können, wenn die Sache dem bisherigen Eigentümer abhanden gekommen ist gem. § 935 Abs. 1 BGB.

Vertreten wird daher, ein Kulturgut bereits dann als abhanden gekommen im Sinne des § 935 BGB anzusehen, wenn das Recht des Staates, in dem es sich zur Zeit der Besitzergreifung befand, eine parallele rechtliche Wertung trifft.[192] Begründet wird dies mit dem überwiegenden Eigentümerinteresse, das dem Verkehrsschutz vorgeht. Daher sei insoweit die Situs-Regel heranzuziehen.

Bedeutung erlangt die Voraussetzung des unfreiwilligen Besitzverlusts beim unmittelbaren Besitzer für das Abhandenkommen im Fall der oben erläuterten *umbrella statutes*, wenn also ein Staat sich zum Eigentümer aller auf seinem Territorium befindlichen verborgenen Kulturgüter bestimmt. Nach der Konzeption des § 935 Abs. 1 Satz 2 BGB setzt ein Abhandenkommen einen unfreiwilligen Besitzverlust beim unmittelbaren Besitzer voraus. Da der Herkunftsstaat im Fall verborgener Kulturgüter kein Wissen von den illegal zutage geförderten Kulturgütern haben kann, kann sich sein Besitzwillen nicht auf diese Kulturgüter

---

[191] BGH, Urt. v. 15.11.1951, III ZR 21/51, BGHZ 4, 10 (34 ff.), NJW 1952, 738; *Oechsler*, in: MüKo-BGB, § 935 Rn. 2, 6. *Wolff/Raiser*, SachR, § 69 I 1; *Westermann/Gursky/Eickmann*, § 49 I. 1.; Soergel/*Henssler*, § 935 Rn. 2; Staudinger/*Wiegand*, § 935 Rn. 4.

[192] *Armbrüster*, NJW 2001, 3581 (3585).

erstrecken. Er hat sie nach den Anforderungen des deutschen Rechts folglich nicht im unmittelbaren Besitz.[193] Anders kann dies zu bewerten sein, wenn die ausländische Rechtsordnung gleichwohl von einem generellen Besitzwillen an den verborgenen Kulturgütern ausgeht.[194]

bb) Abhandenkommen von Kulturgütern bei Entzug im Dritten Reich

Zweifelsfrei sind die Kulturgüter ihren Eigentümern abhanden gekommen, die diesen ohne jegliche rechtliche Grundlage durch Plünderungen, Diebstahl oder Raub entzogen worden sind. Hierneben bedeutet aber auch der entschädigungslose Entzug von Kulturgütern durch oder aufgrund der nichtigen nationalsozialistischen Rechtsakte eine unfreiwillige Besitzaufgabe. Die Unfreiwilligkeit der Besitzaufgabe wird in diesem Fall gerade nicht durch eine wirksame öffentlich-rechtliche Maßnahme überlagert. Zivilrechtlich hat dies zur Folge, dass die Kulturgüter als ihren Eigentümern abhanden gekommen aufzufassen sind.[195]

cc) Kein Abhandenkommen bei freiwilliger Einlagerung

Im Unterschied zu den zuvor besprochenen „verfolgungsbedingt entzogenen" Kulturgütern sind die selbst eingelagerten Kulturgüter jedoch möglicherweise nicht abhanden gekommen i. S. d. § 935 Abs. 1 BGB. Eine Weiterveräußerung dieser Kulturgüter käme damit möglicherweise gem. § 929, 932 BGB an einen gutgläubigen Erwerber in Betracht.

Im Gegensatz zu der Situation, in der Kulturgüter auf der Flucht zurückgelassen werden, also keine freiwillige, § 935 Abs. 1 BGB ausschließende Aufgabe des Besitzes stattfindet,[196] kann eine Einlagerung als freiwillige Besitzübertragung anzusehen sein. Im Regelfall geht eine Einlagerung mit dem Abschluss eines privatrechtlichen Vertrages über die Aufbewahrung der eingelagerten Sache einher. Selbstverständlich liegt auch dieser Situation die unfreiwillige Reaktion auf die verheerenden Auswirkungen der Kriegsfolgen zugrunde. Dennoch ist die Einlagerung als solches keine unfreiwillige Aufgabe des unmittelbaren Besitzes. Es ist folglich davon auszugehen, dass die freiwillig zur Einlagerung in Museen und Depots gebrachten Kulturgüter ihren Eigentümern nicht abhanden gekom-

---

193 Dieselbe Problematik besteht im Fall von in Deutschland aufgespürten Antiken, dazu *Koch*, KUR 2009, 49 (51), der ein Abhandenkommen auch im Fall von Raubgrabungen i. S. d. § 935 Abs. 1 BGB ablehnt. A.A., also ein Abhandenkommen für archäologische Funde unbekannter Herkunft bejahend, allerdings ohne ersichtliche Argumente, *Dietrich*, Kunstrechtsspiegel 2008, 174 (178). Zur strafrechtlichen Bewertung des Weiterverkaufs von archäologischen Funden aus ungenehmigten Grabungen *Koch*, NJW 2006, 557 (559 f.).

194 *Armbrüster*, NJW 1999, 3581 (3585).

195 So in der Tendenz auch *Müller-Katzenburg*, NJW 1999, 2551 (2552). Anders kann dies zu bewerten sein bei rechtswidrigen (aber nicht nichtigen) öffentlich-rechtlichen Maßnahmen.

196 *Oechsler*, in: MüKo-BGB, § 959 Rn. 3.

men sind i. S. d. § 935 Abs. 1 BGB. Eine Weiterveräußerung an einen Dritten scheitert damit nicht bereits an der Eigenschaft des Kulturguts als abhanden gekommen i. S. d. § 935 Abs. 1 BGB. Ist der Erwerber als gutgläubig i. S. d. § 932 BGB anzusehen, kann er gutgläubig das Eigentum erwerben und der ursprüngliche Eigentümer verliert das Eigentum an dem Kulturgut. Allerdings ist abermals ein hoher Maßstab an die Gutgläubigkeit anzulegen, was eine Nachforschungspflicht und insbesondere den Abgleich mit öffentlich zugänglichen Verzeichnissen erfordert. Eine Listung der aufbewahrten Kulturgüter in einer Datenbank, in der hoheitlich aufbewahrte nachrichtenlose Kulturgüter verzeichnet sind, würde die Gutgläubigkeit eines Erwerber folglich auch im sehr unwahrscheinlichen Fall der Verschleierung des Fremdbesitzes durch die aufbewahrende Behörde ausschließen.

dd) Strafrechtliche Bewertung illegaler Raubgrabungen nach deutschem Strafrecht

Die Erörterung der Bedeutung von Besitzpositionen soll im Folgenden dazu genutzt werden, einen Exkurs zur strafrechtlichen Bewertung illegaler archäologischer Raubgrabungen zu unternehmen. Grund für die Verortung dieser Problematik an der vorliegenden Stelle ist, dass auch hierbei der Frage des Gewahrsams entscheidende Bedeutung zukommt. Dies bietet die Gelegenheit, auf den Unterschied zwischen Besitz und Gewahrsam an Kulturgütern im Fall illegaler Raubgrabungen einzugehen.

Im Folgenden wird also untersucht, inwieweit das illegale Zutagefördern von Kulturgütern den Tatbestand des Diebstahls gem. § 242 StGB erfüllt und damit bei Zugrundelegung des deutschen Rechts von einer gestohlenen Sache ausgegangen werden muss. Ist ein Kulturgut nachrichtenlos, können der Herkunftsstaat und damit auch die maßgeblichen Normen des Strafrechts nicht festgestellt werden. Die folgenden Ausführungen dienen dazu, eine exemplarische strafrechtliche Bewertung illegaler Raubgrabungen nach den Maßstäben des deutschen Rechts zu verdeutlichen. Relevant werden können diese Überlegungen für den Fall, dass die im Einzelfall maßgebliche ausländische Rechtsordnung für den Diebstahlstatbestand – zumindest teilweise – deckungsgleiche Voraussetzungen aufstellen, wie sie im deutschen Strafrecht enthalten sind. Diese Bewertung kann im Rahmen einer Aufbewahrung der Kulturgüter Bedeutung erlangen für die Frage, inwieweit der Aufnahme und Verwahrung der Kulturgüter selbst strafrechtliche Bedeutung zukommen kann, beispielsweise unter dem Aspekt der Hehlerei oder Geldwäsche. Diese Frage wird im Rahmen des Vorschlags zur Umsetzung von Regelungen zur Aufbewahrung nachrichtenloser Kulturgüter aufgegriffen werden.[197] Bedeutung erlangt die Frage der Strafbarkeit illegalen

---

[197] Siehe dazu unten, 6. Kapitel.

Zutageförderns archäologischer Kulturgüter darüber hinaus für die Erörterungen des 3. Kapitels zu hoheitlichen Herausgabeansprüchen auswärtiger Staaten in Bezug auf Kulturgüter.[198]

Funde aus Raubgrabungen, die illegal zutage gefördert wurden, sind nicht notwendigerweise zugleich „gestohlen" im strafrechtlichen Sinn gem. § 242 StGB. Hierfür kommt es maßgeblich darauf an, wie im Fall der durch Raubgrabungen zutage geförderten Funde die Frage des Gewahrsams zu bewerten ist.[199] So wird für eine in § 242 StGB vorausgesetzte „Wegnahme" nach gängiger strafrechtlicher Definition der Bruch fremden und die Begründung neuen, nicht notwendig tätereigenen Gewahrsams verlangt.[200] Dabei wird für den „Bruch" die Aufhebung des fremden Gewahrsams gegen oder ohne den Willen des Gewahrsamsinhabers gefordert. Fehlt es an einer Wegnahme, kommt eine Unterschlagung nach § 246 StGB in Betracht.

„Fremd" ist eine Sache dann, wenn sie nicht im alleinigen Eigentum desjenigen steht, der sie wegnimmt.[201] Wird ein Gegenstand illegal zutage gefördert in einem Land, dessen Gesetze einen Eigentumserwerb des Staates pauschal an allen archäologischen Funden und darüber hinaus auch an allen noch nicht einmal zutage geförderten Kulturgütern vorsehen (Schatzregal oder *umbrella statutes*),[202] gelangen die Kulturgüter spätestens mit Ausgrabung in das (zumindest Mit-) Eigentum des Staates, in dessen Gebiet sie verborgen gelegen haben.[203] Die Kulturgüter sind folglich nicht Alleineigentum des Raubgräbers, sie sind für diesen daher „fremd".

Fraglich ist allerdings, ob der Gewahrsam des Staates an den illegal zutage geförderten Kulturgütern gebrochen wird. Gewahrsam ist die vom Herrschaftswillen getragene tatsächliche Sachherrschaft,[204] wobei es nicht auf deren Rechtmäßigkeit ankommt.[205] Ob und gegebenenfalls wessen Gewahrsam besteht, ist im Einzelfall und nach der Verkehrsanschauung zu beurteilen.[206] Es gelten insoweit

---

198 Dazu unten, 3. Kapitel A. V. 2.

199 So auch *Müller-Katzenburg*, NJW 1999, 2551 (2553).

200 RG v. 15.12.1913, II 684/13, RGSt 48, 58 (59 f.); *Schmitz*, in: MüKo-StGB, § 242, Rn. 41; Schönke/Schröder/*Eser*, § 242, Rn. 22; SK/*Hoyer*, § 242, Rn. 20.

201 Siehe statt vieler anderer: SK/*Hoyer*, § 242, Rn. 11, Schönke/Schröder/*Eser*, § 242, Rn. 12.

202 Siehe dazu bereits oben, I. 1. a), b).

203 Es handelt sich hierbei nicht um den Fall von herrenlosen Sachen, bei denen ein Diebstahl nach § 242 ausgeschlossen ist, *Fischer*, § 242 Rn. 6.

204 BGH Beschl. v. 6.10.1961, 2 StR 289/61, BGHSt, 16, 271, NJW 1961, 2266; RG Urt. v. 15.10.1909, V 539/09, RGSt 43, 10 (13); *Fischer*, § 242 Rn. 11.

205 BGH, Urt. v. 16.6.1953, 1 StR 798/52, NJW 1953, 1358, MDR 1953, 567; *Fischer*, § 242 Rn. 11.

206 So die h.M., BGH, Urt. v. 12.6.1968, 2 StR 106/68, BGHSt 22, 182; *Fischer*, § 242 Rn. 11 m.w.N.

nicht die Besitzregelungen des BGB, das Besitz ohne tatsächliche Herrschaft kennt. Beispiel hierfür ist der Besitzdiener, der gem. § 855 BGB keinen Besitz innehat, aber Gewahrsam im Sinne des StGB. Der Erbe wiederum hat Besitz gem. § 857 BGB, aber keinen Gewahrsam.[207] Auch der mittelbare Besitzer i. S. d. § 868 BGB hat keinen Gewahrsam.

Problematisch für die Annahme eines staatlichen Gewahrsams[208] an illegal zutage geförderten Kulturgütern ist der Umstand, dass für den Gewahrsam ein Beherrschungswille, mithin ein Wille zur Sachherrschaft verlangt wird. Dies setzt ein Wissen, also die Kenntnis vom Entstandensein des Herrschaftsverhältnisses voraus. Ob der Beherrschungswille in Bezug auf alle bislang verborgenen Kulturgüter im Staatsgebiet als allgemein bekundet angesehen werden kann, ist fraglich.[209]

Besteht keine Kenntnis des Staates von der Existenz der Kulturgüter, weil diese bis zum Zeitpunkt der Raubgrabung unentdeckt waren, so erscheint auch die Annahme eines Willens zur Sachherrschaft über die illegal zutage geförderten Kulturgüter mangels Wissens um diese Güter zweifelhaft. Da somit der Gewahrsam des Ausgrabungsstaates an illegal zutage geförderten Kulturgütern nicht zweifelsfrei angenommen werden kann, ist auch der Gewahrsamsbruch und somit die Wegnahme im Rahmen des Diebstahlstatbestands des deutschen Strafrechts gem. § 242 StGB nicht pauschal anzunehmen.

Liegen die Voraussetzungen einer Wegnahme in Bezug auf illegal zutage geförderte Kulturgüter nicht vor, ist aber jedenfalls das Vorliegen einer Unterschlagung anzunehmen, da die Ausgrabung, Ansichnahme und Ausfuhr der illegal zutage geförderten Kulturgüter eine Manifestation des Zueignungswillens beinhaltet und damit den Tatbestand des § 246 StGB verwirklicht.

c) Ersitzung, § 937 BGB

Eine weitere Möglichkeit des gutgläubigen Eigentumserwerbs wird in § 937 BGB vorgesehen, wonach eine Sache binnen zehn Jahren ersessen werden kann. Rechtsfolge der Ersitzung ist die originäre Entstehung von Eigentum in der

---

[207] *Fischer*, § 242 Rn. 11.

[208] Juristische Personen haben als solche keinen Gewahrsam, dieser wird ausgeübt durch die natürlichen Personen, die für die juristische Person die tatsächliche Gewalt ausüben, *Fischer*, § 242 Rn. 13.

[209] Im Gegensatz zu den Fällen, in denen ein derartiger allgemein bekundeter Herrschaftswille anerkannt wird, handelt es sich um weitaus überschaubarere Territorien als das eines gesamten Staatsgebiets, zum allgemeinen Beherrschungswillen bei Sachen in einem Briefkasten, Münzen im Münzfernsprecher, in Geschäftsräumen oder öffentlichen Verkehrsmitteln oder einem Bahnsteig zurückgelassene Sachen, die als im Gewahrsam des Unternehmens stehend angesehen werden, *Fischer*, § 242 Rn. 13.

Person des Ersitzenden.[210] Das Eigentum des ursprünglichen Rechtsinhabers erlischt hierdurch. Allerdings ist Voraussetzung auch hier wiederum ein gutgläubiger Eigenbesitz.[211] Bei der Aufbewahrung von illegal zutage geförderten Kulturgütern unbekannter Herkunft oder unbekannter Eigentümer in der Obhut der öffentlichen Hand kann regelmäßig keine Gutgläubigkeit der aufbewahrenden Institution vorliegen, da für die hier untersuchten Fälle davon ausgegangen werden muss, dass die aufbewahrende Institution von der illegalen oder zumindest ungeklärten[212] Herkunft der Kulturgüter Kenntnis hat und die maßgeblichen Kulturgüter mit einem entsprechenden Vermerk fehlender bzw. ungewisser Provenienz versieht, somit den Besitz also gerade nicht „als ihr gehörend" ausübt. Eine Ersitzung an aufbewahrten nachrichtenlosen Kulturgütern gem. § 937 BGB scheidet grundsätzlich mangels guten Glaubens der aufbewahrenden Institution aus. Ein gutgläubiger Eigenbesitz, wie ihn § 937 Abs. 2 BGB fordert, liegt damit nicht vor.[213] Schwierigkeiten des langen Zeitablaufs werden im Sachenrecht in der Regel mit diesem Rechtsinstitut gelöst. In zahlreichen Fällen wird durch § 937 BGB die sachenrechtliche Lage bereinigt. Derjenige, der eine Sache lange besessen hat, wird schließlich ihr Eigentümer.

Anders ist dies im Fall der Aufbewahrung für einen unbekannten Eigentümer. An dem von § 937 BGB vorausgesetzten guten Glauben fehlt es, wenn Kulturgüter für einen Eigentümer aufbewahrt werden – auch wenn dieser nicht bekannt ist. Was geschehen soll, wenn die Sache ihrem Eigentümer entzogen bleibt, bei dem Besitzer aber mangels guten Glaubens keine Ersitzung eintritt, wird sogleich (unter V.) untersucht werden.

d) Öffentliches Eigentum – *res extra commercium*

Selbst im Fall eines nach dem Recht eines ausländischen Staates unveräußerlichen Kulturguts, das in dem ausländischen Staat gestohlen oder sonst entwendet und nach Deutschland gebracht wird, kommt es abermals auf das deutsche Sachrecht an.

Einige Staaten kennen das teilweise als „*domaine public*", *demanio pubblico*" oder „*dominio público*" bezeichnete Form des Eigentums. Dies hat entsprechend der Gesetzeslage in den jeweiligen Ländern zur Folge, dass die öffentliche Sache dem

---

210 Palandt/*Bassenge*, § 937 Rn. 1.

211 Zur Beweislastverteilung beim Nachweis der Gutgläubigkeit im Rahmen der Ersitzung LG Berlin, Urt. v. 31.1.2008, 27 O 89/07, KUR 2009, 20 (21 f.).

212 Bereits die Möglichkeit einer dubiosen Herkunft schließt den guten Glauben im Rahmen des § 937 BGB aus, so *Siehr*, in: Kunstrecht/Künstler und sein Werk, Rn. 13.

213 Zu den Informationsobliegenheiten von Kunsthändlern und -sammlern im Rahmen der für eine Ersitzung erforderlichen Gutgläubigkeit *Baldus*, in: FS Mußgenug (2005), S. 525 (527 f.).

täglichen Rechtsverkehr entzogen ist. Das Eigentum an einer solchen *res extra commercium* ist nicht übertragbar. Selbst ein gutgläubiger Erwerb an diesen Kulturgütern kann ausgeschlossen sein.[214] Das Eigentum hieran geht weder durch Veräußerung noch Zeitablauf verloren. Vorschriften über öffentliches Eigentum gibt es unter anderem in Spanien, Italien und Frankreich.[215] Grundsätzlich gilt aber auch für diese Kulturgüter, dass sich die Sacheigenschaft der Extrakommerzialität nach der *lex rei sitae* bestimmt.

Gelangt ein Kulturgut aus einem ausländischen Staat in die Obhut der deutschen öffentlichen Hand, kann der Eigentümer Herausgabe verlangen, solange er das Eigentum nicht durch eine Weiterveräußerung in Deutschland verloren hat. Ein Eigentumsverlust durch gutgläubigen Erwerb kann zwar grundsätzlich selbst bei Kulturgütern erfolgen, die im Herkunftsstaat unveräußerlich sind.[216] Wie für die sonstigen Fälle nachrichtenloser Kulturgüter bereits untersucht, ist jedoch ein gutgläubiger Erwerb der hier untersuchten, als nachrichtenlose Kulturgüter kenntlich gemachten und von der öffentlichen Hand aufbewahrten Objekte mangels guten Glaubens ausgeschlossen.

2. Zwischenergebnis

Das Eigentum an den nachrichtenlosen Kulturgütern, die in der Obhut der öffentlichen Hand aufbewahrt werden, geht den (ursprünglichen) Eigentümern weder durch eine rechtsgeschäftliche Veräußerung noch durch Ersitzung verloren. Das Eigentum hieran steht weiterhin den – unter Umständen dauerhaft – nicht feststellbaren Eigentümern zu. Diesen Eigentümern steht folglich auch der eigentumsrechtliche Herausgabeanspruch, die Vindikation aus § 985 BGB, zu.

---

214 So in Frankreich und Italien, siehe dazu *Weber*, S. 1, 182 ff., 187 ff.

215 *Weber*, S. 417 in der Zusammenfassung; *Siehr*, in: Illegale Archäologie?, S. 76 (80).

216 Selbst in Staaten, welchen das *res extra commercium* bekannt ist, werden ausländische Normen desselben Inhalts nicht anerkannt. Stattdessen wird die *lex rei sitae* auf eine inländische Veräußerung angewandt. Grund hierfür ist, dass die inländische lex rei sitae ausländische Kulturgüter nicht für unveräußerlich erklärt. Somit können sie wie sonstiges Handelsgut veräußert und auch gutgläubig erworben werden. Hierzu und zur Ausnahme von diesem Grundsatz im erstinstanzlichen Urteil im Fall *de Raad v. OvJ* – Herausgabe einer in Frankreich gestohlenen, nach französischem Recht unveräußerlichen und unersitzbaren Statue, die in den Niederlanden beschlagnahmt worden war – *Hoge Raad* (Strafkammer) 18.1.1983 (*de Raad v. OvJ*), Ned.Jur. 1983, Nr. 445, 1402. In zweiter Instanz wurde das Urteil allerdings aufgehoben. Hierzu mit zahlreichen weiteren Nachweisen *Weber*, S. 366 und 382; *Wiese*, S. 8 f.

V. Einfluss des Verstreichens langer Zeiträume bei der Aufbewahrung nachrichtenloser Kulturgüter auf die dingliche Rechtslage

Fraglich ist, ob und gegebenenfalls welche Auswirkung das Verstreichen langer Zeiträume auf die dingliche Rechtslage – und somit auf die Eigentümerposition der unbekannten Eigentümer – hat. Es bestehen im Wesentlichen drei Lösungsmöglichkeiten für die geschilderte Lage, die bereits in den Motiven des BGB Erwähnung fand.[217] Denkbar ist ein Eigentumserwerb durch eine „außerordentliche" Ersitzung, die Unverjährbarkeit der Vindikation sowie die Verjährung der Vindikation.

1. „Außerordentliche" Ersitzung

Möglich wäre die Annahme einer außerordentlichen Ersitzung auch zugunsten des bösgläubigen Besitzers. Im BGB ist eine derartige Ersitzung nicht vorgesehen. Teilweise ist sie jedoch vertreten worden.[218] Hiernach soll nach 30 Jahren der Besitzer Eigentümer werden, auch wenn er bösgläubig, mithin für einen anderen oder ohne Recht zum Besitz die Sache in Besitz gehabt hat. Dies entspricht auch teilweise existierenden ausländischen Regelungen. So bestimmt etwa das niederländische Recht in Art. 105 Abs. 1 des Dritten Buchs des niederländischen Bürgerlichen Gesetzbuchs, dass derjenige, der ein Gut in dem Zeitpunkt in Eigenbesitz hat, in dem die Verjährung des Anspruchs auf Beendigung des Eigenbesitzes eintritt, dieses Gut erwirbt, auch wenn sein Eigenbesitz kein gutgläubiger war.[219] Nach dieser Regelung kann also in den Niederlanden nach Ablauf der dort grundsätzlich geltenden zwanzigjährigen Verjährungsfrist auch derjenige Eigentümer werden, der nachrichtenlose Kulturgüter aufbewahrt. Gleiches gilt auch für den Dieb von Kulturgütern. Das Eigentumsrecht der ursprünglichen Eigentümer erlischt. Dies ist eine eindeutige Lösung. Befriedigend erscheint sie jedoch nicht, widerspricht es doch dem Gerechtigkeitsempfinden, wenn derjenige, der eine Sache unter Umständen durch eine Straftat erlangt und diese nur lang genug aufbewahrt, schließlich Eigentum daran erwirbt. Ähn-

---

217 Motive zum BGB, Bd. 1, S. 292 ff.; Protokolle zum BGB, Bd. 1, 194 ff.; dazu *Remien*, AcP 201 (2001), 730 (733).

218 *Wieling*, Sachenrecht I, (1990), S. 7, anders allerdings *ders.*, in SachR (1994) und den Folgeauflagen (bis derzeit SachR (2007)), in welcher die Passage nicht zu finden ist. Gegen eine außerordentliche Ersitzung *Plambeck*, S. 162 ff.

219 *Nieper/Westerdijk,* Deutsche Übersetzung des Niederländischen Bürgerlichen Gesetzbuchs, Originalwortlaut Art. 105 Abs. 1: „*Hij die een goed bezit op het tijdstip waarop de verjaring van de rechtsvordering strekkende tot beëindiging van het bezit wordt voltooid, verkrijgt dat goed, ook al was zijn bezit niet te goeder trouw.*"

liches gilt, folgt man der Ansicht, die eine „Entsitzung“ annimmt.[220] Danach würde durch den Ablauf einer bestimmten Zeit das Eigentum erlöschen. Dadurch würde zwar die aufbewahrende Institution oder ein Dieb eines Kulturguts bzw. dessen Rechtsnachfolger noch nicht automatisch Eigentümer, jedoch würde die Sache herrenlos und dem Besitzer stünde die Möglichkeit einer Aneignung offen. Beide Konstruktionen laufen darauf hinaus, dass durch Zeitablauf das Eigentum an Sachen verloren geht. Durch eine bloße Verwahrung, ggf. auch durch Verbergen der Sachen vor dem Eigentümer, würde diesem das Eigentum entzogen und derjenige, der die Sache verborgen hält, könnte selbst Eigentum hieran begründen.[221]

2. Unverjährbarkeit der Vindikation

Entgegengesetzt zur Ersitzung durch Bösgläubige oder der Entsitzung des Eigentums besteht die Möglichkeit der Unverjährbarkeit der Vindikation. Auch diese Lösung findet bereits in den Motiven des BGB Erwähnung. Einige dem deutschen Recht verwandte Rechtsordnungen gehen diesen Weg und bemerken am deutschen Recht die „sonderbare und künstliche Lösung“[222] der im deutschen Recht vorgesehenen Vindikationsverjährung.

Der deutsche Gesetzgeber ist diesen Weg jedoch nicht gegangen. Im Gegenteil, ausdrücklich klargestellt ist nun seit dem 1.1.2002, dass auch der dingliche Herausgabeanspruch nach 30 Jahren verjährt.[223]

3. Verjährung der Vindikation

Den unbekannten Eigentümern der nachrichtenlosen Kulturgüter steht, vorbehaltlich der Überlagerung durch öffentlich-rechtlicher Vorschriften,[224] ein dinglicher Herausgabeanspruch gem. § 985 BGB zu.

---

220 So *Kegel*, in: FS Caemmerer (1978), S. 149 (176 f.), allerdings abweichend von der hier zugrundeliegenden Situation der nachrichtenlosen Kulturgüter für den Fall der Besitzlosigkeit.

221 *Remien* bringt dies folgendermaßen auf den Punkt: „Also: Stehlen, Vergraben, 30 Jahre Warten, Abkassieren?“, AcP 201 (2001), 730 (735).

222 *Remien*, AcP 201 (2001), 730 (738) mit Nachweisen zur Rechtsprechung des Schweizerischen Bundesgerichts zur Vindikationsverjährung im deutschen Recht, vgl. insbesondere Fn. 27.

223 BR-Drucksache 819/01 v. 9.11.2001. Siehe zur Entschließung des Bundesrats vom selben Tage, die Bundesregierung zu einer Stellungnahme zu der Frage der Verjährung von Herausgabeansprüchen hinsichtlich NS-verfolgungs- und sonstigen kriegsbedingt entzogenen Kulturgütern aufzufordern *Armbrüster*, NJW 2001, 3581 (3586 Fn. 77), der im Ergebnis gegen eine Vindikationsverjährung plädiert. Mit eingehender Erörterung der Zwecke der Verjährung sowie der Abwägung der Interessen von Besitzern und Eigentümern *ders.*, in: FS Westermann (2008), S. 53 (59 ff.; 63 f.). Ebenso statt vieler weiterer *Siehr*, ZRP 2001, 346 (347).

224 Der dingliche Herausgabeanspruch kann überlagert sein durch öffentlich-rechtliche Vorschriften. Einer Herausgabe nach § 985 BGB steht z. B. das Vorliegen der Sicherstellungsvoraussetzungen entgegen. Siehe hierzu unten, 3. Kapitel A. I.

Trotz weiter bestehenden Eigentumsrechts ist die Durchsetzung des Rechts nicht möglich, wenn der Herausgabeanspruch verjährt ist. Die Einrede der Verjährung kann dem dinglichen Herausgabeanspruch dauerhaft (peremptorisch) entgegen gestellt werden. Der dingliche Herausgabeanspruch aus § 985 BGB verjährt gem. § 197 Abs. 1 Nr. 1 BGB nach 30 Jahren. Die aufbewahrende Institution als Herausgabeschuldnerin kann damit die Herausgabe der Sache verweigern. Auf die Kontroversen und die Folgen der Verjährung des Herausgabeanspruchs aus § 985 BGB soll hier nicht näher eingegangen werden.[225] Vorerst ist die Regelung in Kraft.[226] Bedeutung kann in diesem Zusammenhang den von Deutschland übernommenen (freiwilligen) Verpflichtungen aus den so genannten Washingtoner Prinzipien zukommen, nach denen die Verjährungseinrede nicht erhoben werden soll im Fall von Herausgabeforderungen hinsichtlich während des Dritten Reichs verfolgungsbedingt entzogener, gegenwärtig in öffentlichen Einrichtungen aufbewahrter Kulturgüter. Inhalt und Tragweite dieser freiwilligen völkerrechtlichen Zusage, der Washingtoner Erklärung von 1998, wird bei der Erörterung des Einflusses völkerrechtlicher Regelungen auf die Aufbewahrung nachrichtenloser Kulturgüter erörtert werden.[227] Es bleibt an dieser Stelle festzuhalten, dass der Herausgabeanspruch der unbekannten Eigentümer gem. § 197 Abs. 1 Nr. 1 BGB nach 30 Jahren verjährt.

a) Beginn der Verjährung

Während § 199 BGB den Beginn der regelmäßigen Verjährungsfristen bestimmt, ist im Fall der besonderen Verjährung, so auch bei der Vindikation, § 200 BGB maßgeblich. Die 30-jährige Verjährungsfrist beginnt gem. § 200 S. 1 BGB mit Entstehung des Anspruchs zu laufen. Dies bedeutet, dass die Verjährungsfrist in dem Moment in Gang gesetzt wird, in welchem die Voraussetzungen des Anspruchs aus § 985 BGB vorliegen. Die Verjährung tritt auch dann nach 30 Jahren ein, wenn der Anspruch aus § 985 BGB mit einem schuldrechtlichen Herausgabeanspruch zusammenfällt.[228] Die Verjährungsfrist beginnt folglich

---

[225] Profitieren kann von dieser Verjährungsregelung allein der Dieb, der nach 30 Jahren gestohlene Sachen nicht mehr herausgeben muss. Es kommt zum Auseinanderfallen von Besitz und Eigentum. Siehe hierzu *Siehr*, in: Kunstrecht/Künstler und sein Werk, Rn. 15.

[226] *Siehr* schlägt zur Lösung dieses Missstandes vor, zumindest dem Dieb die Erhebung der Verjährungseinrede als Verstoß gegen Treu und Glauben gem. § 242 BGB – unter dem Aspekt des Verbots widersprüchlichen Verhaltens – zu untersagen, in: Kunstrecht/Künstler und sein Werk, Rn. 15. Für eine kulturgüterrechtliche Sonderregelung zur Verjährung plädiert *Armbrüster*, in: FS Westermann (2008), S. 53 (66).

[227] Die Verpflichtung Deutschlands in Punkt 11 der Washingtoner Prinzipien von 1998 betrifft lediglich die Herausgabe von Kulturgütern, die im Zusammenhang mit den Nationalsozialisten beschlagnahmt worden sind und betrifft damit nicht die sonstigen Fallgruppen nachrichtenloser Kulturgüter.

[228] Staudinger/*Gursky*, § 985 Rn. 97.

jedoch nicht zu laufen, solange der Besitzer ein Recht zum Besitz hat. So lange dem Besitzer ein Besitzrecht i. S. d. § 986 BGB zukommt, ist der Anspruch aus § 985 BGB somit nur ein latenter.[229] Für den Fall nachrichtenloser Kulturgüter ist daher entscheidend, inwieweit der aufbewahrenden Institution ein Recht zum Besitz i. S. d. § 986 BGB zusteht.

b) So genannter verhaltener Herausgabeanspruch

Für den Beginn des Laufs der für den Anspruch aus § 985 BGB maßgeblichen Verjährungsfrist ist folglich der Zeitpunkt der Anspruchsentstehung von entscheidender Bedeutung. Maßgebliche Auswirkungen auf die Frage des Beginns der Verjährungsfrist hat es, wenn man der heute[230] vertretenen Ansicht folgt, derzufolge bei so genannten verhaltenen Herausgabeansprüchen für den Beginn der Verjährung auf den Zeitpunkt des Herausgabeverlangens abgestellt werden muss.[231] Verhalten ist ein Herausgabeanspruch dann, wenn die Vindikation zu keinem Zeitpunkt ausgeschlossen ist, sondern der Besitzer jederzeit einem Anspruch aus § 985 BGB ausgesetzt ist. Diese Situation liegt vor, wenn Schuldverhältnisse den Besitzer „nur zum ‚Haben', nicht aber auch zum ‚Behalten' der Sache" berechtigten.[232] Dies betrifft beispielsweise den jederzeit zur Herausgabe verpflichteten Verwahrer einer Sache (§ 695 BGB) sowie einen Beauftragten im Hinblick auf die ihm zur Durchführung des Auftrags übergebenen Sachen (§§ 667, 671 Abs. 1 BGB). Der Besitzer ist in diesen Fällen zu jeder Zeit einem – bis zur Geltendmachung – „verhaltenen" Anspruch aus § 985 BGB ausgesetzt.[233] Dennoch ist sein Besitz bis zum Herausgabeverlangen rechtmäßig und damit beispielsweise auch die Anwendung der §§ 987 ff. BGB auf diesen Zeitraum grundsätzlich ausgeschlossen.[234] Erst das Herausgabeverlangen „aktualisiert" die Vindikationslage.

Welches Rechtsverhältnis konkret der Aufbewahrung nachrichtenloser Kulturgüter durch die öffentliche Hand zugrunde liegt, wird im Einzelnen Gegenstand der Untersuchungen des 4. Kapitels sein. An späterer Stelle wird daher auch zu entscheiden sein, welcher Art das der aufbewahrenden Institution zustehende

---

229 Staudinger/*Gursky*, § 985 Rn. 97. Voraussetzung des § 985 ist neben der Eigentümerstellung des Anspruchstellers Besitz ohne Recht zum Besitz des Anspruchsgegners. Folglich liegen die Voraussetzungen des § 985 BGB bei einem Besitzrecht des Anspruchsgegners nicht vor.

230 Entgegen einer früheren vertretenen traditionellen Auffassung, dazu Staudinger/*Gursky*, § 985 Rn. 97; Motive zum BGB, Bd. 1, S. 308 zur Verwahrung; *Plambeck*, 44 ff. zur alten Gesetzeslage.

231 Staudinger/*Gursky*, § 985 Rn. 97; zum selben Ergebnis kommt *Vieweg*/*Werner*, SachR, § 7 Rn. 17.

232 Staudinger/*Gursky*, § 986 Rn. 22.

233 *Köbl*, S. 108 ff.

234 Staudinger/*Gursky*, § 986 Rn. 22.

Recht zum Besitz ausgestaltet ist und woraus sich dieses ergibt. Bereits aus praktischen Erwägungen ist ersichtlich, dass der öffentlichen Hand ein irgendwie gestaltetes „Recht zum Haben" im oben beschriebenen Sinne zusteht.[235]

Festgehalten werden kann an dieser Stelle daher bereits, dass die Verjährungsfrist des Herausgabeanspruchs aus § 985 folglich nicht mit dem Moment der Inbesitznahme durch die aufbewahrende Institution, sondern erst in dem Moment zu laufen beginnt, in welchem der Herausgabeanspruch seitens des Eigentümers im oben beschriebenen Sinne „aktualisiert" wird. Dies setzt voraus, dass der Eigentümer bestimmbar wird und ein Herausgabeverlangen formuliert. Erst in diesem Moment wird das Besitzrecht der aufbewahrenden Institution beendet und der Anspruch aus § 985 BGB entsteht.

c) Aktualisierung des Anspruchs auf Herausgabe nachrichtenloser Kulturgüter

Angewandt auf den Fall nachrichtenloser Kulturgüter ist vom Vorliegen einer Vindikationslage folglich erst ab dem Zeitpunkt auszugehen, in welchem ein berechtigtes Herausgabeverlangen erklärt wird. Erst ab diesem Moment ist der Lauf der 30-jährigen Verjährungsfrist in Gang gesetzt. So lang keine Herausgabe gefordert wird, ist der Herausgabeanspruch nicht „aktualisiert" und die Voraussetzungen einer Vindikationslage nicht erfüllt. Dem Eigentümer stünde so unter Umständen allerdings die Möglichkeit zu, die Aufbewahrung auf unbestimmte Zeit zu erwirken, obwohl er vom Ort und der Möglichkeit der Herausgabe Kenntnis hat. Fraglich ist daher, ob eine Einschränkung der so auf unvorhersehbare Zeit entstehenden Aufbewahrungsverhältnisse erforderlich ist.

aa) Fiktion der Aktualisierung des Herausgabeanspruchs ab Kenntnisnahmemöglichkeit von der Aufbewahrung

Denkbar könnte es sein, eine angemessene Lösung zu suchen, die unter Abwägung der Interessen der betroffenen Eigentümer einerseits und der aufbewahrenden Institutionen andererseits erfolgt. Während die Eigentümer ein Interesse daran haben, dass die Kulturgüter sachgerecht aufbewahrt werden, besteht in der weit überwiegenden Anzahl der Fälle ein Interesse der öffentlichen Hand, die Kulturgüter an die Eigentümer herauszugeben. Bis auf vereinzelte herausragende Kulturgüter, die als Ausstellungsstücke dienen können, ist mit der Aufbewahrung ein organisatorischer und verwaltungstechnischer Aufwand verbunden. Es liegt mithin auch im Interesse der aufbewahrenden Institution, die aufbewahrten nachrichtenlosen Kulturgüter an die Eigentümer zurückzugeben. Die Aufbewahrung der nachrichtenlosen Kulturgüter für die Eigentümer soll

[235] Zum Besitzrecht der aufbewahrenden Institution siehe ausführlich unten, 4. Kapitel D.

also gerade bis zu dem Zeitpunkt erfolgen, in welchem ihm die Möglichkeit eröffnet ist, sich seines Eigentums selbst anzunehmen. Insofern könnte es interessengerecht erscheinen, den Beginn des Laufs der Verjährungsfirst an die Kenntnisnahmemöglichkeit des Eigentümers vom Aufbewahrungsort und damit an die Möglichkeit, eine Herausgabe zu fordern, zu knüpfen. Fraglich ist hierbei, inwieweit die aufbewahrende Institution Nachforschungen und Benachrichtigungen der Eigentümer vorzunehmen hat, in welcher Sprache diese Benachrichtigungen abzufassen sind und wann diese als zugegangen gelten können. Da in vielen Fällen Eigentümer nachrichtenloser Kulturgüter aus dem Ausland beteiligt sein werden, liegen die Probleme dieses Unterfangens auf der Hand. Der Beginn des Laufs der Verjährungsfristen kann nicht an eine umfassende, weltweite Nachforschung der aufbewahrenden Institution nach dem Eigentümer geknüpft werden. Denkbar wäre stattdessen, den Beginn des Laufs der Verjährungsfrist des dinglichen Herausgabeanspruchs gem. § 200 BGB ab dem Zeitpunkt anzunehmen, ab dem die aufbewahrende Institution die Aufbewahrung und die Eigentümersuche veröffentlicht. Als maßgeblicher Zeitpunkt kommt hierfür die Einrichtung einer öffentlichen, weltweit zugänglichen Datenbank im Internet, die Informationen zu den aufbewahrten Kulturgütern enthält, in Betracht. Ab dem Moment, in welchem ein Zugriff auf die Daten der aufbewahrten Kulturgüter möglich ist, besteht immerhin die Möglichkeit der Aktualisierung des Herausgabeanspruchs für die Eigentümer.[236] Die aufbewahrende Institution bezeugt hiermit zudem ihr Bewusstsein darüber, für den Eigentümer aufzubewahren und über die konkrete Aufbewahrung zum Schutz des Kulturguts hinaus nicht selbst zum Besitz berechtigt zu sein.

Allerdings ist somit den Eigentümern immer noch nur theoretisch die Möglichkeit gegeben, Kenntnis von der Aufbewahrung zu erlangen. Eine Aktualisierung des Herausgabeanspruchs in Form eines Herausgabeverlangens liegt mithin noch immer nicht vor. Das Besitzrecht der aufbewahrenden Institution besteht weiterhin, die Voraussetzungen der Vindikation aus § 985 BGB liegen mithin noch nicht vor. Der Annahme einer Fiktion der Aktualisierung könnte jedoch durch die Länge der Verjährungsfrist des § 197 Abs. 1 Nr. 1 BGB von 30 Jahren Rechnung getragen sein.

---

[236] Eine andere Problematik betrifft die Frage, inwieweit und wodurch ein Nachweis über die Eigentümerstellung erbracht werden kann. Dies kann zwar nicht Gegenstand der vorliegenden Untersuchung sein, wird allerdings in der Praxis, so wie beispielsweise im Fall des Sevso-Schatzes (siehe dazu oben, 1. Kapitel C. I.), oftmals eines der entscheidenden Probleme darstellen. Wenn hiervon Kulturgüter betroffen sind, deren Eigentümer bislang keine Kenntnis von der Existenz der Kulturgüter haben (so im Fall der *umbrella statutes,* hierzu bereits oben, 2. Kapitel B. I. 1. b), stellt sich vor allem das praktische Problem des Nachweises über die Herkunft aus einem bestimmten Staat. Diese Schwierigkeit liegt allerdings außerhalb juristischer Fragen, sondern betrifft die Zuordnung zu einem bestimmten Ausgrabungsort.

bb) Praktische Relevanz der Fiktion der Aktualisierung

Während eine derart einschränkende Anwendung des Prinzips des aktualisierten Herausgabeanspruchs durch die Fiktion einer Herausgabeforderung mit der Möglichkeit der Kenntnisnahme vom Ort der Aufbewahrung aus Billigkeitserwägungen Zweifeln ausgesetzt wäre, ist sie auch aus praktischen Erwägungen abzulehnen.

Folge dieser einschränkenden Auslegung wäre, dass nach 30 Jahren der Herausgabeanspruch verjährt und damit das Eigentum und der Besitz an den nachrichtenlosen Kulturgütern auseinander fällt. Während das Eigentum also weiterhin bei den ursprünglichen Eigentümern verbleibt, hat die aufbewahrende Institution das Recht, die Herausgabe des Besitzes zu verweigern. Eine Verfügungsmöglichkeit über die Kulturgüter ergibt sich hieraus für die aufbewahrende Institution nicht.[237] Den Interessen der aufbewahrenden Institution ist weder über eine Ausweitung noch über eine Verkürzung der Verjährungsfristen der Herausgabeansprüche ausreichend Rechnung getragen. Die Verjährung des Herausgabeanspruchs trägt somit nicht dazu bei, die praktisch relevanten Fragen bei der Aufbewahrung nachrichtenloser Kulturgüter einer Lösung zuzuführen.

d) Zwischenergebnis

Der Herausgabeanspruch der Eigentümer nachrichtenloser Kulturgüter verjährt in 30 Jahren. Die Verjährungsfrist beginnt gem. § 200 BGB ab dem Moment zu laufen, in dem die Voraussetzungen des maßgeblichen Herausgabeanspruchs vorliegen. Dies ist im Fall der nachrichtenlosen Kulturgüter der Moment, in welchem der Eigentümer die Herausgabe gem. § 985 BGB fordert und damit das Besitzrecht der aufbewahrenden Institution endet.

VI. Keine Hinderung der Durchsetzung des zivilrechtlichen Anspruchs auf Herausgabe durch öffentlich-rechtliche Dienstbarkeit oder Nießbrauch

1. Öffentlich-rechtliche Dienstbarkeit

Die Durchsetzung zivilrechtlicher Ansprüche auf die Herausgabe von Kulturgütern, die in staatlicher Obhut für unbekannte Eigentümer aufbewahrt werden, wird nicht dadurch ausgeschlossen, dass die Kulturgüter mit einer öffentlich-rechtlichen Dienstbarkeit belastet sind.

---

237 Dazu bereits oben unter IV. sowie sogleich unter C. I. im Rahmen der Eigentumsschutzansprüche als Grenze der Verwertungsmöglichkeiten nachrichtenloser Kulturgüter während der Aufbewahrung.

Zwar wird teilweise die Ansicht vertreten, dass Sachen, die sich in anstaltlicher Nutzung befinden, wie in Museen, Bibliotheken oder Archiven, aufgrund ihrer Widmung und Indienststellung mit einer öffentlich-rechtlichen Dienstbarkeit belastet sein können.[238] Begründet wird dies damit, dass eine öffentlich-rechtliche Sachherrschaft, eine „Dienstbarkeit", zu einer öffentlich-rechtlichen Bindung der Sachen führen und damit das private Eigentum beschränken kann.[239] Diese Dienstbarkeit könne durch ausdrückliche Widmung, oder aber konkludent, beispielsweise durch eine innerbehördliche Inventarisierung, entstehen.[240] Durch eine Inventarisierung und öffentliche Ausstellung der nachrichtenlosen Kulturgüter würden diese also möglicherweise in den Dienst der Öffentlichkeit gestellt und damit einem öffentlich-rechtlichen Zweck gewidmet. Eine derartige öffentlich-rechtliche Dienstbarkeit an Kulturgütern wird jedoch mittlerweile von der Rechtsprechung abgelehnt.[241] Ferner ist Voraussetzung für die Begründung einer Dienstbarkeit, dass die Behörde entweder Eigentümer der Sache ist oder aber der Eigentümer der Sache der Widmung zustimmt.[242] Werden Kulturgüter für die unbekannten Eigentümer verwahrt, scheidet die Möglichkeit der Begründung einer öffentlich-rechtlichen Dienstbarkeit daher auch aus diesem Grund von vornherein aus.[243]

2. Öffentlich-rechtlicher Nießbrauch an Kulturgütern gem. § 5 Abs. 2 Ausgleichsleistungsgesetz (AusglLeistG)

Auch § 5 Abs. 2 AusglLeistG steht der Durchsetzung des Herausgabeanspruchs nachrichtenloser Kulturgüter nicht entgegen.

Zwar bestimmt § 5 Abs. 2 Satz 1 AusglLeistG, dass zur Ausstellung bestimmtes Kulturgut, das aufgrund des AusglLeistG an unrechtmäßig enteignete Eigentümer zurückzugeben ist, für die Dauer von 20 Jahren unentgeltlich den Zwecken der Nutzung seitens der Öffentlichkeit oder der Forschung gewidmet

---

238 *Frotscher,* Verwaltungsarchiv 62 (1971), 153 (158 ff.); *Schmidt-Jorzig*, NVwZ 1987, 1025 (1030); *Wieling*, Sachenrecht I, § 2 II 3 b; *Wernecke*, AcP 195 (1995), 445 (455 ff.).

239 *Wieling*, Sachenrecht I, § 2 II 3 b. Dazu allgemein *Papier,* Recht der öffentlichen Sachen, S. 39; *Pappermann/Löhr/Andriske,* S. 2.

240 *Wieling*, Sachenrecht I, § 2 II 3 b.

241 Siehe die Grundsatzentscheidung zum Hamburger Stadtsiegel-Fall, in der die weitreichenden Folgen der Widmung von Kulturgut abgelehnt werden. BVerwG, Urt. v. 12.8.1993, 7 B 86/93, NJW 1994, 144. Zur Annahme einer öffentlich-rechtlichen Dienstbarkeit nur durch oder aufgrund Gesetzes OVG Münster, Urt. v. 25.2.1993, 20 A 1289/91, NJW 1993, 2635. Hierzu auch *Müller-Katzenburg*, Internationale Standards, S. 76 f; *Lenski*, KUR 2007, 142.

242 *Wieling*, Sachenrecht I, § 2 II 3 b.

243 Soll eine Sache ohne Zustimmung ihres privaten Eigentümers für eine öffentlich-rechtliche Aufgabe gewidmet werden, so ist aufgrund der grundgesetzlichen Eigentumsgarantie die Schaffung einer gesetzlichen Grundlage für das Entstehen eines öffentlich-rechtlichen Herrschaftsrechts erforderlich, *Wernecke*, AcP 195 (1995), 445 (454).

bleibt, und regelt damit einen unentgeltlichen öffentlichen Nießbrauch. Diese Regelung ist allerdings für nachrichtenlose Kulturgüter nicht einschlägig. Grund dafür ist, dass das Eigentum an den dieser Studie zugrunde gelegten Untersuchungsgegenständen nachrichtenloser Kulturgüter nicht zurück übertragen werden muss, da die ursprünglichen Eigentümer ihr Eigentumsrecht hieran – wie oben untersucht[244] – nicht verloren haben.

C. Eigentumsschutzansprüche als Grenze der Verwertungsmöglichkeiten nachrichtenloser Kulturgüter

Neben dem Anspruch auf Herausgabe des Eigentums aus § 985 BGB stehen dem Eigentümer weitere Eigentumsansprüche zu. Dies gilt selbst für den Fall, dass der Eigentümer unbekannt ist. Diese Eigentumsrechte stehen selbst im Fall einer Verjährung der Vindikation den unbekannten Eigentümern weiterhin zu.[245] Jede andere Ansicht führte dazu, dass praktisch doch ein Eigentumsübergang durch die Verjährung des Herausgabeanspruchs bewirkt würde.[246]

Im Folgenden soll auf die für die Aufbewahrung nachrichtenloser Kulturgüter relevanten Ansprüche eingegangen werden, die aus § 1004 BGB abgeleitet werden können und unabhängig von einer möglichen Verjährung der Vindikation bestehen. Inwieweit sich möglicherweise weitere Ansprüche aus dem Verwahrungsverhältnis ergeben können, insbesondere solche, die an den Besitz anknüpfen und inwieweit diese Ansprüche möglicherweise gegenseitige Rechte und Pflichten verursachen, wird im Rahmen der Erörterung des Verwahrungsverhältnisses näher untersucht werden.[247]

Zwar sind die Eigentümer nachrichtenloser Kulturgüter nicht zu ermitteln und somit auch nicht in der Lage, einzelne Einwirkungen auf ihr Eigentum zu verhindern und ggf. aus § 1004 BGB gegen die aufbewahrende Institution vorzugehen. Dennoch ist die Reichweite des eigentumsrechtlichen Schutzes relevant für die Ausgestaltung der Aufbewahrung. Die Befugnisse der aufbewahrenden Institution finden ihre Grenze im Rahmen dessen, was dem Untersagungsrecht

---

[244] Siehe dazu oben, im Ergebnis unter III.

[245] Zwar verjähren ggf. mit dem Herausgabeanspruch einige dieser Ansprüche. Dies betrifft wohl vor allem Ansprüche, die an den Besitz anknüpfen, wie beispielsweise Nutzungen. Für die Verjährung des Anspruchs auf Nutzungsherausgabe bei Verjährung der Vindikation *Plambeck*, 200 ff. Nicht jedoch für Schadensersatz wegen Verfügungen über das Eigentum, *dies.*, 206.

[246] So auch *Remien*, AcP 201 (2001), 730 (744).

[247] Siehe dazu unten, ab 4. Kapitel D.

des Eigentümers unterfällt. Dies muss auch dann gelten, wenn der Eigentümer nicht ermittelt werden kann.

I. Unterlassungsansprüche der unbekannten Eigentümer als Rahmen der Befugnisse während der Aufbewahrung

Dem Eigentümer stehen neben besitzbezogenen Ansprüchen aus dem Eigentum, die Gegenstand des so genannten Eigentümer-Besitzer-Verhältnisses sind, Unterlassungsansprüche zu. Dies betrifft im Fall beweglicher Sachen den aus § 1004 BGB abgeleiteten Anspruch auf Unterlassen von Verfügungen, schädlichen Einwirkungen sowie unerlaubten Nutzungen.[248] Die Verjährung des Unterlassungsanspruchs beginnt gem. § 200 BGB mit der Entstehung des Anspruchs. Der Anspruch auf Unterlassung entsteht gem. §§ 200 Satz 2, 199 Abs. 5 BGB mit der Zuwiderhandlung. Somit ist kein Gleichlauf mit der Vindikationsverjährung gegeben. Selbst bei Zugrundelegung der Annahme eines verjährten Herausgabeanspruchs steht dem Eigentümer das Recht zu, dem Besitzer weitere Nutzungen zu untersagen. Maßgeblich hierfür ist § 1004 BGB, der auch für bewegliche Sachen gilt. § 1004 BGB gewährt dem Eigentümer einen Beseitigungs- und Unterlassungsanspruch. Der Eigentümer ist anspruchsberechtigt, auch wenn er nicht im Besitz der Sache ist.[249] Der Eigentümer kann sich einer Eigentumsbeeinträchtigung, die in „anderer Weise als durch Entziehung oder Vorenthaltung des Besitzes“ erfolgt, erwehren, da er vom Störer die Beseitigung der Beeinträchtigung verlangen kann (§ 1004 Abs. 1 Satz 1 BGB).

1. Verbot der Verfügung über aufbewahrte Kulturgüter

Anerkannt ist, dass § 1004 BGB das Recht beinhaltet, drohende rechtsgeschäftliche Verfügungen zu unterbinden. Dem Eigentümer steht das Recht zu, gegen eine Veräußerung der aufbewahrten Kulturgüter seitens des Besitzers vorzugehen und ggf. ein gerichtliches Veräußerungsverbot zu erwirken.[250] Folglich ist bei der Aufbewahrung nachrichtenloser Kulturgüter die Konzeption des Gesetzes zu beachten, die dem Besitzer die Verwertung der verwahrten Sache im Wege einer Veräußerung grundsätzlich untersagt. Im Einzelnen wird noch darauf einzugehen sein, inwieweit gesetzliche Regelungen hiervon abweichende Ausnahmen vorsehen.[251]

---

[248] *Remien*, AcP 201 (2001), 730 (745).

[249] Staudinger/*Gursky*, § 1004 Rn. 82; *Remien*, AcP 201 (2001), 730 (745).

[250] *Remien*, AcP 201 (2001), 730 (747).

[251] Siehe dazu unten, 3. Kapitel C.

2. Nennung des Eigentümers bzw. der ungeklärten Eigentümerschaft

Insbesondere zur Verhütung von Verfügungen muss das Eigentum das Recht geben, falsche Eigentumsangaben zu untersagen. Anerkannt ist daher, dass gem. § 1004 BGB eine falsche Eigentumsberühmung untersagt werden kann. Hieraus folgt das Recht auf einen Vermerk des Eigentums an einem Ausstellungsobjekt. Zurückzuführen ist dies darauf, dass aufgrund der üblichen Kennzeichnung von Leihgaben in der kommentarlosen Ausstellung eine Eigentumsberühmung gesehen werden kann.[252]

Für die nachrichtenlosen Kulturgüter bedeutet dies, dass im Falle einer Ausstellung oder Publikation der Status als Aufbewahrungsobjekt für einen unbekannten Eigentümer kenntlich zu machen ist.

3. Unterlassen der Beschädigung und Substanzeinwirkung

Aus § 1004 BGB folgt ferner der Anspruch auf Unterlassung der Beschädigung oder Substanzeinwirkung.[253] Erfasst ist hiervon die Aufbewahrung in ungeeigneten Räumen, unter ungeeigneten Lichtverhältnissen oder sonstigen ungünstigen klimatischen Bedingungen, wie beispielsweise in zu trockenem oder zu feuchtem Klima. An einer Beeinträchtigung fehlt es allerdings bei der bloßen Ausübung des Besitzes. Dies gilt auch dann, wenn hiermit eine Ortsveränderung verbunden ist.[254] Ferner wird vertreten, dass aus § 1004 BGB auch das Recht ergibt, eine Restaurierung zu verhindern.[255] Für den speziellen Fall nachrichtenloser Kulturgüter, in welchem die Eigentümer unter Umständen über einen sehr langen Zeitrum nicht bestimmbar sind und Ungewissheit darüber herrscht, ob sie je festgestellt werden können, ist hierzu eine differenzierende Betrachtung erforderlich. Hierfür ist eine Abwägung einer möglichen Verletzung der Eigentümerinteressen durch eine unter Umständen unerwünschte Erhaltungsmaßnahme und der Wahrung des öffentlichen Interesses an der Erhaltung einzigartiger Kulturgüter vorzunehmen.

Aufgrund der Eigenschaft der aufbewahrten Kulturgüter als unwiederbringliche und einzigartige Zeugnisse der Menschheitsgeschichte erwächst der aufbewahrenden Institution neben der Wahrung der Interessen der Eigentümer auch die Pflicht zur Wahrung des allgemeinen Interesses an der Erhaltung dieser Objekte. Eine Abwägung der widerstreitenden Interessen hat folglich einerseits die Interessen der nicht erreichbaren Eigentümer an einer Verletzung ihrer Rechte für den Fall vorgenommener, vom Eigentümerinteresse nicht gedeckter unerwünschter Restaurie-

---

[252] *Remien*, AcP 201 (2001), 730 (747).

[253] *Remien*, AcP 201 (2001), 730 (747); Staudinger/*Gursky* zum Schadensersatz wegen schuldhafter Beschädigung § 985 Rn. 71.

[254] *Remien*, AcP 201 (2001), 730 (747).

[255] *Remien*, AcP 201 (2001), 730 (747).

rungen zu berücksichtigen. Dem gegenüber steht die Gefahr des unwiederbringlichen Verlusts eines Kulturguts bei einer Nichtvornahme von Restaurierungen. Sowohl das Interesse am Erhalt von einzigartigen Kulturgütern als auch der Umstand der ungewissen Eigentümerfindung sowie die Gefahr des dauerhaften Verlusts bei der Versäumung einer rechtzeitigen Restaurierungsmaßnahme spricht dafür, eine Restaurierung von nachrichtenlosen Kulturgütern während der Aufbewahrung in staatlicher Obhut als zulässig und damit nicht vom Unterlassungsanspruch der unbekannten Eigentümer aus § 1004 BGB umfasst anzusehen.

4. Befugnis zur Ausstellung

Die Frage nach der Möglichkeit zur Ausstellung der aufbewahrten Kulturgüter betrifft neben sachenrechtlichen Fragen des Eigentums und dessen Reichweite nach § 903 BGB auch solche des Urheberrechts. Zwar sind die nachrichtenlosen Kulturgüter nicht mehr vom Schutz des Urheberrechts erfasst, da seit dem Tod des Werkschöpfers in wahrscheinlich allen Fällen mehr als 70 Jahre vergangen sein werden. Ein urheberrechtlicher Schutz für die Autoren ist damit beendet. Dennoch können die Wertungen des UrhG für die Frage der Befugnis zur Ausstellung von Kulturgütern unbekannter Eigentümer Aufschluss geben.

Grundsätzlich führt der Erwerb des Originals eines Werks im Zweifel nicht dazu, dass dem Erwerber gleichzeitig Nutzungsrechte an dem Werk eingeräumt werden, § 44 Abs. 1 UrhG. § 44 Abs. 2 UrhG sieht hiervon einen Ausnahme vor, in der bestimmt wird, dass der Eigentümer eines (auch bisher unveröffentlichten) Werks der bildenden Kunst oder eines Lichtbildwerkes zur öffentlichen Ausstellung berechtigt ist. Dies gilt nur dann nicht, wenn der Urheber dieses Recht bei der Veräußerung ausdrücklich ausgeschlossen hat.

Ist folglich der Eigentümer auch Inhaber des Ausstellungsrechts, kann er die Ausstellung des Werks dem Besitzer gegenüber untersagen. Dies sieht das UrhG jedoch nur im Ausnahmefall unveröffentlichter Werke vor, namentlich in §§ 18 und 44 Abs. 2 UrhG. Fraglich ist daher, ob diese Wertung auch für bereits veröffentlichte Werke gelten soll.

Mit der ersten Veröffentlichung tritt eine Erschöpfung des Ausstellungsrechts ein. Ein besonderer urheberrechtlicher Schutz besteht dann nicht mehr. Bei der vorliegenden Fragestellung spielt es allerdings keine Rolle, inwieweit eine Nutzung gemeinfrei geworden ist. Nach dem Erlöschen eines besonderen urheberrechtlichen Ausstellungsrechts bedeutet die Ausstellung lediglich noch ein tatsächliches Gebrauchmachen vom Besitz. Eine Ausstellungsbefugnis ist daher nicht ausschließlich dem Eigentümer vorzubehalten. Ein Unterlassungsanspruch aus § 1004 BGB gegen die Ausstellung der nachrichtenlosen Kulturgüter steht den Eigentümern daher nicht zu.[256]

---

[256] *Remien*, AcP 201 (2001), 730 (748).

Vereinzelt werden in ausländischen Staaten Kulturgüter, die als Schmuggelware vom Zoll beschlagnahmt werden und deren Herkunft und Eigentümer unbekannt sind, ausgestellt. Dabei werden die betreffenden Kulturgüter jeweils extra gekennzeichnet und mit dem Hinweis auf ihre unklare Herkunft versehen.[257] Grundsätzlich steht einer derartigen Praxis unter dem Aspekt zivilrechtlichen Eigentumsschutzes auch in Deutschland nichts entgegen. Inwiefern möglicherweise die Ausstellung der einzelnen Fallgruppen nachrichtenloser Kulturgüter aufgrund von international übernommenen Verpflichtungen oder Selbstverpflichtungserklärungen ausgeschlossen wird, wird später ausführlich untersucht werden.[258]

5. Verwertung der Kulturgüter durch Vervielfältigung

Die Verwertung von Kulturgütern durch Vervielfältigung kann mannigfaltige Ausprägungen annehmen. Von der Postkarte über Plakate, dem Abdruck auf Kleidungsstücken und sonstigen Sachen sowie Reproduktionen ist die Verwertung von Gemälden, Skulpturen und sonstigen Kunstwerken denkbar.

Fraglich ist, ob ein Eigentümer das Recht hat, dem Besitzer diese Verwertung zu verbieten.

Gem. § 903 BGB scheint das Eigentumsrecht dies zu ermöglichen. Wie bereits im vorgenannten Fall der Ausstellung können möglicherweise die Wertungen des UrhG Aufschluss über die Reichweite des § 903 BGB geben. Aus dem Zusammenspiel von UrhG und § 903 BGB ergeben sich allerdings keine eindeutigen Erkenntnisse über die Untersagungsmöglichkeit des Eigentümers hinsichtlich einer Vervielfältigung. Die Vervielfältigung ist umfassend und selbst bei der Veränderung der Größe, des Formats, der Dimensionalität oder des Materials liegt noch immer eine Vervielfältigung vor.[259] In § 15 UrhG wird vorgesehen, dass dem Urheber die Verwertungsrechte an seinem Werk zustehen. Hierzu zählt auch das Vervielfältigungsrecht, welches Gegenstand des § 16 UrhG ist. Stehen die Vervielfältigungsrechte grundsätzlich nicht dem Eigentümer, sondern dem Urheber zu, verhilft dies noch nicht zu Aufschluss über die Frage, wie die Rechte des Eigentümers gegenüber dem Besitzer sind. Einen Anhaltspunkt hierfür bietet die Entscheidung des BGH im Fall der Apfel-Madonna des Aachener Suermondt-Museums.[260]

---

257 Siehe hierfür beispielsweise die Praxis in der Türkei: Im Archäologie-Museum in Edirne sind in einem Raum speziell gekennzeichnete, vom Zoll bei versuchter illegaler Ausfuhr beschlagnahmte Münzen ausgestellt, siehe hierzu http://www.kultur.gov.tr/EN/belge/2-19936/eski2yeni.html (aufgerufen am 15.3.2011), vgl. dazu bereits in der Einleitung, 1. Kapitel I.

258 Siehe dazu unten, 5. Kapitel D. I.

259 Schricker/Loewenheim/*Loewenheim*, UrhG, § 16 Rn. 8 ff.; *Schack*, Rn. 417.

260 BGH, Urt. v. 13.10.1965 (Apfel-Madonna), Ib ZR 111/63, BGHZ 44, 288, NJW 1966, 542.

Von der Skulptur der Apfel-Madonna, die aus dem 15. Jahrhundert stammt, stellte eine Kunstwerkstatt Kopien her. Hierfür erhielt sie vom Suermondt-Museum eine ausschließliche Lizenz. Der Beklagte fertigte Nachbildungen der Skulptur an, die er günstiger verkaufte. Im Fall eines aus dem 15. Jahrhundert stammenden Werkes schieden Schutzfristen des UrhG von vornherein aus. Entscheidend war jedoch, ob in der Nachbildung der Kopien der Klägerin eine Verletzung des Eigentums an dem Original des Museums zu sehen war. Dies verneinte der BGH. Er begründet dies damit, dass keine Einwirkung auf das Original vorlag und das Werk als geistiges Gebilde keine Sache i. S. d. § 90 BGB sei. Somit könne es auch nicht Gegenstand des sachenrechtlichen Eigentums sein.[261] Für maßgeblich gehalten wurde für die Frage der unrechtmäßigen Nachbildung die Überlegung, dass der Eigentümer im Fall der Apfel-Madonna einer Person die Anfertigung von Kopien gestattet hatte. Damit könne auch das Nachbilden dieser Kopien durch einen Dritten nicht unterbunden werden.[262] Auf nachrichtenlose Kulturgüter angewandt stellt sich die Situation dergestalt dar, dass eine Gestattung der Anfertigung einer Kopie durch den unbekannten Eigentümer fehlt. Die vorangegangenen Überlegungen führen lediglich zu der Erkenntnis, dass unterschieden werden muss zwischen dem Eigentum und dem Vervielfältigungsrecht. *Remien*[263] folgert richtigerweise hieraus grundsätzlich Folgendes: Zwar habe der Eigentümer kraft seiner Sachherrschaft vielfach die Möglichkeit, Vervielfältigungen zu verhindern. Dies folge jedoch nicht aus seinem Eigentumsrecht, sondern aus seinem Besitz. Den hat der unbekannte Eigentümer eines nachrichtenlosen Kulturguts jedoch gerade nicht inne, sondern die für den Eigentümer aufbewahrende Institution. Daher kann der Eigentümer dem Besitzer die Vervielfältigung nicht gem. § 1004 BGB kraft Eigentums untersagen. Grundsätzlich möglich wäre dies dem Eigentümer nur dann, wenn er zugleich Inhaber eines urheberrechtlichen Verbreitungsrechtes ist. Dies ist für die vorliegend untersuchten Kulturgüter jedoch grundsätzlich auszuschließen, da die urheberrechtlichen Schutzfristen abgelaufen sein werden.

6. Verwertung der Kulturgüter durch fotografische Abbildung

Fraglich ist darüber hinaus die Möglichkeit des gewerblichen Vertriebs von fotografischen Abbildungen der nachrichtenlosen Kulturgüter, beispielsweise als Postkarte.[264]

---

261 BGH, Urt. v. 13.10.1965 (Apfel-Madonna), Ib ZR 111/63, BGHZ 44, 288 (294 f.), NJW 1966, 542 (545 f.).

262 BGH, Urt. v. 13.10.1965 (Apfel-Madonna), Ib ZR 111/63, BGHZ 44, 288 (295), NJW 1966, 542 (545 f.).

263 *Remien*, AcP 201 (2001), 730 (749).

264 Offen gelassen wurde die Frage, ob das unberechtigte Fotografieren eine Einwirkung auf das Original bedeuten würde, im oben zitierten Fall der Apfel-Madonna, BGH, Urt. v. 13.10.1965 (Apfel-Madonna), Ib ZR 111/63, BGHZ 44, 288 (293), NJW 1966, 542 (545 f.).

Zahlreiche Rechtsprechung ist zu dieser Frage im Zusammenhang mit der Abbildung von Gebäuden ergangen. Das Kammergericht stellte zunächst eine Universalität des Eigentums fest und sprach aufgrund dessen im Jahr 1909 dem Eigentümer eines Vergnügungslokals ein „dingliches Verbietungsrecht" gegen die Abbildung von Innenräumen des Lokals auf Ansichtskarten zu. Ähnlich entschied der BGH für nicht frei zugängliche Gebäude, namentlich das Tegeler Schloss. Anders fiel die Entscheidung über die zu Werbezwecken erfolgte Abbildung des „Friesenhauses" auf Sylt aus, dem 1740 errichteten Keitumer Haus. Hier entschied der BGH, dass die unentgeltliche Nutzung rechtmäßig sei.

In jüngster Vergangenheit entschied der BGH wiederum, dass die Stiftung Preußische Schlösser und Gärten die ungenehmigte Herstellung und Verwertung von Foto- und Filmaufnahmen der von ihr verwalteten Kulturgüter ohne ihre Genehmigung zu gewerblichen Zwecken untersagen darf, wenn die Aufnahmen von ihren Grundstücken aus hergestellt worden sind.[265]

Während das vorinstanzliche Landgericht den Klagen stattgegeben hatte, wies das Oberlandesgericht die Klagen ab.[266] Es begründete dies mit der Erwägung, dass sich das Eigentumsrecht auf den Schutz der Sachsubstanz und deren Verwertung beschränke. Diese sei aber bei einer Ablichtung der Sache und einer Verwertung dieser Ablichtung gerade nicht berührt, das Eigentumsrecht der Kläger somit nicht betroffen. Das Verwertungsrecht stehe vielmehr dem Urheber der Ablichtung zu.

Der BGH folgte zwar dieser Auffassung nicht. Vielmehr stellt er nämlich fest, dass die Grundstückseigentümerin die Herstellung und Verwertung von Foto- oder Filmaufnahmen der von ihr verwalteten Kulturgüter zu gewerblichen Zwecken von ihrer Zustimmung abhängig machen darf. Dies gelte auch, wenn an die Zustimmung ein Entgelt geknüpft wird. Dies bedeutet allerdings keine Abkehr der Rechtssprechung im Fall des Tegeler Schlosses und des Friesenhauses. Denn danach kann der Eigentümer die Herstellung und Verwertung von Fotos nicht untersagen, wenn sie von außerhalb seines Grundstücks aufgenommen worden sind. Er kann sie hingegen untersagen, wenn sie von seinem Grundstück aus aufgenommen wurden. Allerdings stellt der BGH zur Begründung dieser Ansicht auf das Recht des Eigentümers ab, darüber zu bestimmen, ob und gegebenenfalls unter welchen Voraussetzungen jemand sein Grundstück betritt. Ihm steht folglich lediglich das ausschließliche Recht zur Anfertigung und Verwertung von Fotografien zu, die von seinem Grundstück aus aufgenommen worden sind. Nicht die Abbildung selbst ist damit ein Eingriff in das Eigentumsrecht, sondern das Betreten des Grundstücks zur Ermöglichung der Aufnahmen.

---

265 BGH, Urt. v. 17.12.2010, V ZR 44/10, V 45/10, 46/10, Pressemitteilung 241/10 v. 17.12.2010.

266 LG Potsdam, Urt. v. 21.11.2008, 1 O 175/08; 1 O 161/08; 1 O 330/08; 1 O 161/08, ZUM-RD 2009, 223.

Fazit dieser Fälle ist daher, dass dem Eigentümer kein zeitlich unbefristetes Verwertungsrecht neben dem Urheberrecht zusteht.[267]

Auch hinsichtlich der fotografischen Abbildung der aufbewahrten nachrichtenlosen Kulturgüter besteht kein Recht aus § 1004 BGB für den Eigentümer zur Unterlassung.[268]

II. Zwischenergebnis

Den unbekannten Eigentümern der nachrichtenlosen Kulturgüter verbleiben aus § 1004 BGB Rechte zur Bestimmung über die Kulturgüter. Hieran würde selbst eine eventuell eintretende Verjährung der Vindikation nichts ändern. Die aufbewahrende Institution unterliegt grundsätzlich dem aus § 1004 BGB abgeleiteten Verfügungsverbot. Ferner trifft sie die Pflicht die ungeklärten Eigentumsverhältnisse auszuweisen. Schließlich ist sie zur Unterlassung jeglicher Beschädigung verpflichtet. Die Vornahme von Restaurierungsarbeiten ist im Fall nachrichtenloser Kulturgüter bei Abwägung des Interesses der unbekannten Eigentümer sowie dem der Allgemeinheit nicht vom Unterlassungsanspruch des § 1004 BGB umfasst. Eine Untersagung eines Ausstellungs- und Vervielfältigungsrechts aus § 1004 BGB folgt nicht aus dem Eigentumsrecht und stellt somit keine Begrenzung der Möglichkeit einer Ausstellung und Vervielfältigung der nachrichtenlosen Kulturgüter dar. Zu bedenken ist hierbei allerdings, dass sich eine Einschränkung des Ausstellungsrechts unter Umständen aus ethischen, religiösen oder kultischen Funktionen der jeweiligen Kulturgüter ergeben kann.

D. Zusammenfassung der Ergebnisse des 2. Kapitels

Die Prüfung der zivilrechtlichen Vorfragen über die dingliche Rechtslage nachrichtenloser Kulturgüter hat ergeben, dass die untersuchten Kulturgüter weiterhin im Eigentum der ursprünglichen, nicht feststellbaren Eigentümer verbleiben. Die Aufbewahrung nachrichtenloser Kulturgüter durch die öffentliche Hand in Deutschland berührt das (unter Umständen nach ausländischem Recht entstandene) Eigentumsrecht der unbekannten Eigentümer nicht. Für die Übertragung von Eigentum bzw. für die originäre Entstehung neuen Eigentums an den Kulturgütern durch Ersitzung gem. § 937 BGB ist grundsätzlich das deutsche Sachrecht berufen.

---

[267] *Remien*, AcP 201 (2001), 730 (748); *Schack*, Rn. 39.

[268] Anders ist dies in Frankreich. Der *Cour de cassation* entschied, dass die Nutzung einer Sache durch Fotografien das Recht des Eigentümers verletzt. Dazu *Remien*, AcP 201 (2001), 730, (749 f).

Weder eine rechtsgeschäftliche Übertragung des Eigentums an den Kulturgütern noch eine Ersitzung des Eigentums kommen in Betracht, da insbesondere eine für beide Eigentumserwerbstatbestände erforderliche Gutgläubigkeit des Erwerbers in der dieser Untersuchung zugrunde gelegten Ausgangslage der als nachrichtenlos aufbewahrten Kulturgüter ausgeschlossen ist. Darüber hinaus liegt in der Regel ein Abhandenkommen der Kulturgüter i. S. d. § 935 Abs. 1 BGB vor, so dass auch aus diesem Grunde ein Eigentumserwerb Dritter ausgeschlossen ist.

Der dingliche Herausgabeanspruch aus § 985 BGB steht den Eigentümern weiterhin zu. Der Herausgabeanspruch verjährt nicht ohne Weiteres nach Ablauf von 30 Jahren seit der Aufnahme der Kulturgüter zur Aufbewahrung durch die öffentliche Hand. Die 30-jährige Verjährungsfrist des § 200 BGB beginnt vielmehr mit der Entstehung des Herausgabeanspruchs aus § 985 BGB zu laufen. Die in § 985 BGB vorausgesetzte Vindikationslage entsteht in dem Moment, in welchem das Besitzrecht der aufbewahrenden Institution durch die „Aktualisierung" des Herausgabeanspruchs seitens des Eigentümers endet. Öffentlich-rechtliche Dienstbarkeiten entstehen an den nachrichtenlosen Kulturgütern nicht und berühren die Durchsetzung des zivilrechtlichen Herausgabeanspruchs daher nicht.

Der Umfang der Verwertungsrechte an nachrichtenlosen Kulturgütern während der Aufbewahrung in staatlicher Obhut in Deutschland richtet sich nach der Reichweite der Rechte der unbekannten Eigentümer. Hieraus ergibt sich, dass eine Verwertung in Form der Ausstellung und Vervielfältigung – auch durch fotografische Abbildungen – zulässig ist. Bei einer Verwertung nachrichtenloser Kulturgüter ist allerdings zu bedenken, dass sie nur unter der Voraussetzung zulässig ist, dass ihr keine ethischen, religiösen oder sonstigen Gründe, die in der Bedeutung des Kulturguts begründet sind, entgegen stehen.

3. Kapitel: Sicherstellung und treuhändische Verwahrung nachrichtenloser Kulturgüter in Deutschland – Systematisierung der Fallgruppen nachrichtenloser Kulturgüter nach den Umständen der Einlagerung

Gegenstand des 3. Kapitels ist die Erörterung der Umstände, die zur staatlichen Obhutsbegründung an nachrichtenlosen Kulturgütern geführt haben. Analysiert werden zunächst die Rechtsgrundlagen, die der staatlichen Inverwahrungnahme zugrunde liegen. Untersucht wird, ob sich aus den Maßnahmen, die der Begründung der staatlichen Aufbewahrung zugrunde liegen, Rechtsfolgen für die Handhabung einer dauerhaften Aufbewahrung ergeben. Von besonderem Interesse ist dabei zunächst, ob und an wen eine Herausgabe der aufbewahrten Kulturgüter für den Fall, dass die Eigentümer nicht feststellbar sind, in Betracht gezogen werden kann. Eingegangen wird hier auf die Rückgabe an den letzten Gewahrsamsinhaber. Dafür wird dessen Recht zur Geltendmachung einer Herausgabe beleuchtet. Ferner wird erörtert, welche Handlungsalternativen dem Staat neben einer schlichten dauerhaften Aufbewahrung der Kulturgüter zur Verfügung stehen. Dies umfasst einerseits die Untersuchung von Nutzungsmöglichkeiten, die für die aufbewahrten Kulturgüter vorgesehen sind. Darüber hinaus wird die Möglichkeit der Veräußerung der aufbewahrten Kulturgüter geprüft.

Die Aufbewahrung der im 1. Kapitel aufgeführten Fallgruppen nachrichtenloser Kulturgüter erfolgt bei systematisierender Betrachtung entweder als Folge einer Sicherstellung oder im Wege der Übernahme einer treuhändischen Verwahrung. Dieser Unterscheidung folgt daher die sich anschließende Erörterung.

Eine Aufbewahrung nachrichtenloser Kulturgüter erfolgt einerseits als Folge von Sicherstellungsmaßnahmen. Sichergestellt werden Kulturgüter durch die Anordnung einer Beschlagnahme oder durch sonstige Sicherstellungsmaßnahmen im Rahmen von repressiven oder präventiven Maßnahmen der Polizeibehörden. Dies betrifft beispielsweise die Sicherstellung illegal zutage geförderter Kulturgüter beim Versuch der illegalen Einfuhr nach Deutschland.[269] Ferner betrifft dies Kulturgüter, die bei der Verfolgung sonstiger illegaler Vortaten, unter anderem als Diebesbeute, sichergestellt werden.[270] Inwiefern sich die vorangegangene

[269] Im 1. Kapitel als 1. Fallgruppe behandelt, siehe dort unter C. I.

[270] Im 1. Kapitel als 7. Fallgruppe behandelt, siehe dort unter C. VII.

Sicherstellung auf die weitere dauerhafte Aufbewahrung der nachrichtenlosen Kulturgüter auswirkt, wird im ersten Teil (A.) des folgenden Kapitels untersucht werden.

Eine Aufbewahrung nachrichtenloser Kulturgüter erfolgt hierneben unter sonstigen Umständen, die eine treuhändische Verwahrung begründen. Diese werden im zweiten Abschnitt des folgenden Kapitels (B.) behandelt. Dabei wird die treuhändische Verwahrung bei der Übernahme der Kulturgüter entweder ausdrücklich als solche bezeichnet, wie im Fall der Verwahrung des Restbestands CCP, oder konkludent als solche angenommen, wie im Fall der Verwahrung von Kulturgütern als sonstige Fälle von Fremdbesitz in Museen. Aus der Klassifizierung einer Aufbewahrung als treuhändisch folgt als solches allerdings noch kein Aufschluss über die rechtlichen Grundlagen der Obhutsbegründung, den Inhalt oder die Rechtsfolgen des Aufbewahrungsverhältnisses, da eine allgemeine Ausgestaltung der Treuhänderschaft nicht existiert. Es kommt daher jeweils auf die konkrete Ausgestaltung der treuhändischen Verwahrung im Einzelfall an. Ein besonders ausgestaltetes treuhändisches Aufbewahrungsverhältnis nachrichtenloser Kulturgüter existiert lediglich für den Restbestand CCP.[271] Dieses wird daher eingehend erörtert werden. Ferner werden die in Museen als Fremdbesitz aufbewahrten nachrichtenlosen Kulturgüter,[272] die kriegsbedingt eingelagerten und nicht abgeholten Kulturgüter,[273] die als Kriegstrophäen geraubten, zurückgegebenen Kulturgüter[274] sowie die bei der Übersiedlung aus der DDR zurückgelassenen Kulturgüter[275] treuhändisch verwahrt. Für diese Aufbewahrungsverhältnisse ergibt sich aus der Treuhänderschaft als solches allerdings kein näherer Aufschluss über den Inhalt des Aufbewahrungsverhältnisses.

Im dritten Teil des 3. Kapitels (C.) wird untersucht, ob und gegebenenfalls inwieweit die allgemeine Regelung zur Veräußerung unanbringbarer Sachen bei Behörden, § 983 BGB, auf nachrichtenlose Kulturgüter angewendet werden kann. Die Anwendung dieser Norm kommt einerseits aufgrund von Verweisungen in den Sicherstellungsvorschriften oder aufgrund des Vorliegens der Tatbestandsvoraussetzungen des § 983 BGB auch in den sonstigen Fällen der Verwahrung nachrichtenloser Kulturgüter in Betracht.

---

[271] Im 1. Kapitel als 2. Fallgruppe behandelt, siehe dort unter C. II.

[272] Im 1. Kapitel als 3. Fallgruppe behandelt, siehe dort unter C. III.

[273] Im 1. Kapitel als 5. Fallgruppe behandelt, siehe dort unter C. V.

[274] Im 1. Kapitel als 4. Fallgruppe behandelt, siehe dort unter C. IV.

[275] Im 1. Kapitel als 6. Fallgruppe behandelt, siehe dort unter C. VI.

A. Einlagerung nachrichtenloser Kulturgüter infolge Sicherstellung

Eine Sicherstellung bezeichnet den Oberbegriff für die Herstellung der staatlichen Gewalt über ein Beweismittel.[276] Diese Sicherstellung kann förmlich angeordnet werden, dann handelt es sich um eine Beschlagnahme.[277] Die Sicherstellung kann darüber hinaus aber auch formlos erfolgen. Dies geschieht in Fällen, in denen der Gewahrsamsinhaber einer Sache nicht bekannt ist oder wenn er die Sache freiwillig zur Verfügung stellt.[278]

Die Sicherstellung nachrichtenloser Kulturgüter erfolgt in der Regel im Zusammenhang mit der (versuchten) illegalen Einfuhr der Gegenstände nach Deutschland in der Absicht, sie im Inland zu veräußern. Dies betrifft zumeist archäologische Kulturgüter, die aus illegalen Raubgrabungen unbekannter Herkunft stammen.[279] Problematisch ist dabei insbesondere, wie sogleich gezeigt werden wird, die Frage einer dauerhaften Aufbewahrung der Kulturgüter in der Obhut der öffentlichen Hand nach dem Wegfallen der Sicherstellungsvoraussetzungen sowie die Anwendung der Vorschriften über die Veräußerung sogenannter unanbringbarer Sachen gem. § 983 BGB auf nachrichtenlose Kulturgüter.

I. Sicherstellung nachrichtenloser Kulturgüter nach dem KultGüRückG

Spezialgesetzliche Sicherstellungsregelungen für Kulturgüter enthält das KultGüRückG. Vorgesehen ist hier die Möglichkeit einer Sicherstellung in Form einer Beschlagnahme sowie ggfs. eine hierauf folgende Einziehung des Kulturguts.

1. Beschlagnahmte Kulturgüter unbekannter Eigentümer

Gem. § 17 Abs. 2 Satz 2 KultGüRückG ordnet die zuständige Zollstelle Einziehung eines beschlagnahmten Kulturguts an, wenn die erforderlichen Unterlagen nicht nachgewiesen werden, die eine rechtmäßige Einfuhr des Kulturguts

---

[276] Meyer-Goßner/*Czierniak*, § 94 Rn. 11.

[277] Meyer-Goßner/*Czierniak*, § 94 Rn. 13.

[278] Allein die Freiwilligkeit der Herausgabe steht allerdings der Bezeichnung einer förmlich angeordneten Beschlagnahme als solche nach h. M. nicht entgegen, Meyer-Goßner/*Czierniak*, § 94 Rn. 13.

[279] Zur Problematik des Antikenschmuggels unter Berücksichtigung der gegenwärtigen und kürzlich stattgefundenen kriegerischen Auseinandersetzungen, Unruhen und krisenartigen politischen Zustände *Waser*, in: Raubkunst, S. 67 ff.

in das Bundesgebiet ermöglichen würden.[280] Es handelt sich dabei dem Wortlaut nach nicht um eine Ermessensvorschrift, die Einziehung ist vielmehr als zwingende Rechtsfolge vorgesehen. Die Situation, dass ein Eigentümer des beschlagnahmten Kulturguts nicht festgestellt werden kann, findet zwar Beachtung im KultGüRückG, allerdings lediglich unter dem Aspekt der Kostentragungspflicht für hoheitliche Maßnahmen.

Vorgesehen ist, wem die durch eine Einziehung und Beschlagnahme entstandenen Kosten auferlegt werden. § 17 Abs. 3 Satz 2 KultGüRückG sieht den Fall vor, dass der Einführer – als primär vorgesehener Kostenschuldner – nicht ermittelt werden kann. In diesem Fall trägt der Absender, Beförderer oder Besteller die Kosten, wenn diesem die Umstände bekannt waren, die die Beschlagnahme und Einziehung veranlasst haben, wenn ihm also Kenntnis des fehlenden Nachweises über eine rechtmäßige Ausfuhr des Kulturguts aus dem Herkunftsland zur Last gelegt werden kann. Eine Herausgabe an (eine) diese(r) Person(en) sieht das Gesetz nicht vor.[281] Vorschriften über die – unter Umständen dauerhafte – Aufbewahrung von Kulturgütern sind ebenfalls nicht enthalten.

2. Keine langfristige Anhaltung für unbekannte Eigentümer

Das KultGüRückG sieht die Möglichkeit einer Sicherstellung und Anhaltung von Kulturgütern vor, trifft jedoch zur langfristigen Aufbewahrung von Kulturgütern unbekannter Herkunft keine Regelungen.

Die in § 8 KultGüRückG vorgesehene Anhaltung als Maßnahme zur Durchführung und Sicherung der Rückgabe von sichergestellten Kulturgütern sieht lediglich die zeitlich begrenzte Möglichkeit der Aufbewahrung für einen unbekannten Eigentümer vor.

Die Anhaltung ist gem. § 8 Abs. 2 KultGüRückG zulässig, wenn die zuständigen Behörden Kenntnis von einem Kulturgut erhalten, bei dem der dringende Tatverdacht einer unrechtmäßigen Verbringung aus dem Herkunftsstaat besteht, welches daher an eben diesen Staat zurück zu geben ist.

Die Anhaltung in § 8 Abs. 5 Satz 1 KultGüRückG ist zeitlich beschränkt und aufzuheben, wenn nicht innerhalb von zwei Monaten ein Rückgabeersuchen eines ausländischen Staates bei der zuständigen Stelle eingeht und ein Rück-

---

280 Gem. § 6 Abs. 4 KultGüRückG gilt ein Kulturgut als unrechtmäßig aus einem Staat verbracht, wenn bei seiner Ausfuhr gegen die dort gültigen Rechtsvorschriften für den Schutz von Kulturgütern verstoßen worden ist. Ferner führt auch eine nicht fristgemäße Rückgabe oder der Verstoß gegen sonstige Rückgabebedingungen zu einer Bewertung als unrechtmäßige Verbringung, vgl. § 6 Abs. 5.

281 Auch in der Begründung zum Gesetzentwurf ist hierzu keine Aussage enthalten. Siehe BT-Drucksache 16/1371, S. 20.

gabeanspruch gem. § 6 Abs. 1 oder 2 KultGüRückG glaubhaft gemacht werden kann. Die Anhaltung ist folglich eine vorläufige Maßnahme zur Sicherung einer Rückgabe unrechtmäßig verbrachter Kulturgüter, die die Voraussetzungen des § 6 KultGüRückG erfüllen, insbesondere als besonders bedeutsam i. S. d. § 6 Abs. 2 Satz 2 bezeichnet sind oder als nationales Kulturgut i. S. d. § 6 Abs. 1 Nr. 1 gelten, in eine der in Nr. 2 genannten Kategorien fallen oder gem. § 6 Abs. 1 Nr. 2 lit. b) in einem Bestandsverzeichnis gelistet sind.[282]

Das Rückgabeersuchen ist gem. § 8 Abs. 5 Satz 2, 3 KultGüRückG innerhalb von zwei Monaten ab dem Eingang der Mitteilung über die Anhaltung bei der zuständigen Stelle des Herkunftsstaates zu stellen.

Ersucht keiner der möglichen Herkunftsstaaten um eine Rückgabe, so ist die Anhaltung gem. § 8 Abs. 5 Satz 1 KultGüRückG aufzuheben.

Weitere Maßnahmen zur längerfristigen Aufbewahrung von Kulturgütern für unbekannte Eigentümer sieht das Gesetz im Rahmen der Anhaltung nicht vor.

II. Sicherstellung nachrichtenloser Kulturgüter nach allgemeinen Regeln

Neben den besonderen Regelungen des KultGüRückG bestehen allgemeine Vorschriften, die die Rechtsfolgen der ungenehmigten Einfuhr von Kulturgütern nach Deutschland betreffen. Die (versuchte) illegale Einfuhr von Kulturgütern aus einem Drittstaat in den Europäischen Wirtschaftsraum[283] ist strafbar.[284] Gemäß §§ 370, 373 AO ist die Hinterziehung von Zoll- und Einfuhrumsatzsteuer mit Strafe bedroht. Eine Steuerhinterziehung liegt vor, wenn die auch für Kulturgüter geltende Anmeldepflicht – die so genannte Gestellungspflicht[285] – bei der Einfuhr gem. Art. 202, 40, 4 Nr. 19 Zollkodex verletzt wird.

---

[282] Siehe hierzu VGH München, Beschl. v. 13.4.2010, 7 CE 10.258, BeckRS 2010 48583 sowie vorinstanzlich VG München, Entscheidung v. 25.1.2010, M 17 E 09.4878, in welcher der Antrag Guatemalas zur Anhaltung im Wege einer einstweiligen Anordnung archäologischer Fundstücke abgelehnt wurde. Es handelt sich um die so genannte „Sammlung Patterson“, die in Deutschland beschlagnahmt und über 10 Jahre verwahrt wurde. Hierzu *Schoeppl Cáceres/Wimmer*, Süddeutsche Zeitung v. 16.5.2008, Onlineausgabe, http://www.sueddeutsche.de/muenchen/484/301481/text/ (aufgerufen am 15.3.2011).

[283] Der Europäische Wirtschaftraum umfasst das Gebiet der Mitgliedsstaaten der Europäischen Union, das der Europäischen Freihandelsassoziation (EFTA) und der mit dieser assoziierten Staaten. Siehe hierzu Art. 23, 25 ff, 131 EUV, Art. 10 Abkommen über den Europäischen Wirtschaftsraum (EWR-Abkommen) vom 2. Mai 1992, BGBl II 1993, 267; ABlEG 1994 Nr. L 1/1. So auch der Tatbestand in § 370 Abs. 6

[284] Geschützt werden ferner die Eingangsabgaben der Vertragsstaaten über § 370 Abs. 6 und 7, § 373 AO.

[285] Zur Gestellungspflicht allgemein: Hübschmann/Hepp/Spitaler/*Rogmann*, Bd. 13, Art. 40–42 ZK Rn. 17 ff.

Strafbewährt ist ferner der Tatbestand der Steuerhehlerei. Den Tatbestand der Steuerhehlerei nach § 374 AO erfüllt, wer die unter Verstoß gegen § 370 AO eingeführten Waren ankauft oder sich oder einem Dritten verschafft, sie absetzt oder absetzen hilft, um sich oder einen Dritten zu bereichern. Wer folglich Kulturgut, auf das Einfuhrabgaben zu entrichten sind, ohne Anmeldung einführt oder einzuführen versucht, macht sich gem. § 370, 373 AO strafbar. Wer dieses Kulturgut in Bereicherungsabsicht ankauft, sich oder Dritten sonst verschafft, absetzt oder absetzen hilft, wird gem. § 374 AO wegen Steuerhehlerei bestraft.

Nur in seltenen Fällen – mangels existierender Einfuhrverbote – wird eine Strafbarkeit aufgrund des subsidiären Bannbruchs nach § 372 AO gegeben sein. In Betracht kommt eine Strafbarkeit nach dieser Vorschrift allerdings bei einem ungenehmigten Weitertransport von Antiquitäten in Drittstaaten, wie es beispielsweise über das Luftkreuz Frankfurt am Main in die USA praktiziert wird.[286]

1. Zollverwaltung als zuständige Strafverfolgungsbehörde

Die Überwachung bestehender Ein- und Ausfuhrverbote erfolgt durch die Zollverwaltung. Diese soll sicherstellen, dass die in Deutschland und der Europäischen Gemeinschaft zum Schutz des Kulturguts geltenden Regelungen bei ein- und ausgeführten Waren beachtet werden.

Die zuständige Strafverfolgungsbehörde für den Fall der Hinterziehung von Zöllen und Einfuhrumsatzsteuer sind grundsätzlich die örtlich zuständigen Hauptzollämter (§§ 386, 387 Abs. 1, 388 AO).[287] Diese werden in geeigneten Fällen den Erlass eines Strafbefehls beantragen oder anderenfalls die Akten der Staatsanwaltschaft vorlegen (gem. § 400 AO).

Die Zollverwaltung ist darüber hinaus gem. § 16 Abs. 1 KultGüRückG zuständig zur zollamtlichen Überwachung der Verbringung von Kulturgütern aus Drittländern.[288]

2. Beschlagnahme von Kulturgut bei illegaler Einfuhr aufgrund Verstoßes gegen die Abgabenordnung (AO)

Werden illegal eingeführte Kulturgüter entdeckt, sollen sie durch Beschlagnahme gem. §§ 94 Abs. 2 StPO bzw. §§ 111b, 111c StPO sichergestellt werden.[289]

---

[286] Unter Umständen können dabei die engen Voraussetzungen des (subsidiären) Bannbruchs gem. § 372 Abs. 2 AO erfüllt sein, *Schumann/Schmidt-Bremme*, NJW 2002, 574 (575).

[287] Unberührt bleibt daneben die Strafverfolgungsbefugnis der StA, *Schumann/Schmidt-Bremme*, NJW 2002, 574 (575) Fn. 20.

[288] Gem. § 16 Abs. 1 Nr. 1 und 2 KultGüRückG betrifft dies Kulturgüter, die dem Gesetz zum Schutz deutschen Kulturguts gegen Abwanderung oder einer von den Europäischen Gemeinschaften erlassenen Ein- oder Ausfuhrregelung unterliegen.

[289] *Schumann/Schmidt-Bremme*, NJW. 2002, 574 (575).

Gemäß §§ 94 Abs. 1 und 2 StPO erfolgt eine Sicherstellung zu Beweiszwecken. Kommt der Beweisgegenstand darüber hinaus als Verfall- oder Einziehungsgegenstand in Betracht, kann gleichzeitige Beschlagnahme nach §§ 111b Abs. 1, 111e StPO erfolgen.[290] Damit wird erreicht, dass das in § 111c Abs. 5 StPO vorgesehen Veräußerungsverbot im Sinne der §§ 135 Abs. 2, 136 BGB[291] eintritt. Die Beschlagnahme wird bewirkt durch eine Inverwahrungnahme oder auf andere Weise (§ 94 Abs. 1 StPO). Erforderlich ist hierfür eine amtliche Handlung, die in geeigneter Weise und erkennbar zum Ausdruck bringt, dass die Sache der amtlichen Obhut untersteht.[292] Hierfür ist die Inbesitznahme oder sonstige Sicherstellung erforderlich, durch welche ein Herrschaftsverhältnis begründet wird.[293] Die amtliche Verwahrung ist die Überführung der Sache in den Besitz der Behörde oder einer beauftragten Stelle oder Person. In der Regel sind die Sachen der Staatsanwaltschaft zu übergeben, die die Sachen verwahrt. Möglich ist dabei die Verwahrung in einem Asservatenraum.[294] Im Fall der Aufdeckung einer strafbaren Handlung sichert eine Beschlagnahme von Kulturgütern die Beweisstücke des Strafverfahrens. Darüber hinaus schafft sie die Voraussetzung einer Rückkehr der Kulturgüter zu dem Eigentümer bzw. dem Herkunftsstaat.[295] Durch die nachfolgenden Ermittlungen wird herausgefunden werden, ob die beschlagnahmten Kulturgüter entsprechend der Eigentumsvermutung des § 1006 BGB dem Täter oder einem Dritten gehören – so etwa bei Diebstahl oder Raubgrabungen in Staaten, deren Recht ein Staatseigentum an Kulturgütern normiert.[296] In letzterem Fall ist eine Beschlagnahme mit dem Ziel einer, gegebenenfalls auch erst später möglich werdenden, Rückgabe des Kulturguts nach § 111k StPO (ggf. i.V.m. § 66 Internationales Rechtshilfe Gesetz (IRG)) auf § 94 Abs. 2 StPO zu stützen.[297] Auf diese Vorschriften ist eine Beschlagnahme auch in dem

---

290 Löwe-Rosenberg/*Schäfer*, § 94 Rn. 7; Meyer-Goßner/*Czierniak*, § 94 Rn. 2; *Aschenbach*, NJW 1976, 1068 (1069 ff.).

291 Löwe-Rosenberg/*Schäfer*, § 94, Rn. 7 sowie § 111c, Rn. 1; Meyer-Goßner/*Czierniak*, § 94 Rn. 2.

292 Meyer-Goßner/*Czierniak*, § 94 Rn. 14.

293 BGH, Urt. v. 11.12.1952, 3 StR 396/513, 395 (400); *Hoffmann/Knierim*, NStZ 2000, 461 (461 f.).

294 Meyer-Goßner/*Czierniak*, § 94 Rn. 15.

295 *Schumann/Schmidt-Bremme*, NJW 2002, 574 (575).

296 OLG Schleswig Beschl. v. 10.2.1989, 1 Ausl. 2 /89, NJW 1989, 3105; *Schumann/Schmidt-Bremme*, NJW 2002, 574 (575).

297 Siehe zur Beschlagnahme aufgrund eines Rechtshilfeersuchens im Fall eines griechischen Münzschatzes, OLG Schleswig, Beschluss v. 10.2.1989, 1 Ausl. 2 /89, NJW 1989, 3105. Zu einem Rechtshilfeersuchen Italiens an die Schweiz und möglichen Verweigerungsgründen für eine Herausgabe illegal erlangten Kulturguts Schweizerisches Bundesgericht Lausanne, Urt. v. 12.11.2007, 1A.47/2007, (T 0/2) 1A.47/2007, KUR 2008, 46 ff.

Fall zu stützen, in welchem der Herkunftsort des Raubguts nicht zweifelsfrei festgestellt werden kann.[298]

III. Herausgabe nachrichtenloser Kulturgüter[299]

Sichergestellte und beschlagnahmte Gegenstände sind grundsätzlich dann herauszugeben, wenn der Zweck der Sicherstellung endet oder wenn die Sicherstellung zeitlich befristet war und die Zeit abgelaufen ist.[300] Dieser Grundsatz gilt im gesamten repressiven Verfahren und somit auch für Kulturgüter.

Für die vorliegende Untersuchung kommt der Frage entscheidende Bedeutung zu, welche rechtlichen und praktischen Konsequenzen es hat, dass die Herausgabe eines beschlagnahmten Gegenstandes an einen Berechtigten unmöglich ist, da ein Eigentümer oder sonst Berechtigter eines sichergestellten Kulturguts nicht festgestellt werden kann.

1. Unbekannter Eigentümer – Möglichkeiten der Herausgabe an Dritte nach allgemeinen Regeln

Die Rückgabe sichergestellter Gegenstände wird von der StPO nur bruchstückhaft behandelt.[301] So bleibt auch das Schicksal der hier untersuchten nachrichtenlosen Kulturgüter weitgehend unbeantwortet.

Grundsätzlich ist eine nach § 94 Abs. 2 oder §§ 111b Abs. 1 S. 1, 111c Abs. 1 StPO beschlagnahmte oder eine nach § 94 Abs. 1 StPO sonst sichergestellte Sache an den letzten Gewahrsamsinhaber,[302] dessen Erben oder mit dessen Zustimmung einem Dritten herauszugeben,[303] wenn sie für die Zwecke des Strafverfahrens nicht mehr benötigt wird. Es soll also der Zustand wieder hergestellt werden, der vor der Sicherstellung bestand.[304]

---

298 Für den hier nicht untersuchten Fall, dass sich das Kulturgut im Eigentum eines Tatbeteiligten befindet, erfolgt eine Beschlagnahme nach §§ 111b, 111c StPO, da die Beschlagnahme eine Einziehung des Schmuggelguts vorbereitet (§§ 375 Abs. 2 Nr. 1 AO; 74 Abs. 4, 2 Nr. 1 StGB).

299 Ein Fall zur Herausgabe von Schmuggelware: *Attorney General of New Zealand v. Ortiz*, [1982] 2 W.L.R. 10 (Q.B.), [1982] 1 Lloyd's L.R. 173 (Q.B.); [1982] 3 All E.R. 432 (Q.B.), 451 (C.A.), hierzu *Siehr*, in: FS Müller-Freienfels (1996), S. 57 (65).

300 Umstritten ist, ob eine Herausgabe zu erfolgen hat, wenn die Sicherstellung zu Unrecht durchgeführt worden ist. Siehe dazu *Hoffmann/Knierim*, NStZ 2003, 461 (462) m. w. N.

301 *Löffler*, NJW 1991, 1705.

302 BGH, Urt. v. 13.7.2000, IX ZR 131/99, NJW 2000, 3218; Urt. v. 9.11.1978, III ZR 116/77, BGHZ 72, 302 (305), NJW 1979, 425 (426).

303 KK/*Nack*, § 94 Rn. 24. Werden Gegenstände an einen Nichtberechtigten herausgegeben, steht dem Eigentümer ein Anspruch auf Entschädigung nach § 2 Abs. 2 Nr. 4 StrEG zu, BGH, Urt. v. 9.11.1978, III ZR 116/77, BGHZ 72, 302, NJW 1979, 425.

304 *Malitz*, NStZ 2003, 61.

Das Gesetz sieht in § 111k StPO eine Sonderregelung[305] vor für den Fall, dass die Sache dem Verletzten durch eine Straftat entzogen worden ist.[306] Dann soll eine Rückgabe der beschlagnahmten Sachen statt an den letzten Gewahrsamsinhaber an den Verletzten erfolgen, „wenn er bekannt ist" (§ 111k S. 1 StPO). Verletzt i. S. d. § 111k StPO ist jeder, dem der Besitz an der Sache durch die Straftat unmittelbar entzogen worden ist.[307] Der Eigentümer, der nicht zugleich unmittelbarere Besitzer war, ist nicht Verletzter in diesem Sinne.[308]

Denkbar ist ein Entzug von Kulturgütern im Sinne des § 111k StPO durch Diebstahl, Unterschlagung, Betrug, Untreue, Hehlerei oder eine andere strafbare Handlung.[309] Hintergrund des § 111k StPO ist die Überlegung, dass eine Rückgabe an den letzten Gewahrsamsinhaber in diesen Fällen nicht mit einem geordneten Strafverfahren vereinbar ist. Der Staat würde sich so an der Aufrechterhaltung eines rechtswidrigen Zustands beteiligen und dem Raubgräber, dem Kunstdieb oder den zwischengeschalteten Akteuren die Früchte ihrer Tat sichern. Eine Rückgabe an die letzten Gewahrsamsinhaber, die mit der Vortat des illegalen Zutageförderns oder der illegalen Ausfuhr beteiligt waren, muss somit regelmäßig ausscheiden.[310]

Je nach Ausgestaltung des Rechts an verborgenen Kulturgütern im Herkunftsstaat sowie nach den Umständen des Einzelfalls ist durch das illegale Zutagefördern sowie die illegale Ausfuhr des Kulturguts eine strafbare Handlung erfüllt und kann der Herkunftsstaat als „Verletzter" i. S. d. § 111k StPO anzusehen sein.[311] Da die Eigentümer der später nicht zuzuordnenden, also nachrichtenlosen Kulturgüter allerdings nicht notwendigerweise unmittelbaren Besitz an den Kulturgütern erlangen – fraglich ist dies insbesondere im Fall archäologischer Funde, die unter Umständen gar nicht in den Gewahrsam des Herkunftsstaates gelangen[312] –, ist der Eigentümer nicht stets Verletzter i. S. d. § 111k StPO. Aber selbst in dem Fall, dass die Kulturgüter aus dem unmittelbaren Besitz des Eigentümers durch eine Straftat erlangt worden sind, führt die Nachrichten-

---

305 KK/*Nack*, § 94 Rn. 24.

306 Für die Anwendung des § 111 k StPO ist es unerheblich, ob die Beschlagnahme nach § 94 StPO sichergestellt oder förmlich nach § 94 Abs. 2 StPO oder § 111 c StPO beschlagnahmt worden sind, KK/*Nack*, § 111k Rn. 2.

307 Meyer-Goßner/*Czierniak*, § 111k Rn. 5; *Malitz*, NStZ 2003, 61 (63).

308 Meyer-Goßner/*Czierniak*, § 111k Rn. 5.

309 KK/*Nack*, § 111k Rn. 4.

310 Siehe dazu *Löffler*, NJW 1991, 1705 (1709).

311 Siehe neben der soeben erläuterten Strafbarkeit der illegalen Einfuhr zur strafrechtlichen Bewertung illegaler Raubgrabungen oben unter 2. Kapitel B. IV. 1. b) dd).

312 Dazu ebenfalls bereits oben, 2. Kapitel B. IV. 1. b) dd).

losigkeit der Objekte gerade dazu, dass der konkrete Herkunftsstaat und damit gegebenenfalls der Eigentümer und somit der „Verletzte" gerade nicht feststellbar ist.[313]

2. Unanwendbarkeit von Einziehungs- und Verfallsregelungen auf nachrichtenlose Kulturgüter

Um einem Straftäter die Vorteile der Tat zu entziehen, wird im materiellen Strafrecht Einziehung und Verfall vorgesehen. §§ 73, 73d StGB enthalten die Voraussetzungen der Verfallserklärung, die der Einziehung sind in §§ 74 bis 74d StGB enthalten. Darüber hinaus sehen weitere Vorschriften des StGB und des Nebenstrafrechts eine Einziehung in Spezialfällen vor.[314]

a) Verfall sichergestellter Kulturgüter

Grundsätzlich ordnet das Gericht den Verfall solcher Sachen an, die der Täter oder Teilnehmer durch eine rechtswidrige Tat erlangt hat, § 73 Abs. 1 Satz 1 StGB. Bezweckt wird mit dem Verfall die Abschöpfung unrechtmäßig erlangten Vermögenszuwachses.[315]

Die Anordnung des Verfalls kommt allerdings dann nicht in Betracht, wenn dem Verletzten aus der Tat ein Anspruch zusteht, dessen Erfüllung dem Täter oder Teilnehmer den Wert des aus der Tat Erlangten entziehen würde (§ 73 Abs. 1 Satz 2 StGB). Der Verfall kann somit nicht angeordnet werden, soweit durch Gegenansprüche des Verletzten der Wert des Erlangten entzogen würde.[316] Die zivilrechtlichen Ansprüche des Verletzten haben Vorrang vor dem staatlichen Verfallsanspruch.[317] Die Regelung dient dazu, einerseits den Geschädigten vor einem Entzug der ihm zustehenden Ersatzmöglichkeit zu bewahren und andererseits den Betroffenen vor doppelter Inanspruchnahme durch den Staat und den Geschädigten zu schützen.[318]

Das Gleiche gilt für den Verfall des Wertersatzes. Dennoch wird in § 111b Abs. 5 StPO auch in diesen Fällen Beschlagnahme oder dinglicher Arrest vorge-

---

[313] Die StPO sieht nicht vor, dass Ermittlungen nach dem Verletzten zu unternehmen sind. Löwe-Rosenberg/*Schäfer*, § 111k Rn. 9; KK/*Nack*, § 111k Rn. 5; Meyer-Goßner/*Czierniak*, § 111k Rn. 5.

[314] Hierzu Heghmanns/Scheffler/*Lehmann*, III Rn. 122 ff.

[315] BGH Urt. v. 4.11.1982, 4 StR 451/82, BGHSt 31, 145, NJW 1983, 636; Urt. v. 21.3.2002, 5 StR 138/01, BGHSt 47, 260, NJW 2002, 2257 (2258); *Kühl*, § 73 Rn 1.

[316] Schönke/Schröder/*Eser*, § 73 Rn. 23.

[317] BGH, Beschl. v. 11.5.2006, 1 StR 23/06, NStZ 2006, 621.

[318] BGH, Beschl. v. 30.10.2003, 1 StR 276/03, NStZ-RR 2004, 54 (54 f.); Beschl. v. 31.3.2004, I StR 482/03, NStZ 2005, 213; Schönke/Schröder/*Eser*, § 73 Rn. 23.

sehen. Diese Sicherstellung erfolgt dann als Rückgewinnungshilfe zugunsten des Verletzten.[319]

Im Fall von Kulturgütern, deren Eigentümer nicht festgestellt werden können, muss die Anordnung des Verfalls an den Voraussetzungen des § 73 Abs. 1 Satz 2 StGB scheitern. Grund hierfür ist, dass dem (unbekannten) Eigentümer des Kulturguts jedenfalls der zivilrechtliche Eigentumsherausgabeanspruch gem. § 985 BGB zusteht.[320]

§ 73 Abs. 1. S. 2 StGB greift selbst dann ein, wenn der Dieb aus tatsächlichen Gründen nicht damit rechnen muss, dass der Berechtigte, mithin der Eigentümer der Diebesbeute, Ansprüche erheben wird.[321] Dies wurde auch für den Fall anerkannt, in welchem bereits über ein Jahr seit der Sicherstellung der Gegenstände verstrichen war und mehrfach in öffentlichen Aufrufen auf die Sache hingewiesen worden war, ohne dass die Eigentümer sich gemeldet hatten oder es Anhaltspunkte gab, die Geschädigten auf andere Weise zu ermitteln.[322] Sichergestellte Gegenstände können folglich nicht lediglich deshalb gem. § 73 StGB zu staatlichem Eigentum verfallen, weil aus tatsächlichen Gründen nicht mit Ansprüchen der Geschädigten, also im hier untersuchten Fall mit Ansprüchen der unbekannten Eigentümer der Kulturgüter zu rechnen ist. Es kommt nämlich nicht auf die tatsächliche Durchsetzung des (Herausgabe-)Anspruchs an, sondern lediglich auf dessen Existenz.[323] Dabei wird in Kauf genommen, dass es Fälle gibt, in denen sich die Verletzten nicht um die Geltendmachung der

319 Heghmanns/Scheffler/*Lehmann*, III Rn. 124.

320 Hierneben können dem Eigentümer, je nach Vortat und Umständen, unter denen er seinen unrechtmäßigen Gewahrsam an dem jeweiligen Kulturgut begründet hat, ferner deliktsrechtliche Ansprüche aus § 823 Abs. 1, 2 BGB i. V. m. einem Schutzgesetz sowie unter Umständen aus § 826 BGB gegen den unrechtmäßigen Gewahrsamsinhaber zustehen.

321 BGH, Beschl. v. 15.3.1984, 1 StR 819/83, NStZ 1984, 409.

322 BGH, Beschl. v. 15.3.1984, 1 StR 819/83, NStZ 1984, 409. Ebenso LK/*Schmidt*, § 73 Rn. 39; SK/*Wolters*/*Horn*, § 73 Rn. 19; *Joecks*, in: MüKo-StGB, § 73 Rn. 42 Anders Schönke/Schröder/*Eser*, § 73 Rn. 26, der zumindest eine *Bestimmbarkeit* des Verletzten verlangt, aber wohl insbesondere aus der Erwägung heraus, dem Betroffenen das aus der Tat Erlangte nicht zu überlassen.

323 So im konkreten Fall, in welchem es um den Verfall von Orientteppichen und Schmuckstücken ging, BGH, Beschl. v. 15.3.1984, 1 StR 819/83, NStZ 1984, 409; LK/*Schäfer*, § 73 Rn. 23, 25; SK/*Horn*, § 73 Rn. 15; Schönke/Schröder/*Eser*, § 73 Rn. 27. Die in § 73 Abs. 1 S. 2 StGB getroffene Regelung beruht auf einem Kompromiss zwischen verschiedenen im Entstehungsstadium der Vorschrift zutage getretenen Gestaltungsmöglichkeiten, vgl. LK/*Schäfer*, § 73 Rn. 23, 25. Dieser Kompromiss, der sich bereits in § 109 Abs. 2 des Entwurfs eines Strafgesetzbuches 1962 (BT-Drucksache IV/650 S. 241) findet, beinhaltet, dass der Verfall nur in solchen Fällen anzuordnen ist, wo von vornherein überhaupt keine Ansprüche vorhanden sind. Erwogen wurde, dass die Verfallerklärung nur in diesen Fällen notwendig ist, da sonst ein zivilrechtlich Berechtigter existiert, der sich um die Geltendmachung der Ansprüche kümmern kann.

Ansprüche kümmern.[324] Um hierdurch entstehende Lücken zu schließen und die Rechte der unbekannten Eigentümer zu sichern, sieht § 111 i StPO die Möglichkeit vor, eine angeordnete Beschlagnahme zu Gunsten der Verletzten zu verlängern. Für den Fall, dass die dort vorgesehene Frist abläuft, ohne dass sich ein Berechtigter, also ein Eigentümer des gestohlenen Kulturguts, meldet und seine Ansprüche geltend macht, wird § 983 BGB angewendet.[325] Die so eröffnete Möglichkeit einer Verwertung nachrichtenloser Kulturgüter nach den Regelungen über unanbringbare Sachen i. S. d. § 983 BGB ist daher zu untersuchen.[326]

b) Einziehung sichergestellter Kulturgüter

Auch die Einziehung nachrichtenloser Kulturgüter gem. § 74 StGB kommt grundsätzlich nicht in Betracht. Die im Rahmen einer versuchten illegalen Einfuhr entdeckten Kulturgüter sind weder Tatprodukte noch Tatmittel oder Tatwerkzeug und mithin keine tauglichen Einziehungsgegenstände i. S. d. § 74 Abs. 1 StGB. Vielmehr sind die illegal eingeführten Kulturgüter unabdingbar notwendige Gegenstände für die Begehung einer Straftat, nämlich der gem. §§ 370, 372, 374 AO strafbaren illegalen Einfuhr. Die beim Versuch einer illegalen Einfuhr entdeckten Kulturgüter sind folglich als sog. Beziehungsgegenstände keine tauglichen Einziehungsgegenstände i. S. d. § 74 StGB. Darüber hinaus ist eine Einziehung nur dann zulässig, wenn der Gegenstand, mithin das Kulturgut, dem Täter oder Teilnehmer gehört oder zusteht (§ 74 Abs. 2 Nr. 1 StGB). Generell „gehören" Sachen dem Täter, wenn sie in dessen Alleineigentum stehen.[327] Die hier untersuchten Kulturgüter werden in der Regel aus Herkunftsstaaten stammen, die über *umbrella statutes* oder Verfallsregeln staatliches (Mit-)Eigentum an illegal zutage geförderten Kulturgütern anordnen und daher in der Regel gerade nicht im Eigentum der Schmuggler oder Hehler stehen, bei denen sie sichergestellt werden. Damit ist, wie oben gezeigt werden konnte, davon auszugehen, dass illegal zutage geförderte Kulturgüter in der Regel mit Ausgrabung, spätestens jedoch im Moment ihrer ungenehmigten Ausfuhr in das Eigentum des Herkunftsstaates fallen. Eine Einziehung nachrichtenloser Kulturgüter gem. § 74 StGB ist folglich nicht möglich. Die Vorschrift des § 375 Abs. 2 Nr. 1 AO erlaubt allerdings die Einziehung von Schmuggelgut als den Gegenstand, dessen Vorhandensein die Tatbegehung erst ermöglicht, also des Beziehungsgegenstands. Die Vorschrift geht damit als Sonderregelung über § 74 Abs. 1 StGB hinaus.

---

[324] BGH Beschl. v. 15.3.1984, 1 StR 819/83, JZ 1984, 683, NStZ 1984, 409, im Urteil Zitat aus Protokoll der 53. Sitzung des Sonderausschusses für die Strafrechtsreform in der 5. Wahlperiode S. 1004.

[325] So im Fall von BGH, Beschl. v. 15.3.1984, 1 StR 819/83, JZ 1984, 683, NStZ 1984, 409.

[326] Siehe dazu sogleich ausführlich unter C.

[327] NK-StGB/*Herzog*, § 74 Rn. 22.

Die Einziehung von Gegenständen, die im Eigentum des Täters stehen, hat den Charakter einer Nebenstrafe, die auf § 375 Abs. 2 Satz 1 Nr. 1 AO i.V.m. §§ 74a, 74 Abs. 4, 2 StGB gestützt wird. Unabhängig von den Eigentumsverhältnissen[328] oder Kenntnis der Vortrat kommt nach diesen Vorschriften eine Sicherungseinziehung in Betracht, wenn die konkrete Gefahr besteht, dass die illegal eingeführten Kulturgüter Beziehungsgegenstand einer weiteren Straftat – meist der Steuerhehlerei – sein werden.[329] In diesem Fall legt § 74f StGB eine Entschädigungspflicht für den Fall der Einziehung gegen einen unbeteiligten Dritten fest.[330] Die Anordnung der Einziehung von Schmuggelgut stellt zwar den Regelfall dar, dennoch hat das Gericht in pflichtgemäßer Ermessensausübung über die Verhältnismäßigkeit der Einziehung zu entscheiden. Berücksichtigt werden muss hierbei, dass die Einziehung von Schmuggelgut nicht nur das begangene Unrecht sühnen soll, sondern auch den Täter spezialpräventiv sowie andere generalpräventiv davon abhalten soll, ebensolche Taten zu begehen. Dies ist ein starkes Argument für eine Einziehung von Kulturgütern, die im Eigentum der Täter stehen. Steht das Eigentum jedoch einem – wenngleich nicht zweifelsfrei feststellbaren – ausländischen Staat zu, so steht das Interesse an einer Rückgabe an den Herkunftsstaat als primäres Interesse einer Einziehung der Kulturgüter entgegen. Es wurde bereits dargelegt, dass es aus rechtspolitischen Gründen im Interesse Deutschlands ist, eine Rückgabe von Kulturgütern an ihre Eigentümer zu ermöglichen.[331]

Die Einziehung von Kulturgut, das nicht im Eigentum der Schmuggler oder Hehler steht, sondern einem – wenngleich aktuell nicht feststellbaren – Eigentümer und somit möglicherweise einem ausländischen Staat zusteht, kann im Regelfall nicht als verhältnismäßige Maßnahme gelten. Stattdessen muss die Ermöglichung einer Rückgabe an den Eigentümer oder Herkunftsstaat bzw. den dort Geschädigten im Vordergrund stehen.[332]

---

[328] § 375 Abs. 2 S. 1 AO macht die Zulässigkeit der Einziehung nicht grundsätzlich davon abhängig, dass die einzuziehenden Sachen im Eigentum des Täters stehen. Dies ergibt sich aus der Verweisung in § 375 Abs. 2 S. 2 AO auf § 74a StGB, Hübschmann/Spitaler/Hepp/*Engelhardt*, § 375 Rn. 77.

[329] *Schumann/Schmidt-Bremme*, NJW 2002, 574 (576).

[330] *Schumann/Schmidt-Bremme*, NJW 2002, 574 (576).

[331] Siehe oben, 1. Kapitel, A. I.

[332] Die Rückgabe eines irakischen Goldgefäßes an die Republik Irak stand so auch im Mittelpunkt der zumindest in der Presse besprochenen Entscheidung des FG München, Urt. v. 25.9.2009, 14 K 2754/08, dessen Urteilsbegründung nicht veröffentlicht wird. Das Gericht lehnte den Herausgabeanspruch eines Aktionshauses unter Verweis auf Art. 74 a) vierter Anstrich des Zollkodex (ZK) i. V. m. Art. 3 Abs. 1 Irak-VO ab. Siehe dazu *Kemle*, Kunstrechtsspiegel 2009, 194 mit Verweis auf die Tagespresse.

3. Alternativen zur Herausgabe

Den deutschen Staat trifft aufgrund der Sicherstellung und Inverwahrungnahme generell die Amtspflicht, zunächst für die ordnungsgemäße Aufbewahrung der sichergestellten Sachen zu sorgen und die spätere unversehrte Rückgabe zu sichern.[333]

Wird eine Sache, die beschlagnahmt oder sichergestellt worden ist, für die Zwecke des Strafverfahrens nicht mehr benötigt, bestimmt § 111k StPO, dass sie dem Verletzten, dem sie durch die Straftat entzogen worden ist, herausgegeben werden soll. Voraussetzung dafür ist, dass der Verletzte bekannt ist und Ansprüche Dritter nicht entgegen stehen. Kommt eine Herausgabe an den letzten Gewahrsamsinhaber nicht in Betracht, ist der Verletzte bzw. ein Eigentümer jedoch nicht feststellbar, besteht grundsätzlich die Möglichkeit der Hinterlegung oder die Vernichtung beschlagnahmter Sachen.[334] Die Vernichtung als Handlungsalternative seitens der Behörde für die dieser Untersuchung zugrunde gelegten Fallgruppen schützenswerter Kulturgüter scheidet aus. Die Möglichkeit einer Vernichtung beschlagnahmter Sachen wird lediglich für wertlose Akten, Kopien und ähnliche Gegenstände diskutiert.[335] Auf die Behandlung von Kulturgütern, denen ein besonderer materieller oder immaterieller Wert innewohnt, kann dies freilich nicht angewandt werden.

Auch der Hinweis auf eine Hinterlegung bietet keine hinreichend konkrete Lösungsmöglichkeit, da unklar bleibt, nach welchen Vorschriften und wo eine Hinterlegung erfolgen sollte. Schließlich hielte die Hinterlegung lediglich die Verlagerung der ungeklärten Aufbewahrung nachrichtenloser Kulturgüter aus einer Institution in eine andere bereit, ohne die Besonderheiten der hier in Frage stehenden aufzubewahrenden Sachen angemessen zu berücksichtigen.

4. Wirkung RiStBV Nr. 75 Abs. 4

Handlungsanweisungen zur Behandlung amtlich verwahrter Gegenstände halten die Richtlinien für das Straf- und das Bußgeldverfahren (RiStBV) im 12. Abschnitt bereit. Die Richtlinien richten sich an Staatsanwälte und Richter und geben lediglich eine Anleitung für den Regelfall aus. Bei der Anwendung der Richtlinien ist daher jeweils im Einzelfall zu prüfen, welche Maßnahmen geboten sind. Wegen der Besonderheit des Einzelfalls kann von den in den Richtlinien vorgegebenen Bestimmungen abgewichen werden.[336]

---

[333] Wird die Obhutspflicht aus dem öffentlich-rechtlichen Verwahrungsverhältnis schuldhaft verletzt, kann der Betroffene Entschädigungsansprüche herleiten, KK/*Nack*, § 94 Rn. 24.

[334] Meyer-Goßner/*Czierniak*, § 111k Rn. 5. Zur Vernichtung und Hinterlegung beschlagnahmter Sachen *Cremers*, wistra 2000, 130 ff.; *Dörn*, wistra 1999, 175 ff.

[335] Dazu *Cremers*, wistra 2000, 130.

[336] Vgl. Einführung zur RiStBV.

Nr. 75 Abs. 4 RiStBV betrifft den Fall der Beschlagnahme von Eigentum unbekannter Eigentümer und bestimmt: *„Ergibt sich im Laufe der Ermittlungen zweifelsfrei, dass eine Sache unrechtmäßig in die Hand des letzten Gewahrsamsinhabers gekommen ist, lässt sich der Verletzte aber nicht ermitteln, so ist nach § 983 BGB und den dazu erlassenen Vorschriften zu verfahren."*

Nr. 75 Abs. 4 bestimmt also, dass statt einer Herausgabe an den letzten unrechtmäßigen Gewahrsamsinhaber, mit dem beschlagnahmten Gegenstand nach den §§ 983, 979 ff. BGB zu verfahren, mithin eine Versteigerung zugunsten der Staatskasse durchzuführen ist.[337] Dies könnte folglich eine Verwertungsmöglichkeit für nachrichtenlose Kulturgüter eröffnen.

Als bedenklich wird gegen die in Nr. 75 Abs. 4 RiStBV vorgesehene Verfahrensweise angeführt, dass die dort vorgesehenen Rechtswirkungen im Ergebnis der Anordnung des Verfalls nach §§ 73 ff. StGB gleichkommen, ohne dass allerdings deren Voraussetzungen vorlägen.[338]

Die in Nr. 74 Abs. 4 RiStBV vorgesehene Rechtsfolge wird zumeist mit der Erwägung begründet, dass sich der Staat nicht an der Aufrechterhaltung eines rechtswidrigen Zustands beteiligen dürfe, indem er die Sache an einen Rechtsbrecher zurück gibt.[339] Zu Bedenken gegeben wird, dass diese Erwägung zwar den Gedanken materiellrechtlicher Gerechtigkeit verkörpere, allerdings als solches nicht als Ermächtigungsgrundlage für Eingriffe in Rechte des verletzten Gewahrsamsinhabers dienen kann.[340] Die Bedenken gegen die Rechtmäßigkeit der in Nr. 75 Abs. 4 RiStBV vorgesehenen Rechtsfolge können in diesem Punkte jedoch durch eine eingehende Untersuchung der rechtlichen Stellung dieses letzten Gewahrsamsinhabers ausgeräumt werden. Der letzte Gewahrsamsinhaber verliert durch die Sicherstellung den unmittelbaren Besitz an der sichergestellten Sache. Dennoch verbleibt ihm regelmäßig der mittelbare Besitz (§ 868 BGB) daran. Gleichzeitig erwirbt er gegen den Staat einen Rückgewähranspruch aus der öffentlich-rechtlichen Verwahrung.[341]

---

337 *Löffler*, NJW 1991, 1705 (1709). § 111k StPO kann nicht unterstützend zur Hilfe herangezogen werden, da die Voraussetzungen der Regelung in dem hier beschriebenen Fall gerade nicht vorliegen. Weder kann eine Herausgabe an den Verletzten, noch an einen berechtigten Dritten erfolgen.

338 *Löffler*, NJW 1991, 1705 (1709).

339 BGH, Beschl. v. 15.3.1984, 1 StR 819/83, NStZ 1984, 409 (410); OLG Hamm, Beschl. v. 10.1.1986, NStZ 1986, 376; Löwe-Rosenberg/*Schäfer*, § 111k Rn. 5. Während Teile der RiStBV für gesetzeswidrig und damit unwirksam erachtet werden, wird Nr. 75 Abs. 5 RiStBV allgemein für unbedenklich gehalten, dazu *Löffler*, NJW 1991, 1705 (1705 f., zu Nr. 75 Abs. 5 insbesondere 1709, Fn. 41).

340 *Löffler*, NJW 1991, 1705 (1709).

341 Da gem. § 1006 BGB zunächst vermutet wird, dass der Gewahrsamsinhaber Eigentümer der beschlagnahmten Kulturgüter ist, kann nicht von vornherein davon ausgegangen werden,

Anders verhält es sich mit einem Gewahrsamsinhaber, der den Besitz zweifellos unrechtmäßig erlangt hat. Dieser genießt weder den Schutz von Art. 14 GG noch den des § 823 Abs. 1 BGB.[342] Somit entsprechen die Nr. 75 Abs. 4 RiStBV zugrunde gelegten Umstände tatsächlich der von § 983 BGB erfassten Situation: Der Staat ist zur Herausgabe einer Sache verpflichtet, die sich in amtlicher Verwahrung befindet; der Empfangsberechtigte ist jedoch nicht zu ermitteln. Die Regelung der RiStBV ist daher in diesem Punkt ausschließlich deklaratorisch.[343] Zwar steht dem letzten Gewahrsamsinhaber ein durch die Sicherstellung erworbener Rückgewähranspruch aus der öffentlich-rechtlichen Verwahrung zu. Allerdings mangelt es dem unrechtmäßigen letzten Gewahrsamsinhaber an einem Recht zum Besitz. Aus diesem Grunde bedarf es keiner besonderen Ermächtigungsgrundlage für die Verfahrensweise nach den §§ 983, 979 ff. BGB, da die RiStBV in Nr. 75 Abs. 4 lediglich die ohnehin zu beachtende Rechtslage wiedergibt.

Statt einer zeitlich unbefristeten Aufbewahrung wird also die Veräußerung der nicht zuzuordnenden und somit nachrichtenlosen Gegenstände vorgesehen. Zweifelhaft ist allerdings die Anwendbarkeit des §§ 983, 979 ff. BGB auf nachrichtenlose Kulturgüter unter dem Gesichtspunkt der Wahrung der Eigentümerinteressen, so dass einer Verwertung der nachrichtenlosen Kulturgüter eine weitere Aufbewahrung vorzuziehen sein könnte.[344] Dies wird unter C. einer eingehenden Prüfung unterzogen.

IV. Weitere Aufbewahrung nachrichtenloser Kulturgüter im Wege der präventiven Sicherstellung

Fazit der vorangegangenen Erörterung ist, dass die StPO keine Regelungen über die Sicherstellung und/oder Verwertung von Gegenständen enthält, die offenbar aus Straftaten hervorgegangen sind, aber nicht an die Eigentümer oder sonst Berechtigten ausgehändigt werden können. § 111k StPO sieht lediglich die Her-

---

dass die Behörde eine Rückgabe an den Gewahrsamsinhaber nicht beabsichtigt. Wird allerdings eine Rückgabe von vornherein nicht beabsichtigt, entsteht gar kein Besitzmittlungsverhältnis und der letzte Gewahrsamsinhaber erlangt nicht einmal mittelbaren Besitz. Dazu *Joost*, in: MüKo-BGB, § 868 Rn. 41 in Bezug auf OLG Düsseldorf, Urt. v. 10.01.1951, 9 U 166/50, NJW 1951, 444 (445).

342 *Löffler*, NJW 1991, 1705 (1709). Dieser Umstand wird teilweise auch als Nachweis dafür gewertet, dass der Besitz ohne possessorische Befugnis zivilrechtlich kein Recht, sondern eine bloße Tatsache ist. Zu dieser umstrittenen Frage siehe nur *Joost*, in: MüKo-BGB, Vorbemerkung (zu § 854) Rn. 9 m. w. N.

343 *Löffler*, NJW 1991, 1705 (1709).

344 Siehe hierzu sogleich ausführlich unter C.

ausgabe an den Verletzten vor.[345] In Deutschland wird daher zum Zweck der Wahrung einer Zuordnungsmöglichkeit und dem Schutz der Eigentümer das Instrument der präventiven Sicherstellung, die teilweise auch als präventive Gewinnabschöpfung bezeichnet wird,[346] herangezogen.[347] Danach kann die Herausgabe solcher sichergestellter Sachen vermieden werden, die offensichtlich nicht rechtmäßig erlangt worden sind. Die präventive Sicherstellung gehört zur Materie der Landesgesetzgebung,[348] die teilweise durch Verwaltungsvorschriften ergänzt wird.[349] Die Rechtsprechung sieht die präventive Sicherstellung als mit höherrangigem Recht vereinbar und somit zulässig an.[350]

I. Zuständigkeit

Die präventive Sicherstellung wird als Teil der Gefahrenabwehr von den Verwaltungsbehörden oder Polizeidienstellen in eigener Zuständigkeit wahrgenommen und ist in jedem Bundesland gesondert geregelt. Die Polizei ist hierbei originär oder subsidiär – beispielsweise nur in Eilfällen – zuständig.

Bei präventiven Maßnahmen unterliegen die Polizei und die Verwaltungsbehörden nicht der Weisungsbefugnis der ausschließlich repressiv tätig werdenden Staatsanwaltschaft.[351]

---

345 Die Bestimmungen zur Notveräußerung gem. § 111l StPO sind im Fall nachrichtenloser Kulturgüter nicht einschlägig. Vorausgesetzt wird hierfür die Verderblichkeit der Sache bzw. der Fall, dass die Aufbewahrung mit unverhältnismäßigen Kosten verbunden ist. Dies ist bei der Aufbewahrung von Kulturgütern regelmäßig nicht erfüllt.

346 So von *Hunsicker*, Kriminalistik 2003, 234 ff.; *ders.*, PräG. Hinweise zum Verfahren der Sicherstellung nach § 26 Nds. SOG vor strafprozessualer Herausgabe offensichtlich nicht rechtmäßig erlangter Sachen, Runderlass v. 26.2.2007, Nds.MBl. 2010, 224.

347 Zur präventiven Sicherstellung und späteren Überführung an das Kestner-Museum in Hannover im Fall sichergestellter Münzen *Müller-Karpe*, KUR 2010, 91 (94); *Vogt*, Numismatisches Nachrichtenblatt 2010, 147 f.

348 Die einschlägigen Landesvorschriften für die präventive Sicherstellung sind: Baden-Württemberg §§ 32–34 PolG; Bayern Art. 25 PAG; Berlin §§ 38–41 ASOG Bln; Brandenburg § 22 BbgPolG; Bremen § 23 BremPolG; Hamburg § 14 SOG; Hessen § 40 HSOG; Mecklenburg-Vorpommern § 61 SOG MV; Niedersachsen § 26 Nds. SOG; Nordrhein-Westfalen § 43 PolG NRW; Rheinland-Pfalz § 22 POG Rh-Pf; Saarland §§ 21–24 SPolG; Sachsen §§ 26–29 SächsPolG; Sachsen-Anhalt § 45 SOG LSA; Schleswig-Holstein §§ 210 f. LVwG, Thüringen § 27 Thüringer PolAG.

349 So in Niedersachsen zu § 26 Nds. SOG, vgl. Präventive Gewinnabschöpfung; Hinweise zum Verfahren der Sicherstellung nach § 26 Nds. SOG vor strafprozessualer Herausgabe offensichtlich nicht rechtmäßig erlangter Sachen, Runderlass v. 16.11.2007, P22.2-1201-26, Nds. MBl. 2007, 1515 – VORIS 21011.

350 VG Köln, Urt. v. 10.12.2009, 20 K 842/09, NVwZ-RR 2010, 352 (353); OVG Lüneburg, Urt. v. 2.7.2009, 11 LC 4/08, NVwZ-RR 2009, 954 (256).

351 Anders für den Fall des repressiven Vorgehens bei der Strafverfolgung. Dazu OLG Frankfurt, Beschluss v. 10.10.2005, 3 Ws 860/05, NStZ-RR 2006, 39 (42): „Denn nach zutreffender

Die präventive Sicherstellung muss dem letzten Gewahrsaminhaber gegenüber angeordnet werden. Somit empfiehlt sich eine frühzeitige Kooperation zwischen den am Verfahren beteiligten Behörden (Staatsanwaltschaft oder Gericht), damit ein mögliches Ende eines Verfahrens und die Möglichkeit einer Herausgabeverfügung frühzeitig erkannt werden kann. Somit kann auf die nach Beendigung des Verfahrens zwangsläufig zu erfolgende staatsanwaltliche Freigabeverfügung sogleich die Anordnung der präventiven Sicherstellung folgen und damit eine Herausgabe an den letzten Gewahrsamsinhaber verhindert werden.

2. Voraussetzungen

Die präventive Sicherstellung erfordert für ihre Rechtmäßigkeit das Vorliegen einer gegenwärtigen Gefahr, zu deren Abwehr die Sicherstellung geboten sein muss.

a) Vorliegen einer gegenwärtigen Gefahr

Vom Vorliegen einer gegenwärtigen Gefahr wird bei einer drohenden Herausgabe von Kulturgut, dessen Herkunft ungeklärt ist, im Regelfall auszugehen sein. Grundsätzlich gilt, je größer und folgenschwerer der möglicherweise eintretende Schaden ist, umso geringere Anforderungen können an die Wahrscheinlichkeit des Gefahreneintritts gestellt werden.[352]

Typischerweise handelt es sich in diesen Fällen um aus Raubgrabungen stammende Kulturgüter oder Kulturgüter, die zumindest ohne Exportgenehmigungen oder zollamtliche Nachweise nach Deutschland eingeführt worden sind. Mit einer Herausgabe an den letzten Gewahrsamsinhaber besteht die Gefahr, dass diese illegal zutage geförderten oder unrechtmäßig ausgeführten Kulturgüter in den (illegalen) Handel geraten. Hierdurch droht wiederum die Gefahr der indirekten Förderung illegaler Raubgrabungen und die damit einhergehende Zerstörung wertvoller Bodendenkmäler und archäologischer Ressourcen. Dies berührt die kulturelle Identität der Herkunftsländer sowie die kulturelle Integrität der Staatengemeinschaft durch die Möglichkeit einer unwiederbringlichen Zerstörung von für die Menschheitsgeschichte wertvollen Bodendenkmälern.

Ansicht des OLG Stuttgart […] der sich der Senat anschließt, ist für die Entscheidung, ob Gegenstände, die in einem rechtskräftig abgeschlossenem Strafverfahren beschlagnahmt worden waren, an den letzten Gewahrsamsinhaber oder einen anderen herauszugeben sind, nicht das Gericht, sondern die Staatsanwaltschaft zuständig. Ist die Rechtslage hinsichtlich der Berechtigung an den Gegenständen zweifelhaft, was schon dann anzunehmen ist, wenn mehrere Anspruchsberechtigte in Betracht kommen, hat eine Freigabe bzw. Herausgabe der Gegenstände nicht zu erfolgen, sondern es ist nach §§ 983, 372 ff. BGB zu verfahren (Senat, Beschl. v. 24.6.1993, 3 Ws 354/93 m. w. N.; OLG Koblenz, MDR 1984/774; OLG Hamm NStZ, 1987, 376; OLG Düsseldorf, NStZ 1984, 567; KK/*Nack*, § 111k Rn. 5)."

352 VG Aachen, Urt. v. 15.2.2007, 6 K 1757/05, n.v.

Berührt ist daher einerseits das Interesse der Allgemeinheit, vor Gefahren für die öffentliche Sicherheit geschützt zu werden. Demgegenüber steht das Interesse des letzten Gewahrsamsinhabers, wieder in den Besitz der Gegenstände zu gelangen.[353] Insbesondere in Fällen, in denen der letzte Gewahrsamsinhaber einen rechtmäßigen Erwerb an den Kulturgütern nicht ausreichend belegen kann und somit nicht ausgeräumt werden kann, dass die Kulturgüter illegalen Raubgrabungen entstammen oder sonst unrechtmäßig ausgeführt worden sind, wird das Interesse des Gewahrsamsinhabers, wieder in den Besitz der Gegenstände zu gelangen, vom Interesse der Allgemeinheit überwogen, den Kunsthandel und -verkehr frei zu halten von Kulturgütern zweifelhafter Provenienz und damit dem Anliegen, vor Gefahren der öffentlichen Sicherheit geschützt zu werden.

Diese Erwägung wird gestützt durch die bereits oben dargelegte Überlegung, dass diesem letzten Gewahrsaminhaber weder der Schutz durch Art. 14 GG noch der des § 823 Abs. 1 BGB zusteht, wenn er den Besitz an den Gegenständen unrechtmäßig erlangt hat.[354] Eine gegenwärtige Gefahr kann bereits dann angenommen werden, wenn Indizientatsachen oder Erfahrungssätze dafür sprechen, dass der Besitzerwerb des letzten Gewahrsamsinhabers nicht rechtmäßig erfolgt ist. Hierzu gehören beispielsweise die Umstände der Entdeckung und fehlende Nachweise über Ausgrabungs- und Ausfuhrgenehmigungen.

b) Objektiver Maßstab – kein Ausschluss durch gutgläubigen Vorbesitzer

Einer präventiven Sicherstellung steht es nicht entgegen, dass nicht geklärt werden kann, wie der letzte Gewahrsamsinhaber in den Besitz der Kulturgüter gelangt ist und ihm eine Beteiligung oder Kenntnis an einer vorhergehenden Straftat nicht nachgewiesen werden kann. Die präventive Sicherstellung dient in diesem Falle der Abwehr der drohenden Gefahr eines Verlustes für den Eigentümer oder einer Beschädigung der Kulturgüter. Dem steht auch nicht entgegen, dass der Berechtigte im Zeitpunkt der Maßnahme nicht bekannt ist.

c) Eigentumsvermutung des § 1006 BGB

Der präventiven Sicherstellung steht die Eigentumsvermutung des § 1006 BGB nicht entgegen. Einerseits gilt diese gesetzliche Vermutung des Eigentums nicht gegenüber dem früheren Besitzer, dem die Sache gestohlen worden ist (§ 1006 Abs. 1 Satz 2).[355] Ferner gilt sie nur für den gutgläubigen (Eigen-)Besitzer.[356] Im

---

353 VG Aachen, Urt. v. 15.2.2007, 6 K 1757/05, n.v.

354 Siehe dazu bereits oben, unter III. 4 mit weiteren Nachweisen.

355 *Baldus*, in: MüKo-BGB, § 1006 Rn. 37.

356 *Baldus*, in: MüKo-BGB, § 1006 Rn. 18, 26.

Fall sichergestellter Kulturgüter wird im Regelfall jedoch eine Gutgläubigkeit des letzten Gewahrsamsinhabers nicht anzunehmen sein. Insbesondere das Fehlen der erforderlichen Papiere über eine Genehmigung zur Ausgrabung oder der erforderlichen Aus- und Einfuhrgenehmigungen führt dazu, dass es sich bei diesen Kulturgütern um rechtlich belastete Gegenstände handelt. Hieran kann ein neuer Besitzer nie Eigen-, sondern stets nur Fremdbesitz erwerben. Die Beweislastregel des § 1006 BGB ist auf den Fall des Fremdbesitzes jedoch nicht anwendbar.[357] Bei dem skizzierten Regelsachverhalt und entsprechenden Anhaltspunkten für eine illegale Herkunft der sichergestellten Kulturgüter trägt die Beweislast für einen eventuellen Eigentumserwerb und einen guten Glauben der Anspruchsteller.

d) Grundsatz der Verhältnismäßigkeit

Kann ein Eigentümer des sichergestellten Kulturguts voraussichtlich dauerhaft nicht festgestellt werden, führt dies nicht dazu, dass die präventive Sicherstellung aus diesem Grund nicht als verhältnismäßig zu bewerten ist. Eine Überlassung an den in jedem Fall unrechtmäßigen letzten Gewahrsamsinhaber muss ausgeschlossen bleiben, da der Staat sich – wie bereits eingehend dargelegt[358] – nicht an der Perpetuierung eines rechtswidrigen Zustands beteiligen darf.

3. Rechtsfolge der Anwendung präventiver Sicherstellung auf nachrichtenlose Kulturgüter

Fallen die Voraussetzungen einer Sicherstellung nach allgemeinen Regelungen weg, kann eine Sicherstellung nachrichtenloser Kulturgüter nach allgemeiner Ansicht im Wege der präventiven Sicherstellung erfolgen. Die Dauer, der konkrete Inhalt des Aufbewahrungsverhältnisses sowie die Modalitäten für eine mögliche Herausgabe bleiben dabei ungeregelt. Die konkrete inhaltliche Ausgestaltung des Rechtsverhältnisses bleibt damit gegenwärtig dem Einzelfall sowie allgemeinen rechtsstaatlichen Rahmenbedingungen und Erwägungen überlassen.

V. Hoheitliche Ansprüche auf Herausgabe sichergestellter nachrichtenloser Kulturgüter

Neben privatrechtlichen Herausgabeansprüchen können nachrichtenlose Kulturgüter Gegenstand hoheitlicher Herausgabeansprüche sein. Der folgende Abschnitt dient dazu, einen Überblick über mögliche hoheitliche Herausgabeansprüche hinsichtlich nachrichtenloser Kulturgüter zu vermitteln. Anknüpfungs-

---

[357] Palandt/*Bassenge*, § 1006 Rn. 7.

[358] Siehe dazu oben unter III.

punkt ist hierfür die unrechtmäßige Ausfuhr des Kulturguts aus einem ausländischen Staat. Im Unterschied zu den bereits im vorangegangenen Kapitel erörterten zivilrechtlichen Herausgabeansprüchen von Eigentümern stehen nun Herausgabeansprüche seitens ausländischer Staaten im Fokus der Untersuchung.

I. Herausgabeanspruch im KultGüRückG

Das KultGüRückG sieht in § 6 die Pflicht zur Rückgabe unrechtmäßig verbrachter Kulturgüter an ausländische Staaten vor. Dies kann grundsätzlich auch solche Kulturgüter betreffen, die zunächst als nachrichtenlos gelten und in staatlicher Obhut in Deutschland aufbewahrt werden.

Das KultGüRückG unterscheidet danach, ob es sich um einen unrechtmäßig aus dem Hoheitsgebiet eines anderen Mitgliedsstaats der Europäischen Union oder aus einem sonstigen Vertragsstaat der UNESCO Konvention 1970 verbrachten Gegenstand handelt.

Der Anspruch kann jeweils nur innerhalb eines Jahres geltend gemacht werden und ist an eine Reihe von Voraussetzungen geknüpft, die den Anwendungsbereich des Gesetzes auf einen Bruchteil der Gegenstände verengen, die aus illegalen Raubgrabungen stammen. Dies liegt vor allem an dem Erfordernis einer Einstufung des betreffenden Gegenstands als nationales (§ 6 Abs. 1 Nr. 1 KultGüRückG) bzw. besonders bedeutsames (§ 6 Abs. 2 Nr. 1 i. V. m. Satz 2 KultGüRückG) Kulturgut durch den Herkunftsstaat spätestens innerhalb einer Frist von einem Jahr nach Kenntnis des betroffenen Vertragsstaats von dem Gegenstand.[359]

§ 6 Abs. 2a KultGüRückG sieht vor, dass diese Frist erst dann zu laufen beginnt, wenn der eine Herausgabe ersuchende Staat an der Einleitung dieses Einstufungs- oder Bezeichnungsverfahrens nicht durch bestimmte Umstände gehindert ist. Umstände, die in Abs. 2a genannt sind, betreffen die innerstaatliche Ordnung in dem ersuchenden Staat *(„innere Unruhen, kriegerische Auseinandersetzungen")*. Die Aufzählung der Umstände ist jedoch nicht abschließend, sondern sieht auch eine mögliche Verhinderung durch „*vergleichbare Umstände*" vor. Denkbar könnte sein, hierzu auch den Umstand zu zählen, dass die Herkunft eines Kulturguts nicht genau geklärt werden kann. Die Folge hiervon könnte sein, dass also erst nach einer genauen Zuordnung eines Kulturguts zu einem bestimmten Herkunftsland – beispielsweise im Anschluss an wissenschaftliche Untersuchungen des Kulturguts – die Frist zur Eintragung oder Einstufung zu laufen beginnt.

---

[359] Einen auf das KultGüRückG gestützten Herausgabeanspruch unter anderem wegen Verjährung des Rückgabeanspruchs aus § 7 Abs. 1 KultGüRückG ablehnend VG München, Urt. v. 31.7.2008, M 17 K 06.3644, n.v.

Die Verjährung und das Erlöschen des Rückgabeanspruchs ist Gegenstand des § 11 KultGüRückG. Der Anspruch verjährt nach einem Jahr ab Kenntnis der Behörden des ersuchenden Staates vom Ort der Belegenheit und der Person des Rückgabeschuldners, jedoch spätestens nach 30 Jahren ab dem Zeitpunkt der unrechtmäßigen Ausfuhr.[360] Ausnahmsweise verjährt der Rückgabeanspruch erst nach 75 Jahren, wenn es sich um ein Kulturgut aus einer öffentlichen Sammlung handelt.[361]

Gänzlich ausgeschlossen ist die Verjährung lediglich dann, wenn im Recht des ersuchenden Staates dieser Rückgabeanspruch keiner Verjährung oder einem durch Zeitablauf bedingten Erlöschen unterliegt (§ 11 Abs. 2 Satz 2 KultGüRückG). Fraglich ist, wann von der Kenntnis der Behörde vom Verbleib des Kulturguts i. S. d. § 11 KultGüRückG auszugehen ist. Ist die Herkunft eines Kulturguts nicht feststellbar, und hat selbst der Herkunftsstaat keine Kenntnis vom Verbleib oder gar von der Existenz des Objektes – möglich ist dies im Fall der illegal zutage geförderten archäologischen Funde – kann eine Kenntnis des Herkunftsstaats für den Verjährungsbeginn nicht festgelegt werden. In diesem Fall wird folglich die 30-jährige Verjährungsfrist für einen Herausgabeanspruch maßgeblich sein.

Dieser spezialgesetzliche Herausgabeanspruch lässt gem. § 5 Abs. 2 KultGüRückG bürgerlich-rechtliche Ansprüche und Rechte auf das Kulturgut unberührt. Insbesondere der Herausgabeanspruch des Eigentümers aus § 985 BGB wird folglich durch das KultGüRückG nicht ausgeschlossen oder sonst beeinträchtigt.

2. Herausgabe im Wege der internationalen Rechtshilfe

Eine weitere Möglichkeit der Herausgabe beschlagnahmter Kulturgüter besteht nach § 111k StPO i. V. m. § 66 IRG.[362] Auch dies kann Kulturgüter betreffen, die zunächst als nachrichtenlos aufbewahrt worden sind.

Sind die beschlagnahmten Kulturgüter nicht eingezogen worden, so kann die Rückgabe an den Geschädigten nach § 111k StPO in die internationale Rechts-

---

360 § 11 Abs. 1 KultGüRückG.

361 § 11 Abs. 2 KultGüRückG – Voraussetzung ist, dass es sich um eine öffentliche Sammlung i.S.d. § 6 Abs. 1 Nr. 2b) handelt. Der Rückgabeanspruch erlischt gem. Abs. 2 Satz 2 jedoch nicht, wenn er nach dem Recht des ersuchenden Staates weder einer Verjährung noch einem sonstigen durch Zeitablauf bedingten Erlöschen unterliegt.

362 Diese Möglichkeit wird auch in der Begründung zum Entwurf des KultGüRückG aufgeführt, siehe BT-Drucksache 16/1371, S. 12. Diese Normen gelten für die Rückgabe, wenn die Kulturgüter nicht im Eigentum des Schmugglers standen und eine Einziehung deswegen nicht erforderlich (und auch nicht möglich) war.

hilfe eingebettet werden.[363] § 66 IRG sieht die (grundsätzlich zeitweilige) Herausgabe von Beweisstücken auf Ersuchen eines ausländischen Staates vor, der die Gegenstände als Beweis für ein dortiges Straf- oder Beweissicherungsverfahren benötigt (§ 66 Abs. 1 Nr. 1 IRG). Zu beachten ist das Erfordernis aus Art. 66 Abs. 2 Nr. 1 IRG, wonach die Herausgabe von Gegenständen an einen auswärtigen Staat nur zulässig ist, wenn die dem Ersuchen zugrunde liegende Tat auch nach deutschem Recht eine „rechtswidrige Tat ist, die den Tatbestand eines Strafgesetzbuches oder eines Gesetzes verwirklicht, das die Ahndung mit einer Geldbuße zulässt.[364] In diesem Zusammenhang wird also relevant, ob das Verhalten, das in dem auswärtigen Staat geahndet werden soll, auch nach deutschem Recht als strafbares oder als Ordnungswidrigkeit verfolgbares Verhalten gilt. Insbesondere im Fall der Herausgabe von Kulturgütern, die aus illegalen Raubgrabungen stammen, wird also entscheidend, ob und ggfs. welche Straftatbestände des deutschen Strafrechts verwirklicht sein können. Im 2. Kapitel ist dieser Frage bereits eingehend nachgegangen worden mit dem Ergebnis, dass illegale Raubgrabungen auch bei Zugrundelegung deutschen Rechts strafbar sind.[365] Darüber hinaus kommt auch sonstiges strafrechtlich relevantes Vorverhalten in Betracht, je nach den Provenienzen der als nachrichtenlos eingelagerten Kulturgüter. Neben Fällen von Diebstahl und Unterschlagung wird auch die illegale Ausfuhr als Anknüpfungspunkt für ein strafbares Vorverhalten in Betracht zu ziehen sein.[366] Die in Frage stehenden Gegenstände müssen nur als Beweisgegenstände „dienen können“, das heißt, die Beweiserheblichkeit für das ausländische Verfahren darf nur nicht völlig ausgeschlossen sein.[367]

Der ersuchende Staat muss in diesem Fall die Rückgabe ausdrücklich zusichern. Darüber hinaus muss die Respektierung zivilrechtlicher Ansprüche Dritter, also etwaiger Geschädigter, im Herkunftsland zugesichert werden.

Zurücktreten wird in diesem Fall die fiskalische Sachhaftung der Kulturgüter für den Zoll als Recht Dritter. Dieses wird regelmäßig hinter das Ausgleichsinteresse der Opfer der Vortrat zurücktreten – notfalls wird hier eine Freigabe als geboten angesehen.[368]

---

363 *Schumann/Schmidt-Bremme*, NJW 2002, 574 (576).

364 Dazu *Blumenwitz*, FS Ress (2005), S. 3 (7).

365 Siehe dazu oben, 2. Kapitel B. IV. 1. b) dd).

366 Auch in Deutschland existiert in § 16 KulturgSchG eine Bestimmung zum Schutz vor illegaler Ausfuhr von Kulturgütern.

367 Schomburg/Lagodny/Gleß/Hackner/*Lagodny* § 66, Rn. 12, maßgeblich soll insoweit die Sicht des ersuchenden Staates sein. Es begegnet auch von Verfassungs wegen keinen Bedenken, wenn die Fachgerichte es im internationalen Rechtsverkehr genügen lassen, dass die Beweiserheblichkeit der von Ersuchen umfassten Beweismittel nicht feststeht, sondern lediglich nicht ausgeschlossen ist, BVerfG, Beschl. v. 4.8.2001, 2 BvR 1142/00, NStZ-RR 2002, 16.

368 *Schumann/Schmidt-Bremme*, NJW 2002, 574 (576).

3. Herausgabe eingezogener Kulturgüter an den Herkunftsstaat nach den Landeshaushaltsordnungen

Kommt es, entgegen der oben erörterten Rechtslage, doch zu einer Einziehung nachrichtenloser Kulturgüter, beispielsweise als Schmuggelgut, kann auch in dieser Situation weiterhin ein hoheitlicher Herausgabeanspruch des Herkunftsstaates bestehen.

Werden Kulturgüter eingezogen, ist § 74e Abs. 1 StGB maßgeblich. Danach wird das Eigentum des Täters oder Dritten an dem Schmuggelgut aufgehoben und geht mit Rechtskraft der Entscheidung auf den (einziehenden) Staat, mithin Deutschland, über. Diese Rechtsfolge zielt nicht auf den Träger der Steuerhoheit, sondern auf den Träger der Strafhoheit ab. Steuerstrafsachen fallen in erster Instanz den ordentlichen Gerichten zu. Diese fallen in die Zuständigkeit der Bundesländer, so dass das Eigentum an den eingezogenen Kulturgütern auf das Bundesland übergeht, welches Träger des erstinstanzlichen Gerichts ist.[369]

Weitere Verfügungen über die eingezogenen Kulturgüter richten sich nach den Regelungen der Haushaltsordnung des jeweiligen Bundeslandes. In allen Haushaltsordnungen ist eine § 63 Abs. 3 und 4 Bundeshaushaltsordnung[370] nachgebildete Regelung enthalten, die eine unentgeltliche Herausgabe des Schmuggelguts an den Herkunftsstaat erlaubt. Die Herausgabe wird entweder aufgrund einer Ausnahme im Haushaltsplan (§ 63 Abs. 3 Satz 2 BHO), bei geringem Wert oder im Fall dringenden Bundesinteresses (§ 63 Abs. 3 Satz 3 BHO) erlaubt.

Eine Rückgabe geschmuggelter Kulturgüter an den Herkunftsstaat steht im rechts- und kulturpolitischen Interesse der Bundesrepublik, denn die Rückgabe der Kulturgüter an die Eigentümer bleibt das Ziel staatlichen Bestrebens.[371]

Eine Rückgabepflicht von als Schmuggelgut eingezogenen Kulturgütern wird ferner aus Art. 13 Abs. 1 und 2 der Konvention Nr. 141 des Europarates (Geldwäscheabkommen) abgeleitet.[372] Das Prinzip der Bundestreue verpflichtet die Bundesländer bei ihrer Aufgabenerfüllung dazu, dieses Interesse ebenfalls zu beachten. Es sollte unbedingt vermieden werden, dass der deutsche Fiskus sich zu Lasten der Herkunftsländer durch aus diesen rechtswidrig ausgeführten Kultur-

---

369 *Schumann/Schmidt-Bremme*, NJW 2002, 574 (576).

370 Bundeshaushaltsordnung v. 19.8.1969, BGBl. I 1969, 1284, zuletzt geändert durch Art. 10 des Gesetzes v. 9.12.2010, BGBl. I 2010, 1885.

371 Dazu bereits oben, 1. Kapitel A. I.

372 Übereinkommen über Geldwäsche sowie Ermittlung, Beschlagnahme und Einziehung von Erträgen aus Straftaten v. 8.11.1990, ETS Nr. 141; *Schumann/Schmidt-Bremme*, NJW 2002, 574 (577).

gütern bereichert. Ausdrückliche Ausnahmeregelungen hierzu sind in den Haushaltsplänen der Länder bislang nicht vorgesehen, sie sind jedoch wünschenswert.[373]

B. Einlagerung nachrichtenloser Kulturgüter durch Übernahme treuhändischer Verwahrung

Neben der skizzierten Aufnahme nachrichtenloser Kulturgüter in die Obhut der öffentlichen Hand durch Sicherstellung oder Beschlagnahme, wird ein Teil der Kulturgüter, deren Zuordnung zu einem Eigentümer nicht möglich ist, treuhändisch verwahrt. Die Hintergründe und rechtliche Einordnung dieser treuhändischen Verwahrung nachrichtenloser Kulturgüter ist Gegenstand des folgenden Abschnitts.

I. „Restbestand CCP"

Ein Bestand an nachrichtenlosen Kultrugütern, der ausdrücklich treuhändisch verwahrt wird, ist der so genannte „Restbestand CCP" – Kulturgüter, die nach Ende des Zweiten Weltkriegs in so genannten *Central Collecting Points* zusammengetragen worden sind.

1. Begründung staatlicher Obhut an nachrichtenlosen Kulturgütern

In staatlicher Obhut befindet sich in Deutschland noch immer ein Bestand an nachrichtenlosen Kulturgütern, die von der Bundesrepublik Deutschland als Nachfolgerin der alliierten so genannten *Central Collecting Points* (CCP) aufbewahrt werden. Dieser Bestand an Kulturgütern geht auf einen Bereich der alliierten Besatzungspolitik im Nachkriegsdeutschland zur Ahndung von Verbrechen der Nationalsozialisten zurück. Hierzu zählte unter anderem die Rückführung kriegsbedingt abhanden gekommenen Kulturguts an die rechtmäßigen Eigentümer.[374]

---

[373] So auch *Schumann/Schmidt-Bremme*, NJW 2002, 574 (577).

[374] Bei den in den CCP aufgefundenen Kunstwerken handelt es sich um Bestände, die für das von Adolf Hitler geplante „Führermuseum" in Linz bestimmt waren, Werke aus der Sammlung Hermann Görings, vom Einsatzstab Reichsleiter Rosenberg und um ausgelagerte Bestände aus Museen. Die Bestände setzen sich zusammen aus beschlagnahmtem Vermögen rassisch oder politisch verfolgter Personen sowie um legale Ankäufe der nationalsozialistischen Machthaber auf den deutschen und internationalen Kunstmärkten, vgl. *König*, CCP, www.badv.bund.de/003_menue_links/e0_ov/d0_provenienz/CCP.html (zuletzt aufgerufen am 15.3.2011). Für diese Bestände bzw. Teile der Bestände an Kulturgütern wird teilweise der Begriff „*Holocaust Art*" verwendet, vgl. *Siehr*, in: Kunstrecht, Rn. 98.

In der U.S.-amerikanischen Zone wurden zur späteren Rückgabe aufgefundener Kulturgüter zentrale Sammelstellen, mithin *Central Collecting Points*, eingerichtet. Erwähnung finden insbesondere die CCP in München, Wiesbaden, Offenbach und Marburg.[375]

Der noch im Besitz der Bundesrepublik befindliche Bestand an Kulturgütern aus dem „Restbestand CCP" umfasst gegenwärtig noch immer ca. 2300 Objekte.[376]

Zuständig für die Aufbewahrung des Restbestandes CCP ist das Bundesamt für zentrale Dienste und zur Regelung offener Vermögensfragen (BADV). Die Eigentümer der in diesem Bestand gegenwärtig noch enthaltenen Kulturgüter konnten bislang nicht ermittelt werden.[377] Wie bereits in der Einführung dargelegt, handelt es sich folglich um einen Bestand nachrichtenloser Kulturgüter.

2. Historischer Überblick zum Restbestand CCP

In der Zeit vom 14.8.1945 bis 30.6.1962 wurden von alliierten und deutschen Stellen insgesamt rund 1 Mio. Kulturgüter an in- und ausländische Rückerstattungsberechtigte herausgegeben. Dennoch verblieb ein Restbestand im Besitz der Treuhandverwaltung. Dieser Bestand umfasste insgesamt 20083 Gegenstände und setzte sich aus allen Arten von Kulturgütern zusammen. Hierzu zählten unter anderem Skulpturen und Gemälde, Fresken, Möbel, eine Geige sowie Münzen und Bücher.[378] Der größte Teil der Gegenstände gehörte zu den Kunst-

---

375 *Fiedler*, in: Raubkunst, S. 87 (91); *Habel*, in: Provenienzprüfung, S. 149 (151); *Smyth*, in: Spoils of War, S. 126 (127ff.).

376 Der Bestand umfasst Gemälde, Grafiken, Plastiken und Zeichnungen. Die Kulturgüter sind in einer unter der Internet-Adresse www.lostart.de zugänglichen Datenbank verzeichnet. Hinzu kommt darüber hinaus noch ein Bestand an Münzen und Büchern (ca. 15000 Objekte), der noch nicht in die Datenbank mit einbezogen worden ist. Zu Angaben über den Bestand bei Übernahme der Kunstgegenstände durch den Bundesschatzminister am 1.1.1963 siehe Bericht des Bundesschatzministers vom 26.6.1969, BT-Drucksache V/4537. Eingehend hierzu auch *König*, Wiedergutmachung, www.badv.bund.de/003_menue_links/e0_ov/d0_provenienz/b1_aufsaetze/a0_wiedergutmachung.html (zuletzt aufgerufen am 15.3.2011). Zu Zielen und Möglichkeiten der Datenbank siehe auch *Hartmann*, in: Kulturgutverluste, S. 67 ff.; *Kardel*, KUR 2006, 128 f. Siehe als Beispiel einer internationalen Datenbank, in der weltweit geraubte Kulturgüter verzeichnet sind, www.swift-find.com, dazu *Isaac*, KUR 2006, 130 f.

377 Siehe *Habel*, in: Provenienzprüfung, S. 149 (153) über die Schwierigkeit der Feststellung von Eigentümern der geraubten Kulturgüter am Beispiel der Aktivitäten der Initiative Städtische Sammlungen Coburg e.V.

378 Der vom Bundesschatzminister übernommene Bestand umfasste 2708 Gemälde und Fresken, 1398 Blatt Grafik, 161 Plastiken, 321 kunstgewerbliche Gegenstände, 3 Glasgemälde, 1 Mosaik, 1 Skizzenbuch, 2 Manuskripte, 51 Gobelins, 49 Teppiche, 206 Möbelstücke, 73 Reproduktionen, 100 Lichtdrucke, 1 Geige, 6000 Münzen, 9000 Bücher, 8 diverse Gegenstände, BT-Drucksache V/4537, S. 1 f. Zur Rückforderung finanzieller Wiedergutmachungsleistungen im Fall der Rückgabe von entzogenen Kulturgütern *König*, Rückforde-

sammlungen, die von den Machthabern des Dritten Reiches für die geplanten Museen in Linz an der Donau zusammengetragen worden waren, und zur Kunstsammlung Görings.[379] Die so übernommenen Kulturgüter wurden fast ausnahmslos in der Zeit zwischen 1933 bis 1945 angekauft oder gelangten auf sonstige, auch verbrecherische Art und Weise in das „Reichsvermögen".[380] Weitere ca. 700 Gemälde waren von der Reichskanzlei in den jährlichen Verkaufsausstellungen im Haus der Deutschen Kunst in München erworben worden. Viele weniger wertvolle Gemälde waren von verschiedensten Reichsdienststellen als Ausstattungsstücke gekauft und verwendet worden.

Eine Sichtung der übernommenen Bestände erfolgte im Jahr 1963. Im Hinblick auf den künstlerischen Wert und die Verwendbarkeit der Kulturgüter wurden sie in vier verschiedene Kategorien eingeteilt. Die 1. Kategorie umfasste rund 2200 Kulturgüter, darunter 857 Gemälde, die für die Ausstellung in Museen als geeignet eingestuft wurden. Die 2. Kategorie umfasste ca. 1100 Gegenstände, die für die Ausstattung von Repräsentationsräumen in obersten Bundesbehörden sowie Auslandsvertretungen des Bundes vorgesehen wurden. Die 3. Kategorie wurde durch Kunstgegenstände gebildet, an deren Verbleib im Besitz des Bundes kein besonderes Interesse zu erkennen war. Eine 4. Kategorie bestand aus Kunstgegenständen, die typische Merkmale der im Dritten Reich offiziell geförderten Kunst aufwiesen.

Bereits im Herbst 1945 wurde mit der Rückübertragung der in den CCP inventarisierten Kulturgütern an die Berechtigten begonnen. Diese Rückübertragung erfolgte nach den Grundsätzen der inneren und äußeren Restitution im Rahmen von Wiedergutmachungsverfahren durch die amerikanische Militärregierung.[381] Im September 1949 wurde die Verantwortung für die Restitution des Bestandes seitens der U.S.-amerikanischen Alliierten an die deutschen Behörden über-

---

rung, www.badv.bund.de/003_menue_links/e0_ov/d0_provenienz/b1_aufsaetze/d0_rueckforderung. html (aufgerufen am 15.3.2011). Zu den juristischen Rahmenbedingungen bei der Umsetzung der Rückgabeentscheidung eingehend *König*, Restitutuion, www.badv.bund.de/003_menue_links/e0_ov_provenienz/b1_aufsaetze/c0_restitution.html (aufgerufen am 15.3.2011).

379 *König*, Wiedergutmachung, http://www.badv.bund.de/003_menue_links/e0_ov/d0_provenienz/b1_aufsaetze/a0_wiedergutmachung.html (aufgerufen am 15.3.2011); zu Dokumentationen über die Kunstsammlungen siehe u. a. *Haase*, Kunstsammlung Göring, S. 9 ff.; *ders.*, Kunstsammlung Hitler, S. 65 ff.

380 *König*, CCP, www.badv.bund.de/003_menue_links/e0_ov/d0_provenienz/CCP.html (aufgerufen am 25.1.2011); *ders.*, Wiedergutmachung, http://www.badv.bund.de/003_menue_links/e0_ov/d0_provenienz/b1_aufsaetze/a0_wiedergutmachung.html (aufgerufen am 15.3.2011).

381 *König*, CCP, www.badv.bund.de/003_menue_links/e0_ov_provenienz/CCP.html. Umfassend zur Rückgabe von Vermögenswerten, die den Berechtigten während der Zeit des Holocaust entzogen wurden *König*, Restitution, www.badv.bund.de/003_menue_links/e0_ov/d0_provenienz/b1_aufsaetze/c0_restitution.html (jeweils aufgerufen am 15.3.2011).

geben. Die Verwaltung des Restbestandes CCP wurde hernach zunächst dem Bayerischen Ministerpräsidenten und bald darauf dem deutschen Bundeskanzler übertragen. 1951 wurde ein Sonderreferat „Treuhandverwaltung von Kulturgut beim Auswärtigen Amt" (TVK) eingerichtet. Dieses Sonderreferat übernahm im Februar 1952 die Restbestände der ehemaligen CCP in München und Wiesbaden. Während der folgenden Aufbewahrungszeit wurden weitere Kulturgüter an Berechtigte zurückgegeben. Im Jahr 1962 kam es zur Auflösung des TVK.[382]

Am 29.1.1963 wurden die noch verbliebenen Objekte – ca. 20000 Kulturgüter – der Zuständigkeit des Bundesschatzministers übertragen und seitdem von einer diesem nachgeordneten Behörde verwaltet.[383] Zuständig war hierfür zunächst die Oberfinanzdirektion München, danach die Oberfinanzdirektion Berlin I. Durch einen entsprechenden Organisationserlass des Bundesministeriums der Finanzen wurde die Zuständigkeit für den Restbestand CCP schließlich dem Bundesamt zur Regelung offener Vermögensfragen übertragen.[384] Ein Schwerpunkt der Verwaltung umfasst die Ermittlung der Herkunft der aus dem ehemaligen Reichsbesitz übernommenen Bestände an nachrichtenlosen Kulturgütern.[385]

3. Nutzung

a) Bemühungen um Lösungsfindung zum Umgang mit dem Restbestand CCP

Im Gegensatz zu den illegal zutage geförderten Kulturgütern unbekannter Herkunft werden die Kulturgüter aus dem Restbestand CCP für öffentliche Ausstellungen sowie zur repräsentativen Ausstattung von Bundesdienststellen und deutschen Auslandsvertretungen genutzt.

Das Bundesschatzministerium nahm im Einvernehmen mit dem Bundesinnenministerium nach der Übertragung der treuhändischen Verwahrung Überlegungen dazu auf, was mit den nicht restituierten Kulturgütern geschehen sollte. An der Diskussion hierüber nahm auch die Öffentlichkeit regen Anteil. Es wurden

---

382 *König*, CCP, www.badv.bund.de/003_menue_links/e0_ov_provenienz/CCP.html (aufgerufen am 15.3.2011).

383 Bericht des Bundesschatzministers vom 26.6.1969, BT-Drucksache V/4537.

384 Organisationserlass des Bundesministeriums der Finanzen Z C 3-01760 – 13/91 vom 28.6.1991 (mit Verweis auf den Organisationserlass Z C 3-01002-509/90 vom 26.10.1990). *König*, Wiedergutmachung, http://www.badv.bund.de/003_menue_links/e0_ov/d0_provenienz/b1_aufsaetze/a0_wiedergutmachung.html (aufgerufen am 15.3.2011).

385 Hierzu mit der Darstellung der entsprechenden Rechtsgrundlagen *König*, Provenienzforschung, www.badv.bund.de/003_menue_links/e0_ov_provenienz (aufgerufen am 15.3.2011).

zahlreiche Anregungen zum weiteren Umgang mit den Gegenständen eingereicht. Die Vorschläge reichten von der Veräußerung des gesamten Kunstbesitzes bis hin zur Zurschaustellung des Bestandes als geschlossenes Ganzes. Letztendlich wurde ein Weg beschritten, der eine öffentliche Ausstellung, die Verwendung zu Ausstattungszwecken von Bundesdienstellen sowie die Veräußerung von Teilen des Restbestands CCP vorsah.[386]

b) Leihgaben an deutsche Museen

In die Beratungen über die weitere Verwendung der Gegenstände wurden vom Bundesschatzministerium auch Vertreter der Kultusministerkonferenz der Länder, des Deutschen Städtetages, des deutschen Museumsbundes sowie des Verbandes der deutschen Kunsthistoriker einbezogen. Im November 1964 wurde durch den Bundesschatzminister eine Sachverständigen-Kommission einberufen, die über die Museumswürdigkeit der Kulturgüter entschied. Aufgrund der Empfehlungen der Sachverständigen-Kommission wurden über 580 Gemälde sowie 1200 Grafiken als kostenlose Dauerleihgaben an 102 deutsche Museen ausgeliehen.[387] Zuvor wurde im Schloss Schleißheim bei München eine Ausstellung aller verfügbaren Kunstgegenstände durchgeführt, zu der alle hauptamtlichen Museumsleiter und Museumspfleger eingeladen wurden. Sie erhielten die Gelegenheit, vom 20.10. bis 12.11.1965 die Originale zu besichtigen und im Anschluss hieran Anträge auf Überlassung von Leihgaben an die von ihnen betreuten Museen zu stellen. Die Beratende Kommission prüfte die Anträge und erarbeitete Aufteilungsvorschläge, denen der Bundesschatzminister uneingeschränkt zustimmte. Die Möglichkeit einer unentgeltlichen Überlassung von Kulturgütern an Museen eröffnete eine entsprechende Ermächtigung des Bundesschatzministers.[388] Der vom Deutschen Bundestag erteilte Bundeshaushaltsplan für das Rechnungsjahr 1966 sah die Möglichkeit der unentgeltlichen Überlassung von Kunstgegenständen an „Museen, Träger von Museen, Ausstellungen usw." als Leihgaben vor.[389]

Einem Bericht des Bundesschatzministers zufolge gingen der Überlassung an die Museen Vertragsverhandlungen voraus, in denen unter anderem die „oft sehr schwierige Frage der Restaurierung" von Kulturgütern behandelt wurde.[390]

---

386 *Reich*, Bundeseigene Kunstwerke in deutschen Museen, Bulletin des Presse- und Informationsamtes der Bundesregierung, 1968, Nr. 45, S. 366.

387 *König*, CCP, www.badv.bund.de/003_menue_links/e0_ov_provenienz/CCP.html (aufgerufen am 15.3.2011).

388 *König*, in: Museen im Zwielicht, S. 149.

389 Bundeshaushaltsplan für das Rechnungsjahr 1966, Kapitel 2403, Titel 15, Absatz 5.

390 Bericht des Bundesschatzministers, BT-Drucksache V/4537, S. 3.

Bis zum Juni 1969 waren dem Bericht zufolge bereits an 111 deutsche Museen 1985 Kunstgegenstände mit einem damaligen Marktwert von rund 25 Mio. DM ausgeliefert worden. Vorgesehen waren weitere Überlassungen, im Umfang von geschätzten 900 Gemälden, 100 Plastiken, 1600 Gegenständen antiker und neuzeitlicher Kleinkunst, 1200 Grafiken, einer Sammlung mit 6000 Münzen und 1700 Münzbüchern sowie einer Sammlung mit 7000 bibliophilen Erstausgaben verschiedener Literaturgebiete, die in deutschen Museen und Bibliotheken ausgestellt sein würden. Der damalige Marktwert dieser Gegenstände belief sich auf insgesamt 40 Mio. DM.[391]

Die Überlassung der Kulturgüter an die Museen erfolgte auf Grundlage von Leihverträgen. In diesen Verträgen verpflichteten sich die Museen als Entleiher zur sachgemäßen musealen Pflege und Erhaltung der Leihgaben.[392] Die Überlassung der Kulturgüter als Leihgabe erfolgte regelmäßig zu Ausstellungszwecken. Innerhalb einer festgelegten Frist können die Leihverträge gekündigt werden. Zuständig für die Überwachung der in den Leihverträgen geregelten Pflichten der Leihnehmer ist das BADV.[393]

Durch die Leihverträge wird den Museen keine Verfügungsbefugnis über die entliehenen Kulturgüter eingeräumt. Auch eine etwaige Überlassung an Dritte – beispielsweise an ein anderes Museum – bedarf daher der Zustimmung des BADV. Erst recht obliegt die Entscheidung über eine Rückgabe eines der Kulturgüter an die ursprünglichen Eigentümer oder deren Nachfahren der Entscheidung der zuständigen Bundesvermögensverwaltung.[394] Grundsätzlich folge hieraus daher keine Verpflichtung der Museen, als Leihnehmer der Provenienz der Leihgaben nachzugehen.[395] Die Kulturgüter werden unabhängig von Suchmeldungen oder Anmeldungen der ehemaligen Eigentümer bzw. ihrer Erben Provenienzrecherchen unterzogen. Insgesamt werfen die Provenienzrecherche und die sonstige Überprüfung des Bestandes zahlreiche Probleme auf und sind sehr zeitaufwendig. Diese Umstände führen zu der Einschätzung, dass gegenwärtig nicht abzusehen ist, ob sich das Einzelschicksal der Kulturgüter klären lässt und damit eine vollständige Aufklärung der Erwerbungs- oder Verlustumstände gelingen wird.[396] Ungeklärt bleibt auch, welchen verantwortlichen Weg eine Institution

---

391 Bericht des Bundesschatzministers, BT-Drucksache V/4537, S. 3.

392 *König*, in: Museen im Zwielicht, S. 149 (152); *ders.*, CCP, www.badv.bund.de/003_menue_links/e0_ov/d0_provenienz/CCP.html (aufgerufen am 15.3.2011).

393 *König*, in: Museen im Zwielicht, S. 149 (152).

394 *König*, Leihgaben der Bundesrepublik Deutschland aus Beständen, die zwischen 1933–1945 in Reichsbesitz gelangten, in: Museen im Zwielicht, S. 149 (152).

395 Das zuständе BADV begrüßt jedoch jede diesbezügliche Unterstützung, vgl. *König*, in: Museen im Zwielicht, S. 149 (152).

396 *Stein*, in: Museen im Zwielicht, S. 179 (180); *König*, in: Museen im Zwielicht, S. 149 (154).

beschreiten kann, wenn die Herkunft eines Kulturguts nicht mehr zu rekonstruieren ist.[397]

c) Leihe an Bundesdienststellen

Ein Teil des Kunstbestandes ist, statt an Museen, an Ministerien und deren nachgeordnete Behörden verliehen. Diese Kulturgüter wurden für Ausstattungszwecke ausgewählt und fanden Verwendung in obersten Bundesdienststellen und deutschen Auslandsvertretungen. Dies wurde vorwiegend für Landschaftsbilder, Stillleben, Porträts, Grafiken, Teppiche und einige Gobelins vorgesehen.[398] Die Verteilung der Kulturgüter an Dienststellen mit besonderen Repräsentationspflichten, wie beispielsweise das Bundeskanzleramt, ging auf die Ratschläge der oben bereits erwähnten Beratenden Kommission zurück.[399]

Durch diese Leihgaben nahmen die Bundesdienststellen im In- und Ausland über 800 Kulturgüter in Besitz.[400]

d) Veräußerung

Die Kulturgüter aus dem Restbestand CCP, die weder für eine Ausstellung in Museen noch für repräsentative Zwecke geeignet erschienen – wohl überwiegend Gegenstände von geringerem Wert – wurden als „für Zwecke des Bundes entbehrlich" angesehen.[401] Sie wurden daher zugunsten des Bundeshaushalts über den Kunstmarkt verwertet.[402] Der hieraus entstandene Gesamterlös von beinahe 1 Mio. DM kam unmittelbar dem Bundeshaushalt zugute.[403]

Dem Bericht ist zu entnehmen, dass „zur Erforschung der Marktgängigkeit" im Jahre 1963 bereits eine nicht geringe Anzahl an Kulturgütern auf Versteigerung angeboten worden waren.[404]

---

397 *Stein*, in: Museen im Zwielicht, S. 179 (189).

398 BT-Drucksache V/4537, S. 4. So gelangte auch das Gemälde „*Fiat Iustitia*" von Carl Spitzweg in der Villa Hammerschmidt, dem Wohnsitz des Bundespräsidenten in Bonn. Zur Rückgabe dieses geraubten Werkes im Jahr 2007 an die Erben des ermordeten Eigentümers *Mönch*, Frankfurter Allgemeine Zeitung v. 23.2.2007, Feuilleton, S. 34.

399 Siehe oben, unter a).

400 BT-Drucksache V/4537, S. 4, im Bericht wird der Marktwert der Kulturgüter auf 3,3 Mio. DM geschätzt. Hierdurch wurde der Bundeshaushalt erheblich entlastet.

401 BT-Drucksache V/4537, S. 4.

402 BT-Drucksache V/4537, S. 4.

403 Der Gesamterlös von 983.909, 84 DM wurde im Bundeshaushalt zugunsten Kapitel 2403 vereinnahmt, BT-Drucksache V/4537.

404 Dies betraf die folgenden Gegenstände: 243 Gemälde, 47 Grafiken, 10 Plastiken, 24 Möbelstücke sowie 39 Reproduktionen, BT-Drucksache V/4537, S. 4.

e) Aufbewahrung

Die zeitweise nicht ausgeliehenen Objekte werden im Kunstdepot des BADV aufbewahrt. Es werden stets neue Leihnehmer für die Werke gesucht, um die Kulturgüter öffentlich zeigen zu können.[405]

4. Auswirkungen von Art. 134 GG auf die dingliche Rechtslage der Kulturgüter aus dem Restbestand CCP

Untersucht wird im Folgenden, welchen Einfluss Art. 134 GG auf die dingliche Rechtslage der Kulturgüter aus dem Restbestand CCP hat. Soweit sich Kulturgüter im Besitz des ehemaligen Deutschen Reiches befanden, sind diese durch die Bestimmungen des Art. 134 Abs. 1 GG zunächst in das Bundesvermögen, namentlich das Ressortvermögen des Bundesministeriums der Finanzen übergegangen.[406] Zum Vermögen zählt auch der Besitz. Art. 134 GG enthält keine Bestimmung über eine eventuelle Änderung der Rechtsverhältnisse, sondern lediglich über den Übergang des gesamten Vermögens. Dingliche Rechtspositionen werden hierdurch folglich nicht verändert. So wird durch die Übergangsvorschrift des Art. 134 GG kein Eigentum begründet, wo vorher lediglich ein Besitzrecht bestand. Die im 2. Kapitel dargelegten eigentumsrechtlichen Positionen der unbekannten Eigentümer an den Kulturgütern, die diesen während der Zeit des nationalsozialistischen Regimes entzogen worden sind, werden folglich durch Art. 134 GG nicht berührt.

5. Auswirkungen der Washingtoner Erklärung auf das rechtliche Schicksal des Restbestands CCP

Die Eigentümer bzw. deren Nachfahren der gegenwärtig noch als Restbestand CCP aufbewahrten Kulturgüter können bis zum heutigen Tage nicht ermittelt werden. Bis in die jüngste Gegenwart werden allerdings immer wieder einzelne Kulturgüter aus dem Restbestand CCP zum Gegenstand von Herausgabeforderungen und Rückgaben.[407] In Umsetzung der Washingtoner Erklärung von 1998

---

405 *Mönch*, Bis die Herkunft des letzten Bildes geklärt ist, FAZ v. 5.11.2008; *König*, CCP, http://www.badv.bund.de/003_menue_links/e0_ov/d0_provenienz/CCP.html (aufgerufen am 15.3.2011).

406 *König*, Wiedergutmachung, http://www.badv.bund.de/003_menue_links/e0_ov/d0_provenienz/b1_aufsaetze/a0_wiedergutmachung.html (aufgerufen am 15.3.2011). Zur Übernahme des Reichsvermögens in das Bundesvermögen siehe Münch/Kunig/*Mager*, Art. 134 Rn. 2 f. Siehe auch RVG vom 16.5.1961, BGBl. I, 1961, 597, das in § 1 Abs. 1 bestimmt: „Eigentum und sonstige Vermögensrechte, die dem Deutschen Reich am oder nach dem 8. Mai 1945 zustanden, sind Vermögen des Bundes". Zum Vermögen gehört auch der Besitz an Sachen. Zum Verhältnis von Art. 134 Abs. 1 GG und § 1 Abs. 1 RVG siehe Münch/Kunig/*Mager*, Art. 134 Rn. 2 m.w.N.

407 Zum Gemälde „*Fiat Iustitia*" von Carl Spitzweg, das als Bestand aus den CCP in der Bonner Villa Hammerschmidt, dem Wohnsitz des Bundespräsidenten, hing und im Jahr 2007 an

und der Gemeinsamen Erklärung von 1999 erfolgte der Auftrag, den Bestand hinsichtlich seiner Provenienz einer erneuten Prüfung zu unterziehen.[408] Kulturgüter, die in der Zeit des Nationalsozialismus ihren Eigentümern entzogen wurden, sollen zurückgegeben werden.[409]

a) Dauerhafte weitere Aufbewahrung

Rechtliche Konzeptionen zur weiteren Aufbewahrung des Restbestandes CCP für den Fall, dass sich Eigentümer nicht ermitteln lassen, sind bislang nicht ersichtlich.

Nach den zwischen 1952 und 1963 durchgeführten Recherchen nach den Eigentümern der Kulturgüter sind die Eigentumsverhältnisse gegenwärtig wieder in den Fokus von Provenienzrecherchen gerückt. Die Entscheidung, erneut Untersuchungen zur Provenienz dieses Kulturgutbestandes anzustellen, geht maßgeblich auf die in der Washingtoner Erklärung von 1998 und in der Gemeinsamen Erklärung von 1999 zugesicherten Maßnahmen zur Durchsicht der im Besitz der öffentlichen Hand befindlichen Kulturgutbestände auf Objekte zweifelhafter Provenienz zurück. Aber auch diese auf internationaler und innerstaatlicher Ebene eingegangenen freiwilligen Verpflichtungen haben in Bezug auf das Schicksal der nachrichtenlosen Kulturgüter keine Klarheit gebracht. So hat die Bundesrepublik zwar im Jahr 1998 auf der Konferenz über Holocaust-Vermögen ihre Bereitschaft erklärt, auf der Basis der dort verabschiedeten Grundsätze, der so genannten Washingtoner Erklärung, und nach Maßgabe ihrer rechtlichen und tatsächlichen Möglichkeiten nach weiterem NS-verfolgungsbedingt entzogenen[410] Kulturgut zu suchen und gegebenenfalls weitere Schritte zu unter-

---

Erben zurückgegeben wurde *Mönch*, Frankfurter Allgemeine Zeitung v. 23.2.2007, Feuilleton, S. 34.

[408] *König*, in: Museen im Zwielicht, S. 149.

[409] Gleichwohl besteht zumindest in der öffentlichen Wahrnehmung Unklarheit darüber, welche rechtlichen Reglungen für Fragen der Herausgabe, eventueller Ausgleichszahlungen und vor allem in Fragen der Durchsetzbarkeit der Rückforderungen seitens der Eigentümer oder Erben maßgeblich sind. Es kann daher der Eindruck entstehen, dass jeweils von Fall zu Fall Entscheidungen getroffen werden, die mehr dem Geschick der beteiligten Parteien als der zwingenden Rechtsfolge juristischer Grundlagen geschuldet sind. Wie bereits eingangs erwähnt, soll die Bearbeitung der Rückgaben von Kulturgütern nicht Gegenstand dieser Arbeit sein, so dass diese Problematik hier nicht weiter vertieft werden kann. Siehe dazu eingehend und mit zahlreichen weiteren Nachweisen statt aller *Rudolph*, S. 57 ff. Zu den juristischen Rahmenbedingungen bei der Umsetzung der Rückgabeentscheidung *König*, Restitution, www.badv.bund.de/003_menue_links/e0_ov/d0_provenienz/b1_aufsaetze/c0_restitution.html sowie zu den Grundlagen der Rückerstattung *ders.*, Grundlagen, www.badv.bund.de/003_menue_links/e0_ov/d0_provenienz/b1_aufsaetze/b0_grundlagen.html (jeweils aufgerufen am 15.3.2011).

[410] Der Begriff des NS-verfolgungsbedingten Entzugs wird wie in § 1 Abs. 6 VermG verstanden und betrifft Vermögenseinbußen von Bürgern und Vereinigungen, die in der Zeit vom 30.1.1933 bis 8.5.1945 aus rassischen, politischen, religiösen oder weltanschaulichen Grün-

nehmen. Für Kulturgüter, deren Eigentümer (oder deren Erben) dauerhaft nicht festgestellt werden können, sieht die Washingtoner Erklärung in Punkt 9 vor, dass *„bei Kunstwerken, die nachweislich von den Nationalsozialisten beschlagnahmt und in der Folge nicht zurückgegeben wurden*" und deren Vorkriegseigentümer oder deren Erben nicht ausfindig gemacht werden können, *„rasch die nötigen Schritte unternommen werden, um eine gerechte und faire Lösung zu finden.*" Welche Schritte dies konkret beinhaltet, ist allerdings weiterhin offen geblieben. Auch die Gemeinsame Erklärung von 1998 sieht hierzu keine weiteren Vorgaben vor. 10 Jahre nach der Verabschiedung der Washingtoner Erklärung im Jahr 1998 ist der Bestand aus den CCP in einer öffentlich zugänglichen Datenbank verzeichnet und einsehbar gemacht worden.[411] Mit dieser Datenbank bietet sich seit Juni 2009 die Möglichkeit für eine weltweite Öffentlichkeit, und damit für mögliche Eigentümer der Kulturgüter, per Internet in den Beständen der CCP nach verschollenen Objekten zu suchen.[412]

b) Zivilrechtliche Herausgabeansprüche

Mit den genannten Erklärungen verpflichtete sich die Bundesrepublik ferner, den Bestand an Kulturgütern zweifelhafter Herkunft öffentlich zugänglich zu machen und bei der Feststellung eines verfolgungsbedingten Vermögensverlustes zwischen 1933 und 1945 eine faire und gerechte Lösung mit den ehemaligen Eigentümern oder deren Erben zu suchen. Es wurden tatsächlich aufgrund dieser Verpflichtungen bereits Werke an Erben der ehemaligen Eigentümer zurückgegeben.[413]

Eine Herausgabe an ursprüngliche Eigentümer wird mit Hinweis auf die Verpflichtung aus der Washingtoner Erklärung von 1998 durchgeführt und

---

den verfolgt wurden und deshalb ihr Vermögen infolge von Zwangsverkäufen, Enteignungen oder auf andere Weise verloren haben. Ein verfolgungsbedingter Vermögensverlust wird zugunsten des Berechtigten vermutet, vgl. § 1 Abs. 6 Satz 2 VermG. Ausführlich und mit weiteren Nachweisen zum verfolgungsbedingten Verlust siehe Fieberg/Reichenbach/Messerschmidt/Neuhaus/*Neuhaus*, § 1 Rn. 136 ff.

411 Die Datenbank ist einsehbar unter www.dhm.de/datenbank/ccp/ (aufgerufen am 25.2.2011).

412 Die Datenbank ist eine Kooperation zwischen dem Deutschen Historischen Museum, dem Bundesarchiv, dem Bundesministerium der Finanzen, dem Zuse-Institut Berlin, dem Zentrum für Informationsverarbeitung und Informationstechnik, Dienstsitz Berlin, sowie dem Bundesamt für zentrale Dienste und offene Vermögensfragen. Die Datenbank enthält 125.000 digitalisierte Karteikarten aus den CCP und dazugehörige Fotografien der Bestände. Dazu *König*, CCP, www.badv.bund.de/003_menue_links/e0_ov/d0_provenienz/CCP.html (aufgerufen am 15.3.2011).

413 *König*, Wiedergutmachung, http://www.badv.bund.de/003_menue_links/e0_ov/d0_provenienz/b1_aufsaetze/a0_wiedergutmachung.html (aufgerufen am 15.3.2011). Siehe zur Auswirkung der Washingtoner Erklärung als narrative Normen auf das geltende Recht *Jayme*, in: Museen im Zwielicht, S. 247 (251).

als faire und gerechte Lösung im Sinne der übernommenen Verpflichtung bewertet.[414]

Eine Auswirkung der Anwendung der Washingtoner Prinzipien wird allgemein darin gesehen, dass die Einrede der Verjährung dem Herausgabeanspruch der rechtmäßigen (ursprünglichen) Eigentümer oder deren Erben nicht entgegengesetzt wird und damit auch nach dem Ablauf von mehr als 30 Jahren seit dem Entzugstatbestand eine Rückgabe von Kulturgütern ermöglicht wird. Dabei stellt sich allerdings die Frage, ob die durch die Washingtoner Erklärung übernommenen unverbindlichen Verpflichtungen Deutschlands bei der Entscheidung, Kulturgüter an (häufig als „ehemalige“ bezeichnete) Eigentümer oder deren Erben zurückzugeben, überhaupt eine Rolle spielen.

Der Restbestand CCP wird treuhändisch für die unbekannten Eigentümer verwahrt. Es besteht mithin von vornherein positive Kenntnis der aufbewahrenden Behörde über die zweifelhafte Herkunft der aufbewahrten Kulturgüter und damit über die Tatsache, dass mit großer Wahrscheinlich kein wirksames Eigentum des Bundes an den Kulturgütern begründet worden ist. Die Untersuchung der zivilrechtlichen Situation nachrichtenloser Kulturgüter hat jedoch bereits ergeben, dass der Herausgabeanspruch der Eigentümer weiterhin durchsetzbar ist. Eine Verjährung des Herausgabeanspruchs steht der Herausgabe mangels eines Ablaufs der Verjährungsfrist nicht entgegen.[415]

Bei dem Bestand an nachrichtenlosen Kulturgütern, der treuhändisch als Restbestand CCP verwahrt wird und bei dem von vornherein eine Anschaffung zwischen 1933 und 1945 naheliegt und bei dem daher von einem verfolgungsbedingten Entzug auszugehen ist, kommt es in der Regel für die Frage der Rückgabe an die Eigentümer oder deren Erben auf die Washingtoner Erklärung und ihre Folgeverpflichtungserklärungen nicht an. Die Verjährungsfrist des Herausgabeanspruchs beginnt erst mit einer Aktualisierung des Herausgabeanspruchs seitens des Eigentümers zu laufen.[416] Bis dahin besteht lediglich ein „verhaltener“ Herausgabeanspruch, der jederzeit durch eine Herausgabeforderung des Eigentümers aktualisiert werden kann. Erst ab diesem Moment endet das Besitzrecht der aufbewahrenden Behörde und die Verjährungsfrist des Herausgabeanpruchs wird in Gang gesetzt.

---

414 *König*, Wiedergutmachung, http://www.badv.bund.de/003_menue_links/e0_ov/d0_provenienz/b1_aufsaetze/a0_wiedergutmachung.html (aufgerufen am 15.3.2011).

415 Siehe zur Verjährung der Vindikation bei der Aufbewahrung nachrichtenloser Kulturgüter eingehend 2. Kapitel, B. V. 3.

416 Siehe dazu bereits oben, 2. Kapitel B. V. b) und c).

II. Sonstige treuhändische Aufbewahrung von Kulturgütern

Für die weiteren genannten Fallgruppen nachrichtenloser Kulturgüter existieren keine besonders ausgestalteten Aufbewahrungsverhältnisse. Aus der Aufbewahrung für die unbekannten Eigentümer ergibt sich somit zwar ein treuhändischer Charakter der Aufbewahrung. Aus der Treuhänderschaft als solcher ergibt sich jedoch kein näherer Aufschluss über einen besonders ausgestalteten Inhalt des Aufbewahrungsverhältnisses. Allgemein gültige Erörterungen lassen sich daher für diese Aufbewahrungsverhältnisse nicht vornehmen.

Dies betrifft die in Museen als „Fremdbesitz" aufbewahrten nachrichtenlosen Kulturgüter,[417] die kriegsbedingt eingelagerten und nicht abgeholten Kulturgüter,[418] die als Kriegstrophäen geraubten und mittlerweile zurückgegebenen Kulturgüter[419] sowie die bei der Übersiedlung aus der DDR zurückgelassenen Kulturgüter.[420]

C. Veräußerung nachrichtenloser Kulturgüter als unanbringbare Sachen bei Behörden gem. § 983 BGB

Im folgenden Abschnitt der Untersuchung wird der Frage nachgegangen, ob die Veräußerung nachrichtenloser Kulturgüter als Alternative zu ihrer dauerhaften Verwahrung möglich ist. Fraglich ist, ob die allgemeine Vorschrift des § 983 BGB einen Weg bietet, nachrichtenlose Kulturgüter aus der Obhut der öffentlichen Hand zu veräußern. Die Vorschriften über die Sicherstellung verweisen an einigen, bereits aufgezeigten Stellen ausdrücklich auf § 983 BGB.[421] Zu prüfen ist daher, ob diese Veräußerungsmöglichkeit auf nachrichtenlose Kulturgüter angewendet werden kann. Untersucht wird ferner, ob die Norm darüber hinaus die Möglichkeit einer Veräußerung sonstiger Fallgruppen treuhändisch verwahrter nachrichtenloser Kulturgüter eröffnet.

I. Anwendungsbereich des § 983 BGB

Sind sichergestellte Sachen für Zwecke des Strafverfahrens entbehrlich, so sind sie an den Empfangsberechtigten herauszugeben (§ 111k StPO, Nr. 75 Abs. 1 RiStBV). Dies gilt mangels speziellerer Regelungen also auch für beschlag-

---

417 Im 1. Kapitel als 3. Fallgruppe behandelt, siehe dort unter C. 3.

418 Im 1. Kapitel als 5. Fallgruppe behandelt, siehe dort unter C. 5.

419 Im 1. Kapitel als 4. Fallgruppe behandelt, siehe dort unter C. 4.

420 Im 1. Kapitel als 6. Fallgruppe behandelt, siehe dort unter C. 6.

421 Vgl. oben, A. III. 4.

nahmte oder sichergestellte Kulturgüter. Entbehrlich ist eine sichergestellte oder beschlagnahmte Sache dann, wenn sie weder als Beweismittel benötigt wird noch dem Verfall oder der Einziehung gem. §§ 73, 74 StGB unterliegt. Diese Voraussetzung ist in der Regel nach dem rechtskräftigen Abschluss eines Strafverfahrens gegeben. Ist die empfangsberechtigte Person oder ihr Aufenthalt nicht bekannt, kann eine Herausgabe nicht erfolgen. Diese und weitere Situationen können dazu führen, dass in öffentlichen Behörden aufbewahrte Sachen, mithin auch Kulturgüter, einem Eigentümer oder sonst Berechtigten nicht mehr zugeordnet werden können. Erfüllt dies die Voraussetzungen des § 983 BGB, bestünde hierdurch die besonders geregelte Möglichkeit einer öffentlichen Versteigerung. Von dem in § 983 BGB eröffneten „Entschließungsermessen" der Behörde – die Regelung sieht vor, dass eine Veräußerung im Wege einer Versteigerung erfolgen „kann" – ist auch im Fall eines Verweises durch die Sicherstellungsvoraussetzungen Gebrauch zu machen. Dies folgt bereits aus dem weitreichenden Eingriff, den die Veräußerung dem unbekannten Eigentümer gegenüber bedeutet, der sein Eigentum einbüßt. Selbst bei der Anwendung des § 983 BGB aufgrund einer Verweisung in den Sicherstellungsvorschriften ist folglich im Einzelfall zu prüfen, ob eine Verwertung unter den gegebenen Umständen in Betracht kommt. Im Folgenden wird gezeigt werden, dass das Ermessen der zuständigen öffentlichen Behörde bei der Entscheidung eines Vorgehens nach § 983 BGB im Fall der Versteigerungsveräußerung von Kulturgütern stark eingeschränkt ist. Eine ermessensfehlerfreie Entscheidung zur Veräußerung nachrichtenloser Kulturgüter im Wege einer Versteigerung gem. §§ 983, 979 ff. BGB kann nur in Ausnahmefällen möglich sein und erfordert nach einer Bewertung der rechtspolitischen Rahmenbedingungen im Einzelfall eine Abstimmung mit hierzu autorisierten Experten und deren befürwortende Stellungnahme.

II. Regelungsgegenstand und Zweck der Norm

Gemäß § 983 BGB finden die §§ 979 ff. BGB über die öffentliche Versteigerung Anwendung, wenn eine öffentliche Behörde im Besitz einer Sache ist, die sie zwar herauszugeben verpflichtet ist, ein Empfangsberechtigter oder dessen Aufenthalt aber unbekannt ist. Erreicht werden soll mit Hilfe des § 983 BGB die Entlastung öffentlicher Behörden durch die Bereinigung unaufklärbarer behördlicher Verwahrungsverhältnisse.[422] § 983 BGB erweitert die Vorschriften über die Versteigerung für Fundsachen (§§ 979 ff. BGB). Die Vorschriften über die Behandlung der in den Geschäftsräumen einer öffentlichen Behörde *gefundenen* Sachen werden ergänzt um eine Vorschrift über weitere Sachen, die sich im Besitz einer öffentlichen Behörde befinden.

---

422 Soergel/*Henssler*, § 983 Rn. 1.

„Unanbringbar" im Sinne des § 983 BGB ist eine Sache, die in den Besitz einer öffentlichen Behörde gelangt ist, ohne dass der Besitz auf Vertrag beruht[423] und ohne dass die betreffende Sache Gegenstand eines Fundes nach § 978 BGB (sog. Verkehrsfund) ist und deren Empfangsberechtigter nicht bekannt ist.[424]

Eine Verwertung nach den §§ 983, 979 ff. BGB soll unter anderem für Sachen in Betracht kommen, die als Überführungsstücke bei Gericht zurück bleiben,[425] Sachen, die der Polizei von Unbekannten zugeschickt worden sind,[426] sowie beschlagnahmte Diebesbeute, deren Eigentümer nicht zu ermitteln ist.[427] Insbesondere der letzte Beispielsfall erfasst bereits ausdrücklich die Situation eines Teils der hier untersuchten Fallgruppen nachrichtenloser Kulturgüter.[428]

Liegen die Voraussetzungen des § 983 BGB vor, ist die Behörde also gesetzlich befugt, die Sache nach §§ 979, 980, 982 BGB öffentlich versteigern zu lassen. Nach Maßgabe der §§ 981, 982 BGB, mithin in Abhängigkeit davon, ob es sich um eine Bundes-, Landes- oder Gemeindebehörde handelt, steht dem Bundes- oder Landesfiskus oder der betreffenden Gemeinde der Erlös aus der Versteigerung zu.[429] Ist der öffentlichen Behörde der Empfangsberechtigte und dessen Aufenthalt bekannt, ist sie auf die Vorschriften über die Hinterlegung gem. §§ 372 ff. BGB beschränkt, eine Verwertung der Sachen gem. § 983 BGB kommt dann nicht zur Anwendung.[430] § 983 BGB ermächtigt Behörden zu einem bestimmten Tätigwerden, so dass der Norm trotz Verortung im BGB ein öffentlich-rechtlicher Charakter zukommt.[431]

---

423 Beruht hingegen der Besitz der Behörde auf einem Vertrag, so kommen neben dem jeweiligen Vertragsinhalt gegebenenfalls Sondervorschriften zur Anwendung, wie beispielsweise die Hinterlegungsordnung (§§ 19 ff. HintO), Soergel/*Henssler*, § 983 Rn. 2.

424 *Löffler*, NJW 1991, 1705.

425 Motive zum BGB, Bd. 3, S. 389.

426 Staudinger/*Gursky*, § 983 BGB Rn. 1.

427 BayObLG, Beschl. v. 16.12.1902, Beschw.-Begr. Nr. 788/02, SeuffBl. 68 (1903), 126; OLG Celle, Beschl. v. 21.12.2001, 2 Ws 282/01, 2 Ws 7/02, n.v.; *Lesser*, SeuffBl 76 (1911), 791; Staudinger/*Gursky*, § 983 BGB Rn. 1.

428 Siehe zu den Fallgruppen im Einzelnen oben, 1. Kapitel C. Die hier erwähnte Fallgruppe betrifft die unter VII. dargestellten Kulturgüter, die als Diebesgut unbekannter Herkunft verwahrt werden.

429 Staudinger/*Gursky*, § 983 BGB Rn. 2. Privatpersonen oder private Anstalten sind vom Regelungsbereich des § 983 BGB nicht umfasst, vielmehr stehen diesen lediglich die durch §§ 372 ff. BGB gewährten Rechte zu. Siehe dazu Motive zum BGB, Bd. 3, S. 390, Soergel/*Henssler*, § 983 Rn. 2.

430 Staudinger/*Gursky*, § 983 BGB Rn. 2.

431 Die Weitergeltung der Norm im Bereich landesrechtlicher Gesetzgebungszuständigkeit kann in dem Fall, dass das Landesrecht eigene Regelungen enthält, Probleme aufwerfen. Soergel/*Henssler*, § 983 Fn. 7.

III. Die Voraussetzungen des § 983 BGB im Einzelnen

Die Voraussetzungen des § 983 BGB im Einzelnen sind:

(1.) Besitz an einer Sache, (2.) einer öffentlichen Behörde, (3.) der Besitz an der Sache beruht nicht auf Vertrag, (4.) die betreffende Sache ist nicht Gegenstand eines Fundes nach § 978 BGB und (5.) der Empfangsberechtigte ist nicht bekannt. Befinden sich nachrichtenlose Kulturgüter in der Obhut der öffentlichen Hand, so liegen diese Voraussetzungen in der Regel vor.

1. Kulturgüter als Sache i. S. d. § 983 BGB

Der Wortlaut der Vorschrift differenziert nicht nach Art der Gegenstände, sondern spricht nur generell von Sachen, so dass auch Kulturgüter als bewegliche körperliche Gegenstände (§ 90 BGB) grundsätzlich vom Anwendungsbereich des § 983 BGB umfasst sind.

2. Kulturgutaufbewahrende Institutionen als „öffentliche Behörde" i. S. d. § 983 BGB

Der Begriff der öffentlichen Behörde soll im Interesse einer sachgerecht einfachen Handhabung bei allen öffentlichen Trägern weit ausgelegt werden.[432] Erfasst werden hiervon Organe der unmittelbaren Staatsverwaltung einschließlich der Polizei, Staatsanwaltschaft sowie Gerichte aller Gerichtsbarkeiten.[433] Dies umfasst Kulturgüter, die als Diebesbeute sichergestellt worden sind und sich aufgrund dessen im Besitz der im Einzelfall zuständigen Behörde befinden, sowie die in Asservatenkammern eingelagerten Objekte.[434]

Ferner gelten Anstalten, Körperschaften sowie Stiftungen des öffentlichen Rechts und staatliche Sondervermögen als öffentliche Behörden, soweit sie öffentlich-rechtlich betrieben werden.[435] Anstalten sind unter anderem auch die im vorliegenden Fall besonders relevanten Einrichtungen wie Museen, Sammlungen, Ausstellungen sowie Bibliotheken.[436] Zu den Räumen der Behörden gehören auch deren Zugänge und Nebenräume, wobei es nicht darauf ankommt, ob diese öffentlich zugänglich sind oder nicht.[437] Umfasst sein können hiervon folglich auch Archive, Depots oder sonstige Lagerräume der genannten Einrichtungen. Nicht erfasst von der Anwendung des § 983 BGB sind privat betriebene Museen und Sammlungen.

---

[432] *Oechsler*, in: MüKo-BGB, § 978 Rn. 3.

[433] *Oechsler*, in: MüKo-BGB, § 978 Rn. 3.

[434] Siehe dazu oben, A. II.

[435] *Oechsler*, in: MüKo-BGB, § 978 Rn. 3.

[436] Staudinger/*Gursky* § 978 Rn. 2.

[437] *Oechsler*, in: MüKo-BGB, § 978 Rn. 5.

3. Besitz an Kulturgütern, der nicht durch Vertrag begründet wurde

Erforderlich ist ferner im Rahmen der Anwendung des § 983 BGB, dass der aufbewahrenden Behörde kein vertragliches Besitzrecht an der unanbringbaren Sache eingeräumt worden ist. Liegt der Überlassung an die Behörde ein Vertrag zugrunde, gelten neben dem jeweiligen Vertragsinhalt gegebenenfalls Sondervorschriften wie z. B. die Hinterlegungsordnung (HintO).[438] Ausgeschlossen ist die Anwendung des § 983 BGB folglich auf Kulturgüter, deren Überlassung an eine Behörde auf der Vereinbarung einer Leihe (§§ 598 ff. BGB), einer privatrechtlichen Verwahrung (§§ 688 ff. BGB) oder eines sonstigen Vertragsverhältnisses beruht, es sei denn, dass die vertragliche Vereinbarung keine Rückschlüsse mehr auf einen Eigentümer oder sonst Berechtigten zulässt.[439]

4. Kulturgut nicht Gegenstand eines Fundes

§ 983 BGB ist nicht anwendbar auf sog. Verkehrsfunde gem. § 978 BGB.

Nachrichtenlose Kulturgüter gelangen, wie durch die beispielhaft aufgeführten Fallgruppen dargelegt, nicht dadurch in die Obhut der öffentlichen Hand, dass die Eigentümer die Kulturgüter innerhalb der Behörde verlieren und deswegen dort zurücklassen, so dass es sich nicht um Verkehrsfunde handelt und die Anwendung des § 983 BGB nicht dadurch ausgeschlossen wird.[440]

5. Empfangsberechtigter i. S. d. § 983 BGB für Kulturgüter nicht bekannt

Die Person des Empfangsberechtigten, mithin derjenige, dem ein Herausgabeanspruch zusteht, oder der Aufenthaltsort dieses Berechtigten darf im Fall eines Verfahrens nach § 983 BGB nicht bekannt sein. Entscheidend ist somit für die Anwendung des § 983 BGB nicht – wie bei einem Verfall nach § 73 StGB[441] – die rechtliche Existenz eines Herausgabeanspruchs, sondern die „Erreichbarkeit" eines Empfangsberechtigten.[442] § 983 BGB lässt mithin bereits dann eine Verwertung unanbringbarer Sachen zu, wenn der Empfangsberechtigte selbst zwar bekannt, sein Aufenthalt jedoch unbekannt ist. Damit trifft die von § 983 BGB vorgesehene Fallkonstellation die Situation nachrichtenloser Kulturgüter, die sich im Eigentum eines nicht feststellbaren Eigentümers, aber im Gewahrsam

---

[438] Insbesondere §§ 19 ff. HintO, Soergel/*Henssler*, § 983 Rn. 2.

[439] Soergel/*Henssler*, § 983 Rn. 1.

[440] Regelungsanliegen des § 978 BGB ist unter anderem das höhere Aufkommen an zurückgelassenen Sachen in öffentlichen Räumlichkeiten mit erhöhtem Publikumsverkehr, *Oechsler*, in: MüKo-BGB, § 978 Rn. 1, Soergel/*Henssler*, § 978 Rn. 1.

[441] Zum Verfall nachrichtenloser Kulturgüter gem. § 73 StGB siehe oben, A. III. 2. a).

[442] Siehe dazu bereits oben (im Rahmen der Behandlung des Verfalls gem. § 73 StGB).

öffentlicher Einrichtungen befinden. Offengelassen wird in § 983 BGB, welche Bemühungen zur Feststellung des Empfangsberechtigten oder seines Aufenthaltsortes den Schluss auf eine Unanbringbarkeit zulassen. Einen Anhaltspunkt bietet hierfür lediglich § 980 BGB, der aufgrund der Verweisung in § 983 BGB a.E. entsprechend zur Anwendung gelangt. Danach ist eine Versteigerung erst zulässig, nachdem die Empfangsberechtigten in einer öffentlichen Bekanntmachung zur Anmeldung ihrer Rechte unter Bestimmung einer Frist aufgefordert worden sind und die Frist ohne eine Anmeldung von Rechten verstrichen ist (§ 980 Abs. 1 BGB).

Nicht näher ausgeführt wird in § 983 BGB, wer als zum Empfang berechtigt anzusehen ist. In der Literatur wird hierzu ausgeführt, dass als empfangsberechtigt i. S. d. § 983 BGB neben dem Eigentümer einer Sache derjenige angesehen werden muss, der dem Eigentümer rechtsgeschäftlich zur Rückgabe verpflichtet ist, mithin derjenige, der dem Eigentümer gem. § 868 BGB berechtigterweise den Besitz mittelt.[443] Als Rechtsnachfolger ist darüber hinaus auch der Erbe des Eigentümers empfangsberechtigt.

a) Keine Herausgabe nachrichtenloser Kulturgüter an unberechtigte Vorbesitzer

Hat der letzte Gewahrsamsinhaber eines sichergestellten Kulturguts den Besitz hieran unrechtmäßig erlangt, beispielsweise durch Diebstahl oder illegale Raubgrabung, ist der Eigentümer oder ein sonst zum Besitz Berechtigter jedoch nicht feststellbar, ist fraglich, ob und an wen eine Herausgabe erfolgen kann, wer also als empfangsberechtigt i. S. d. § 983 BGB gelten kann.

Es ist bereits dargelegt worden, dass grundsätzlich die Herausgabe sichergestellter Sachen an den letzten Gewahrsamsinhaber – in der Regel also den Beschuldigten – erfolgt, es sei denn, der Staat würde sich hierdurch an der Aufrechterhaltung eines rechtswidrigen Zustands beteiligen. Dies ist der Fall, wenn eine Sache an denjenigen herausgegeben werden würde, der das Recht verletzt hat. Wie ferner bereits darggestellt worden ist, steht dem unrechtmäßigen letzten Gewahrsamsinhaber ein Rückgabeanspruch nicht zu.[444]

Nr. 75 Abs. 4 RiStBV verweist daher grundsätzlich zu Recht auf die §§ 983, 979 ff. BGB, wonach eine sichergestellte Sache zugunsten der Staatskasse ver-

[443] *Lesser*, SeuffBl 76 (1911), 791. Grundsätzlich kann auch ein Zurückbehaltungsrecht aus §§ 320 bzw. 1000 BGB ein Recht als Empfangsberechtiger i. S. d. § 983 BGB begründen. In der hier vorliegenden Konstellation sind die Zurückbehaltungsrechte gegen den Dieb bzw. den nicht zu ermittelnden Eigentümer aufgrund der Sicherstellung allerdings tatsächlich gegenstandslos.

[444] Siehe oben A. III. 4.

steigert werden kann, wenn „zweifelsfrei“ feststeht, dass die unrechtmäßig in die Hand des letzten Gewahrsamsinhabers gelangt ist und der Verletzte sich nicht ermitteln lässt.

b) Weitere Empfangsberechtigte

Fraglich ist, ob dennoch neben dem Eigentümer oder dessen Erben weitere Personen als empfangsberechtigt i. S. d. § 983 BGB angesehen werden können.

Soweit dritte Personen an der unanbringbaren Sache Rechte erworben haben (z. B. ein Pfandrecht), setzt sich das Recht am Versteigerungserlös fort (§ 979 Abs. 2 BGB).[445] So ist auch ein Unternehmer, der im guten Glauben an das Eigentumsrecht eines Diebes Reparaturen an einem gestohlenen Kulturgut ausführt, am Versteigerungserlös zu beteiligen, wenn das Kulturgut nach Durchführung der Reparaturen beim Unternehmer beschlagnahmt wird, bevor der Dieb die Reparaturen bezahlt hat. Der gutgläubige Unternehmer ist dabei gem. § 1003 BGB analog unmittelbar durch den Fiskus aus dem Erlös zu befriedigen, soweit sich der Eigentümer innerhalb der in § 981 Abs. 1 BGB vorgeschriebenen drei Jahre seit der Versteigerung meldet.[446] Meldet sich der Eigentümer innerhalb der dreijährigen Aufbewahrungsfrist nicht und würde der Versteigerungserlös daher an den Fiskus fallen (§ 981 Abs. 1 BGB), ist der Fiskus wie der Eigentümer zu behandeln, so dass der Unternehmer gem. §§ 996, 1001 BGB analog Anspruch auf Befriedigung aus dem Erlös hat.[447]

IV. Anwendung des § 983 BGB auf nachrichtenlose Kulturgüter

Die Anwendung des § 983 BGB auf nachrichtenlose Kulturgüter entspricht dem Wortlaut und auf den ersten Blick auch dem Zweck der Norm: Eine Veräußerung der nachrichtenlosen Kulturgüter würde die Behörden von ihrer Pflicht zur Aufbewahrung der Kulturgüter befreien, bei denen die Feststellung eines Eigentümers unwahrscheinlich erscheint. Der Bereinigung der öffentlichen Behörden und ihrer Entlastung von einer Aufbewahrungspflicht wäre damit gedient.

---

445 OLG Celle, Beschl. v. 21.12.2001, 2 Ws 282/01, 2 Ws 7/02, n.v., Rn. 8.

446 *Lesser*, SeuffBl 76 (1911), 791 f.

447 Der Fiskus erwirbt das Eigentum am Versteigerungserlös nicht rechtsgrundlos i. S. d. § 812 BGB, denn der Rechtsgrund wird gerade durch § 983 BGB geschaffen. Rechtsgrundlosigkeit liegt auch nicht insoweit vor, als der Versteigerungserlös sich durch die vorherige Reparatur erhöht hat. Erfolgt die Beschlagnahme vor der Reparatur, hat der Unternehmer zwar einen Anspruch aus § 326 Abs. 2 S. 1 Alt. 1 BGB, allerdings muss er sich die ausgebliebene Reparaturleistung anrechnen lassen, § 326 Abs. 2 S. 2. Vgl. – allerdings zur alten Rechtslage – *Lesser*, SeuffBl 76 (1911), 791 (792).

Überprüft werden soll im Folgenden allerdings, ob in rechtspolitischer Hinsicht der Gebrauch von der durch § 983 BGB eröffneten Veräußerungsmöglichkeit nachrichtenloser Kulturgüter wünschenswert ist.

Hierfür ist § 983 BGB im Regelungszusammenhang der für den Kulturgüterverkehr maßgeblichen Vorschriften zu betrachten.

I. Stellung des § 983 BGB im Kontext sachenrechtlicher Vorschriften

§ 983 BGB ermöglicht als lex specialis einen Eigentumserwerb an abhanden gekommen Sachen ohne das Erfordernis der Gutgläubigkeit des Erwerbers.

Der sich hieraus ergebende Widerspruch zu den allgemein geltenden Voraussetzungen der §§ 929 ff., 932 ff., 935 BGB wird aufgrund der speziellen Regelungen im Ausnahmefall ermöglicht. Dieser durch § 983 BGB erreichten Durchbrechung der grundsätzlichen Konzeption des deutschen Zivilrechts, nach welcher die Übertragung des Eigentums an gestohlenen, verloren gegangenen oder sonst abhanden gekommenen Sachen gem. § 953 Abs. 1 BGB ausgeschlossen ist, liegt eine Abwägung widerstreitender Interessen zugrunde.

In Ansatz gebracht werden dabei praktische Gesichtspunkte des Interesses an der Möglichkeit einer Bereinigung öffentlicher Behörden von Sachen, die nicht an ihre Eigentümer zurück gegeben werden können, gegen den im deutschen Zivilrecht herrschenden Regelfall, nach welchem die Möglichkeit eines Eigentumserwerbs selbst gutgläubiger Dritter an abhanden gekommenen Gegenständen ausgeschlossen sein soll. In § 935 Abs. 2 BGB ist die Möglichkeit der öffentlichen Versteigerung der nach § 935 Abs. 1 BGB abhanden gekommenen Sachen zwar bereits vorgesehen. Im Unterschied zu der allgemeinen Regelung über den Erwerb des Eigentums an abhanden gekommenen Sachen, die eine Gutgläubigkeit des Erbwerbers voraussetzt, ist im Rahmen der Versteigerung unanbringbarer Sachen gem. §§ 983, 979, 980, 982 BGB keine Gutgläubigkeit des Erwerbers in Bezug auf das Eigentum des Veräußerers erforderlich.

Trotz der Wertung des Gesetzgebers, in den von § 983 BGB vorgegebenen Ausnahmetatbeständen eine Abweichung von den beschriebenen Grundsätzen des Zivilrechts zuzulassen, ist der Gebrauch der Veräußerungsmöglichkeit im Einzelfall in das Ermessen der Behörde gestellt (§ 983 BGB i. V. m. § 979 Abs. 1 Satz 1 BGB („kann")).

Für Sachen, deren Wert mit Ablauf der Zeit abnimmt oder verfällt, sowie für vertretbare Sachen kann die Regelung durchaus als angemessene Abwägung zwischen praktischen Erwägungen nach einer Bereinigung öffentlicher Behörden und den Interessen der nicht feststellbaren Eigentümer gelten. Dem Grundsatz der Verhältnismäßigkeit wird durch das Erfordernis einer öffentlichen Bekanntmachung vor Versteigerung (§ 980 BGB) sowie der befristeten Weitergeltung von Rechten des Eigentümers aus dem Erlös aus der Versteigerung (§ 981 BGB) Rechnung getragen.

2. Rechtspolitische Betrachtung zur Anwendung des § 983 BGB auf nachrichtenlose Kulturgüter

Eine Anwendung des § 983 BGB auf die Veräußerung von Kulturgütern erscheint problematisch. Gründe hierfür sind zum einen die Bemühungen zur Bereinigung des Kunstmarktes von gestohlenen Kulturgütern und Kulturgütern ungeklärter Provenienz. Zum anderen sprechen ethische Gesichtspunkte gegen den Gebrauch der Veräußerungsmöglichkeit des § 983 BGB. Dies betrifft vor allem den so genannten Restbestand CCP.

Seit vielen Jahren werden intensive Bemühungen unternommen den Kunstmarkt von gestohlenen und Kulturgütern zweifelhafter Provenienz zu bereinigen. Die Einrichtung von Datenbanken und Verzeichnissen über abhanden gekommene Kulturgüter – wie beispielsweise Lostart oder der des Artloss Register[448] – sowie die Ausweitung internationaler Zusammenarbeit auf polizeilicher Ebene erfolgt in dem Bestreben, dieses Ziel nachhaltig, also auch auf der Ebene internationaler Veräußerungsgeschäfte zu verwirklichen.[449] Diese grenzüberschreitenden Bemühungen haben das Ziel, unabhängig von der unterschiedlichen Ausgestaltung des jeweiligen zivilrechtlichen Erwerbstatbestands im jeweiligen Land, den Handel mit gestohlenen Kulturgütern zu verhindern.[450] Diese Bemühungen dürfen nicht durch die Anwendung des § 983 BGB unterlaufen werden. Gem. §§ 983 i. V .m. 979 Abs. 1 Satz 1 BGB steht es im Ermessen der Behörde, eine Veräußerung im Einzelfall vorzunehmen. Für die hier untersuchten nachrichtenlosen Kulturgüter kann das Ermessen dahingehend eingeschränkt sein, dass eine Veräußerung nicht durchgeführt werden kann. Stehen Kulturgüter in Frage, denen ein besonderer Wert innewohnt – sei es ein besonderer Erinnerungswert oder ein besonderer historischer, künstlerischer oder ästhetischer Wert –, so kommt eine Versteigerung nach § 983, 979 ff. BGB als adäquate Vorgehensweise nicht in Betracht. Das Interesse des Eigentümers an der Wahrung seiner dinglichen Rechtsposition an einzigartigen und unvertretbaren Kulturgütern überwiegt bereits das Interesse der Verwaltung an der Bereinigung unaufklärbarer behördlicher Aufbewahrungsverhältnisse.

---

[448] Zu finden unter www.lostart.de sowie www.artloss.com.

[449] Spezialermittler des FBI, Euro-, Interpol und den jeweiligen Kriminalbehörden (z. B. dem Bundeskriminalamt, den italienischen Carabinieri) agieren in enger Zusammenarbeit mit den Kunstdatenbanken. Schätzungen zufolge ist Kunstkriminalität gegenwärtig mit einem jährlich verursachten Schaden von sechs bis acht Mrd. US-Dollar weltweit einer der größten Kriminalitätsbereiche nach Geldwäsche, Drogen- und Menschenhandel. Dabei beträgt die Aufklärungsquote nur etwa 20 Prozent. Vgl. Pressemitteilung des Bundesverbandes der öffentlich bestellten und vereidigten sowie qualifizierten Sachverständigen e.V. vom 1.12.2009.

[450] Siehe ein eingehend zum Ausschluss eines gutgläubigen Erwerbs für in einem öffentlichen Verlustregister verzeichnete („weltweit bekannte“) Kulturgüter *Schmeinck*, S. 150 ff.

Gestärkt wird das Interesse des einzelnen (nicht feststellbaren) Eigentümers durch das öffentliche Interesse, die genannten Kulturgüter als Zeugnisse historischer Verantwortung nicht durch die „Hintertür" des § 983 BGB dem Kunstmarkt zuzuführen. Speziell im Bezug auf Kulturgüter, die ihren Eigentümern aufgrund von Verfolgung oder auf der Flucht abhanden gekommen sind, kann es darüber hinaus nicht als angemessen anzusehen sein, wenn der Veräußerungserlös, wie in §§ 979 Abs. 2, 981 BGB vorgesehen, dem deutschen Fiskus zufällt. Schließlich dürfen die Bemühungen um eine Bereinigung des Kunstmarktes von Kulturgütern zweifelhafter Provenienz und die Etablierung strenger Sorgfaltsstandards bei der Veräußerung von Kulturgütern nicht durch eine pauschale Anwendung des § 983 BGB gefährden werden.[451] Sinn und Zweck des § 983 BGB kann es nicht sein, den Staat über die allgemein geltenden Sorgfaltsanforderungen hinweg zu setzen und ihm die Möglichkeit einzuräumen, Kulturgüter generell – trotz zweifelhafter Provenienzen – wirksam an private Erwerber zu veräußern. Dem Staat darf durch die Möglichkeit der Veräußerung nach § 983 BGB kein „Recht zur Hehlerei" geschaffen werden.

3. Zwischenergebnis zur Anwendung des § 983 BGB auf nachrichtenlose Kulturgüter

Es ist nicht angebracht, § 983 BGB auf Sachverhalte anzuwenden, die Anwendungsfälle verursachen, die der sonstigen Rechtspraxis in grundlegender Weise widersprechen. § 983 BGB darf daher nicht dazu benutzt werden, entgegen den etablierten Grundprinzipien des Kunsthandels Eigentum an Kulturgütern zu übertragen, obwohl im Einzelfall rechtspolitische und ethische Gründe entgegenstehen.[452] Eine sachgerechte Betätigung des Ermessens der zuständigen Behörde muss daher in der Regel zu dem Ergebnis gelangen, dass von einer Veräußerung gem. §§ 983, 979 ff. BGB abzusehen ist, soweit es sich um nachrichtenlose Kulturgüter handelt. Eine Ausnahme hiervon kann allenfalls in Ausnahmefällen in Betracht zu ziehen sein. Dies kann unter dem Aspekt der so genannten „Deregulierung" des Kulturverwaltungsrechts denkbar sein.

---

[451] Siehe hierzu auch unten, 5. Kapitel B. I. 1. a). Zu Sorgfaltsstandards im Kunsthandel *Müller-Katzenburg*, Internationale Standards, S. 196 ff., 316 ff. Ein Beispiel für Veräußerungen sichergestellter Kulturgüter sind antike Münzen, die verwertet und für das Museum August Kestner in Hannover erworben worden sind, hierzu *Vogt*, Numismatisches Nachrichtenblatt 2010, 147 f.

[452] Bedeutung für eine administrative Ermessensausübung der deutschen Verwaltung können auch Empfehlungen (Beschlüsse, Resolutionen) internationaler Organisationen haben. Münch/Kunig/*Rojahn*, Art. 25 Rn. 12. Siehe zur Bedeutung der UNESCO Konvention auf innerstaatliche Verwaltungsentscheidungen unten, 5. Kapitel E. VI. 1.

V. Veräußerung nachrichtenloser Kulturgüter unter dem Aspekt der so genannten „Deregulierung"

Vereinzelt sind Forderungen nach einer so genannten „Deregulierung" des Kulturverwaltungsrechts und des Kunsthandels, insbesondere als Mittel zur Eindämmung illegaler Raubgrabungen, formuliert worden.[453]

Diesen Forderungen wird die Annahme zugrunde gelegt, dass eine geordnete und legale Veräußerung auf dem freien (Kunst-)Markt von aus illegalen Raubgrabungen stammenden archäologischen Objekten den wünschenswerten Effekt haben würde, dem illegalen Kunsthandel massiven Schaden zuzufügen. Da auf diese Weise Raubgräbern der Absatzmarkt genommen wird, würde der Antrieb zu illegalen Raubgrabungen generell versiegen. Eine Deregulierung hinsichtlich solcher archäologischer Objekte, die für die Wissenschaft nur von geringer Bedeutung sind, würde dazu beitragen können, Kunstraub, Diebstahl sowie Schmuggel von Kulturgut wirkungsvoll einzudämmen. Freilich handelt es sich hierbei um unbelegte Vermutungen. Gesicherte Erkenntnisse darüber, ob eine Schmälerung des Absatzmarktes für illegal zutage geförderte Kulturgüter tatsächlich in dieser Form verwirklicht werden wird, existieren nicht.

Darüber hinaus liegen die Schwierigkeiten der Umsetzung einer derartigen Deregulierung auf der Hand. Problematisch ist einerseits die Bestimmung darüber, welches die Gegenstände „geringer Bedeutung" sein sollen. Anhand welcher Kriterien eine Bestimmung der „geringen Bedeutung" erfolgen soll und wer diese Bestimmung im konkreten Einzelfall vornehmen soll, ist bislang nicht konkretisiert worden.[454] Entscheidend sei, dass es hierfür nicht auf den Wert des archäologischen Objektes auf dem Markt ankommen darf, sondern darauf, wie sein Aussagewert für die Archäologie zu bewerten ist.[455] Fraglich ist darüber hinaus, wem der Erlös aus den Veräußerungen zustehen soll und wofür dieser Erlös verwendet werden kann.

Bei aller Skepsis ist nicht von der Hand zu weisen, dass eine derartige Deregulierung zu einer Verringerung der Nachfrage nach archäologischen Objekten führen kann und durch diese Maßnahme der Absatzmarkt für geraubte Objekte geschmälert wird.[456] Dies hätte eine Entkriminalisierung eines Teils des Kunstmarktes zur Folge. Schließlich bietet die Möglichkeit, archäologische Objekte

---

[453] *Siehr*, in: Illegale Archäologie?, S. 74 (94); *ders.*, in: Bewahren als Problem, 107 (111).

[454] Als problematisch wird daher auch die Bezeichnung „archäologisches Kleingut" in einer Rechtsvorschrift bezeichnet, wie sie in Art. 2 Satz 2 der Verordnung (EWG) Nr. 391/92 des Rates vom 9.12.1992 über die Ausfuhr von Kulturgütern, Abl. L 395, 1. v. 31.12.1992 i. d. F. v. 16.7.1998, ABl. L 201, 47 v. 17.7.1998 enthalten ist. Dazu *Fechner*, in: FS Mußgenug (2005), S. 485 (490); zur Bagatellklausel der VO *Berndt*, S. 152 sowie *Hipp*, S. 276.

[455] *Mußgenug*, Kulturgüter-Schutz, 11 (15) Anm. 7.

[456] So auch *Siehr*, in: Illegale Archäologie?, S. 74 (94).

legal zu erwerben, eine attraktivere Anschaffungsmethode als der Erwerb von Kulturgut auf illegalem Weg. Bietet eine legale Anschaffungsmöglichkeit einerseits die Sicherheit, keiner strafrechtlichen Verfolgung ausgesetzt zu sein, bieten andererseits auch zivilrechtliche Beweggründe einen starken Anreiz, statt auf illegalem auf legalem Wege archäologische Objekte zu erwerben. Schließlich erhöht der Nachweis über eine legale Erwerbung nicht nur den Weiterveräußerungswert eines Kulturguts, sondern bietet auch eine Garantie vor eventuellen Rückgabeverlangen früherer Eigentümer. So weit jedoch weisen die Argumente nicht über diejenigen Erwägungen hinaus, die in jedem Fall einen legalen Erwerb vor einen illegalen Erwerb von Kulturgut stellen. Die Veräußerung archäologischer Objekte unbekannter Herkunft, denen keine besondere wissenschaftliche Bedeutung innewohnt, würde zu einer spürbaren Entlastung der Depots führen, in denen die Objekte bislang aufbewahrt werden. Sind die Objekte einer wissenschaftlichen Verwertung nicht zugänglich, führt – mangels einer anderen Verwendungsmöglichkeit – eine Aufbewahrung der Kulturgüter letztlich nur dazu, den Zeitpunkt für die Entsorgung der Objekte hinauszuschieben. Geringes Gewicht wird in diesen Fällen auch das grundsätzlich gewichtige Interesse Deutschlands an einer Rückgabe von Kulturgut an ausländische Staaten zuzumessen sein. Der Grund hierfür ist, dass sich die Deregulierung grundsätzlich nur auf Gegenstände beziehen wird, die auch im – in diesem Fall jedoch nicht feststellbaren – Herkunftsland lediglich von untergeordnetem Interesse sind.

Soweit Raubgräber selbst nicht von der Veräußerung profitieren und der Absatzmarkt für illegal gehandelte Kulturgüter insgesamt betrachtet eingedämmt werden kann, überwiegen somit gewichtige Argumente für eine Deregulierung im beschriebenen Umfang die Schwierigkeiten dieser Maßnahmen.

Dies spricht dafür, das Ermessen im Rahmen der §§ 983, 979, 980, 982 BGB in der Art anzuwenden, dass in engen Grenzen eine Veräußerung „geringwertiger" nachrichtenloser Kulturgüter zugelassen werden kann.[457] Hierneben kann auch in sonstigen Fällen nachrichtenloser Kulturgüter geringen Wertes, insbesondere im Fall von Diebesgut unbekannter Herkunft, eine Veräußerung gem. § 983 BGB vorzunehmen sein. Eine Veräußerung im Wege einer derartigen Deregulierung muss jedoch von vornherein und unabhängig von einem Marktwert für die Kulturgüter ausgeschlossen bleiben, an deren Aufbewahrung ein besonderes moralisches und ethisches Interesse besteht, wie es auf den Restbestand CCP zutrifft.

Eine Veräußerung von Teilen des Restbestands CCP, wie sie im Jahr 1963 durchgeführt worden ist,[458] könnte daher nach den hier dargelegten rechtlichen Bewer-

---

[457] Siehe zur Vereinbarkeit der Aufnahme und Veräußerung von Kulturgütern aus illegalen Raubgrabungen unter dem Gesichtspunkt eines möglichen Verstoßes gegen Bestimmungen der UNESCO Konvention 1970 sowie den hieraus resultierenden Folgen unten, 5. Kapitel F.

[458] Siehe dazu oben, B. I. 3. d).

tungen – sofern sie nachrichtenlose Kulturgüter betrifft, an denen kein rechtmäßiges Eigentum der Bundesrepublik besteht[459] – aus den aufgeführten Gründen nicht als gangbarer Weg aufgefasst werden.[460]

Eine entscheidende Einschränkung der Veräußerung eines Teils nachrichtenloser Kulturgüter gem. §§ 983 BGB kann sich ferner unter dem Aspekt der so genannten völkerrechtsfreundlichen Auslegung innerstaatlichen Rechts ergeben, Hierzu wird im Rahmen der Aufbewahrung nachrichtenloser Kulturgüter im Kontext des internationalen Rechts ausführlich eingegangen.[461]

VI. Entscheidung über Veräußerung

Die Entscheidung darüber, ob Kulturgüter im Einzelfall gem. §§ 983, 979, 980, 982 BGB veräußert werden, ist unter wissenschaftlichen, namentlich kunsthistorischen und archäologischen, sowie rechtspolitischen Gesichtspunkten zu treffen. Darüber hinaus ist der Grundsatz des völkerrechtsfreundlichen Verhaltens zu beachten, aufgrund dessen die Veräußerung bestimmter, von internationalen Vereinbarungen umfassten und besonders geschützten Kulturgütern ausgeschlossen sein kann.[462] Erforderlich ist daher die Einrichtung einer zentralen Anlaufstelle für die Vermittlung von Experten zur Begutachtung der betroffenen Kulturgüter. Die Festlegung einer Bagatellgrenze für die Veräußerung von Kulturgütern, die nach dem in § 983 BGB festgelegten Verfahren veräußert werden können, könnte auf den ersten Blick als Vereinfachung erscheinen, würde jedoch in der praktischen Umsetzung daran scheitern, dass eine zuverlässige Schätzung und Bewertung der zu veräußernden Kulturgüter durch Fachpersonal zu erfolgen hat. Die Begutachtung der jeweiligen Kulturgüter hat durch eine sachverständige Stelle zu erfolgen. Geeignet erscheint hierfür beispielsweise eine mit § 17 Abs. 4 KultGüRückG korrespondierende Regelung, die die Bekanntgabe unabhängiger sachverständiger Stellen und Personen durch die oder den Beauftragten der Bundesregierung für Kultur und Medien vorsieht.[463]

---

[459] Zu bedenken ist, dass im Restbestand CCP auch solche Kulturgüter enthalten sein können, an denen zur Zeit der nationalsozialistischen Herrschaft – auch nach heutiger rechtlicher Bewertung – wirksam staatliches Eigentum erlangt worden ist. Dies betrifft Kulturgüter aus Erwerbungsgeschäften, die ohne verfolgungsbedingte oder sonstige unrechtmäßige Umstände abgewickelt worden sind.

[460] A.A. *Fritsch,* KUR 2007, 105 (106).

[461] Siehe dazu 5. Kapitel E. VIII.

[462] Siehe zum Grundsatz des völkerrechtsfreundlichen Verhaltens und seiner Auswirkungen auf die Veräußerungsentscheidung eingehend im 5. Kapitel E. VI. 2. und VIII.

[463] Gem. § 17 Abs. 4 KultGüRückG gibt die oder der Beauftragte der Bundesregierung für Kultur und Medien die unabhängigen sachverständigen Stellen und Personen im Sinne von Absatz 1 Satz 2 im Bundesanzeiger bekannt.

VII. Zwischenergebnis für die Anwendbarkeit von § 983 BGB auf nachrichtenlose Kulturgüter

Die Voraussetzungen des § 983 BGB können in Einzelfällen vorliegen, so dass eine Veräußerung nach den § 983 i. V. m. §§ 979, 980, 982 BGB in Betracht kommen kann. Allerdings wird in der Regel das Ermessen der Behörde, eine Veräußerung nach diesen Normen vorzunehmen, durch das rechtspolitische Interesse Deutschlands an der Aufbewahrung für die Eigentümer zur Ermöglichung einer Rückgabe nachrichtenloser Kulturgüter dahingehend eingeschränkt sein, dass von einer Veräußerung abzusehen sein wird. Eine Ausnahme hiervon kann insbesondere unter dem Gesichtspunkt der Deregulierung für geringwertige Kulturgüter gelten, die aus illegalen Raubgrabungen stammen.

Der Entscheidung, ein nachrichtenloses Kulturgut aus der Obhut der öffentlichen Hand nach § 983 BGB zu veräußern, hat eine fachliche Begutachtung des Kulturguts vorauszugehen. Ausreichend sollte hierfür eine schriftliche Stellungnahme sein, die mit einer Empfehlung verknüpft ist. Als Ansprechpartnerin für die Vermittlung entsprechender Sachverständiger könnte in Anlehnung an § 17 Abs. 4 KultGüRückG die oder der Beauftragte für Kultur und Medien dienen. Möglich erscheint stattdessen auch, die Kompetenzen der Koordinierungsstelle in Magdeburg um die entsprechenden Koordinierungsaufgaben für nachrichtenlose Kulturgüter zu erweitern.[464]

VIII. Alternative zur Veräußerung: Aufbewahrung in *Safe Haven*

Die weit überwiegende Anzahl nachrichtenloser Kulturgüter, für die eine Veräußerung gem. § 983 BGB nicht in Betracht kommt, sind folglich weiter aufzubewahren. § 983 BGB bietet für eine weitere Aufbewahrung der nachrichtenlosen Kulturgüter keine Handhabe.

In Ermangelung besonderer, hierfür vorgesehener Regelungen wird im Folgenden zu untersuchen sein, in welcher Rechtsform diese Aufbewahrung erfolgt und welche Rechten und Pflichten sich hieraus für die Beteiligten ergeben. Im Anschluss hieran wird untersucht werden, inwieweit das Konzept einer „Zufluchtsstätte" für nachrichtenlose Kulturgüter hierfür fruchtbar gemacht werden kann. Aufgegriffen und untersucht wird das Konzept von so genannten sicheren Häfen, mithin einem *Safe Haven* für Kulturgüter. Dem Anliegen der Entlastung der Behörden von der Aufgabe einer dauerhaften ungeregelten Aufbewahrung nachrichtenloser Kulturgüter könnte damit möglicherweise abgeholfen werden, ohne die Möglichkeit einer Rückgabe an einen Empfangsberechtigten endgültig zu zerstören.

---

[464] Zur Erweiterung der Kompetenzen der Koordinierungsstelle auf Verwaltungsaufgaben im Zusammenhang mit nachrichtenlosen Kulturgütern siehe unten, 5. Kapitel IX. 4.

D. Zusammenfassung der Ergebnisse des 3. Kapitels

Der Obhutsbegründung der dieser Arbeit zugrunde gelegten Fallgruppen nachrichtenloser Kulturgüter liegen zwei unterschiedlichen Arten zugrunde. Es handelt sich einerseits um eine Einlagerung von Kulturgütern im Wege einer Beschlagnahme oder sonstigen Sicherstellung, andererseits im Wege der Übernahme einer treuhändischen Verwahrung für einen unbekannten Eigentümer. Die Sicherstellungsregelungen sehen keine besonderen Vorschriften für Kulturgüter vor und enthalten keine Handhabung für eine dauerhafte Aufbewahrung.

Das Eigentumsrecht der unbekannten Eigentümer nachrichtenloser Kulturgüter geht in der Regel nicht durch Einziehung, Verfall gem. §§ 73, 74 StGB oder sonstige Regelungen unter. Den Eigentümern steht daher weiterhin ein zivilrechtlicher Herausgabeanspruch gem. § 985 BGB zu. Hierneben bestehen öffentlich-rechtliche Ansprüche der Herkunftsstaaten auf Herausgabe von Kulturgütern gem. § 6 KultGüRückG, §§ 111k StPO i. V. m. § 66 IRG oder – selbst im Fall einer Einziehung der Kulturgüter – gem. den Bestimmungen der BHO oder der jeweiligen LHO. Die allgemeinen Regelungen, die eine Veräußerung so genannter unanbringbarer Sachen bei Behörden gem. §§ 983 i. V. m. 972 ff. BGB vorsehen, sind lediglich im Ausnahmefall auf nachrichtenlose Kulturgüter anwendbar. Eine ermessensfehlerfreie Entscheidung, die eine Veräußerung befürwortet, kann nur ausnahmsweise ergehen, und erfordert die vorherige Befürwortung durch Einholung einer Expertenmeinung. Lediglich für den Fall, dass die Veräußerung aus wissenschaftlicher und rechtspolitischer Sicht unter dem Stichwort der „Deregulierung“ unbedenklich erscheint, kann eine Veräußerung nachrichtenloser Kulturgüter durchgeführt werden. Aufgrund dieser Umstände wird eine ausdrückliche spezialgesetzliche Regelung für die Veräußerung nachrichtenloser Kulturgüter befürwortet.

4. Kapitel: Aufbewahrung nachrichtenloser Kulturgüter in der Rechtsform einer öffentlich-rechtlichen Verwahrung

Das folgende Kapitel untersucht Rechtsnatur und Inhalt des Aufbewahrungsverhältnisses, das durch die Aufbewahrung nachrichtenloser Kulturgüter in der Obhut der öffentlichen Hand entsteht. Die Untersuchungsergebnisse der vorangegangenen Kapitel 2 und 3 zur zivilrechtlichen Situation der nachrichtenlosen Kulturgüter sowie zu den Rechtsgrundlagen, die ihrer dauerhaften Aufbewahrung zugrunde liegen, bieten die Verständnisgrundlage für den nun folgenden Abschnitt. In Ermangelung spezieller Regelungen zur Ausgestaltung des dauerhaften Aufbewahrungsverhältnisses nachrichtenloser Kulturgüter bietet das Rechtsinstitut der öffentlich-rechtlichen Verwahrung den Ausgangspunkt der Überlegungen.

In Ermangelung einer spezialgesetzlichen Ausgestaltung wird das Aufbewahrungsverhältnis in Abgrenzung von einer öffentlich-rechtlichen Geschäftsführung ohne Auftrag als öffentlich-rechtliche Verwahrung klassifiziert. Ein Schwerpunkt der Prüfung liegt auf den wechselseitigen Rechten und Pflichten zwischen den Eigentümern als Hinterleger und dem staatlichen Verwahrer der Kulturgüter. Ein Schwerpunkt der Untersuchung betrifft die Frage des Kostenausgleichs für Nutzungen oder Aufwendungen zwischen Verwahrer und Hinterleger. Virulent wird dies insbesondere bei der Frage, inwieweit Aufwendungen des staatlichen Verwahrers auf die aufbewahrten nachrichtenlosen Kulturgüter, etwa in Gestalt von Kosten für Restaurierungen, im Fall einer Rückgabe an den Eigentümer geltend gemacht werden können. Mangels spezialgesetzlicher Ausgestaltung derartiger Kostenregelungen, können hiergegen in zweierlei Hinsicht grundlegende Bedenken erhoben werden. Zunächst muss ermittelt werden, auf welcher Grundlage ein Ausgleich von Kosten und Nutzungen im Verwahrungsverhältnis gefordert werden kann. Sodann erfolgt eine Auseinandersetzung mit den grundlegenden verfassungsrechtlichen Bedenken gegen die Anwendung dieser Ausgleichsregelungen im Rahmen der öffentlich-rechtlichen Verwahrung. Dabei wird im Ergebnis eine besondere Situation bei der Verwahrung der Kulturgüter für die unbekannten Eigentümer herausgearbeitet, die trotz öffentlich-rechtlicher Verwahrung eine zivilrechtliche Prägung aufweist. Aufgrund dieser besonderen Umstände wird im Ergebnis eine Rückabwicklung des Verwahrungsverhältnisses unter analoger Anwendung zivilrechtlicher Grundsätze bejaht.

A. Rechtsnatur der Aufbewahrung nachrichtenloser Kulturgüter

Durch die Aufbewahrung nachrichtenloser Kulturgüter entsteht eine Sonderbeziehung zwischen dem Staat und dem Eigentümer des Kulturguts. Diese kann in verschiedenen Rechtsinstituten ausgeprägt sein. In Betracht kommt eine Aufbewahrung als öffentlich-rechtliche Geschäftsführung ohne Auftrag (GoA) oder als öffentlich-rechtliche Verwahrung.

I. Klassifizierung der Aufbewahrung nachrichtenloser Kulturgüter: Öffentlich-rechtliche Geschäftsführung ohne Auftrag oder öffentlich-rechtliche Verwahrung?

Die hier untersuchte Aufbewahrung von Kulturgütern durch den Staat erfolgt nicht aufgrund einer privatrechtlichen Verbindung, sondern durch Hoheitsträger in Wahrnehmung ihrer öffentlichen Aufgaben. Der Staat tritt dabei nicht als Subjekt des Privatrechts auf, sondern in seiner Eigenschaft als Hoheitsträger. Dies gilt für sämtliche dieser Arbeit zugrunde gelegten Fallgruppen nachrichtenloser Kulturgüter. Sowohl die Aufbewahrung sichergestellter Kulturgüter, der treuhändisch aufbewahrte Restbestand CCP sowie die sonstigen im Fremdbesitz aufbewahrten Kulturgüter werden hoheitlich aufbewahrt. Wie noch eingehend ausgeführt werden wird, gilt dies selbst für die freiwilligen Einlagerungen von Kulturgütern zum Schutz in öffentlichen Museen.[465]

Das maßgebliche Verhältnis zwischen dem unbekannten Eigentümer und der aufbewahrenden Behörde ist folglich öffentlich-rechtlicher Natur. Es fehlen allerdings (öffentlich-rechtliche) spezialgesetzlich ausgestaltete Rechtsinstitute, die die Aufbewahrungssituation nachrichtenloser Kulturgüter erfassen.

Eine Hinterlegung nachrichtenloser Kulturgüter nach den §§ 372 ff. BGB i. V. m. der Hinterlegungsordnung (HintO) scheidet aus. Dies liegt daran, dass die Verbindlichkeit der Institution nicht primär in der Herausgabe des Kulturguts an einen unbekannten Eigentümer besteht, sondern in der Aufbewahrung desselben. Die Verbindlichkeit zur Herausgabe entsteht für die aufbewahrende Institution erst mit der im 2. Kapitel beschriebenen „Aktualisierung“ des Herausgabeanspruchs seitens des Eigentümers. Die Hinterlegung dient dazu, einem Schuldner die Befreiung von einer Verbindlichkeit zu ermöglichen, wenn er diese aus Gründen, die in der Person des Gläubigers liegen, nicht oder jeden-

[465] Dazu sogleich eingehend unter B. III.

falls nicht mit Sicherheit erfüllen kann.[466] Die Aufbewahrung als Verbindlichkeit kann die aufbewahrende Behörde jedoch erfüllen. Ein Rückgriff auf die Hinterlegungsvorschriften hilft der Fragestellung der Aufbewahrung nachrichtenloser Kulturgüter folglich nicht ab. Die Anwendung der Hinterlegungsvorschriften würde die Aufbewahrung ferner lediglich von einer auf eine andere Behörde zur Folge haben, ohne dass der Inhalt des Aufbewahrungsverhältnisses und die speziellen Anforderungen der Verwahrung von Kulturgütern näher konkretisiert würden.

In Fällen, in denen das öffentliche Recht für bestimmte Sachverhalte keine ausreichende Handhabung bereit hält, werden Rechtsinstitute des Zivilrechts als Rechtsgrundsätze auch im öffentlichen Recht herangezogen. Erforderlich ist zunächst die Feststellung darüber, welches der in Betracht kommenden zivilrechtlichen Rechtsinstitute für die Aufbewahrung nachrichtenloser Kulturgüter vorliegt. In Betracht gezogen werden könnte die Aufbewahrung nachrichtenloser Kulturgüter als öffentlich-rechtliche GoA für den nicht feststellbaren Eigentümer.[467] Der Begriff der Geschäftsbesorgung ist im weitest möglichen Sinne zu verstehen und kann damit jede Tätigkeit umfassen, gleichgültig ob rechtsgeschäftlicher oder tatsächlicher Art.[468] Insofern kann auch die Aufbewahrung von Sachen, mithin also auch die von Kulturgütern, hierunter fallen. Die Aufbewahrung beweglicher Sachen hat allerdings durch die Vorschriften über die Verwahrung in den §§ 688 ff. BGB eine gegenüber der GoA besondere Ausgestaltung erfahren. Die öffentlich-rechtliche Verwahrung ist daher in Bezug auf die Aufbewahrung beweglicher Sachen durch eine juristische Person des öffentlichen Rechts für einen unbekannten Eigentümer gegenüber der öffentlich-rechtlichen GoA das speziellere Schuldverhältnis. Gegenstand des zivilrechtlichen Rechtsinstituts der Verwahrung, die als Grundlage für das öffentlich-rechtliche Verwahrungsverhältnis dient, ist die sichere Aufbewahrung beweglicher Sachen durch einen Verwahrer für einen Hinterleger. Obwohl die Aufbewahrung von Kulturgütern möglicherweise auch eine Geschäftsbesorgung i. S. d. GoA darstellen könnte, stellt die öffentlich-rechtliche Verwahrung jedenfalls für die Aufbewahrung von Kulturgütern das speziellere Rechtsverhältnis dar.[469]

---

466 Hierzu Staudinger/*Olzen*, Vorbem zu §§ 372 ff. Rn. 1; Motive zum BGB, Bd. 2, S. 91.

467 Die Entstehung des gesetzlichen Schuldverhältnisses GoA setzt dreierlei voraus, nämlich (1) die Besorgung eines Geschäfts (2) für einen anderen (3) ohne Auftrag oder sonstige Berechtigung. Allgemein zur GoA im öffentlichen Recht *Wolff/Bachof/Stober/Kluth*, VerwR I, § 55 Rn. 14 ff.; Palandt/*Sprau*, Einf v. § 677 Rn. 14 f. Grundsätzlich kritisch zur GoA im öffentlichen Recht *Schoch*, Die Verwaltung 38 (2005), 91 (95 f.); *Kischel*, VerwArch 90 (1999), 391 (398).

468 Staudinger/*Bergmann*, Vorbem zu §§ 677 ff. Rn. 107; Palandt/*Sprau*, § 677 Rn. 2.

469 Nicht zweifelsfrei ist allerdings in diesem Zusammenhang, ob die Aufbewahrung der Kulturgüter überhaupt ein fremdes Geschäft für den Staat darstellt. Dabei sind dreierlei fremde Geschäfte denkbar, das objektiv, subjektiv und „auch" fremde Geschäft, Staudinger/*Berg-*

Die Aufbewahrung nachrichtenloser Kulturgüter durch die öffentliche Hand erfolgt folglich in der Rechtsform der öffentlich-rechtlichen Verwahrung.

II. Übertragung der Grundsätze der öffentlich-rechtlichen Verwahrung auf den speziellen Fall der Aufbewahrung nachrichtenloser Kulturgüter

Die Verwahrung von Sachen ist in den zivilrechtlichen Vorschriften der §§ 688 ff. BGB geregelt. Zwar ist die Anwendbarkeit der Vorschriften des BGB grundsätzlich auf bürgerlichrechtliche Beziehungen, also solche zwischen Subjekten des Privatrechts, beschränkt, so dass eine direkte Anwendung der Begriffe und Rechtssätze des BGB im öffentlichen Recht ausgeschlossen ist. Dies ergibt auch eine objektiv-teleologische Betrachtungsweise der zivilrechtlichen Vorschriften, deren Sinn und Zweck es ist, Regelungen auf dem Gebiet des Privatrechts zu treffen. Demgegenüber gelten für das als öffentlich-rechtlich zu qualifizierende Handeln die Verwaltungsverfahrensgesetze als allgemeine Handlungsgrundlage. Die Vorschriften des BGB sind auch als Ergänzung der öffentlich-rechtlichen Verwaltungsvorschriften nicht ohne weiteres anzuwenden. Vielmehr bedarf es für die Anwendung zivilrechtlicher Normen im Verwaltungsrecht entweder einer besonderen gesetzlichen Grundlage (bspw. § 62 Satz 2 VwVfG) oder einer sonstigen rechtsmethodischen Begründung.[470] Lediglich in diesen speziellen Fällen kommen zivilrechtliche Vorschriften analog auch im öffentlichen Recht zur Anwendung.

Einer dieser Fälle ist die öffentlich-rechtliche Verwahrung von Sachen durch den Staat. So ist anerkannt, dass neben privatrechtlichen auch öffentlich-rechtliche

mann, Vorbem zu §§ 677 ff. Rn. 128. Die Aufbewahrung von Kulturgütern für einen könnte zumindest als „auch" fremdes Geschäft geführt werden, womit die GoA zur Korrektur unrechtmäßiger Vermögensverlagerungen angewendet wird, dazu Staudinger/*Bergmann*, Vorbem §§ 677 ff. Rn. 130; ferner *Wollschläger*, S. 52 ff. Andererseits könnte dies fraglich sein, wenn das rechtspolitische Interesse des Staates an einer dauerhaften Aufbewahrung nachrichtenloser Kulturgüter derart stark zu gewichten ist, dass es als im überwiegenden Interesse des hoheitlichen Verwahrers zu werten ist. Schließlich spricht gegen die Annahme einer GoA die restriktive Anwendbarkeit dieses Rechtsinstituts im öffentlichen Recht. Dazu BVerfG, Urt. v. 31.3.1965, 2 BvL 17/63, BVerfGE 18, 429, NJW 1965, 1267 sowie zur Beschränkung der Anwendung der GoA auf bestimmte Fallgruppen *Seiler*, in: MüKo-BGB, Vor §§ 677 Rn. 23 ff. Anknüpfungspunkt für die Annahme einer GoA könnte ein Tätigwerden zur Gefahrenabwehr sein. Ähnlich auch die teilweise vertretene Auffassung, dass der Finder durch die „Inhandnahme" der Fundsache eine unbeauftragte Geschäftsführung übernehme. Eine Positionierung zu dieser Frage ist im Gesetzgebungsprozess allerdings bewusst offengelassen worden, vgl. Motive zum BGB, Bd. 3, S. 376. Dazu *Dernburg*, BürgR, § 116 IV. Gegen eine Anwendung der GoA im öffentlichen Recht *Kischel*, VerwArch 90 (1999), 391 (398).

470 *Nedden*, S. 118.

Verwahrungsverhältnisse existieren.[471] Auf letztere sind §§ 688 ff. BGB analog oder als Ausdruck eines allgemeinen Rechtsgedankens als öffentliches Recht anzuwenden.[472] Dies gilt nur, wenn und soweit öffentlich-rechtliche Vorschriften fehlen.[473] Im vorangegangenen 3. Kapitel ist dargelegt worden, dass die dauerhafte staatliche Aufbewahrung von Kulturgütern für einen unbekannten Eigentümer weder spezialgesetzlich geregelt noch durch allgemeine Regelungen im öffentlichen Recht ausgestaltet wird.

Erfolgt eine Aufbewahrung von Sachen aufgrund hoheitlicher Pflichten, wird das Vorliegen einer öffentlich-rechtlichen Verwahrung angenommen. Sie soll dann vorliegen, wenn ein Träger von Hoheitsrechten im öffentlich-rechtlichen Zusammenhang Gewahrsam[474] an einer fremden beweglichen Sache erhält und der vorherige Gewahrsamsinhaber seiner Einflussmöglichkeiten vollständig beraubt wird.[475]

Hintergrund der Entwicklung der öffentlich-rechtlichen Verwahrung als eigenes Rechtsinstitut ist es, das Interesse des Bürgers am Erhalt und der sorgfältigen Aufbewahrung seines Eigentums durch den Staat zu schützen.[476] Er soll insbesondere im Fall einer Beschädigung oder des Verlustes der Sache nicht ausschließlich auf den Amtshaftungsanspruch aus Art. 34 GG i. V. m. § 839 BGB mit den hierbei geltenden Haftungsbeschränkungen verwiesen werden, sondern konkurrierend hierzu[477] weitere Ansprüche aus dem Verwahrungsverhältnis geltend machen können.[478]

Diese Interessenlage entspricht auch der der unbekannten Eigentümer, deren Kulturgüter in Deutschland als nachrichtenlos aufbewahrt werden.[479]

---

471 Bereits mit Urteil vom 19.5.1914 stellt das RG fest, dass ein besonderes öffentlich-rechtliches Verhältnis entsteht, wenn ein Staatsorgan Sachen in Verwahrung nimmt, die sich im Eigentum eines Bürgers befinden, III 48/14, RGZ 84, 338. Staudinger/*Reuter*, Vor § 688 Rn. 48 ff.; *Henssler*, in: MüKo-BGB, § 688, Rn. 59 ff.; Palandt/*Sprau*, § 688, Rn. 12. Zur öffentlich-rechtlichen Verwahrung allgemein siehe *Papier*, Forderungsverletzung, S. 40 ff.; *Quaritsch*, in: Staat und Verwaltung S. 169 ff.; *Büllesbach*, S. 3 ff.; *Erichsen/Ehlers*, VerwR, § 29 Rn. 4 ff.

472 BGH, Beschl. v. 12.7.1951, IV ZB 5/51, NJW 1951, 800; Urt. v. 3.2.2005, III ZR 271/04, NJW 2005, 988.

473 *Maurer*, JuS 1981, 809 (810).

474 *Büllesbach*, S. 41 f., 158 ff.

475 *Büllesbach*, S. 180.

476 *Büllesbach*, S. 8.

477 BGH, Urt. v. 13.3.1952, III ZR 61/50, NJW 1952, 931; *Henssler*, in: MüKo-BGB, § 688 Rn. 59.

478 *Henssler*, in: MüKo-BGB, § 688 Rn. 59. Ausschließlich nach Art. 34 GG, § 839 BGB beurteilt sich allerdings die Haftung des zuständigen Hoheitsträgers dann, wenn die Behörde es pflichtwidrig versäumt, Sachen in Verwahrung zu nehmen. So auch Staudinger/*Reuter*, Vor § 688 Rn. 48.

479 Zu unterscheiden ist die Situation der in dieser Arbeit untersuchten nachrichtenloser Kulturgüter von der außerhalb dieser Untersuchung liegenden Aufbewahrung solcher Kultur-

III. Reichweite der Anwendbarkeit der §§ 688 ff. BGB analog auf die öffentlich-rechtliche Verwahrung von Kulturgütern

Zu untersuchen ist zunächst, welche Vorgaben sich für die inhaltliche Ausgestaltung der Aufbewahrung nachrichtenloser Kulturgüter aus der Annahme eines öffentlich-rechtlichen Verwahrungsverhältnisses ergeben.

Nach der Entwicklung der Rechtsprechung und Literatur sind bei einem Anspruch aus einem öffentlich-rechtlichen Verwahrungsverhältnis nicht uneingeschränkt bürgerlich-rechtliche Vorstellungen maßgebend. Es entsteht stattdessen ein nach öffentlichem Recht zu beurteilendes Rechtsverhältnis. Es wird davon ausgegangen, dass die §§ 688 ff. BGB auf das Rechtsinstitut der öffentlich-rechtlichen Verwahrung entsprechend zur Anwendung gelangen, soweit dies mit dem öffentlichen Interesse und dem Zweck der jeweiligen öffentlich-rechtlichen Verwahrung vereinbar ist.[480] Die bürgerlich-rechtlichen Vorschriften über die Verwahrung sind in der Weise analog anzuwenden, dass den Besonderheiten der jeweiligen öffentlich-rechtlichen Beziehung Rechnung getragen wird.[481] Für den aufbewahrenden Hoheitsträger ergibt sich also aus dem öffentlich-rechtlichen Verwahrungsverhältnis zunächst die Pflicht zur sicheren Aufbewahrung der nachrichtenlosen Kulturgüter sowie die Pflicht zu ihrer Rückgabe in unversehrtem Zustand.

IV. Obhut des Verwahrers als Voraussetzung der öffentlich-rechtlichen Verwahrung nachrichtenloser Kulturgüter

Das öffentlich-rechtliche Verwahrungsverhältnis entsteht bereits dann, wenn ein Verwaltungsträger nachrichtenlose Kulturgüter so entgegennimmt, dass sich damit für ihn Obhutspflichten ergeben. Die Rechtsgrundlage für die Inverwahrungnahme oder für den ihr vorausgehenden hoheitlichen Akt ist für das Entstehen der öffentlich-rechtlichen Verwahrung zunächst ohne Belang.

---

güter, deren Eigentümer bekannt ist und in denen lediglich Unklarheit über den konkreten Inhalt der Vereinbarung über die Aufbewahrung besteht. Zu den Rechtsbeziehungen bei einem Auftragswerk für eine temporäre Kunstausstellung LG München I, Urt. v. 4.4.2008, 23 O 6414/07, KUR 2009, 17 ff., ZUM-RD 2008, 443 ff. Dazu *B. Raue*, KUR 2009, 13 ff.

480 BGH, Urt. v. 9.7.1956, BGHZ 21, 218, NJW 1956, 1399; BGH, Urt. v. 12.4.1951, III ZR 87/50, NJW 1951, 800; RG Urt. v. 10.3.1941, V 35/40, RGZ 166, 223; RG, Urt v. 15.1.1927, I 171/26, RGZ 115, 421; *Henssler*, in: MüKo-BGB, § 688 Rn. 62; Staudinger/*Reuter*, Vorbem zu §§ 688 Rn. 54.

481 *Maurer*, JuS 1994, 1015 (1018).

Entscheidend ist für das öffentlich-rechtliche Verwahrungsverhältnis lediglich, dass der Verwaltungsträger aufgrund einer öffentlich-rechtlichen Maßnahme in die Stellung gelangt, die Obhut über eine Sache auszuüben[482] und der ursprüngliche bzw. vorherige Besitzer rein tatsächlich an der Ausübung der Obhut gehindert ist.[483] Dies ist jedoch nicht so zu verstehen, dass der Berechtigte zwangsweise und rechtlich von eigenen Einwirkungen ausgeschlossen sein muss. Es genügt, wenn er tatsächlich nicht selbst auf die Sache einwirken kann.[484] So steht es im Fall nachrichtenloser Kulturgüter, da der Eigentümer nicht feststellbar ist, eine Rückgabe an ihn zumindest vorübergehend unmöglich und er somit seiner Einwirkungsmöglichkeiten auf das Kulturgut benommen ist. Wird nun allerdings jemand am Ergreifen der erforderlichen Fürsorgemaßnahmen gehindert, soll er darauf vertrauen dürfen, dass statt seiner und in seinem Sinne das Notwendigste veranlasst werde.[485] Dies bewirke ein besonders enges Verhältnis des Einzelnen zur Verwaltung, aus dem sich eine spezielle Schutzwürdigkeit ergebe.[486] Bezweckt wird, dem Bürger eine angemessene Betreuung und Rechtsschutz zu garantieren, da der Betroffene nicht nur gegen den Akt der Inverwahrungnahme als solchen, sondern auch gegen die Art der Behandlung seiner Sachen vorgehen können soll.[487]

I. Bedeutung zivilrechtlichen Besitzes, strafrechtlichen Gewahrsams und Verwahrungswillens der Behörde für die öffentlich-rechtliche Verwahrung

Die Frage, ob der Eigentümer oder sonst Berechtigte am Kulturgut seine bis zu diesem Zeitpunkt bestehende zivilrechtliche Besitzposition i. S. d. § 854 BGB verliert, Besitzer bleibt und ob der aufbewahrende Verwaltungsträger überhaupt Besitz erlangt oder mit seiner alleinigen Möglichkeit zur Wahrung der Obhut für die Kulturgüter lediglich die Stellung eines Besitzdieners gem. § 855 BGB oder

---

482 Obhut als Überwachung und Schutz gegen Beschädigung und Verlust, BGH, Urt. v. 5.10.1951, I ZR 92/50, BGHZ 3, 200 (202); so auch *Maurer*, JuS 1994, 1015 (1017).

483 LG Frankfurt, Urt. v. 31.1.2008, 2-4 O 451/06, NJW 2008, 2273 (2274).

484 *Maurer*, JuS 1994, 1015 (1017 f.) mit Hinweis darauf, dass insoweit OLG Köln, Urt. v. 3.6.1993, 7 U 149/92, NVwZ 1994, 618 zu eng bzw. missverständlich ist. *Maurer* weist u.a. auf die den nachrichtenlosen Kulturgütern ähnliche Situation der Fundsachen hin: Es liege auch dann eine öffentlich-rechtliche Verwahrung vor, wenn die Behörde eine ihr vom Finder übergebene Sache aufbewahrt, obwohl der Berechtigte sie jederzeit abholen kann. Dazu auch BGH Urt. v. 5.10.1989, III ZR 126/88, NJW 1990, 1230 f. Ferner für einen weit gefassten Begriff der öffentlich-rechtlichen Verwahrung, BGH, Urt. v. 9.3.1961, III ZR 44/60, BGHZ 34, 349 (354); OLG Köln, Urt. v. 11.1.1990, 7 U 127/89, VersR 1990, 898.

485 BGH, Urt. v. 21.11.1974, III ZR 128/72, VersR 1975, 281 (282); BGH LM zu VerwR-Allgemeines (öffentlich-rechtliche Verpflichtungen) Nr. 2, Bl. 2 und 3.

486 BGHZ 21, 214 (218).

487 BGHZ 21, 214 (218 f.); BGHZ 3, 162 (172); *Büllesbach*, S. 8 f.

ähnliche Einwirkungsmöglichkeiten erlangt, bleibt für die Begründung der Verwahrung im öffentlichen Recht unerheblich.[488] Grund hierfür ist, dass das öffentlich-rechtliche Verwahrungsverhältnis Rechte und Pflichten zwischen Staat und Eigentümer nicht wegen der Besitzerlangung und den sich damit ändernden Besitzrechten begründet, sondern allein wegen der mit der Verwahrungsmaßnahme eingetretenen Änderung der Einwirkungsmöglichkeit auf die Sache.[489] Als Schuldverhältnis des öffentlichen Rechts ist für das Zustandekommen der Verwahrung daher – im Gegensatz zur Verwahrung im Zivilrecht – kein auf ein Zustandekommen gerichteter Willen der Beteiligten erforderlich.[490]

Als zweckmäßig wird es angesehen für die Begründung einer öffentlich-rechtlichen Verwahrung auf den tatsächlich orientierten strafrechtlichen Gewahrsamsbegriff abzustellen und darauf, dass der vorherige Gewahrsamsinhaber[491] diese Stellung vollständig an die Verwaltung verliert.[492] Maßgeblich ist damit die von einem natürlichen Herrschaftswillen getragene tatsächliche Sachherrschaft der zuständigen Person über die Sache.[493]

Die jeweilige juristische Person des öffentlichen Rechts übt durch ihr zuständiges Organ, ihre Angestellten, Beamten oder von ihr beauftragte Dritte selber Gewahrsam (ggf. mit) aus.[494]

---

488 *Erichsen/Ehlers*, VerwR, § 29 Rn. 4; *Maurer*, JuS 1994, 1015 (1018).

489 LG Frankfurt, Urt. v. 31.1.2008, 2-4 O 451/06, NJW 2008, 2273. Nachgehend OLG Frankfurt, Urt. v. OLG Frankfurt, Urt. v. 24.6.2009, 1 U 169/08, RRa 2009, 289.

490 BGH, Urt. v. 27.6.1968, III ZR 71/66, WM 1968, 1167 (1168). BGH, Urt. v. 5.10.1989, III ZR 126/88, NJW 1990, 1230 (1231); RG, Urt. v. 6.7.1920, VII 58/20, RGZ 99, 283 (284); *Büllesbach*, S. 43, 161 f. Maßgeblich ist allerdings der Wille der Behörde, die Sache – zumindest zunächst – für den Eigentümer aufzubewahren. Hieran kann es beispielsweise im Fall eines eingezogenen Führerscheins fehlen, wie im Fall Hessischer VGH, Urt. v. 12.9.1962, OS II 134/61, DÖV 1963, 389. Ähnlich auch *Stern*, JuS 1965, 355 (357). *Schieferdecker*, S. 155.

491 Das gilt sowohl für Allein- als auch für Mitgewahrsamsinhaber. *Büllesbach*, S. 159.

492 Zur „Tatsächlichkeit der Gewaltausübung“ und dazu, dass unterschiedliche Normzwecke unterschiedliche Formen der tatsächlichen Sachherrschaftsverhältnisse erfordern, *Lepsius*, S. 307 m. w. N.; *Büllesbach*, S. 159.

493 Das Vorliegen dieser Elemente wird nach der natürlichen Auffassung des täglichen Lebens beurteilt, BGHSt 16, 273, 22, 182; Schönke/Schröder/*Eser*, § 242 Rn. 23.

494 Weiterführend zur Unterscheidung zwischen zivilrechtlichem Besitz und strafprozessualem Gewahrsam im Rahmen der öffentlich-rechtlichen Verwahrung *Büllesbach*, S. 41 ff. Der Umstand einer eventuellen späteren Umlagerung einer Sache, die sich in öffentlich-rechtlicher Verwahrung befindet, kann dazu führen, dass ein weiteres (Unter-)Verwahrungsverhältnis entsteht. Dieses lässt aber die Pflichten aus dem Verwahrungsverhältnis zwischen Eigentümer und Staat unberührt. Vgl. zum Fall eines Unterverwahrungsverhältnisses Saarländisches OLG Saarbrücken, Urt. v. 18.6.2002, 67, 4 U 270/01, OLGR Saarbrücken 2003, 39 ff.

2. Gewahrsam öffentlich-rechtlicher Institutionen an nachrichtenlosen Kulturgütern

Die öffentlich-rechtliche Verwahrung nachrichtenloser Kulturgüter kommt zustande, wenn eine Behörde die betreffenden Objekte in Erfüllung öffentlich-rechtlicher Aufgaben an sich nimmt. Keinen Einfluss hat es hierauf, wenn dies im Bewusstsein darüber geschieht, dass die Sachen im Eigentum eines Bürgers oder eines ausländischen Staates stehen und die Bestimmung des konkreten Berechtigten nicht (oder nicht mehr) möglich ist. Die öffentlich-rechtliche Aufgabe, die durch die Inverwahrungnahme eines Kulturguts erfüllt wird, ergibt sich jeweils aus der der jeweiligen Maßnahme zugrunde liegenden Ermächtigungsnorm.[495] Ob im Fall der Aufbewahrung nachrichtenloser Kulturgüter durch den Staat tatsächlich ein öffentlich-rechtliches oder möglicherweise ein privatrechtliches Verwahrungsverhältnis vorliegt, richtet sich insbesondere nach dem Begründungsakt der Verwahrung.[496] Ist der Begründungsakt öffentlich-rechtlich, ist auch das Verwahrungsverhältnis einschließlich der daraus abzuleitenden Ansprüche öffentlich-rechtlich.[497]

Ferner entsteht eine öffentlich-rechtliche Verwahrung auch in sonstigen Fällen, wenn die Verwaltung bewegliche Sachen Privater in Besitz nimmt, während diese daran gehindert sind, eigene Obhuts-, Fürsorge- oder Sicherungsmaßnahmen zu treffen.[498] Dies lässt freilich die Vermutung zu, dass in den meisten Fällen der Verwahrung in staatlichem Gewahrsam das Vorliegen einer öffentlich-rechtlichen Verwahrung anzunehmen sein wird.

B. Zustandekommen der öffentlich-rechtlichen Verwahrung von nachrichtenlosen Kulturgütern im Einzelnen

Untersucht wird im Folgenden im Einzelnen, inwieweit bei den oben[499] aufgeführten Fallgruppen nachrichtenloser Kulturgüter ein öffentlich-rechtliches, in Abgrenzung zu einem privatrechtlichen Verwahrungsverhältnis zustande kommt.

---

[495] Siehe dazu oben, 3. Kapitel A.

[496] *Büllesbach*, S. 15 ff. Zur Abgrenzung der Theorien von öffentlichem Recht und Privatrecht *Maurer*, VerwR, § 3 Rn. 14 ff.

[497] *Maurer*, JuS 1981, 809 (811 f.).

[498] BGH, Urt. v. 5.10.1989, III ZR 126/88, NJW 1990, 1230 (1231); VGH Kassel, Urt. v. 17.2.1987, 11 UE 1193/84, NVwZ 1988, 655 (656); Staudinger/*Reuter*, Vor § 688 ff. Rn. 48; Palandt/*Sprau*, § 688 Rn. 12; *Battis*, Allgemeines VerwR, Rn. 272; *Schieferdecker*, S. 154 f.; *Nagel*, S. 110.

[499] 1. Kapitel C.

I. Verwahrung nachrichtenloser Kulturgüter nach Aufhebung einer Sicherstellung oder Beschlagnahme[500] – sog. „faktisches" Verwahrungsverhältnis

Gelangen nachrichtenlose Kulturgüter durch eine Beschlagnahme in die Obhut der öffentlichen Hand, so stellt die Beschlagnahme eine rechtliche Anordnung dar, durch die die Betroffenen verpflichtet werden, die Sache herauszugeben oder ihre Wegnahme zu dulden. Dies umfasst, wie oben bereits ausgeführt, beispielsweise die Beschlagnahme von Diebesbeute und Schmuggelgut.[501]

Das Verwahrungsverhältnis entsteht jedoch erst, wenn die Behörde in Vollzug der Beschlagnahmeverfügung die tatsächliche Sachherrschaft über das Kulturgut erlangt mit der Folge, dass sie für die tatsächliche Erhaltung der Sache Sorge tragen kann und tragen muss.[502] Ab diesem Zeitpunkt können auch Aufwendungen für die Verwahrung der Sache anfallen.[503]

1. Abstraktheit des Verwahrungsverhältnisses

Wird die Beschlagnahme oder Sicherstellung aufgehoben, weil ihre Voraussetzungen nicht mehr gegeben sind oder der beabsichtige Zweck erreicht ist, ist die Behörde verpflichtet, die Sache zurückzugeben.[504] Zwar besteht dann unter Umständen grundsätzlich die Möglichkeit, die Sicherstellung nachrichtenloser Kulturgüter im Wege der präventiven Sicherstellung fortzuführen.[505] Wird dies angeordnet, so entsteht auch hierbei eine öffentlich-rechtliche Verwahrung. Selbst wenn dies unterbleibt, endet das Verhältnis der öffentlich-rechtlichen Verwahrung aber nicht an dem Punkt, an welchem die Voraussetzungen für die Beschlagnahme oder Sicherstellung entfallen. Die Behörde kann sich schließlich nicht ohne weiteres nach der Aufhebung der Beschlagnahmeverfügung des Kulturguts entledigen. Das Verwahrungsverhältnis endet erst mit der tatsächlichen Rückgabe des Kulturguts. Die öffentlich-rechtliche Verwahrung besteht also

---

500 Zahlreiche Entscheidungen zur öffentlich-rechtlichen Verwahrung entstammen dem Bereich der Sicherstellung oder der Beschlagnahme. So RG, Urt. v. 30.6.1903, II 7/03, RGZ 55, 232 (233 ff.); LG Aachen, Urt. v. 30.09.1949, 5 S 106/48, NJW 1950, 114; BGH, Urt. v. 29.01.1969, I ZR 18/67, NJW 1969, 1172; OLG München, Urt. v. 25.07.1952, 1 U 985/51 NJW 1953, 589 ff.; OLG Celle, Urt. v. 14.02.1959, 3 U 162/58; BGH, Urt. v. 09.04.1987, III ZR 3/86, NJW 1987, 2573.

501 Siehe dazu oben, 3. Kapitel A. I.

502 BGHZ 21, 214 (219); BGH NJW 1952, 658 (659); *Henssler*, in: MüKo-BGB, § 688 Rn. 10. *Maurer*, JuS 1981, 809 (812). *Maurer*, JuS 1981, 809 (812).

503 *Maurer*, JuS 1981, 809 (812). Zum Ausgleich der anfallenden Kosten im Fall einer Rückgabe an den Eigentümer im Einzelnen unten, G.

504 *Maurer*, JuS 1981, 809 (812).

505 Zur präventiven Sicherstellung nachrichtenloser Kulturgüter siehe oben, 3. Kapitel A. IV.

auch für den Zeitraum zwischen der Aufhebung der Beschlagnahmeverfügung und der Rückgabe des Kulturguts fort.[506]

Damit ist das öffentlich-rechtliche Verwahrungsverhältnis abstrakt zu betrachten von den der Inverwahrungnahme zugrundeliegenden Unständen. Es kommt unabhängig davon zustande, ob und inwieweit die der Inverwahrungnahme zugrunde liegende Ermächtigung wirkt.

2. Aufbewahrung nach Wegfall der Sicherstellungsvoraussetzungen

Die Behörde ist zunächst verpflichtet, für die Zeit, in der ein Eigentümer oder ein sonstiger „Empfangsberechtigter" nicht festgestellt werden kann, die Sache für den Berechtigten aufzubewahren[507] – und hat sich um eine Rückgabe zu bemühen.[508]

Während also in den meisten Fällen der zeitliche Abstand zwischen der Aufhebung der Beschlagnahme und der Rückgabe nur gering ist[509], ist im Fall nachrichtenloser Kulturgüter von einer unbestimmten, im Einzelfall möglicherweise auch sehr großen Zeitspanne auszugehen, in welcher der Eigentümer nicht festgestellt werden kann. Das Verwahrungsverhältnis dauert auf unbestimmte Zeit und so lange an, bis die Kulturgüter an ihre Eigentümer zurückgegeben werden. Das Aufbewahrungsverhältnis, mithin die öffentlich-rechtliche Verwahrung der Kulturgüter besteht dann nicht mehr zum Zwecke der Beweissicherung, sondern zum Zwecke der Abwicklung und Rückgabe. Die Aufbewahrung erfolgt nunmehr in einer neuen „Richtung". Teilweise wird das Verhältnis zwischen dem unbekannten Berechtigten und dem Staat auch als „faktisches" Verwahrungsverhältnis bezeichnet.[510] Ob und in welcher Weise diese Richtungsänderung in dem Verwahrungsverhältnis mit einer Verschiebung der gegenseitigen Rechte und Pflichten von verwahrender Behörde und dem – wenngleich im Fall der nachrichtenlosen Kulturgüter unbekannten – Eigentümer einher geht, wird an gegebener Stelle untersucht werden.[511]

---

506 In VGH Mannheim, Urt. v. 22.8.1977, I 2555/76, BaWüVPr 1978, 150 wird davon ausgegangen, dass das öffentlich-rechtliche Verwahrungsverhältnis nach Aufhebung einer strafprozessualen Beschlagnahme „faktisch" weiterbestehe. Dazu *Maurer*, JuS 1081, 809 (812).

507 So für den Fall eines verwahrten Kfz nach Aufhebung der Beschlagnahme *Maurer*, JuS 1981, 809 (812).

508 Zu den Pflichten der an der Verwahrung Beteiligten siehe sogleich, F., G.

509 *Maurer*, JuS 1981, 809 (812).

510 *Maurer*, JuS 1981, 809 (811 f.).

511 Siehe hierzu sogleich, unter F. II. Für eine Änderung der Rechte und Pflichten in diesem „faktischen" Verwahrungsverhältnis *Maurer*, JuS 1981, 809 (812) für den Fall eines abgeschleppten KfZ.

II. Treuhändische Aufbewahrung nachrichtenloser Kulturgüter

Die Übergabe des Restbestands CCP zur treuhändischen Verwahrung an die Bundesrepublik erfolgte seitens der alliierten Verwaltung an die bundesdeutschen Behörden und mithin durch einen Akt des öffentlichen Rechts.[512] Mit der Übergabe zur treuhändischen Verwaltung ist allerdings noch keine Festlegung für die Rechte und Pflichten des der Treuhand zugrundeliegenden Rechtsverhältnisses getroffen. Denn ein gesetzlich definierter oder auch nur allgemein anerkannter Rechtsbegriff der Treuhand existiert nicht.[513]

Jedenfalls entstand aber hierdurch eine öffentlich-rechtliche Verwahrung des Staates für die unbekannten Eigentümer der übergebenen Kulturgüter.

III. Abgrenzung zu privatrechtlicher Verwahrung – rechtliche Bewertung „freiwilliger" Einlagerungen zum Schutz von Kulturgütern durch die Eigentümer

Das Verwahrungsverhältnis von Kulturgütern, die sich im Gewahrsam öffentlich-rechtlicher Institutionen befinden, kann möglicherweise – abweichend von den Verwahrungsverhältnissen, die durch eine Beschlagnahme oder Übergabe zur treuhändischen Verwahrung entstehen – nicht öffentlich-rechtlicher, sondern privatrechtlicher Natur sein, wenn die Kulturgüter von Privaten zum Schutz vor Zerstörung in einem Museum eingelagert worden sind und nach Kriegsende nie abgeholt wurden.[514]

Gegen eine Klassifizierung dieses Obhutsverhältnisses als öffentlich-rechtliche Verwahrung könnte sprechen, dass der oben aufgeführte spezifische Ausschluss des Eigentümers von der Möglichkeit des Zugriffs auf das Kulturgut fehlt, wenn die Einlagerung freiwillig vorgenommen wurde und jederzeit kündbar ist – was gem. § 695 BGB den Regelfall der Verwahrung darstellt. Vielmehr könnte weiterhin für die Annahme eines privatrechtlichen Verwahrungsverhältnisses sprechen, dass der Einlagerung kein hoheitlicher Begründungsakt zugrunde liegt, sondern sie freiwillig, insbesondere zum Schutz der Kulturgüter vor Zerstörung durch die Einwirkungen des Krieges in privatrechtlicher Weise erfolgte.

Entscheidend ist jedoch, ob das Handeln der Vertreter der öffentlichen Behörde Kraft ihres jeweiligen Amtes erfolgte, also bestimmt wurde durch die dem jewei-

---

512 Siehe dazu oben, 2. Kapitel B. I.

513 Staudinger/*Schilken*, Vorbem zu §§ 164 ff. Rn. 48; *Schramm*, in: MüKo-BGB, Vor § 164 Rn. 28. Aus neuerer Zeit hierzu: *Bitter*, S. 2 ff., 21 ff.; *Grundmann*, S. 11 ff., 133 ff.

514 Siehe zu dieser Fallgruppe oben, 1. Kapitel C. V. und *Geismeier*, S. 8 ff.

ligen Amtsinhaber obliegende leitende und fürsorgende Tätigkeit der Verwaltung,[515] oder ob sich statt dessen der private Eigentümer und die öffentliche Einrichtung als Subjekte des Zivilrechts gegenüberstanden. Je nachdem, ob im Einzelfall eine öffentlich-rechtliche oder zivilrechtliche Verwahrung zustande kommt, wären die §§ 688 ff. BGB direkt oder entsprechend anwendbar. Die Rechtsprechung geht davon aus, dass eine öffentlich-rechtliche Verwahrung bereits dann anzunehmen ist, wenn bei der Vereinbarung der Verwahrung der Amtsträger in seinem Amt als Amtsträger auftritt und nicht als im Privatrechtsverkehr teilnehmende Privatperson. So wurde selbst die Einlagerung von Hausrat zum Schutz vor Bombenangriffen in ein städtisches Gebäude als öffentlich-rechtliche Verwahrung anerkannt.[516] Gleiches muss daher für die Einlagerung von Kulturgütern in Museen zum Schutz vor Zerstörung während des Zweiten Weltkriegs gelten und damit für nicht abgeholte Bestände eingelagerter Kulturgüter, die sich noch immer in Depots der Museen in Deutschland befinden.[517]

IV. Sonstige Begründungsakte

Auch den weiteren denkbaren Begründungsakten hoheitlichen Gewahrsams an nachrichtenlosen Kulturgütern kommt ein öffentlich-rechtliches Gepräge zu.

Dies betrifft sowohl die Aufnahme zurückgegebener Raubkunst unbekannter Eigentümer an den deutschen Staat als auch die von DDR-Bürgern auf der Flucht zurückgelassenen Kulturgüter. In beiden Fällen wird staatlicher Gewahrsam begründet bzw. aufrecht erhalten, da die Eigentümer mangels Feststellbarkeit ihre eigenen Obhuts- und Fürsorgepflichten nicht ausüben können.

C. Beteiligte am Verwahrungsverhältnis

I. Verwahrer nachrichtenloser Kulturgüter

Die gängigste Erscheinungsform einer öffentlich-rechtlichen Verwahrung ist die Verwahrung durch den Staat und seine Hoheitsträger für einen Privaten. Insoweit trifft dies die Fälle, in denen die nachrichtenlosen Kulturgüter einem nicht feststellbaren privaten Eigentümer gehören. Das Institut der öffentlich-rechtlichen Verwahrung sollte Privaten gegenüber der öffentlichen Hand zu einer

---

515 *Quaritsch*, in: Staat und Verwaltung, S. 169 (171); BGH, Urt. v. 11.10.1951, IV ZR 71/50, LM Nr. 2 zu § 688 BGB (Blatt 1).

516 BGH, Urt. v. 11.10.1951, IV ZR 71/50, LM Nr. 2 zu § 688 BGB.

517 Siehe zum sog. „Fremdbesitz" *Geismeier*, S. 7 ff. sowie oben, 1. Kapitel C. V.

sachadäquaten Rechtsstellung verhelfen.[518] Es wird daher grundsätzlich davon ausgegangen, dass das Verwahrungsverhältnis zwischen der öffentlichen Hand als Verwahrerin und einem Bürger als Hinterleger entsteht.[519]

II. Private oder Staaten als Hinterleger

1. Verwahrung im Dreierverhältnis zwischen aufbewahrender Institution, Besitzer und Eigentümer

Wird das Kulturgut bei einem Dritten, der nicht der Eigentümer ist, beschlagnahmt und gelangt es so in den staatlichen Gewahrsam, stellt sich die Frage, zwischen welchen Personen das Verwahrungsverhältnis zustande kommt. In Betracht kommt die Begründung eines Verwahrungsverhältnisses zwischen dem unrechtmäßigen Besitzer (z. B. dem Schmuggler des Kulturguts) und dem aufbewahrenden Staat – mithin der Bundesrepublik, dem rechtmäßigen Eigentümer und dem aufbewahrenden Staat oder möglicherweise zwischen allen Beteiligten. Zwar ist die Rechtsprechung des RG zu dieser Frage mit der Aussage, dass die Verwahrungsbeziehung mit dem Eigentümer *oder* Hinterleger zu Stande komme und eine Rückgabe bei einer öffentlich-rechtlichen Verwahrung an den Eigentümer *oder* Hinterleger zu erfolgen habe, in verschiedener Weise interpretierbar.[520] Eine Rückgabe der verwahrten Sache erfolgt an den Berechtigten. Dies ist in erster Linie der Eigentümer. Lediglich für den Fall, dass einem Dritten durch den Eigentümer wirksam das Recht zum Besitz eingeräumt worden ist, kann eine Herausgabe an diesen erfolgen. Nicht gemeint ist allerdings, dass der Staat sich an der Aufrechterhaltung einer unrechtmäßigen Rechtslage beteiligen darf und die Kulturgüter an einen Unberechtigten herauszugeben hat. Im Interesse einer einheitlichen Rechtsordnung kann somit auch das Verwahrungsverhältnis nur mit dem Berechtigten zustande kommen, mithin in erster Linie mit dem Eigen-

---

518 BGH, Urt. v. 13.02.1952, II ZR 87/51, BGHZ 5, 124 (126), NJW 1952, 505; Urt. v. 2.2.1956, III ZR 172/50, LM Nr. 2 zu VerwRecht – Allgemeines (öffentlich-rechtliche Verpflichtungen), Blatt 2 und 3; *Papier*, S. 40 ff.; *Büllesbach,* S. 8 f, 35.

519 Das Vorliegen eines öffentlich-rechtlichen Verwahrungsverhältnisses wird allerdings teilweise auch im umgekehrten Verhältnis für möglich gehalten, mithin im Fall der Verwahrung durch einen Privaten für den Staat. Begründet wird dies mit der rechtlichen Interessenlage, die in beiden Fällen exakt dieselbe sei. So VG Arnsberg, Urt. v. 9.10.1974, 2 K 730/74, JuS 1975, 401; zustimmend *Müller*, JuS 1977, 232 ff.; befürwortet auch von *Quaritsch*, 168 (170). Ablehnend ohne nähere Begründung VG Stuttgart, Urt. v. 3.12.1971, VRS IV/159/71, n.v., S. 5; OVG Münster, Urt. v. 27.4.1977, I A 490/76, MDR 1978, 170. Obwohl diese Fallkonstellation außerhalb der dieser Arbeit zugrunde gelegten Fragestellung liegt, ist es durchaus denkbar, dass Kulturgüter, insbesondere in Notsituationen, von Privaten aufbewahrt werden für Staaten.

520 Zu Erwägungen in der Rechtsprechung hinsichtlich verschiedener durch eine öffentlich-rechtliche Verwahrung Begünstigter *Büllesbach*, S. 36.

tümer der nachrichtenlosen Kulturgüter.[521] Auch eventuelle Folgeansprüche, die sich aus der öffentlich-rechtlichen Verwahrung ergeben, können nur im Verhältnis zwischen dem Eigentümer oder sonst berechtigtem Besitzer und dem Staat als Verwahrer entstehen.

2. Verwahrung für einen ausländischen Staat

Die Eigentümer der nachrichtenlosen Kulturgüter können – zumindest vorübergehend – nicht festgestellt werden. Es ist daher im Moment der Verwahrung nicht möglich zu unterscheiden, ob eine Verwahrung für einen privaten Eigentümer oder einen ausländischen Staat erfolgt.

Fraglich ist, ob sich Auswirkungen auf das Verwahrungsverhältnis ergeben oder ob es dem Zustandekommen einer öffentlich-rechtlichen Verwahrung sogar entgegensteht, wenn die verwahrten Kulturgüter sich nicht im Eigentum Privater, sondern im Eigentum eines ausländischen Staates befinden. Diese Frage ist für die vorliegende Untersuchung vor allem aus dem Grund relevant, da diese Situation aufgrund des Eingreifens der oben erörterten *umbrella statutes* bereits mit dem Zutagefördern oder aufgrund von Verfallsvorschriften im Moment der illegalen Ausfuhr in zahlreichen Fällen nachrichtenloser Kulturgüter zugrunde zu legen ist.[522]

Selbst wenn die Aufbewahrung für einen ausländischen Staat erfolgt, weil dieser sich als Eigentümer eines Kulturguts herausstellt, ergeben sich hieraus zunächst generell keine abweichenden Konsequenzen für die Bewertung des Verwahrungsverhältnisses. Grund hierfür ist, dass der Hinterleger-Staat in diesem Fall als Träger zivilrechtlicher Rechtspositionen auftritt.[523]

Zwar können Rechtsverhältnisse zwischen Staaten besonderen Vereinbarungen unterliegen, die die Geltung allgemeiner zivilrechtlicher oder öffentlich-rechtlicher Normen überlagern. Auf diese speziellen Fragen des Völkerrechts wird im folgenden Kapitel der Untersuchung eingegangen werden.

Die Aufbewahrung von Kulturgut in der Rechtsform einer öffentlich-rechtlichen Verwahrung und die hiermit verbundenen Sorgfaltspflichten des Verwahrers gewährleisten für den Eigentümer eine adäquate Obhut des verwahrten Kultur-

---

[521] Zum selben Ergebnis gelangt auch *Büllesbach*, S. 36 ff. m. w. N. zur insoweit mehrdeutigen, weil diese Fälle nicht in allen Konstellationen beachtenden Rspr. des RG.

[522] Hierzu oben, 2. Kapitel A. III.

[523] Eine andere Bewertung erfordert das Verhältnis zwischen Hoheitsträgern, die sich in ihrer Eigenschaft als solche entgegen treten. Hierzu unter Zugrundelegung der speziellen Fragestellung der Zulässigkeit von Verwaltungsakten zwischen Hoheitsträgern, aber auch mit generellen Erwägungen *Jungkind*, S. 92 f. – zur Geltung des Gesetzesvorbehalts – sowie 69 ff., 143 ff.

guts. Dieses Interesse ist sowohl dem privaten Eigentümer als auch einem ausländischen Staat als Eigentümer zuzubilligen in einer Situation, in der die für die Erhaltung der Sache erforderliche Fürsorge nicht mehr selbst geleistet werden kann.[524]

Es steht daher der Annahme eines öffentlich-rechtlichen Verwahrungsverhältnisses nicht entgegen, dass die Aufbewahrung nachrichtenloser Kulturgüter erfolgt, die unter Umständen im Eigentum eines ausländischen Staates stehen.

3. Einlagerung sichergestellter nachrichtenloser Kulturgüter in Museen im Wege der Amtshilfe

Zwar verfügt der Zoll teilweise über klimatisierte Asservatenräume, die zur Aufbewahrung sichergestellter nachrichtenloser Kulturgüter dienen können. Für bestimmte anfällige Kulturgüter wird dennoch eine Einlagerung in einer professionellen Museumseinrichtung bevorzugt.[525]

Werden von Zoll- oder Polizeibehörden beschlagnahmte oder sonst sichergestellte Kulturgüter ausschließlich zur besseren Konservierung vorübergehend in Museen eingelagert, fungiert das Museum außerhalb seiner kulturellen und wissenschaftlichen Bedeutung also als Aufbewahrungsort. Das Museum wird als Behörde im Rahmen der Aufgabenerfüllung einer anderen Behörde tätig. Die Möglichkeit für eine solche Hilfeleistung bietet das Rechtsinstitut der Amtshilfe.

a) Voraussetzungen für Gewährung von Amtshilfe für die Aufbewahrung nachrichtenloser Kulturgüter

Im Wege der Amtshilfe kann eine Behörde eine andere Behörde um die Leistung ergänzender Hilfe ersuchen (§ 4 VwVfG).[526] Die Amtshilfe erfüllt im Verwaltungsrecht die Funktion, die partielle Handlungsbehinderung einer an sich zuständigen Behörde durch die Einschaltung einer anderen, insoweit handlungsfähigen Behörde aufzufangen.[527] Fälle der Amtshilfe sind neben Ermittlungen oder der Gewährung von Akteneinsicht unter anderem die hier interessierende Bereitstellung von Räumlichkeiten (§ 5 Abs. 1 Nr. 2 VwVfG).[528] Die für die

---

[524] Im Ergebnis für die öffentlich-rechtliche Verwahrung im Allgemeinen auch *Büllesbach*, S. 152.

[525] Ein Beispiel hierfür ist die Einlagerung eines Helms durch den Zoll in der Stiftung Preußischer Kulturbesitz im Jahr 2004. Dazu VG Berlin, Urt. v. 9.12.2010, VG 1 A 199.08, Pressemitteilung VG Berlin 55/2010 v. 9.12.2010.

[526] Siehe zur Amtshilfe als Verfassungsinstitut Stelkens/Bonk/Sachs/*Bonk/Schmitz*, § 4 Rn. 1 ff.; Brandt/Sachs/*Siegmund*, B Rn. 65.

[527] *Nedden*, S. 132.

[528] Brandt/Sachs/*Siegmund*, B Rn. 65.

Beschlagnahme zuständige Behörde[529] verfügt in vielen Fällen nicht über ausreichend klimatisierte und gesicherte Asservatenkammern, in denen empfindliche und wertvolle Kulturgüter sachgerecht gelagert werden können. Aus diesem Grund werden Museen im Wege der Amtshilfe ersucht, die beschlagnahmten Kulturgüter in ihre Obhut zu nehmen.

Auf eine sachgerechte Aufbewahrung kommt es insbesondere bei einer längeren Aufbewahrung an, mithin wenn sich eine Herausgabe verzögert – so auch im Fall nachrichtenloser Kulturgüter, bei denen ein Herausgabeempfänger nicht bekannt ist.

b) Mögliche Ausschlussgründe für die Gewährung von Amtshilfe durch die Museen

Die ersuchte Behörde darf die Amtshilfe in bestimmten, in § 5 Abs. 2 VwVfG aufgeführten Fällen, nicht leisten. Hierzu gehört der Fall, dass die ersuchte Behörde zur Leistung der Amtshilfe aus rechtlichen Gründen nicht in der Lage ist (§ 5 Abs. 2 S. 1 Nr. 1, § 7 Abs. 1 VwVfG[530]). Dies ist der Fall, wenn die Behörde durch die Vornahme der Unterstützungshandlung gegen das für sie maßgebliche Recht verstoßen würde.

Ausschussgründe für eine Aufnahme nachrichtenloser Kulturgüter können sich möglicherweise aus den Vorschriften der für Museen maßgeblichen Verhaltensregeln ergeben. Es handelt sich hierbei um die vom Internationalen Museumsbund, dem *International Council of Museums* (*ICOM*), herausgegebenen ethischen Verhaltenskodizes, dem *ICOM Code of Ethics* (ICOM-Kodex), in welchem Verhaltensregeln für die Museumspraxis festgehalten werden, zu deren Beachtung sich die Museen freiwillig verpflichtet haben.[531] Denkbar sind ferner Ausschlussgründe, die sich aus den Bestimmungen der UNESCO Konvention 1970 oder den allgemeinen Regelungen des VwVfG ergeben.

---

529 In einigen Bundesländern verfügen Zollbehörden über klimatisierte Asservatenräume, so wohl in Frankfurt am Main und Berlin. Allerdings ist eine fachgerechte Aufbewahrung auch hierdurch nicht notwendigerweise garantiert, da dort dann ein Klima für sämtliche eingelagerten Sachen herrscht und nicht auf die Bedingungen im speziellen Einzelfall abgestellt werden kann.

530 Die landesrechtlichen Verwaltungsverfahrensgesetze haben jeweils eine § 5 VwVfG (Bund) entsprechende Regelung. Zu beachten ist allerdings, dass sich aus bunds- und landesrechtlichen Regelungen spezialgesetzliche Einschränkungen der Amtshilferechte und -pflichten ergeben können. Dadurch werden im Einzelfall insbesondere Abs. 2 und 3 des § 5 VwVfG modifiziert. Stelkens/Bonk/Sachs/*Bonk*/*Schmitz*, § 5 Rn. 43. Die folgenden Ausführungen beziehen sich exemplarisch auf § 5 VwVfG des Bundes.

531 Ausführlich zum ICOM-Kodex siehe unten, 5. Kapitel D. I. 2.

aa) Punkt 2.3. ICOM-Kodex

Zu prüfen ist daher zunächst, ob die Aufnahme von Kulturgut ungeklärter Provenienz in ein Museum einen Verstoß gegen die Vorschriften des ICOM-Kodex begründen kann. Insbesondere die in Punkt 2.3 des ICOM-Kodex festgelegte Verpflichtung, keine Kulturgüter anzuschaffen, die nicht über eine gesicherte Provenienz verfügen, könnte verletzt sein.[532] Dahingestellt bleiben kann an dieser Stelle, ob eine Aufnahme nachrichtenloser Kulturgüter im Wege einer Amtshilfe eine Anschaffung *(acquisition)* im Sinne der ICOM-Regelungen ist und damit vom Verbot des Punktes 2.3 des ICOM-Kodex erfasst ist

Denn zumindest sind die freiwilligen Selbstverpflichtungen des ICOM-Kodex trotz der ihnen zukommenden weitreichenden Bindungskraft in der Museumspraxis keine rechtlichen Regelungen im Sinne des § 5 Abs. 2 S. 1 Nr. 1 VwVfG.[533] Ein Amtshilfeverbot kann ausschließlich durch Gesetz oder aufgrund eines Gesetzes durch Rechtsverordnung angeordnet sein.[534] Da nicht einmal Verwaltungsvorschriften[535] ausreichen können, um ein Amtshilfeverbot zu begründen, kann dies erst recht nicht durch die Wirkung von untergesetzlichen Selbstverpflichtungserklärungen herbeigeführt werden. Insofern kann an dieser Stelle auch dahingestellt bleiben, welche Wirkung der Bestimmung in 2.11 des ICOM-Kodex beizumessen ist, in welcher die Funktion eines Museums „als Zufluchtsstätte“ für Kulturgüter ungeklärter Provenienz im Einzelfall vorgesehen ist.[536]

bb) Art. 3 i.V. m. Art. 7 lit a) UNESCO Konvention 1970 und die Bestimmungen des KultGüRückG

Auch ein die Amtshilfe ausschließender Verstoß gegen die Bestimmungen der UNESCO Konvention 1970 kommt durch die Aufnahme nachrichtenloser Kulturgüter nicht in Betracht. Dahingestellt bleiben kann auch an dieser Stelle, ob die Aufnahme nachrichtenloser Kulturgüter möglicherweise eine Verletzung des Art. 3 i. V. m. Art. 7 lit. a) der UNESCO Konvention 1970 darstellt.[537] Grund hierfür ist, dass den Regelungen der Konvention keine unmittelbare Geltung im deutschen Recht zukommt und damit ein Verstoß gegen die Bestimmungen der Konvention folglich keinen die Amtshilfe ausschließenden Gesetzesverstoß

---

532 Punkt 2.3. des ICOM Kodex: „Valid title – No object or specimen should be acquired by purchase, gift, loan, bequest, or exchange unless the acquiring museum is satisfied that a valid title is held. Evidence of lawful ownership in a country is not necessarily valid title.“

533 Ausführlich zum ICOM-Kodex unten, 5. Kapitel, D. I. 2.

534 Stelkens/Bonk/Sachs/*Bonk/Schmitz*, § 5 Rn. 15.

535 Stelkens/Bonk/Sachs/*Bonk/Schmitz*, § 5 Rn. 15, 28.

536 Siehe hierzu später ausführlich unter 5. Kapitel D. I. 2.

537 Siehe hierzu noch ausführlich unter 5. Kapitel E. III.

bedeuten kann.[538] Eine Verletzung des Umsetzungsakts der Konvention in das deutsche Recht, also den Bestimmungen des KultGüRückG, ist durch die Aufnahme nachrichtenlosen Kulturguts im Wege der Amtshilfe nicht ersichtlich.

cc) Drohung von Nachteilen durch Aufnahme nachrichtenloser Kulturgüter i. S. d. § 5 VwVfG

Der in § 5 Abs. 2 S. 1 Nr. 2 VwVfG enthaltene Ausschlussgrund für die Gewährung von Amtshilfe bei einem Nachteil, der dem Wohl des Bundes oder eines Landes zuteil werden könnte, wird durch eine Aufnahme von nachrichtenlosem Kulturgut in der Regel nicht festzustellen sein. Zwar ist es nicht von vornherein ausgeschlossen, dass die Aufnahme – selbst im Wege der Amtshilfe – eines illegal ausgeführten Kulturgutes in ein Museum in Deutschland eine Beeinträchtigung des Verhältnisses zu einem ausländischen Herkunftsstaat oder internationalen Organisationen, wie beispielsweise dem ICOM, begründen kann, was als dem Wohl des Bundes abträglich bezeichnet werden kann.[539] Der hier geforderte erhebliche Nachteil, der deutlich über den Charakter einer Irritation diplomatischer Beziehungen zu einem ausländischen Staat hinausgehen muss, wird in der Regel zu verneinen sein. Selbst die Anstrengung eines zivilrechtlichen Gerichtsverfahrens auf Herausgabe des Kulturguts durch einen ausländischen Staat reicht nicht aus, einen erheblichen Nachteil des Bundes oder eines Landes i. S. d. § 5 Abs. 2 Nr. 2 VwVfG zu begründen.[540]

Insbesondere da die Eigentümer nachrichtenloser Kulturgüter gerade nicht bekannt sind und sich somit also gerade kein Herkunftsstaat feststellen lässt, kann das Vorliegen eines Amtshilfeverbots nach § 5 Abs. 2 Nr. 2 VwVfG als ausgeschlossen angesehen werden. Die in § 5 Abs. 3 enthaltenen Möglichkeiten zur Ablehnung der Amtshilfe[541] werden in der Regel ebenfalls nicht vorliegen, zumal es als im übergeordneten Interesse des Museums liegend angenommen werden kann, Kulturgüter sachgerecht aufzubewahren und sie damit vor Beschädigung und Wertverlust zu schützen.

---

[538] Zur Rechtskraft der UNESCO Konvention 1970 im deutschen Rechtsgefüge siehe unter 5. Kapitel E. VI. 1.

[539] Stelkens/Bonk/Sachs/*Bonk/Schmitz*, § 5 Rn. 25.

[540] Italien kündigte im Jahr 2008 an, gerichtliche Schritte gegen die Stiftung Preußischer Kulturbesitz zu beschreiten, um die Herausgabe eines Helms zu erwirken, der im Wege der Amtshilfe von den Zollbehörden an die Stiftung Preußischer Kulturbesitz zur Verwahrung übergeben worden war. Das Gerichtsverfahren ist mit VG Berlin, Urt. v. 9.12.2010, VG 1 A 199.08, Pressemitteilung VG Berlin 55/2010 v. 9.12.2010 vorerst beendet worden, im Hinblick auf den Anspruch gegen die Stiftung als falsche Anspruchgegnerin jedoch erfolglos. Siehe dazu bereits oben, 3.

[541] Zu den Ablehnungsmöglichkeiten Stelkens/Bonk/Sachs/*Bonk/Schmitz*, § 5 Rn. 33 ff.

c) Anspruchsgegener für Herausgabeverlangen im Fall gewährter Amtshilfe

Das aufbewahrende Museum wird im Fall gewährter Amtshilfe nicht selbst Besitzer des Gegenstands i. S. d. § 854 BGB. Die im Wege der Amtshilfe tätig werdenden Museen begründen selbst keinen Besitz an den eingelagerten Gegenständen, sondern üben die tatsächliche Sachherrschaft über die Kulturgüter lediglich für die im Einzelfall zuständige Behörde aus.[542]

Ein zivilrechtlicher Herausgabeanspruch oder eine zivilrechtliche Herausgabeklage ist somit nicht gegen die einlagernde Institution, das Museum, zu richten, sondern gegen die Behörde, die den Gewahrsam hieran ursprünglich begründet hat.[543]

D. Besitzrecht der aufbewahrenden Institution an nachrichtenlosen Kulturgütern

Zu untersuchen ist, ob und für welchen Zeitraum die öffentlich-rechtliche Verwahrung der aufbewahrenden Institution ein Recht zum Besitz i. S. d. § 986 BGB verschafft. Dem Vorliegen eines Besitzrechts der aufbewahrenden Institution kommt entscheidende Bedeutung bei der Rückabwicklung des Aufbewahrungsverhältnisses zu. So kommt es für das Vorliegen eines Herausgabeanspruchs des Eigentümers aus § 985 BGB sowie für die Möglichkeit der Geltendmachung eventueller Ersatzansprüche, etwa nach den Ausgleichsregelungen des Eigentümer-Besitzer-Verhältnisses gem. §§ 987 ff. BGB (gegebenenfalls in analoger Anwendung) auf das Vorliegen eines Besitzrechts der aufbewahrenden Institution an.[544]

---

[542] So entschied das VG Berlin im Fall der Herausgabeklage Italiens hinsichtlich eines Helms, der in der Stiftung Preußischer Kulturbesitz aufbewahrt wurde. VG Berlin, Urt. v. 9.12.2010, Pressemitteilung VG Berlin 55/2010 v. 9.12.2010.

[543] Richtiges Gericht für die auf § 985 BGB gestützte zivilrechtliche Herausgabeklage wäre in diesem Fall das Zivilgericht. Dies wurde im Helm-Fall (VG Berlin, Urt. v. 9.12.2010, Pressemitteilung VG Berlin 55/2010 v. 9.12.2010) verkannt. Die Beschreitung des (falschen) Verwaltungsrechtswegs basierte wahrscheinlich auf der in diesem Fall fälschlichen Rechtsauffassung, dass der Herausgabeanspruch auf das KultGüRückG zu stützen gewesen sei. Stattdessen bestand ein durchsetzbarer Herausgabeanspruch aus § 985 BGB.

[544] In Betracht kommen Ansprüche gem. §§ 987 ff. BGB (ggf. analog), siehe dazu unten, F. II. 3.

I. Bedeutung des Besitzrechts der aufbewahrenden Institution i. S. d. § 986 BGB im Rahmen der öffentlich-rechtlichen Verwahrung

Klargestellt wurde bereits, dass die öffentlich-rechtliche Verwahrung unabhängig von zivilrechtlichen Besitzverhältnissen zustande kommt. Es kommt für das Vorliegen einer öffentlich-rechtlichen Verwahrung folglich nicht darauf an, ob die Behörde Besitz im Sinne des BGB erlangt und welcher Art der Besitz ist. Außer Acht bleibt zunächst auch, ob der Eigentümer (Mit-)Besitzer im Sinne der Vorschriften des BGB bleibt. Das Vorliegen einer öffentlich-rechtlichen Verwahrung von nachrichtenlosen Kulturgütern durch einen Hoheitsträger enthält als solches noch keine Aussage darüber, ob der Behörde ein Recht zum Besitz i. S. d. § 986 BGB zusteht. Wie einleitend festgestellt, kommt dieser Frage allerdings insbesondere für den Fall einer Rückabwicklung der öffentlich-rechtlichen Verwahrung weitreichende Bedeutung zu. Die zivilrechtliche Verwahrung gem. § 688 ff. BGB vermittelt dem Verwahrer ein Recht zum Besitz i. S. d. § 986 BGB. Dies legt den Schluss nahe, dass das entsprechende verwaltungsrechtliche Institut der aufbewahrenden Behörde ebenfalls ein Recht zum Besitz vermittelt. Die Frage bedarf jedoch eingehender Untersuchung aufgrund des vorliegenden Zusammenspiels zivilrechtlicher Vorschriften im Kontext öffentlich-rechtlicher Zusammenhänge.

Besitzrechte können neben rechtsgeschäftlich eingeräumten Berechtigungen u.a. auf Verwaltungsbefugnissen, Gesetz oder auf einem Besitz zuweisenden Hoheitsakt beruhen.[545] Die Beantwortung der Frage nach dem *Recht* zum Besitz wird klarer durch die Untersuchung der Frage nach der Art und Weise des Besitzes der aufbewahrenden Behörde.[546]

II. Abgrenzung Besitz – Gewahrsam in der öffentlich-rechtlichen Verwahrung

Der Verwahrer im Zivilrecht erhält Besitz im Rahmen eines Besitzmittlungsverhältnisses gem. § 868 BGB. Zu übertragen sein könnte dies auf die öffentlich-rechtliche Verwahrung insofern, als der Staat mittels seiner Organe unmittelbaren Besitz erlangt, während der betroffene (und im Fall der nachrichtenlosen

---

545 *Vieweg/Werner*, SachR, § 7 Rn. 13; *Baldus*, in: MüKo-BGB, § 986 Rn. 13.

546 Anders liegt der Fall hingegen bei sog. „schwebenden Vindikationslagen". Das Besitzrecht fehlt, wenn der Eigentümer zwar mit dem Besitz einverstanden ist, der den Besitz rechtfertigende Vertrag aber erst noch geschlossen werden soll. Der Vertrag kann das Besitzrecht dann allerdings auch rückwirkend schaffen. Dazu *Kohler*, NJW 1988, 1054 ff., der diese schwebenden Vindikationslagen nicht nach §§ 987 ff. BGB, sondern nach Bereicherungsrecht abwickeln will.

Kulturgüter unbekannte) Eigentümer von da an als mittelbarer Besitzer auftritt. Hierdurch könnte ein solches Besitzmittlungsverhältnis zwischen der aufbewahrenden Institution und dem Eigentümer gem. § 868 BGB analog entstehen.

In der öffentlich-rechtlichen Verwahrung bringt die Behörde allerdings in Wahrnehmung einer öffentlichen Aufgabe die Sache an sich. Angeknüpft wird dabei in der Regel nicht an die rechtliche Position des Vorbesitzers. Die Inbesitznahme in der öffentlich-rechtlichen Verwahrung verdrängt in der Regel lediglich den Berechtigten, ohne auf ihn Bezug zu nehmen. Da der Staat somit jenseits zivilrechtlicher Besitzpositionen handelt und nicht als ein die Rechtsbeziehung bestimmender Oberbesitzer auftritt, macht die Sonderverbindung der öffentlich-rechtlichen Verwahrung den Betroffenen (Eigentümer) grundsätzlich nicht zum mittelbaren Besitzer. Die Annahme eines Besitzmittlungsverhältnisses kann daher nicht als brauchbarer Ansatz dienen.[547]

Im Rahmen der öffentlich-rechtlichen Verwahrung kann daher nicht ohne Weiteres auf den Begriff des „Besitzers" abgestellt werden. Vielmehr kann der Begriff im Kontext des öffentlichen Rechts lediglich „untechnisch" verstanden werden.

Als Ansatz zur Einordnung des hoheitlichen Herrschaftsverhältnisses über die verwahrte Sache wird teilweise eine strafrechtliche Interpretation des „Besitzes" der Behörde gewählt. Die verwahrende Behörde wird als Gewahrsamsinhaberin betrachtet. Jede andere, mithin zivilrechtliche, Auffassung des Herrschaftsverhältnisses sei im Rahmen der öffentlich-rechtlichen Verwahrung mit dem öffentlichen Recht nicht passenden Bewertungsschwierigkeiten verbunden.[548] Hiernach ist für die Begründung der öffentlich-rechtlichen Verwahrung ausreichend, dass der vorherige Gewahrsamsinhaber diese Stellung vollständig an die Verwaltung verliere. Die juristische Person des öffentlichen Rechts übe dann durch ihr zuständiges Organ, ihre Angestellten und Beamten oder von ihr beauftragte Dritte selber Gewahrsam mit aus.[549] Erforderlich bleibe ein natürlicher Beherrschungswille als notwendiger Bestandteil des Gewahrsams.[550] Bewertungen mit Hilfe zivilrechtlicher Besitzarten sind so nicht mehr erforderlich, um die öffentlich-rechtliche Verwahrung festzustellen.

---

547 *Büllesbach*, S. 158 f.

548 *Büllesbach*, S. 159.

549 *Büllesbach*, S. 159.

550 Ausführlich zum Verwahrungswillen der Verwaltung *Büllesbach*, S. 160 ff. m. w. N.

III. Besonderheiten bei Besitz und Gewahrsam im Rahmen der öffentlich-rechtlichen Verwahrung nachrichtenloser Kulturgüter

Trotz der erörterten Schwierigkeiten einer zivilrechtlichen Einordnung behördlicher Sachherrschaft über eine verwahrte Sache erscheint es einzig richtig, der aufbewahrenden Behörde ein Recht zum Besitz an den nachrichtenlosen Kulturgütern gem. § 986 BGB analog aus der öffentlich-rechtlichen Verwahrung zuzuerkennen. Um die Einheit der Rechtsordnung zu gewährleisten, muss einer Behörde, die die Pflicht zur Aufbewahrung von Kulturgütern hat, gleichzeitig ein Recht zum Besitz an den Kulturgütern gem. § 986 BGB analog[551] zuerkannt werden. Bezogen auf sämtliche bereits aufgeführten Fallgruppen nachrichtenloser Kulturgüter besteht jeweils eine Verpflichtung zur weiteren staatlichen Aufbewahrung.

1. Besitzrecht als Konsequenz einer Aufbewahrungspflicht der nachrichtenlosen Kulturgüter

Die Verpflichtung zur Aufbewahrung nachrichtenloser Kulturgüter ergibt sich, je nach Umständen der Gewahrsamsbegründung, aus unterschiedlichen Umständen. Dabei lassen sich im Wesentlichen drei verschiedene Pflichtbegründungen erkennen. Die Aufgabe der Verwahrung nachrichtenloser Kulturgüter kann von einem anderen Hoheitsträger übertragen und ausdrücklich zur staatlichen Aufgabe erklärt worden sein, wie die Aufbewahrung der Kulturgüter aus dem Restbestand CCP. Ferner kann sich die Pflicht zur weiteren Aufbewahrung als Folge einer Sicherstellung unrechtmäßig eingeführter oder aus sonstigen Gründen sichergestellter Kulturgüter ergeben. Eine weitere Pflicht zur Aufbewahrung kann sich aus der ausdrücklichen Begründung einer treuhändischen Verwahrung in sonstigen Fällen ergeben, wie in den Fällen der in Kriegszeiten zum Schutz eingelagerten Kulturgüter. Selbes gilt für die sonstigen Fälle der Übernahme einer Aufbewahrung, wie beispielsweise bei der Aufbewahrung der nach dem Zweiten Weltkrieg als „Kriegstrophäen" gestohlenen und später zurück gegebenen Kulturgüter unbekannter Eigentümer.

Die Verwaltung des sog. Restbestands CCP zu treuen Händen für die Eigentümer ist der Bundesrepublik seitens der Alliierten übertragen worden. Die Bundesrepublik hat somit die Verpflichtung übernommen, die Kulturgüter zu verwahren. Im Fall der sichergestellten Kulturgüter ergibt sich die Verpflichtung der Behörde zur Verwahrung aus dem so genannten „faktischen" Verwahrungsverhältnis zwischen aufbewahrender Behörde und dem Eigentümer. Die Be-

[551] § 986 BGB kommt analog zur Anwendung, da sich das Besitzrecht der verwahrenden Institution nicht aus den von § 986 BGB vorausgesetzten zivilrechtlichen Vorschriften ergibt.

hörde muss – zumindest vorerst – die Sache auch nach Beendigung der Beschlagnahme aufbewahren. Und auch im Fall der freiwillig eingelagerten Kulturgüter, sei es durch die Eigentümer selbst zum Schutz der Objekte oder nach einer Rückgabe entwendeter Kunstwerke, entsteht aufgrund der öffentlich-rechtlichen Inverwahrungnahme eines Museums oder einer Behörde eine – nunmehr vertragliche – Verpflichtung, diese für die unbekannten Eigentümer aufzubewahren.

Die Pflicht zur Verwahrung der Kulturgüter ist gleichzeitig Ausdruck der fehlenden Möglichkeit für die Verwaltung, die Verwahrung durch einseitige Entscheidung jederzeit zu beenden. Dies wird auch daran deutlich, dass die Entäußerung von Sachen, die sich im Gewahrsam öffentlicher Behörden befinden, besonderen Anforderungen zu genügen hat.[552] Die Annahme einer Pflicht des staatlichen Verwahrers zur Aufbewahrung der Kulturgüter begründet zugleich ein Recht zum Besitz.

2. Recht zum Besitz i. S. d. § 986 BGB analog aus öffentlich-rechtlicher Verwahrung nachrichtenloser Kulturgüter als Ausdruck der Einheit der Rechtsordnung

Besteht eine öffentlich-rechtliche Pflicht zur Aufbewahrung der nachrichtenlosen Kulturgüter, so steht das Prinzip der Einheit der Rechtsordnung einer Wertung entgegen, den staatlichen Besitz an den Kulturgütern als unberechtigt einzuordnen. Da zur Anwendung der §§ 688 ff. BGB im Rahmen der öffentlich-rechtlichen Verwahrung darauf verwiesen wird, dass das Zivilrecht auf die öffentlich-rechtliche Verwahrung insoweit anzuwenden ist, wie es der Wahrnehmung der öffentlich-rechtlichen Aufgaben nicht entgegen steht, muss dies auch für die Gewährung eines Besitzrechts i. S. d. § 986 BGB analog für die aufbewahrende Institution gelten.

Auch ein Vergleich der Situation der aufbewahrenden Behörde mit einem Finder spricht dafür, ihr ein zumindest besitzrechtsähnliches Recht zuzuerkennen. Danach ist der Finder gesetzlich verpflichtet die Fundsache zu verwahren. Der Finder ist damit gem. § 966 BGB zum Besitz verpflichtet, wenngleich er nicht i. S. d. § 986 BGB zum Besitz berechtigt ist.[553] Dies bedeutet, dass ihm kein vindikationsausschließendes Recht zum Besitz zusteht, vielmehr ist er permanent einer – daher als „verhalten" bezeichneten – Vindikation ausgesetzt. Zwar ist er zur Ingebrauchnahme der Sache nicht befugt.[554] Dennoch ist sein Besitzstand bis zu dem Zeitpunkt rechtmäßig, in welchem entweder ein Empfangsberechtigter

---

552 Vgl. z. B. § 983 BGB. Siehe zur Anwendbarkeit von § 983 BGB zur Entäußerung von Kulturgütern aus der öffentlich-rechtlichen Verwahrung ausführlich oben, 3. Kapitel C.

553 Staudinger/*Gursky*, § 966, Rn. 2, abweichend allerdings *ders.* § 966 Rn. 2 in der vorhergehenden 12. Auflage.

554 Staudinger/*Gursky*, § 966 Rn. 2; Soergel/*Henssler*, § 966 Rn. 1.

zur Herausgabe oder die zuständige Behörde ihn zur Ablieferung (§ 967 BGB) aufgefordert hat.[555] Er soll in dieser Zeit nicht den §§ 987 ff. BGB unterliegen.[556]

3. Vorläufige, nicht vindikationshindernde Besitzberechtigung

Die vorläufige, nicht vindikationshindernde Besitzberechtigung kommt an mehreren Stellen des BGB vor. So werden die eine Vindikationslage voraussetzenden §§ 987 ff. BGB dann für unanwendbar erklärt[557], wenn der Besitzer zwar kein vindikationsausschließendes Recht zum Besitz i. S. d. § 986 BGB hat, aber er ständig einem verhaltenen Herausgabeanspruch ausgesetzt ist und sein Besitz gerade darum bis zur Rückforderung als rechtmäßig qualifiziert werden muss. Diese Situation trifft neben dem redlichen Finder auch auf den Entleiher (§ 604 Abs. 3 BGB) sowie den Verwahrer (§ 695 BGB) zu.[558] Auch der echte Geschäftsführer ohne Auftrag, der sich mit der Inbesitznahme einer Sache des Geschäftsherren im Rahmen der ihm durch §§ 677 ff. auferlegten Pflichten gehalten hat, befindet sich in einer vergleichbaren Situation.[559] Die Vindikationslage tritt hier erst ein, wenn das Interesse des Geschäftsherrn den Besitz des „Aufbewahrers", also des Geschäftsführers, nicht mehr erfordert oder der Geschäftsherr bzw. Eigentümer die Sache herausverlangt.[560]

Parallel zu diesen Fällen ist daher auch das hoheitliche Besitzrecht bei der Aufbewahrung nachrichtenloser Kulturgüter durch die öffentliche Hand zu bewerten. Zwar besteht kein vindikationsausschließendes Besitzrecht, die öffentliche Hand als Besitzerin ist gegenüber dem Eigentümer allerdings aufgrund der öffentlich-rechtlichen Inbesitznahme zur Verwahrung und damit zum Besitz verpflichtet. Der Herausgabeanspruch des Eigentümers besteht in diesen Fällen, wie bereits im 2. Kapitel eingehend dargelegt, latent. Erst mit einer Aktualisierung des Anspruchs durch das Herausgabeverlangen des Eigentümers beginnt daher auch die Verjährungsfrist zu laufen.[561] Grundsätzlich erst ab diesem Moment werden auch die §§ 987 ff. BGB als Vindikationsfolgenormen anwendbar.[562]

---

[555] Staudinger/*Gursky*, § 966 Rn. 2; Soergel/*Henssler*, § 966 Rn. 2.

[556] *Gursky* spricht in diesem Zusammenhang von unvollständigen, nur der Vergangenheit zugewandten Besitzrechten, die nicht die Vindikation selbst, sondern nur die Nebenfolgen der Vindikation ausschließen. Staudinger/*Gursky*, § 966 Rn. 2.

[557] Staudinger/*Gursky*, Vorbem §§ 987–993 Rn. 17.

[558] Staudinger/*Gursky*, Vorbem §§ 987–993 Rn. 17 und Staudinger/*Gursky*, § 966 Rn. 2

[559] BGH, Urt. v. 29.10.1959, VII ZR 197/58, BGHZ 31, 129 (132), NJW 1960, 192; *R. Schmidt*, S. 208; Staudinger/*Wittmann*, Vorbem 9 zu §§ 677 ff.

[560] Staudinger/*Gursky*, Vorbem §§ 987–993 Rn. 17.

[561] Siehe dazu oben, 2. Kapitel B. V. 3.

[562] Staudinger/*Gursky*, § 985 Rn. 14 sowie Vorbem zu §§ 987–993 Rn. 17.

4. Verwahrer als „gutgläubiger“ Besitzer

Bei der Aufbewahrung nachrichtenloser Kulturgüter durch die öffentliche Hand kann die aufbewahrende Institution nicht als „gutgläubige“ Besitzerin angesehen werden.[563] Parallel hierzu wird auch die Ansicht kritisiert, den Finder als gutgläubigen Besitzer anzusehen.[564] Auch die aufbewahrende Institution besitzt nachrichtenlose Kulturgüter nicht „gutgläubig“ in Bezug auf ein Besitzrecht i. S. d. § 986 BGB, sondern im Bewusstsein der „verhaltenen“ Vindikation. Es kann nur von einer unvollkommenen Besitzberechtigung gesprochen werden. Aus der Natur der Sache folgt, dass diese Besitzberechtigung nur im Fall einer Redlichkeit der aufbewahrenden Institution folgen kann. Besitzt sie unredlich – nämlich das nachrichtenlose Kulturgut unterschlagend, muss der Besitz als unrechtmäßig gelten.[565] Das Besitzrecht ist damit auf diejenigen Fälle beschränkt, in denen nachrichtenlose Kulturgüter im Bewusstsein darüber verwahrt werden, dass sie im Eigentum eines unbekannten Eigentümers stehen, für diesen aufbewahrt werden und die aufbewahrende Institution ihre Pflichten aus dem Verwahrungsverhältnis zu erfüllen bereit ist.[566]

5. Zwischenergebnis

Die Annahme einer öffentlich-rechtlichen Verpflichtung des Staates, die Sachherrschaft über nachrichtenlose Kulturgüter im Rahmen einer öffentlich-rechtlichen Verwahrung unter Verneinung eines Besitzrechts nach zivilrechtlichen Maßstäben auszuüben, ist mit dem Grundsatz der Einheit der Rechtsordnung nicht vereinbar. Die Pflicht zur Verwahrung im öffentlich-rechtlichen Kontext kann kein unberechtigtes Herrschaftsverhältnis nach zivilrechtlichen Maßstäben darstellen. Was also öffentlich-rechtlich eine berechtigte Sachherrschaft bedeutet, kann nicht zivilrechtlich als unberechtigte Sachherrschaft zu werten sein. Zwar bilden das öffentliche Recht und das Zivilrecht grundsätzlich unterschiedliche Normensysteme. Grundsätzlich ist also möglich, dass eine Handlung, die

---

[563] Daher auch *Gurskys* Kritik an RG JW 1924, 1715, wo der Finder als gutgläubiger Besitzer angesehen wird. Parallel hierzu besitzt auch die aufbewahrende Institution nachrichtenlose Kulturgüter nicht „gutgläubig“ in Bezug auf ein Besitzrecht i. S. d. § 986 BGB, sondern im Bewusstsein der „verhaltenen“ Vindikation. Daher kann nur von einer unvollkommenen Besitzberechtigung gesprochen werden.

[564] Staudinger/*Gursky*, § 966 Rn. 2.

[565] Zur Parallele im Fundrecht, also zum Finder einer verlorenen Sache, Staudinger/*Gursky*, § 966 Rn. 2. Ebenso Soergel/*Mühl*, Vorbem zu §§ 987 ff. Rn. 11; *Lins*, S. 65 Fn. 86.

[566] Dogmatisch begründen lässt sich dies auch mit dem Gedankengang, dass das Besitzrecht aus der an sich gegebenen berechtigten öffentlich-rechtlichen GoA (Geschäft für den, den es angeht) abgeleitet wird, die lediglich durch das speziellere Rechtsverhältnis der öffentlich-rechtlichen Verwahrung überlagert wird. Teilweise wird auch die Möglichkeit aufgezeigt, der aufbewahrenden Institution ein Recht zum Besitz abzusprechen, aber die Anwendung der §§ 987 ff. BGB durch Spezialregelungen auszuschließen. Siehe ähnlich *Raiser* für den ehrlichen Finder in: FS Wolff (1952), S. 123 (133 Fn. 39) sowie S. 139 f.

nach öffentlichem Recht zulässig ist, im Zivilrecht als „nicht berechtigt" gilt. Dies ergibt sich als Folge der Subordination zwischen Bürger und Staat im öffentlichen Recht im Gegensatz zur Gleichordnung der Privatrechtssubjekte im Zivilrecht. Auf die öffentlich-rechtliche Verwahrung finden die zivilrechtlichen Regelungen Anwendung, aber dennoch bleibt das Rechtsverhältnis ein öffentlich-rechtliches. Für die Wertung einer Besitzberechtigung sind daher nicht ausschließlich zivilrechtliche Maßstäbe heranzuziehen. Vielmehr sind, ebenso wie die Regelungen des BGB im öffentlichen Recht entsprechend heranzuziehen sind, die Bewertung der Interessenlage entsprechend vergleichbarer Situationen im Zivilrecht durchzuführen.

Eine derartige Betrachtungsweise führt zu dem Schluss, dass die Sachherrschaft, die im Rahmen der öffentlich-rechtlichen Verwahrung rechtmäßig ausgeübt wird und der im Fall der nachrichtenlosen Kulturgüter eine Pflicht zur Aufbewahrung zugrunde liegt, ein Besitzrecht vermittelt. Wie im zivilrechtlichen Verwahrungsvertrag ergibt sich für die aufbewahrende Behörde dieses Besitzrecht i. S. d. § 986 BGB analog aus dem Umstand der redlichen öffentlich-rechtlichen Verwahrung nachrichtenloser Kulturgüter für die unbekannten Eigentümer. Dem Besitzrecht der Verwaltung an den Kulturgütern steht nicht entgegen, dass der Eigentümer dieses jederzeit beenden kann. Es steht ihm also nicht entgegen, dass der Besitzer ein Herausgabeverlangen des Eigentümers nicht mit dem Besitzrecht abwehren kann. Das Herausgabeverlangen des Eigentümers eines aufbewahrten nachrichtenlosen Kulturguts beendet dieses Besitzrecht. In diesem Moment wird die Behörde zum unberechtigten Besitzer i. S. d. § 985 BGB, so dass eine Vindikationslage vorliegt.

E. Beendigung der öffentlich-rechtlichen Verwahrung

Die Sonderbeziehung der öffentlich-rechtlichen Verwahrung endet grundsätzlich mit der tatsächlichen Rückführung der hinterlegten Sache. Nicht beendet ist das Verwahrungsverhältnis bereits mit dem bloßen Rücknahmeverlangen seitens des Verwahrers.[567] Die Rückgabe der verwahrten Sache – vorliegend also der verwahrten Kulturgüter – ist grundsätzlich am Ort der Aufbewahrung geschuldet.[568]

---

567 *Krampe*, NJW 1992, 1264 (1269); ebenso *Büllesbach*, S. 180. Auf die umstrittene Frage, ob bereits mit Annahmeverzug des Hinterlegers der Verwahrungsvertrag endet, kommt es im Fall nachrichtenloser Kulturgüter nicht an. Bis zu dem Zeitpunkt, in welchem ein Eigentümer nicht festgestellt werden kann, fehlt es an einem ordnungsgemäßen Angebot gem. §§ 294, 295 BGB, da dieses dem unbekannten Eigentümer nicht zugeht. Insbesondere die eventuell anwendbare Haftungserleichterung des § 300 Abs. 1 BGB greift daher im Fall der Aufbewahrung nachrichtenloser Kulturgüter nicht ein. Siehe zur Möglichkeit des Annahmeverzugs im Rahmen der öffentlich-rechtlichen Verwahrung allgemein *Krampe* a.a.O.

568 BGH, Urt. v. 3.2.2005, III ZR 271/04, NJW 2005, 988 (989).

I. Rückforderungsrecht des Hinterlegers gem. § 695 BGB analog

Der Anspruch auf Herausgabe der verwahrten Kulturgüter durch den Eigentümer besteht gem. § 695 BGB analog. Hiernach kann der Hinterleger die hinterlegte Sache jederzeit zurückfordern, auch wenn für die Aufbewahrung eine Zeit bestimmt ist (§ 695 S. 1 BGB).

Der Rückforderungsanspruch in der öffentlich-rechtlichen Verwahrung ist nicht stets ausgeschlossen, vor allem dann nicht, wenn das amtliche Verwahrungsverhältnis auf Antrag des Hinterlegers enden soll. Anders liegt der Fall, wenn das Verwahrungsverhältnis unabhängig von der Einwilligung des Eigentümers begründet wurde und öffentlich-rechtliche Normen damit die zivilrechtlichen Vorschriften überlagern. In diesem Fall kann erst zurück gefordert werden, wenn die Entscheidung über die Verwahrung aufgehoben oder sonst weggefallen ist.[569]

Im Rahmen der öffentlich-rechtlichen Verwahrung wird der Rückforderungsanspruch des Hinterlegers gem. § 695 BGB daher in der Weise aufgefasst, dass der Berechtigte die Sache jederzeit zurückfordern kann, wenn die Verwahrung nicht von hoheitlichen Zwecken überlagert wird, die jenseits der Verwahrung für den Eigentümer bestehen.[570] Da ein Herausgabeanspruch aus § 695 BGB analog besteht, muss folglich auch kein Folgenbeseitigungsanspruch geltend gemacht werden.[571]

Erfolgt die öffentlich-rechtliche Verwahrung nachrichtenloser Kulturgüter aus dem Grund, dass ein Eigentümer nicht ermittelt werden kann, entfällt der Rechtsgrund der Aufbewahrung mit dem Vorbringen einer berechtigten Herausgabeforderung. In Bezug auf die Rückgabe nachrichtenloser Kulturgüter ist das Ziel der öffentlich-rechtlichen Verwahrung erreicht, wenn ein Eigentümer oder sonst ein Berechtigter festgestellt werden kann.[572]

---

569 Beispiele hierfür bei *Quaritsch*, in: Staat und Verwaltung, S. 169 (173), der die gerichtliche Aufhebung oder sonstige Erledigung (z. B. durch Einstellung des Verfahrens) einer Beschlagnahme anführt.

570 Das Bestehen dieses Rechtsgrundes für die Verwahrung prüft das ordentliche Gericht mithin als Vorfrage, vgl. *Quaritsch*, in: Staat und Verwaltung, S. 169 (173).

571 *Quaritsch*, in: Staat und Verwaltung, S. 169 (173). Zur Abgrenzung FBA und Herausgabeanspruch aus öffentlich-rechtlicher Verwahrung siehe auch Hessischer VGH, Urt. v. 12.9. 1962, OS II 134/61, DÖV 1963, 389 (390). Nach verschiedenen Umständen differenzierend *Büllesbach*, S. 165 f.

572 Unter Umständen ist es denkbar, dass die Rückgabepflicht der verwahrenden Behörde im Einzelfall durch § 242 BGB eingeschränkt und dem Verwahrer eine angemessene Rückgabefrist einzuräumen ist. Dies entspricht der allgemeinen Ansicht, so auch *Henssler*, in: MüKo-BGB, § 695 Rn. 4; Staudinger/*Reuter*, § 695 Rn. 2. Diese im Zivilrecht geltende Regel muss aus Billigkeitsgründen analog auch für die öffentlich-rechtliche Verwahrung gelten; so auch *Büllesbach*, S. 113.

II. Herausgabeanspruch gem. § 985 BGB

Die Rückforderung der öffentlich-rechtlich verwahrten Kulturgüter durch den Eigentümer kann neben § 695 BGB analog auch auf eine direkte Anwendung des § 985 BGB gestützt werden.[573]

Vorausgesetzt, dass eine den zivilrechtlichen Herausgabeanspruch überlagernde öffentlich-rechtliche Maßnahme nicht (oder nicht mehr) vorliegt, steht dem Eigentümer grundsätzlich der dingliche Herausgabeanspruch aus § 985 BGB zu. Der zivilrechtliche Herausgabeanspruch steht dem Eigentümer unabhängig davon zur Verfügung, dass der Akt, welcher die Obhut der öffentlichen Hand begründet hat, öffentlich-rechtlicher Natur ist. Die Rückabwicklung der Aufbewahrung hat also nicht zwingend öffentlich-rechtlich zu sein, wenn ihr ein öffentlich-rechtlicher Begründungsakt zugrunde liegt.

Die Stellung als Eigentümer ist unabhängig von speziellen verwaltungsrechtlichen Zusammenhängen zu betrachten. Das öffentliche Recht steht damit nach Erledigung des Allgemeininteresses, wie beispielsweise nach Aufhebung einer Beschlagnahmeanordnung nachrichtenlosen Kulturguts, dem zivilrechtlichen Herausgabeanspruch nicht entgegen.[574]

Gem. § 985 BGB kann der Eigentümer vom Besitzer einer Sache Herausgabe fordern, wenn dem Besitzer kein Recht zum Besitz i. S. d. § 986 BGB zusteht. Wie oben bereits ausgeführt, steht der aufbewahrenden Behörde zwar ein Recht zum Besitz zu. Dieses Recht ist jedoch nicht vindikationshindernd und wird durch die Herausgabeforderung des Eigentümers beendet. Mit Zugang der Herausgabeforderung des Eigentümers beim Besitzer liegen die Voraussetzungen des § 985 BGB vor und der Herausgabeanspruch hinsichtlich des aufbewahrten Kulturguts ist entstanden.

---

573 Zu differenzieren ist hiervon die Frage, ob die Regelungen des EBV, mithin die §§ 987 ff. BGB entsprechend zur Anwendung gelangen können. Insoweit missverständlich *Büllesbach*, S. 45 und 168 m. w. N.

574 So wurde in jüngerer Zeit der Herausgabeanspruch eines Erben des ursprünglichen Eigentümers im Fall einer von Nationalsozialisten beschlagnahmten Plakatsammlung ausschließlich auf § 985 BGB gestützt und vom Gericht bejaht: Plakatsammlung Hans Sachs – in der 1. Instanz stellte das LG Berlin (Urt. v. 10.2.2009, 19 O 116/08, KUR 2009, 57) einen durchsetzbaren Herausgabeanspruch des Erben aus § 985 BGB fest, das KG lehnte diesen in der 2. Instanz (Urt. v. 28.1.2010, 8 U 56/09, KUR 2010, 17) mit dem Argument der Verwirkung ab. Klarstellend insoweit auch ausdrücklich das KultGüRückG (§ 5 Abs. 2), in welchem die Geltendmachung von Ansprüchen nach dem BGB ausdrücklich von den Bestimmungen des (öffentlich-rechtlichen) KultGüRückG unberührt bleiben.

III. Verjährung der Herausgabeansprüche der Eigentümer nachrichtenloser Kulturgüter

Untersucht wird im Folgenden, ob die Durchsetzung des Rückforderungsrechts der Eigentümer nachrichtenloser Kulturgüter durch Verjährungsregelungen eingeschränkt wird. In Abgrenzung zu den Ausführungen des 2. Kapitels werden die folgenden Ausführungen erforderlich, da nun das Rechtsverhältnis der öffentlich-rechtlichen Verwahrung den Ausgangspunkt der Überlegungen bildet.

1. Verjährung des Rückforderungsrechts des Hinterlegers

Das Rückforderungsrecht des Hinterlegers einer in öffentlich-rechtlichen Verwahrung aufbewahrten Sache besteht nicht unbegrenzt, sondern unterliegt, wie auch der Rückforderungsanspruch des Hinterlegers im Zivilrecht, der Verjährung. Dabei kommen die zivilrechtlichen Verjährungsregelungen der §§ 194 ff. BGB für den Rückforderungsanspruch des Hinterlegers aus § 695 BGB[575] auch im Rahmen der öffentlich-rechtlichen Verwahrung analog zur Anwendung.[576] Der Anspruch verjährt somit gem. § 195 BGB analog in der regelmäßigen Verjährungsfrist, mithin in 3 Jahren. § 695 Satz 2 BGB enthält für den Verjährungsbeginn eine Sonderregelung.[577] Diese Sonderregelung bewirkt, dass die Verjährung des Rückforderungsanspruchs nicht nach den allgemeinen Regeln gem. §§ 195, 199 BGB mit der Hinterlegung zu laufen beginnt und damit dem Verwahrer bereits nach Ende des vierten Aufbewahrungsjahres ein Recht zur Verweigerung der Herausgabe vermittelt. Stattdessen bestimmt § 695 Satz 2 BGB, dass die Verjährungsfrist des Rückforderungsanspruchs des Hinterlegers erst ab dem Moment der Rückforderung des Hinterlegers in Gang gesetzt wird.[578] Dies bedeutet für Eigentümer von Kulturgütern, die in öffentlich-rechtlicher Verwah-

---

575 § 695 BGB kommt hier analog zur Anwendung, da es sich um einen öffentlich-rechtlichen Anspruch handelt. Hierneben kommt § 985 BGB direkt zur Anwendung, da sich der Eigentümer insoweit auf seinen zivilrechtlichen Herausgabeanspruch stützt, der unabhängig vom Bestehen des öffentlich-rechtlichen Verwahrungsverhältnisses weiterbesteht. Dass der Anspruch aus § 985 BGB von öffentlich-rechtlichen Regelungen überlagert sein kann, spielt keine Rolle mehr, sobald der entsprechende hoheitliche Akt, wie beispielsweise eine Beschlagnahmeverfügung, aufgehoben worden ist.

576 Die maßgeblichen Verjährungsfristen gem. §§ 194 ff. BGB sind bislang, soweit ersichtlich, nicht Gegenstand von gerichtlichen Entscheidungen zu Ansprüchen aus öffentlich-rechtlichen Verwahrungen geworden. So die ausführliche Untersuchung der Rspr. von *Meysen*, S. 110.

577 Eingefügt durch Art. 1 Abs. 1 Nr. 52 SchuldRModG; dazu BT-Drucksache 14/6040 S. 269 als Folge der durch die Reform bedingten Verkürzung der allgemeinen Verjährungsfrist.

578 Maßgeblich für den Beginn der Verjährungsfrist ist das Rückgabeverlangen, nicht das Ende des Jahres der Rückforderung wie in § 199 Abs. 1 BGB vorgesehen, Palandt/*Sprau*, § 695 Rn. 1. Weiterführend und zum hierin enthaltenen allgemeinen Rechtsgedanken *Grothe*, in: MüKo-BGB, § 199 Rn. 7.

rung aufbewahrt werden, dass der Rückforderungsanspruch aus § 695 BGB analog nicht nach dem Ablauf von 3 Jahren seit der Einlagerung des Kulturguts verjährt und damit nicht mehr durchsetzbar ist. Erst ab dem Moment, in welchem eine Rückforderung des Kulturguts verlangt wird, beginnt die Verjährungsfrist gem. §§ 195, 199 BGB analog zu laufen, so dass dem Eigentümer 3 Jahre zur Durchsetzung seiner Rückforderung verbleiben.

2. Verjährung des Eigentumsherausgabeanspruchs

Wie im Rahmen der zivilrechtlichen Untersuchung der Situation nachrichtenloser Kulturgüter bereits festgestellt,[579] beginnt auch die Verjährungsfrist des Eigentumsherausgabeanspruchs aus § 985 BGB bei der dauerhaften Aufbewahrung in dem Moment zu laufen, in dem der Eigentümer den Herausgabeanspruch durch seine Herausgabeforderung aktualisiert.[580] Verlangt der Eigentümer sein dauerhaft in öffentlich-rechtlicher Verwahrung aufbewahrtes Kulturgut heraus, werden mit der Rückforderung die Verjährungsfristen der Rückforderungsansprüche in Gang gesetzt. Während der Rückforderungsanspruch aus § 695 BGB analog nach 3 Jahren verjährt, bleibt der Eigentumsherausgabeanspruch aus § 985 BGB gem. §§ 197 Abs. 1 Nr. 1 30 Jahre durchsetzbar.[581]

Da der Herausgabeanspruch des Eigentümers aus § 985 BGB in dem Moment entsteht, in welchem die Voraussetzungen des Anspruchs vorliegen, ist dies der Fall, wenn die öffentlich-rechtliche Verwahrung endet und damit das Besitzrecht der Behörde entfällt. Das Besitzrecht entfällt durch die Herausgabeforderung des Eigentümers als Hinterleger. Die Verjährung der Vindikation beginnt somit in dem Moment zu laufen, in welchem der (nunmehr feststellbare) Eigentümer seinen Anspruch auf Herausgabe des Kulturguts gegen die aufbewahrende Institution vorbringt. Ab diesem Moment beginnt die Verjährungsfrist des § 197 Abs. 1 Nr. 1 BGB zu laufen und endet nach dem Ablauf von 30 Jahren. Probleme der Durchsetzung sind somit nicht zu erwarten. Auf einen Verzicht der Geltendmachung der Einrede der Verjährung seitens der aufbewahrenden Institution

---

579 Siehe dazu oben, 2. Kapitel B. V. 3.

580 Die Verjährung des Anspruchs aus § 985 BGB beginnt gem. § 200 BGB mit der Entstehung des Anspruchs. Anders der Beginn der regelmäßigen Verjährungsfrist. Hierfür legt § 199 Abs. 1 BGB den Beginn für den Schluss des Jahres fest, in dem (1) der Anspruch entstanden ist und (2) der Gläubiger von den den Anspruch begründenden Umständen und der Person des Schuldners Kenntnis erlangt oder ohne grobe Fahrlässigkeit erlangt haben müsste. Zur Verjährung des Anspruchs auf Herausgabe aus § 985 BGB im Fall von Kulturgütern im Allgemeinen *Rietschel*, S. 110 ff.

581 Zur Kontroverse zur Verjährung des Herausgabeanspruchs in Bezug auf die Herausgabe von Kulturgütern siehe *Remien*, AcP 201 (2001), 730 (735 ff.); *Siehr*, ZRP 2001, 346 (346 f.); zur Verjährung des Herausgabeanspruchs in verschiedenen Rechtsordnungen *ders.*, in: FS Welser (2004), S. 997 (1006 ff.), *Armbrüster*, FS Westermann (2008), S. 53 (53 ff.); *Müller-Katzenburg*, NJW 1999, 2551 (2558).

kommt es daher trotz der langen Zeiträume, für welche die nachrichtenlosen Kulturgüter unter Umständen aufbewahrt werden, nicht an.[582] Auf den Inhalt und die Auswirkungen der von Deutschland eingegangenen Verpflichtungen in der Washingtoner Erklärung von 1998 und in der hierauf folgenden Gemeinsamen Erklärung von 1999 kommt es daher nicht an.[583] Der Verzicht auf Verjährungseinreden wird nicht erforderlich sein, da für die Durchsetzung des Herausgabeanspruchs dem Eigentümer jeweils 30 Jahre ab dem Zeitpunkt seiner Forderung auf Rückgabe des verwahrten Kulturguts zur Verfügung stehen.

F. Einzelfragen zum Inhalt der dauerhaften öffentlich-rechtlichen Verwahrung von Kulturgütern

Im Folgenden wird erörtert, welche Vorgaben sich für die konkrete Handhabung der eingelagerten nachrichtenlosen Kulturgüter aus der Annahme einer öffentlich-rechtlichen Verwahrung ergeben. Untersucht werden der Inhalt der Obhutspflicht sowie der maßgebliche Haftungsmaßstab. Ferner wird erörtert, inwieweit die Aufbewahrung auf unbestimmte Zeit die Annahme einer öffentlich-rechtlichen Verwahrung beeinflusst.

I. Obhutspflicht des Staates als Verwahrer

Untersucht wird zunächst, welche konkreten Maßnahmen der öffentlich-rechtliche Verwahrer bei der Aufbewahrung nachrichtenloser Kulturgüter schuldet. Hieran schließen sich Erwägungen zum Haftungsmaßstab des Verwahrers bei Pflichtverletzungen im Rahmen der öffentlich-rechtlichen Verwahrung nachrichtenloser Kulturgüter an. Ausgangspunkt der Überlegungen hierzu ist eine mögliche Anwendbarkeit der in § 690 BGB vorgesehenen Haftungserleichterung auf öffentlich-rechtliche Verwahrungsverhältnisse.

1. Allgemeines

Zwar enthalten Entscheidungen aus dem Bereich der öffentlich-rechtlichen Verwahrung meist den Hinweis auf die Ableitung des Inhalts eines öffentlich-rechtlichen Verwahrungsverhältnisses aus den §§ 688 BGB. Tatsächlich erweist sich die Bedeutung der §§ 688 ff. BGB für die konkrete Ausgestaltung des Inhalts

---

[582] Auf die Wirkung der Washingtoner Erklärung und der hierin getroffenen Vereinbarung des Verzichts auf die Erhebung der Einrede der Verjährung seitens der öffentlichen Hand kommt es folglich nicht an.

[583] Siehe zur Bedeutung der Washingtoner Erklärung für die Aufbewahrung nachrichtenloser Kulturgüter unten, 5. Kapitel C.

öffentlich-rechtlicher Verwahrungsverhältnisse hingegen als gering.[584] Allerdings haben sich in der Rechtsprechung bestimmte Inhalte der öffentlich-rechtlichen Verwahrung herausgebildet. Diese werden im Folgenden auf den Anwendungsfall der Aufbewahrung nachrichtenloser Kulturgüter untersucht.

2. Konkretisierung der Obhutspflicht des Verwahrers

Die Ableitung des Inhalts der gesetzlich nicht ausgestalteten öffentlich-rechtlichen Verwahrung erfolgt vor dem durch die Rechtsprechung formulierten Zweck des Sonderverhältnisses, der verwahrten Sache angemessene und den Interessen des Eigentümers entsprechende Fürsorge zu gewähren.[585] Für die Einhaltung dieser angemessenen Fürsorge sind konkrete Pflichten des Verwahrers herausgebildet worden.

Für die Aufbewahrung von Kulturgütern sind zwei Kategorien von Pflichten entscheidend: zum einen die Pflichten, die unmittelbar die Aufbewahrung betreffen, und zum anderen Maßnahmen, die seitens des Verwahrers im Hinblick auf die Ermöglichung und Durchführung der Rückgabe an den Eigentümer zu leisten sind. Deutlich wird hieran ein Grundcharakteristikum der öffentlich-rechtlichen Verwahrung, nämlich das Ziel der Rückgabe an den Eigentümer. Die Ermöglichung einer Rückgabe ist somit als Ziel der öffentlich-rechtlichen Verwahrung stets bei der Ausgestaltung der gegenseitigen Rechte und Pflichten von Verwahrer und Hinterleger zu beachten.

a) Sichere Einlagerung – Richterliche Ausgestaltung der Fürsorgepflicht des Verwahrers

Die unmittelbare Aufbewahrung hat in Gestalt einer sicheren Einlagerung zu erfolgen. Das Ziel einer unversehrten Rückgabe der öffentlich-rechtlich verwahrten Sache erfordert also einerseits das Unterlassen von Beschädigungen. Andererseits kann auch ein Tätigwerden zum Schutz erforderlich werden.[586] Konkrete Fürsorgemaßnahmen können aus der Natur der Sache heraus nicht allgemeingültig aufgestellt werden, da die erforderliche Sorgfalt nach dem Zustand und den Eigenschaften der öffentlich-rechtlich verwahrten Sachen unterschieden werden muss. Als Maßstab des Handelns der Verwaltung müssen die Interessen

---

584 Eine Untersuchung der inhaltlichen Ausgestaltung der öffentlich-rechtlichen Verwahrung gelangt zu dem Ergebnis, dass die Inhalte der öffentlich-rechtlichen Verwahrung größtenteils festgelegt werden, ohne dass die Richter sich konkret auf die analoge Anwendung der §§ 688 ff. BGB berufen, *Büllesbach*, S. 24 f. mit zahlreichen Nachweisen aus der Rspr.

585 BGH, Urt. v. 2.2.1956, III ZR 172/50, LM Nr. 2 zu VerwRecht – Allgemeines (öffentlich-rechtliche Verpflichtungen), Blatt 1; Urt. v. 11.10.1951, IV ZR 71/50, LM Nr. 2 zu § 688 Blatt 1; Urt. v. 9.4.1956, III ZR174/55, LM Nr. 7 zu § 688 BGB Blatt 1.

586 *Büllesbach*, S. 20.

des Eigentümers gelten.[587] Da dieser eigene Fürsorgemaßnahmen nicht durchführen kann, ist die Behörde an seiner Stelle zur Vornahme der entsprechenden Sicherungsmaßnahmen verpflichtet. Ableiten lässt sich hieraus die Pflicht zur Erhaltung der verwahrten Sache in (zumindest) dem Zustand, in welchem sie eingelagert worden ist. Welche Sicherungsmaßnahmen dies im Einzelnen bei der Aufbewahrung nachrichtenloser Kulturgüter umfasst, lässt sich auch angesichts der unterschiedlichen Fallgruppen und Erhaltungszustände der Objekte nicht allgemeingültig festlegen. Für die Praxis wünschenswert ist daher eine Ausgestaltung der Fürsorgepflichten durch verwaltungsinterne Handlungsanweisungen in einer Handreichung für die aufbewahrenden Institutionen. Dies würde dazu führen, dass einheitliche Standards für unterschiedliche Arten und Kategorien nachrichtenloser Kulturgüter geschaffen werden könnten. Hierdurch würde vor allem für die aufbewahrende Institution Rechtssicherheit hinsichtlich ihrer Pflichten bei der Aufbewahrung geschaffen werden.

b) Verzeichnis-, Auskunfts- und Benachrichtigungspflichten

Zu den Maßnahmen, die im Rahmen der Obhutspflicht eine Rückgabe sichern sollen, wird in der Rechtsprechung die Erstellung eines Verzeichnisses sowie ggf. die Schätzung des Werts der eingelagerten Sachen gezählt.[588] Diese Maßnahmen sollen vor allem dazu beitragen, die Bemessung der Höhe einer unter Umständen notwendig werdenden Entschädigung zu ermöglichen.[589]

Aus § 242 BGB analog wird die Nebenpflicht abgeleitet, den Betroffenen auf sein Verlangen hin über den Verbleib seines Eigentums aufzuklären sowie über dessen Zustand und die Art der Aufbewahrung.[590] Ferner seien bei Unkenntnis über den Berechtigten „naheliegende Maßnahmen" zur Ermittlung und Benachrichtigung eines Privaten zu ergreifen. Nicht ausreichend sei hierfür, wenn die aufbewahrende Behörde sich mit einer Meldung in der Tageszeitung begnügt und bei fehlender Resonanz eine Verwertung durchführt.[591]

In dieser Allgemeinheit formuliert bleiben die genannten Sorgfaltsmaßnahmen jedoch ohne praktische Relevanz für die Aufbewahrung nachrichtenloser Kulturgüter. Eine konkrete Ausgestaltung der zu beachtenden und durchzuführenden Maßnahmen durch Richterrecht abzuwarten erscheint aufgrund der geringen Anzahl von Entscheidungen zur Problematik der Aufbewahrung von

---

587 VGH München, Beschl. v. 11.2.2009, 10 CE 08.3393, NJW 2009, 3384 (3392).

588 BGH, Urt. v. 27.9.1951, BGHZ 3, 162 (173); *Büllesbach*, S. 21.

589 *Büllesbach*, S. 21.

590 LG Aachen, Urt. v. 30.9.1949, 5 S 106/48, NJW 1950, 114 (115).

591 *Büllesbach*, S. 21.

Kulturgütern durch die öffentliche Hand nicht hilfreich.[592] Auch das Abwarten der Herausbildung einer einheitlichen Verwaltungsübung, die als Orientierung dienen könnte, scheidet gerade aufgrund des gegenwärtigen Bestehens von fundamentalen Unsicherheiten im Umgang mit nachrichtenlosen Kulturgütern als praktikable und zielführende Möglichkeit aus.[593]

Die Einhaltung der angemessenen Sorgfalt bei der Aufbewahrung der Kulturgüter erfordert konkrete und transparente Vorgaben für die Verwaltung zu ihren Verzeichnis-, Auskunfts- und Benachrichtigungspflichten. Nur durch einheitliche Standards und abgestimmte Verfahren wird eine Möglichkeit für Eigentümer geschaffen, von der Aufbewahrung der Kulturgüter Kenntnis zu erlangen. Erst hierdurch erwächst ihnen die praktische Möglichkeit zur Durchsetzung ihres Herausgabeanspruchs. Die Missachtung der erforderlichen Sorgfalt bei der Aufbewahrung nachrichtenloser Kulturgüter kann Schadensersatzansprüche des Eigentümers begründen. Darüber hinaus stehen bei der fachgerechten Instandhaltung oder Restaurierung von Kulturgütern im Einzelfall nicht unerhebliche finanzielle Investitionen an. Es ist daher im Interesse der Verwaltung und damit im öffentlichen Interesse, die Sorgfaltsanforderungen bei der öffentlich-rechtlichen Verwahrung so weit wie möglich klarzustellen.

3. Haftungsmaßstab – Anwendbarkeit der Haftungsmilderung des § 690 BGB analog

Fraglich ist, ob die in § 690 BGB vorgesehene, dem Verwahrer zugute kommende Haftungserleichterung auf die öffentlich-rechtliche Verwahrung angewendet werden kann und den Haftungsmaßstab des staatlichen Verwahrers beeinflusst. Gem. § 690 BGB hat der unentgeltliche Verwahrer nur für die Sorgfalt einzustehen, die er in eigenen Angelegenheiten anzuwenden pflegt.[594] Da die öffentlich-rechtliche Verwahrung jedoch keine Gefälligkeitsverwahrung ist, kommt nach allgemeiner Ansicht § 690 BGB im Rahmen der öffentlich-recht-

---

592 Siehe dazu LG München, Urt. v. 4.4.2008, 23 O 6414/07, KUR 2009, 17 als eines der wenigen Urteile, welches sich mit dem Inhalt der Aufbewahrung von Kulturgütern befasst.

593 Eine Verwaltungsübung liegt vor, wenn sich in der Befolgung von Verwaltungsrichtlinien eine Praxis gebildet hat. Die unbegründete Abweichung, mithin also die Verletzung solcher Vorschriften, hat dann i. V. m. Grundrechten regelmäßig die gleiche Auswirkung wie der Verstoß gegen Rechtsquellen. Hierzu *Wolff/Bachof/Stuber/Kluth*, VerwR I, § 24 Rn. 26, 29.

594 Die Vorgabe, dass bei der Gefälligkeitsverwahrung nicht die durchschnittliche, im Verkehr erforderliche, sondern die in eigenen Angelegenheiten angewendete Sorgfalt einzuhalten ist, wird teilweise zu der Überlegung herangezogen, dass dies im Einzelfall die Einhaltung eines besonders strengen Haftungsmaßstabs der Verwaltung bei der Verwahrung ergeben kann. Hierzu BVerwG, Urt. v. 20.4.1977, VI C 7.74BVerwGE 52, 254 im Fall der nach besonders strengen Sicherheitbestimmungen erfolgenden Verwahrung von Geld bei der Bundeswehr. Dazu auch *Quaritsch*, in: Staat und Verwaltung, S. 169 (174).

lichen Verwahrung grundsätzlich nicht zur Anwendung.[595] Die *ratio legis* der in § 690 BGB vorgesehenen Haftungserleichterung ist auf das Verwaltungsrecht nicht übertragbar.[596] Stattdessen wird § 276 Abs. 1 BGB analog auf die Haftung des Verwahrers im Rahmen der öffentlich-rechtlichen Verwahrung als Maßstab herangezogen.[597] Der Grund hierfür ist die unterschiedliche Stellung des Verwahrers in der zivilrechtlichen und öffentlich-rechtlichen Verwahrung. Während die zivilrechtliche Verwahrung ausschließlich den Zielen des Hinterlegers dient, spielt der Wille des Eigentümers im Rahmen der öffentlich-rechtlichen Inverwahrungnahme nicht nur häufig keine Rolle, sondern erfolgt meist gerade gegen diesen.[598] Ferner erfüllt die verwahrende Behörde durch die öffentlich-rechtliche Verwahrung hoheitliche Pflichten. Somit lässt sich das Kriterium der in § 690 BGB genannten Unentgeltlichkeit grundsätzlich nicht auf die öffentlich-rechtliche Verwahrung übertragen.[599]

Auf den Fall der Aufbewahrung von Kulturgütern bezogen trifft dies zweifelsfrei Fälle, in denen der Begründung des öffentlich-rechtlichen Gewahrsams ein hoheitliches Anliegen zugrunde liegt, wie beispielsweise eine Sicherstellung zur Beweissicherung oder ähnlichen Zwecken. Erfolgt die Aufbewahrung allerdings nur deswegen weiterhin, weil der Eigentümer nicht festgestellt werden kann, und ist der vorher bestehende öffentlich-rechtliche Zweck entfallen, könnte dies im Fall der öffentlich-rechtlichen Verwahrung nachrichtenloser Kulturgüter für eine Gleichsetzung mit der gesetzlich vorgesehen Haftungserleichterung bei einer Unentgeltlichkeit und damit für die Anwendung des § 690 BGB analog sprechen. Da der Staat jedoch auch im Fall der Aufbewahrung nachrichtenlosen Kulturguts weder in „eigenen Angelegenheiten“ handelt noch allein aus eigenem Antrieb tätig wird, sondern er selbst bei der Wahrung privater Interessen der Eigentümer gesetzmäßig im öffentlichen Interesse vorgeht, ist die Anwendung des § 690 BGB auch auf die öffentlich-rechtliche Verwahrung nachrichtenloser Kulturgüter auszuschließen.[600] Die Aufbewahrung nachrichtenloser Kulturgüter erfolgt in einem verwaltungsrechtlichen Verwahrungsverhältnis, das nicht aus Gefälligkeitsgründen besteht, sondern aufgrund einer hoheitsrechtlichen Pflicht zur Verwahrung der Kulturgüter. Es bleibt somit beim Haftungsmaßstab des

---

595 BGH, Urt. v. 13.12.1951, IV ZR 123/1951, BGHZ 4, 192 (194); LG Osnabrück, Urt. v. 28.1.1982, 9 O 451/1981, VersR 1983, 692; *Quaritsch*, in: Staat und Verwaltung, S. 169 (174); *Büllesbach*, S. 20.

596 So wohl im Ergebnis *Büllesbach*, S. 25.

597 BGH, Urt. v. 7.7.1958, III ZR 61/1957, VersR 1958, 691 (692); *Büllesbach*, S. 20.

598 *Simons*, S. 151 f.

599 Im Ergebnis so auch BGH, Urt. v. 13.12.1951, IV ZR 123/1951, BGHZ 4, 192 (194); *Büllesbach*, S. 21.

600 Allgemein hierzu BGH, Urt. v. 13.12.1951, IV ZR 123/1951, BGHZ 4, 192 (194). So auch *Tremml/Karger*, Rn. 440; *Büllesbach*, S. 21; *Simons*, S. 151 f.

§ 276 Abs. 1 BGB analog für die Pflichten aus der öffentlich-rechtlichen Verwahrung nachrichtenloser Kulturgüter.

II. Bedeutung der zeitlichen Begrenzung der öffentlich-rechtlichen Verwahrung

Sollte das Merkmal der zeitlichen Begrenzung ein konstitutives Merkmal der öffentlich-rechtlichen Verwahrung darstellen, so könnte dies der Annahme der öffentlich-rechtlichen Verwahrung für die Aufbewahrung solcher Kulturgüter entgegenstehen, bei denen die Aussicht auf eine Rückgabe an den Eigentümer aufgrund des Verstreichens besonders langer Zeiträume abnimmt oder irgendwann gänzlich schwindet. Teilweise wird davon ausgegangen, dass ein Verwahrungsverhältnis voraussetzt, dass die Besitzaufgabe durch den Berechtigten an der Sache ausschließlich für eine bestimmte begrenzte Zeit erfolgt.[601] Ein derartiges Verständnis von der öffentlich-rechtlichen Verwahrung würde jedoch dazu führen, dass eine Bewertung des Rechtsverhältnisses erst ex ante ermöglicht wird, nämlich nach erfolgter Rückgabe der verwahrten Sache an den Eigentümer. Dies ist jedoch weder praktikabel noch durch sachliche Erwägungen begründet oder im Gesetz angelegt. Die Annahme einer Verwahrung selbst bei ungewisser Rückgabe an den ursprünglich Berechtigten entspricht auch der Konzeption der sonstigen im BGB enthaltenen Verwahrungssituationen, wie der des Besitzes des Pfandgläubigers (§ 1215 BGB) und dem des Finders (§ 966 BGB). In beiden Situationen ist unklar, inwieweit der ursprünglich Berechtigte die Sache wieder an sich nehmen wird.

Es steht folglich auch der Annahme eines öffentlich-rechtlichen Verwahrungsverhältnisses nicht entgegen, wenn, wie bei der Verwahrung nachrichtenloser Kulturgüter, nicht von vornherein feststeht, ob eine Rückgabe der hinterlegten Sache tatsächlich erfolgen wird.

Auch die Besonderheit der hier untersuchten Verwahrung nachrichtenloser Kulturgüter, bei der die Zeitspanne der Aufbewahrung ungewöhnlich lang sein kann, ändert aus den oben angeführten Gründen nichts an der rechtlichen Bewertung der Aufbewahrung als öffentlich-rechtliche Verwahrung.

---

[601] *Busch*, S. 13.

G. Einzelfragen zur Rückabwicklung der dauerhaften öffentlich-rechtlichen Verwahrung von Kulturgütern

I. Anspruch des Staates auf Vergütung für die Verwahrung nachrichtenloser Kulturgüter

Wird ein Verwahrungsverhältnis auf unbestimmte Zeit fortgesetzt, weil eine Sache nicht unverzüglich nach Aufhebung der Sicherstellung abgeholt wird oder im Falle sonstiger, der Verwahrung zugrunde liegender hoheitlicher Maßnahmen dem Eigentümer nicht zurück gegeben werden kann, stellt sich die Frage, wer die Kosten dieser weiteren Aufbewahrung zu tragen hat.[602] Anders formuliert ist es von Interesse, ob und inwieweit der Eigentümer im Fall einer Rückgabe des Kulturguts eine Vergütung für die Aufbewahrung durch die öffentliche Hand schuldet.[603] Da die Verwahrung nachrichtenloser Kulturgüter insgesamt nicht durch öffentlich-rechtliche Regelungen erfasst ist, bestehen auch für die Frage der Vergütung der Verwahrung keine spezialgesetzlichen öffentlich-rechtlichen Regelungen. Zu prüfen ist daher, inwieweit die allgemeinen öffentlich-rechtlichen Vorschriften eine Vergütung für die Verwahrung nachrichtenloser Kulturgüter begründen können.

Die analoge Anwendung zivilrechtlicher Vorschriften für die Vergütungspflicht der öffentlich-rechtlichen Verwahrung kann nur dann in Betracht gezogen werden, wenn eine Regelungslücke für die Vergütung der Aufbewahrung nachrichtenloser Kulturgüter besteht und die analoge Anwendung zivilrechtlicher Vergütungsvorschriften nicht gegen verfassungsrechtliche Grundsätze verstößt.

1. Kostenausgleich für die öffentlich-rechtliche Verwahrung nachrichtenloser Kulturgüter durch die Erhebung von Gebühren

Grundsätzlich ist eine Vergütung des Staates nur in Form einer Gebühr möglich, die in einem öffentlich-rechtlichen Rechtssatz vorgesehen sein muss.[604] Der Grundsatz des § 689 BGB, wonach eine Vergütung als stillschweigend vereinbart

---

602 Welche Ausmaße die Aufbewahrungskosten erreichen können, illustriert der Fall des 11 Jahre lang eingelagerten Schatzes zypriotischer Kulturgüter im Wert von 50 Mio. €. Hierzu *Wimmer,* Süddeutsche Zeitung v. 2.5.2008, Onlineausgabe, http://www.sueddeutsche.de/muenchen/291/441032/text/4/ (aufgerufen am 15.3.2011).

603 Zu unterscheiden ist dies von der Frage, wer die Kosten der Sicherstellung zu tragen hat.

604 VGH Baden-Württemberg, Urt. v. 20.8.2006, 5 S 2497, NJW 2007, 1375 – abgelehnt wurde in diesem Fall ein auf §§ 689, 693 BGB analog gestützter Vergütungsanspruch; *Quaritsch,* in: Staat und Verwaltung, S. 169 (177), wonach § 689 BGB analog jedoch auf den seltenen und hier nicht vorliegenden Fall anwendbar ist, in welchem die öffentlich-rechtliche Verwahrung durch einen öffentlich-rechtlichen Vertrag begründet worden ist.

angenommen werden kann, ist also nicht ohne weiteres in das öffentliche Recht übertragbar. Voraussetzung für eine analoge Anwendung der zivilrechtlichen Vergütungsvorschrift ist das Vorliegen einer planwidrigen Regelungslücke. Diese Voraussetzung kann jedoch selbst bei fehlenden Gebührentatbeständen nicht ohne weiteres als erfüllt angenommen werden. Denn schließlich steht es dem Gesetzgeber frei, entsprechende Gebührentatbestände zu schaffen, wenn die Erhebung von Gebühren erwünscht ist.[605]

Eine Regelungslücke für die Vergütung der Aufbewahrung im Rahmen der öffentlich-rechtlichen Verwahrung besteht trotz des Fehlens spezialgesetzlicher Vorschriften nicht, wenn allgemeine öffentlich-rechtliche Normen eine Vergütung für die Aufbewahrung von Kulturgütern vorsehen.

a) Verwahrungsvergütung als Gebühr

Die Vergütung für die Verwahrung nachrichtenloser Kulturgüter könnte als Gebühr geschuldet sein. Gebühren sind Geldleistungen, die als Gegenleistung für eine besondere Inanspruchnahme der Verwaltung von denjenigen erhoben werden, auf deren Veranlassung oder in deren Interesse die Inanspruchnahme erfolgt. Es besteht also eine unmittelbare Verknüpfung von Leistung und Gegenleistung.[606] Erhoben werden Gebühren vom Erhebungsberechtigten nach einem durch Gesetz oder auf Grund gesetzlicher Ermächtigung festgelegten Tarif. Rahmensätze sind zulässig, müssen aber hinreichend bestimmt sein.[607] Verwaltungsgebühren sind kraft öffentlichen Rechts geforderte Entgelte für die Vornahme von Amtshandlungen, die auf Veranlassung oder im Interesse des Pflichtigen vorgenommen werden.[608] Die Rechtsgrundlage für den Gebührentatbestand richtet sich nach dem der Einlagerung zugrundeliegenden hoheitlichen Akt. Denkbar ist das Vorliegen entsprechender Gebührentatbestände für die Verwahrung nachrichtenloser Kulturgüter im Fall einer (ggf. präventiven)

---

605 VGH Baden-Württemberg, Urt. v. 20.8.2006, 5 S 2497, NJW 2007, 1375; a.A. ausdrücklich: Hess VGH, Urt. v. 27.11.1990, 11 UE 2350/90, DÖV 1991, 699; stillschweigend VGH Baden-Württemberg, Urt. v. 22.8.1977, I 2555/76, BaWüVPr 1978, 150; VGH Baden-Württemberg, Urt. v. 15.1.1990, 1 S 3625/88, NJW 1990, 2270 – mit allein auf § 689 BGB analog gestütztem Anspruch auf Erstattung der Verwahrungskosten.

606 *Wolff/Bachof/Stober/Kluth*, VerwR I, § 42 Rn. 31.

607 *Wolff/Bachof/Stober/Kluth*, VerwR I, § 42 Rn. 33.

608 Vgl. Gebührenordnungen der Länder, z. B. § 2 Abs. 1 GebBeitrG Berlin. Zur Höhe der Bemessung von Verwaltungsgebühren, die nicht zu einem beachtlichen Kostenfaktor werden oder abschreckende Wirkung haben dürfen BVerwG, Urt. v. 24.3.1961, VII C 109.60, BVerwGE 12, 162 (169 f.), NJW 1961, 2128; siehe zur Angemessenheit einer Verwaltungsgebühr eingehend *Wienbracke*, S. 230 f. mit Ausführungen zur individuellen Verantwortlichkeit des Einzelnen für die Entstehung der Kosten. Schon dies dürfte in den meisten der in dieser Untersuchung bearbeiteten Fälle fraglich sein, da die Eigentümer der Kulturgüter vielfach keine Informationen über den Verbleib der in ihrem Eigentum stehenden Kulturgüter haben.

Sicherstellung in den Polizeigesetzen der Länder sowie in den sonstigen Fällen der Einlagerung von Kulturgütern in allgemeinen landesrechtlichen Verwaltungsgebührengesetzen.

b) Spezialgesetzliche Verwahrungsgebührenregelungen im KultGüRückG

§ 17 Abs. 1 Satz 1 KultGüRückG sieht die Inverwahrungnahme von Kulturgütern auf Kosten des Verfügungsberechtigten vor.

Die Inverwahrungnahme erfolgt bei Zweifeln darüber, ob eine Einfuhr genehmigungspflichtig ist und ob die vorgelegten Genehmigungen rechtmäßig sind. Ergeben sich hierbei Unklarheiten über den Eigentümer oder sonst berechtigten, handelt es sich um einen Fall nachrichtenloser Kulturgüter. Vorgesehen ist diese Möglichkeit jedoch in der Regel für kurzfristige Inverwahrungnahmen und für den Fall bestimmbarer verfügungsberechtigter Personen. Eine dauerhafte Inverwahrungnahme von Kulturgütern für unbekannte Eigentümer ist nicht vorgesehen. Da die Aufbewahrung nachrichtenloser Kulturgüter nicht auf § 17 KultGüRückG gestützt werden kann, kommt auch die Kostenregelung dieser Vorschrift hierbei nicht zur direkten Anwendung. Aufgrund der grundlegend unterschiedlichen Lage zwischen der im KultGüRückG erfassten Situation und der Verwahrung nachrichtenloser Kulturgüter kommt auch eine analoge Anwendung der Vorschrift nicht in Betracht.[609]

c) Verwahrungsgebührenregelungen in den Polizeigesetzen der Länder

Spezialgesetzliche Regelungen für die öffentlich-rechtliche Verwahrung von Sachen enthalten die landesrechtlichen Polizeigesetze.[610] Diese Ersatzansprüche entfallen allerdings mit der Freigabe der Sachen, mithin bei einer Aufhebung der Sicherstellung oder Beschlagnahme.[611] Erfolgt die Aufbewahrung aufgrund einer präventiven Sicherstellung, sehen die landesrechtlichen Polizeigesetze eine Kostenregelung für die durch die Verwahrung anfallenden Kosten vor.[612] Vorgesehen ist zunächst die Kostenerstattung durch den Störer oder den Eigentümer bzw. einen sonstigen Berechtigten. Letzterer ist nicht zum Kostenausgleich verpflichtet, wenn der Inhaber der tatsächlichen Gewalt diese ohne den Willen des Eigentümers oder des Berechtigten ausübt.[613]

---

[609] Siehe hierzu sogleich eingehend unten, II. 1. a).

[610] So beispielsweise § 3 Abs. 1 S. 3 DVO bwPolG.

[611] So beispielsweise §§ 32 Abs. 4, 33 Abs. 3 bwPolG.

[612] So beispielsweise §§ 41, 13, 14 ASOG Bln.

[613] §§ 41 i. V. m. 14 Abs. 3 ASOG Bln.

Werden Kulturgüter aus illegalen Raubgrabungen aus Ländern mit *umbrella statutes* oder Verfallklauseln ohne Genehmigung ausgeführt, fallen sie in das Eigentum des Herkunftsstaates. Die tatsächliche Sachherrschaft der Raubgräber oder Hehler wird ohne den Willen des Eigentümerstaates ausgeübt. Eine Abwälzung der Kostenlast für die Verwahrung nachrichtenloser Kulturgüter auf den Eigentümer scheidet in diesem Fall mangels seiner Eigenschaft als Störer oder sonstiger Verantwortlicher bereits tatbestandlich aus. Gleiches gilt für unter sonstigen Umständen gestohlene oder anderweitig abhanden gekommene sichergestellte Kulturgüter.

Die Kosten für eine privatnützige Sicherstellung im Rahmen der präventiven Sicherstellung sind in den landesrechtlichen Polizeibenutzungsgebührenordnungen enthalten. Neben Gebührensätzen für die Sicherstellung und Verwahrung in besonderen Umständen sind hier auch Gebühren für sonstige Sicherstellungsfälle vorgesehen.[614] Diese Gebührensätze können folglich auch für die präventive Sicherstellung von Kulturgütern im Interesse der Eigentümer herangezogen werden.[615] Vorgesehen ist hierbei eine Pauschalgebühr.[616] Erfolgt die Sicherstellung oder Beschlagnahme der Kulturgüter allerdings zur Beweis- und Vollstreckungssicherung in einem Straf- oder Ordnungswidrigkeitsverfahren, besteht mangels Anwendbarkeit der polizei- und verwaltungsvollstreckungsrechtlichen Kostenregelungen kein unmittelbarer Kostenersatzanspruch der Polizei gegen den Eigentümer.[617]

d) Verwahrungsgebührenregelungen als allgemeine Verwaltungsgebühren

Erfolgt die weitere Verwahrung der nachrichtenlosen Kulturgüter nach der Aufhebung der Sicherstellung oder Beschlagnahme außerhalb polizeirechtlicher Maßnahmen, also auch nicht als präventive Sicherstellung, können allgemeine Verwaltungsgebühren anfallen. Die Geltendmachung der Gebühren erfolgt durch einen Gebührenfestsetzungsbescheid. Voraussetzung ist hierfür nach den landes-

---

614 Siehe für Berlin die auf § 6 BegBeitrG gestützte Polizeibenutzungsgebührenordnung (PolBenGebO Bln). Maßgeblich für die Entstehung von Sicherstellungs- und Verwahrungsgebühren im Fall präventiver Sicherstellung gem. § 38 Nr. 2 ASOG ist § 1 i. V. m. Nr. 7 der Anlage PolBenGebO Bln. Der Ausschlussgrund des § 2 PolBenGebO, wonach eine Gebühr nicht anfällt, wenn das private Interesse an der Aufbewahrung so gering ist, dass es völlig hinter dem öffentlichen Interesse zurücktritt, liegt nicht vor, da die Verwahrung auch den Substanzschutz der Kulturgüter im Interesse der Eigentümer bezweckt.

615 *Baller/Eiffler/Tschisch*, § 41 Rn. 8.

616 Vgl. Anlage zur PolBenGebO Bln Nr. 7, vorgesehen sind 55,– Euro pro Sicherstellung.

617 OVG Münster, Urt. v. 13.09.1977, IV A 474/76, NJW 1978, 720; *Schieferdecker*, S. 257. Der Kostenersatzanspruch entsteht auch nicht gegen den Beschuldigten, in den hier untersuchten Fällen wird es sich dabei vor allem um die Personen handeln, die die illegale Einfuhr oder eine Weiterveräußerung der Kulturgüter begangen haben.

rechtlichen Gebührenordnungen stets, dass die Verwahrung durch eine staatliche Behörde nicht überwiegend im öffentlichen, sondern im Interesse des Berechtigten und aufgrund gesetzlicher Ermächtigung erfolgt.[618] Denn für den Fall, dass die Kosten im öffentlichen Interesse liegender Maßnahmen nicht von der Allgemeinheit getragen, sondern dem Verantwortlichen auferlegt werden sollen, ist hierfür eine spezielle gesetzliche Regelung erforderlich.[619]

aa) Vorliegen des überwiegenden allgemeinen Interesses an der Aufbewahrung nachrichtenloser Kulturgüter als Ausschlussgrund für allgemeine Verwaltungsgebühren

Hinsichtlich der Verwahrung im Interesse des Berechtigten ist im Fall nachrichtenloser Kulturgüter zu differenzieren. Die Aufbewahrung der Restbestands CCP nach der Übergabe der Kulturgüter an die Bundesrepublik Deutschland zur treuhändischen Aufbewahrung sowie die Aufbewahrung der archäologischen Kulturgüter ungeklärter Provenienz erfolgt zumindest auch im öffentlichen Interesse. Die Rückgabe der von den nationalsozialistischen Machthabern geraubten Kulturgüter geht über ein rein privates Interesse der Eigentümer an der Rückgabe hinaus. Bereits die Erfüllung der von den Alliierten übernommenen Verpflichtung der treuhändischen Verwahrung für die Eigentümer als Teil der Wiedergutmachung des Unrechts der nationalsozialistischen Herrschaft begründet ein überwiegendes öffentliches Interesse an der Verwahrung der Kulturgüter aus dem Restbestand CCP. Die Aufbewahrung archäologischen Kulturguts liegt ebenfalls im überwiegenden öffentlichen Interesse, da die Bestrebung im Vordergrund steht, Kulturgüter ungeklärter Provenienz vom Kunstmarkt fern zu halten, und damit das Fernziel, illegale Raubgrabungen einzudämmen, verfolgt wird.[620]

Anders ist die Situation der sonstigen als Fremdbesitz aufbewahrten Kulturgüter zu bewerten. Hierbei erscheint die Annahme eines überwiegenden Interesses des Berechtigten sachgerecht. Gleiches gilt für die Verwahrung von Kulturgütern aus „normalem", außerhalb von in Kriegszusammenhängen oder durch illegale archäologische Raubgrabungen erlangtem Diebesgut, das keinem Eigentümer zugeordnet werden kann.

Somit ist die Voraussetzung einer hoheitlichen Aufbewahrung, die überwiegend im privaten und nicht im öffentlichen Interesse erfolgt, nicht zweifelsfrei für alle

---

618 So beispielsweise gem. §§ 1 Abs. 1, 2 Abs. 1 bwGebG i.V. m. Nr. 57.4 des Gebührenverzeichnisses (Anlage zu § 1 der Verordnung der Landesregierung über die Festsetzung der Gebührensätze für Amtshandlungen der staatlichen Behörden vom 28.6.1993, GBl. S. 381 (439)).

619 So, wie sie für den Fall sichergestellter Sachen, wie soeben gezeigt, geschaffen worden ist. Hierzu *Schieferdecker*, S. 265.

620 Siehe hierzu ausführlich im folgenden 5. Kapitel, B. I. 1.

Fallgruppen nachrichtenloser Kulturgüter von vornherein festzustellen. Überwiegt das öffentliche Interesse an der Aufbewahrung im Einzelfall, liegen die Voraussetzungen des allgemeinen Gebührentatbestandes nicht vor, so dass die Geltendmachung der allgemeinen Verwaltungsgebühr für die Verwahrung bereits am Vorliegen des Gebührentatbestandes scheitert.

bb) Öffentlich-rechtliche Verwahrung als hoheitliche Legitimation

Die allgemeinen Gebührentatbestände sehen ferner lediglich für gesetzlich legitimiertes Handeln die Möglichkeit, Verwaltungsgebühren zu erheben, vor.

Das Vorliegen dieser Voraussetzung kann bei der Aufbewahrung nachrichtenloser Kulturgüter fraglich sein, wenn der Aufbewahrung keine hoheitliche Anordnung zugrunde liegt. Fraglich ist dann, ob auch die öffentlich-rechtliche Inverwahrungnahme als solche eine gesetzliche Legitimation bedeutet. Da es sich bei der öffentlich-rechtlichen Verwahrung um ein anerkanntes Rechtsinstitut des öffentlichen Rechts handelt, erfolgt die hoheitliche Maßnahme der Aufbewahrung nicht ohne gesetzliche Legitimation. Vielmehr vermittelt das Rechtsinstitut der öffentlich-rechtlichen Verwahrung der Verwaltung die erforderliche Ermächtigung zur Aufbewahrung der nachrichtenlosen Kulturgüter und damit eine Ermächtigung im Sinne der Verwaltungsgebührenordnungen. Sehen also die landesrechtlichen Vorschriften eine allgemeine Verwaltungsgebühr für die öffentlich-rechtliche Verwahrung von Sachen vor, ist ihre Anwendung auf die Aufbewahrung nachrichtenloser Kulturgüter unter den erörterten Voraussetzungen grundsätzlich möglich. Wie in den Polizeigesetzen, so sind auch in den allgemeinen Verwaltungsgebührenordnungen Pauschalsätze enthalten.[621]

e) Zwischenergebnis zur Erhebung von Verwahrungsgebühren für die öffentlich-rechtliche Verwahrung nachrichtenloser Kulturgüter nach öffentlich-rechtlichen Vorschriften

Die Geltendmachung von Kosten für die Aufbewahrung nachrichtenloser Kulturgüter durch die öffentliche Hand kann sich aus den landesrechtlichen Polizeigesetzen oder den landesrechtlichen allgemeinen Verwaltungsgebührenregelungen ergeben. Die Anwendung des konkreten Gebührentatbestandes hängt von der Ermächtigungsgrundlage ab, die der Inverwahrungnahme der Kulturgüter zugrund liegt. Auch wenn allgemeine Gebührenregelungen grundsätzlich die Erhebung von Verwahrungsgebühren des staatlichen Verwahrers gegen den Hinterleger für die öffentlich-rechtliche Verwahrung vorsehen, ist eine derartige Kostenerstattung auf die Verwahrung nachrichtenloser Kulturgüter jedoch auch abgesehen von der Annahme einer Aufbewahrung im „überwiegenden öffent-

---

[621] *Baller/Eiffler/Tschisch*, § 41 Rn. 8.

lichen Interesse“ grundsätzlichen Bedenken ausgesetzt. Zweifelhaft ist die Anwendung der allgemeinen Gebührenregelungen für die Fallgruppen nachrichtenloser Kulturgüter aus dem Restbestand CCP sowie den in Museen zum Schutz freiwillig eingelagerten, jedoch nicht abgeholten Kulturgütern. Grund hierfür ist, dass die allgemeinen Gebührentatbestände nur dann zur Anwendung gelangen, wenn keine besonderen Vereinbarungen über die Verwahrungskosten eingreifen. Die Aufbewahrung der Kulturgüter des Restbestands CCP erfolgt aufgrund der von den Alliierten übernommenen treuhändischen Verwahrung für die unbekannten Eigentümer von den Alliierten. Es handelt sich dabei um ein besonders ausgestaltetes Aufbewahrungsverhältnis, das die Geltendmachung von Verwahrungsgebühren nicht vorsieht. Ferner liegt auch der Aufbewahrung von zum Schutz eingelagerten Kulturgütern in Museen eine besondere Verwahrungsvereinbarung zugrunde. Sofern bei der Einlagerung keine Verwahrungsgebühr vereinbart worden ist, kann nicht auf allgemeine Regelungen zur Begründung einer Verwahrungsgebühr zurückgegriffen werden. Darüber hinaus ist die Anwendung der allgemeinen Verwahrungskostenregelungen auch auf die sonstigen Verwahrungsverhältnisse nachrichtenloser Kulturgüter problematisch. Dies begründet sich durch die Überlegung, dass den Kostenregelungen eine vorübergehende Verwahrung zugrunde liegt, die Aufbewahrung der nachrichtenlosen Kulturgüter jedoch, wie gezeigt, sehr lange Zeiträume umfassen kann. Die Angemessenheit der Erhebung von Verwahrungsgebühren muss daher im Einzelfall ermittelt werden.

2. Vergütung für Aufbewahrung gem. §§ 689, 693 BGB analog

Ein Vergütungsanspruch für die öffentlich-rechtliche Verwahrung wird bei rechtmäßiger Inbesitznahme auch für die Zeit nach Aufhebung einer strafprozessualen Beschlagnahme teilweise auf die analoge Anwendung der §§ 689, 693 BGB gestützt.[622] Wie soeben dargelegt, hat der Gesetzgeber für bestimmte Umstände der Verwahrung Gebührentatbestände vorgesehen. Für die Aufbewahrungsverhältnisse nachrichtenloser Kulturgüter sind jedoch gerade keine Regelungen getroffen worden, die einen Anspruch auf Erstattung von Aufbewahrungsgebüh-

[622] Im Wege des Aufwendungsersatzanspruchs gem. § 693 BGB ist analog ein Anspruch auf Erstattung der Verwahrungskosten des Staates für die Zeit nach Abschluss einer Ersatzvornahme gewährt worden, VGH Kassel, Urt. v. 17.02.1987, 11 UE 1193/84, NVwZ 1988, 655 (656); Urt. v. 27.11.1990, 11 UE 2350/90, DÖV 1991, 699; OLG Nürnberg, Urt. v. 29.10.1969, 4 U 33/69, VersR 1971, 279 (280). Die Frage einer möglichen Verwahrungsvergütung im öffentlichen Recht kommt vor allem im Zusammenhang mit der Aufbewahrung abgeschleppter KfZ, die sich nach Aufhebung der der Inverwahrungnahme vorangegangenen hoheitlichen Maßnahme weiterhin in öffentlich-rechtlicher Verwahrung befinden, auf. Zur Vergütung der Verwahrung im Anschluss an eine aufgehobene strafprozessuale Beschlagnahme gem. § 689 BGB analog *Maurer*, JuS 1981, 809 (812). Unter pauschalem Verweis auf die analoge Anwendung der §§ 688 ff. BGB, und so auch auf die Vergütungsvorschriften BGH, Urt. v. 05.10.1989, III ZR 126/88, NJW 1990, 1230; *Nagel*, S. 118 Fn. 2.

ren im Fall einer Rückgabe vorsehen. Das einzige ausdrücklich erfasste Rechtsverhältnis einer Aufbewahrung nachrichtenloser Kulturgüter, die Übernahme der treuhändischen Verwahrung des Restbestandes CCP, enthält hierzu keine Regelung. Dies liegt angesichts der historischen Umstände der geraubten Kulturgüter auf der Hand und ist nicht anders denkbar.[623] Auch in den weiteren Einlagerungsumständen, in denen Kulturgüter zur Verwahrung übernommen wurden, wie der Aufnahme zum Schutz vor Bombenangriffen oder der Einlagerung der zurück gegebenen „Kriegstrophäen", sind keine allgemeinen Festlegungen von Verwahrungsgebühren ersichtlich.[624] Es kann daher nicht vom Vorliegen einer planwidrigen Regelungslücke hinsichtlich der Geltendmachung von Kosten für die öffentlich-rechtliche Verwahrung ausgegangen werden. Die unter verfassungsrechtlichen Gesichtspunkten problematische analoge Anwendung zivilrechtlicher Normen im öffentlichen Recht zur Erstattung von Verwahrungsgebühren des Staates gegen die Eigentümer nachrichtenloser Kulturgüter kommt daher schon mangels Vorliegens einer planwidrigen Regelungslücke nicht in Betracht.

II. Aufwendungs- und Nutzungsersatzansprüche im Rahmen der öffentlich-rechtlichen Verwahrung nachrichtenloser Kulturgüter

Bei der Aufbewahrung nachrichtenloser Kulturgüter können Aufwendungen auf die aufbewahrten Sachen erforderlich werden, die der hoheitliche Träger der aufbewahrenden Institution tätigt. Andererseits kann der Eigentümer ein Interesse daran haben, Ausgleich für Nutzungen zu verlangen, die während der dauerhaften Aufbewahrung der Kulturgüter erfolgt ist. Fraglich ist, ob und auf welcher rechtlichen Grundlage diese gegenseitigen Ansprüche im Fall einer Rückgabe der als nachrichtenlos aufbewahrten Kulturgüter an den Eigentümer geltend gemacht werden können.

1. Nutzungsersatz des Verwahrers gegen den Hinterleger

Im Zuge der – unter Umständen dauerhaften – Verwahrung der nachrichtenlosen Kulturgüter stellt sich also die Frage, inwieweit dem Eigentümer des verwahrten Kulturguts Ersatz für (tatsächlich gezogene oder unter Umständen mögliche, aber tatsächlich nicht gezogene) Nutzungen seitens des Verwahrers während der Verwahrungszeit zusteht.

---

[623] Zum historischen Hintergrund des Restbestands CCP siehe oben, 3. Kapitel B. I.

[624] So die generelle Erkenntnis. Eine anderslautende Absprache im Einzelfall ist allerdings nicht ausgeschlossen und würde den oben stehenden Ausführungen vorgehen.

Die Besonderheit der öffentlich-rechtlichen Verwahrung nachrichtenloser Kulturgüter ergibt sich aus der Eigenschaft der verwahrten Sachen als Kunstwerke, an denen als Zeugnisse der Kulturgeschichte nicht nur ein Interesse an ihrer Erhaltung, sondern auch an ihrer Nutzung besteht. Als Nutzung von Kulturgütern kommt insbesondere ihre Ausstellung, wissenschaftliche Erforschung und die Verwertung der Ergebnisse hieraus in Betracht. Die Nutzung der verwahrten Sache ist in den §§ 688 ff. BGB und damit auch im Rahmen der öffentlich-rechtlichen Verwahrung nicht vorgesehen. Gegenstand der Verwahrung ist die Aufbewahrung einer Sache (§ 688 BGB). Dies bedeutet die Gewährung von Raum oder die Übernahme der Obhut für eine Sache durch denjenigen, dem sie übergeben wird (Verwahrer), für denjenigen, der sie übergibt (Hinterleger).[625] Ein Recht zum Gebrauch an der verwahrten Sache steht dem Verwahrer nicht zu.[626] Nutzt der Staat als Verwahrer die Kulturgüter dennoch,[627] bleibt zunächst offen, wie ein Interessenausgleich zwischen dem Verwahrer und Hinterleger der nachrichtenlosen Kulturgüter erreicht werden kann.

2. Ersatz von Aufwendungen des Verwahrers gegen den Hinterleger

Klarzustellen ist zunächst das Verhältnis zwischen den bereits oben getroffenen Ausführungen[628] zu einem möglichen Anspruch der aufbewahrenden Institution gegen den Eigentümer der (vormals) nachrichtenlosen Kulturgüter auf eine Vergütung für die Aufbewahrung und dem im Folgenden untersuchten Anspruch auf Aufwendungsersatz. Hierzu ist eine differenzierende Betrachtung zwischen den Kosten, die bei der Verwahrung selbst anfallen, und den darüber hinaus anfallenden Aufwendungen erforderlich. Aufwendungen gehen über die Aufbewahrung hinaus und bedeuten eine direkte Wertsteigerung der aufbewahrten Sache.[629] Es handelt sich dabei um eine freiwillige Aufopferung von Vermögenswerten im Interesse eines anderen, die auch Verwendungen i. S. d. § 994 BGB umfassen.[630]

Die dauerhafte Lagerung aller in dieser Untersuchung angesprochenen Fallgruppen nachrichtenloser Kulturgüter wirft insbesondere die Frage auf, inwieweit die unter Umständen erheblichen Kosten für mögliche Restaurierungen der Kulturgüter im Falle einer Rückgabe vom Eigentümer zurückgefordert werden

625 *Henssler*, in: MüKo-BGB, § 688 Rn. 7.

626 Palandt/*Sprau*, § 688 Rn. 2.

627 Siehe zum Umfang der Nutzung, die nicht durch Unterlassungsansprüche des Eigentümers versagt werden kann, 2. Kapitel C. I. 2. bis 4.

628 Siehe dazu soeben unter I.

629 BGH, Urt. v. 30.05.1960, II ZR 113/58, NJW 1960, 1568; Urt. v. 12.10.1972, VII ZR 51/72, BGHZ 59, 328, NJW 1973, 46.

630 *Krüger*, in: MüKo-BGB, § 256 Rn. 2.

können. Es kann in vielen Fällen dem Billigkeitsgefühl entsprechen, dass im Fall einer Rückgabe der verwahrten Sache die während der Verwahrung getätigten Aufwendungen von dem die Herausgabe fordernden Eigentümer zu erstatten sind. Überprüft werden soll, auf welche rechtliche Grundlage diese Forderung gestützt werden kann.[631]

a) Aufwendungsersatz analog öffentlich-rechtlicher Vorschriften

Hinsichtlich eines Kostenausgleichs im Rahmen der öffentlich-rechtlichen Verwahrung wird teilweise die Ansicht vertreten, dass die Rechte und Pflichten des Eigentümers sowie der Verwahrungsbehörde in einem Verwahrungsverhältnis nach geltenden öffentlich-rechtlichen Vorschriften zu ermitteln seien. Statt eines Rückgriffs auf zivilrechtliche Normen sei also eine Analogie zu geltenden öffentlich-rechtlichen Vorschriften zu bevorzugen, die dem in Frage stehenden amtlichen Verwahrungsverhältnis vergleichbar sind.[632] Auf diese Weise würden in weitem Umfang die Besonderheiten des öffentlichen Rechts berücksichtigt werden.

Diese Erwägung scheint grundsätzlich für Fallkonstellationen der öffentlich-rechtlichen Verwahrung geeignet, muss aber im Fall der Verwahrung nachrichtenloser Kulturgüter aufgrund der ihr zugrundeliegenden besonderen Umstände fehlschlagen. Die Interessenlage zwischen dem Eigentümer als Hinterleger und dem Staat als Verwahrer weist statt einer öffentlich-rechtlichen eine zivilrechtliche Prägung auf. Statt eines typischen hoheitlichen Subordniantionsverhältnisses, entsteht zwischen dem Eigentümer als Hinterleger und dem Staat als Verwahrer eine von zivilrechtlichen Eigentümerinteressen geprägte Rechtsbeziehung.[633] Bereits aus diesem Grund liegt die Heranziehung zivilrechtlicher Ausgleichsregelungen somit näher als die analoge Anwendung öffentlich-rechtlicher Normen. Darüber hinaus weisen die öffentlich-rechtlichen Regelungen, deren analoge Anwendung für einen Kostenausgleich in Betracht gezogen werden könnte, einen entscheidenden Unterschied zur Situation der öffentlich-rechtlichen Verwahrung nachrichtenloser Kulturgüter auf, der ihrer Heranziehung entgegen steht.

Die Herausgabe von Kulturgütern aus staatlichem Gewahrsam regelt das KultGüRückG mit Ausgleichsregelungen zwischen Rückgabeschuldner und Rück-

---

631 In der Praxis wird im Fall von Rückgaben teilweise die Erstattung – unter Umständen auch hoher – Restaurierungskosten vereinbart. Siehe dazu für den Fall der Rückgabe sechs romanischer Wandmalereien durch die Stiftung Preußischer Kulturbesitz in Berlin an den Erben des ursprünglichen Eigentümers Baron Cassel van Doorn, dazu *Mönch*, Frankfurter Allgemeine Zeitung v. 23.2.2007, Feuilleton, S. 34.

632 VGH Baden-Württemberg, Urt. v. 20.8.2006, 5 S 2497, NJW 2007, 1375 (1376).

633 Hierauf wird sogleich noch näher eingegangen werden, siehe daher unten, II. 4.d).

gabegläubiger.[634] Verwahrungsverhältnisse existieren darüber hinaus im allgemeinen Gefahrenabwehrrecht.[635] Der Verwahrung von nachrichtenlosen Kulturgütern sind diese Verwahrungsverhältnisse jedoch gerade nicht vergleichbar. Dies liegt daran, dass die Kostenerstattungen im KultGüRückG und im allgemeinen Gefahrenabwehrrecht an das Prinzip des Verursachers anknüpfen. Der für die vorübergehende Aufbewahrung „Verantwortliche" soll mit den hieraus entstandenen Kosten belastet werden. Die Verantwortlichkeit für eine Gefahr trifft aber gerade nicht die Lage der Verwahrung nachrichtenloser Kulturgüter. Den Eigentümern der dieser Untersuchung zugrunde gelegten Fallgruppen nachrichtenloser Kulturgüter wird nämlich in der Regel kein entscheidender Verursachungsbeitrag zur Situation der Nachrichtenlosigkeit zuzurechnen sein. Die Aufbewahrung nachrichtenloser Kulturgüter ist insgesamt betrachtet daher den zivilrechtlichen Rechtsinstituten mit ihren ausdifferenzierten Ausgleichsregelungen näher als den genannten öffentlich-rechtlichen. Eine analoge Anwendung dieser öffentlich-rechtlichen Kostenausgleichsregelungen muss daher ausscheiden.[636]

b) Aufwendungsersatz gem. § 693 BGB analog für Kosten „zum Zwecke" der Verwahrung

Die Möglichkeit der Verwaltung, Aufwendungsersatz geltend zu machen, wird teilweise anerkannt und auf die analoge Anwendung des § 693 BGB gestützt.[637] Der Begriff der Aufwendung wird in § 693 BGB wie in § 670 BGB verstanden und umfasst damit freiwillige Vermögensopfer, die über den Begriff der Verwendungen hinausgehen.[638] Umfasst sind von den Aufwendungen auch Kosten, die dem Verwahrer aus der Rettung der Sache erwachsen sind.[639]

---

634 Vgl. §§ 6 Abs. 6, 17 Abs. 3 KultGüRückG, in welchen geregelt ist, dass die Kosten einer Rückgabe und Erhaltung des betroffenen Kulturguts der herausfordernde Staat trägt bzw. die Kosten einer Sicherstellung, Aufbewahrung, Beförderung oder Rücksendung dem Einführer, Absender, Beförderer oder Besteller auferlegt werden können, wenn dieser Person die Umstände, die eine Beschlagnahme oder Einziehung des Kulturguts veranlasst haben, bekannt waren.

635 Beispielsweise §§ 39 Abs. 3, 41 Abs. 3 Satz 1 ASOG Bln.

636 Nicht vergleichbar mit der hier untersuchten Aufbewahrung nachrichtenloser Kulturgüter ist auch die in § 1 Abs. 4 des Gesetzes zur Ausführung der Konvention v. 14.5.1954 zum Schutz von Kulturgut bei bewaffneten Konflikten (KultgSchKonvAG) v. 18.5.2007, BGBl. I 2007, 757, 762 enthaltene Entschädigungspflicht für einen gutgläubigen Eigenbesitzer, da der dort geregelten Situation gerade keine Aufbewahrungssituation (also kein Fremdbesitz) zugrunde liegt.

637 *Quaritsch*, in: Staat und Verwaltung, S. 169 (178).

638 Verwendungen sind Vermögensaufwendungen, die (zumindest auch) der Sache zugute kommen, indem sie ihrer Wiederherstellung, Erhaltung, Verbesserung dienen, BGH, Urt. v. 24.11. 1995, V ZR 88/95, BGHZ 131, 220, NJW 1996, 921; *Baldus*, in: MüKo-BGB, § 994 Rn. 6.

639 Motive zum BGB, Bd.2, S. 581; *Henssler*, in: MüKo-BGB, § 693 Rn. 2.

aa) Aufwendungen bei der öffentlich-rechtlichen Verwahrung von Kulturgütern

Als vom Aufwendungsbegriff der öffentlich-rechtlichen Verwahrung umfasst werden Kosten für eine Bewachung, für Versicherungsprämien[640] sowie etwa Kosten, die zur Herstellung besonderer klimatischer Bedingungen bei der Aufbewahrung der Kulturgüter erforderlich werden können, anerkannt.[641] Auch Kosten für Sachverständigengutachten können unter Aufwendungen i. S. d. § 693 BGB fallen.[642]

bb) Aufwendungen „zum Zwecke der Aufbewahrung"

Allerdings ist im Anwendungsbereich des § 693 BGB nur der Ersatz solcher Kosten vorgesehen, die „zum Zwecke der Aufbewahrung" getätigt worden sind. Das sind im Fall der Verwahrung Kosten, die der Vorbereitung oder der Durchführung der Aufbewahrung dienen oder deren Nachwirkungen darstellen.[643] Hierzu zählen nicht Kosten, die die Verwahrung erst ermöglichen. Dies umfasst beispielsweise die Raumgewährung als solche, da deren Übernahme gerade Hauptleistungspflicht des Verwahrungsvertrags ist.

Auch die in häufigen Fällen besonders kostspielige Restaurierung nachrichtenloser Kulturgüter ist daher nicht „zum Zwecke" der Aufbewahrung erforderlich und damit schon in der direkten Anwendung der zivilrechtlichen Normen nicht von § 693 BGB erfasst. Nichts anderes kann daher für die öffentlich-rechtliche Verwahrung gelten.

cc) „Erforderlichkeit" der Aufwendungen

Schließlich müssen die Aufwendungen den Umständen nach und aus Sicht des Verwahrers erforderlich gewesen sein.[644] Angelegt wird hierfür ein objektiv-subjektiver Maßstab – entscheidend sei folglich, ob der Verwahrer die Aufwendungen aufgrund der ihm erkennbaren objektiven Umstände für notwendig halten durfte oder nicht.[645]

---

640 Staudinger/*Reuter*, § 693 Rn. 5.

641 *Henssler*, in: MüKo-BGB, § 693 Rn. 2.

642 VGH Kassel, Urt. v. 17.02.1987, 11 UE 1193/84, NVwZ 1988, 655 (656) zu Standgebühren und Sachverständigenkosten im Zusammenhang mit einem abgeschleppten Kfz.

643 *Henssler*, in: MüKo-BGB, § 693 Rn. 4.

644 BGH, Urt. v. 5.10.1989, III ZR 126/88, MDR 1990, 416 (417); VGH Kassel, Urt. v. 17.2.1987, 11 UE 1193/84, NVwZ 1988, 655 (656); OVG Hamburg, Urt. v. 19.8.1993, Bf VII 3/93, HmbJVBl 1994, 85.

645 RG, Urt. v. 13.11.1935, V 99/35, RGZ 149, 205 (207). Staudinger/*Reuter*, § 693 Rn. 3 f.

Begrenzt ist der Aufwendungsersatz im Allgemeinen durch die Höhe des Wertes der verwahrten Sache. Ausnahmen sind möglich bei einem besonderen ideellen Wert, der der Sache zukommt und der diesen Wert übersteigende Erhaltungsaufwendungen rechtfertigt.[646]

c) Aufwendungsersatz für Restaurierungskosten

Sehen die zivilrechtlichen Verwahrungsvorschriften keine Ausgleichsmöglichkeit für eventuell anfallende Restaurierungskosten vor, könnten möglicherweise andere zivilrechtliche Normen eingreifen, um diese Lücke zu füllen. Naheliegend scheint es hierfür, auf einen Ausgleich nach den Grundsätzen der sogenannten aufgedrängten Bereicherung zurückzugreifen. Schließlich bedeutet die Restaurierung von verwahrten nachrichtenlosen Kulturgütern einen bereichernden Eingriff in die Rechtssphäre des unbekannten Eigentümers. Der Ausgleich von aufgedrängten Bereicherungen ist in den gesetzlichen Schuldverhältnissen unterschiedlich geregelt. Interessengerecht erscheint eine Regelung, die den Ersatz an besonders strenge Voraussetzungen bindet oder ausschließt, wenn der Zuwachs auf ein Verhalten zurück geführt werden kann, das als zielgerichtetes, unbefugtes Eindringen in eine fremde Rechtssphäre zu bewerten ist. Ein Ausgleich sollte hingegen in großzügigerem Umfang gewährt werden, wenn der Anspruchsteller irrtümlich annahm, auf eigenes Vermögen einzuwirken, oder sich für befugt halten durfte, eine fremde Angelegenheit wahrzunehmen.[647]

d) Kostenerstattung als Ausgleich aufgedrängter Bereicherung gem. § 970 BGB analog

Ein Beispiel der Kostenerstattung als Ausgleich aufgedrängter Bereicherung stellt der Aufwendungsersatz des Finders nach § 970 BGB dar. Der Finder kann von dem Empfangsberechtigten die den Umständen nach erforderlichen Aufwendungen ersetzt verlangen, die dieser zum Zwecke der Verwahrung, Erhaltung der Fundsache oder zur Ermittlung des Empfangsberechtigten gemacht hat. Dies geht über das hinaus, was der Verwahrer an Aufwendungen vom Hinterleger gem. § 693 BGB fordern kann.

Der Finder kann den Ausgleich für notwendige Verwendungen allerdings nur insoweit beanspruchen, als ihre Vornahme die Verschlechterung der Sache abzuwenden geeignet ist oder aber ihrer Erhaltung in dem Zustand dient, in dem man sie in Besitz genommen hat. Diese Regelung wird durch den beschränkten Zweck der Sachherrschaft gerechtfertigt – nämlich der Aufbewahrung der Sache für den Berechtigten.[648] Zu Maßnahmen, die über diesen Zweck hinausreichen, ist der

---

646 Staudinger/*Reuter*, § 693 Rn. 6.

647 Dies die These von *Wernecke*, S. 403.

648 *Wernecke*, S. 404.

Finder und auch der Verwahrer weder verpflichtet noch berechtigt.[649] Dies steht im Gegensatz zu dem Besitzer, der die fremde Sache zu eigenen Zwecken nutzt.[650]

e) Ausschluss der Anwendung von § 970 BGB im öffentlichen Recht

Die Aufwendungsersatzansprüche einer Behörde richten sich jedoch statt nach § 970 BGB grundsätzlich nach öffentlichem Recht.[651] Bereits die Materialien zum Gesetzgebungsprozess der Vorschrift enthalten die Bemerkung, dass hierfür landesgesetzlich geregelte Gebührenansprüche vorzusehen sind.[652] Dies steht einer Heranziehung des § 970 BGB als ausfüllende Regelung im Rahmen von Aufwendungsersatzansprüchen der öffentlichen Hand im Rahmen einer öffentlich-rechtlichen Verwahrung entgegen. Kommt § 970 BGB schon nicht im Fall eines Fundes, der von einer Behörde verwahrt wird, zur Anwendung, so muss erst recht eine analoge Übertragung in ein anderes Rechtsverhältnis, so auch in das der öffentlich-rechtlichen Verwahrung nachrichtenloser Kulturgüter, ausscheiden.

3. Kostenausgleich der öffentlich-rechtlichen Verwahrung nach den Regeln des Eigentümer-Besitzer-Verhältnisses

Den Kostenausgleich für Aufwendungen und Nutzungen zwischen Eigentümer und Besitzer regeln die §§ 987 ff. BGB. Fraglich ist, ob grundsätzlich eine Anwendung der §§ 987 ff. BGB analog im Rahmen der öffentlich-rechtlichen Verwahrung möglich ist. Wesentlich ist dies vor allem für die Möglichkeit der Gewährung von speziellen Ausgleichsansprüchen in den §§ 987 ff. BGB – vor allem im Hinblick auf Verwendungsersatz für notwendige und nützliche Verwendungen, der in den §§ 994, 996 BGB vorgesehen ist. Gegen eine Anwendung der §§ 987 ff. BGB analog im Rahmen der Verwahrung gem. §§ 688 ff. BGB spricht, dass die §§ 987 ff. BGB grundsätzlich das Vorliegen einer Vindikationslage, mithin einen nicht gem. § 986 BGB zum Besitz berechtigten Besitzer voraussetzen. Eine Vindikationslage liegt in den untersuchten Fallgruppen nachrichtenloser Kulturgüter jedoch nicht vor, da der aufbewahrenden Institution – wie oben dargelegt[653] – bis zur Herausgabeforderung seitens des Eigentümers ein Recht zum Besitz analog § 986 BGB an den nachrichtenlosen Kulturgütern zuzuerkennen ist. Die §§ 987 ff. BGB sind grundsätzlich auch dann nicht anwendbar, wenn der

---

649 *Wernecke*, S. 404.

650 *Wernecke*, S. 404.

651 *Oechsler*, in: MüKo-BGB, § 970 Rn. 4 sowie § 967 Rn. 3: diese Auffassung folge aus einem modernen Verständnis des Abgabenrechts. Ferner Staudinger/*Gursky* § 970 Rn. 2; Soergel/*Henssler*, § 970 Rn. 3.

652 Protokolle zum BGB, Bd. 3, S. 271, IV. zu § 917.

653 Siehe dazu oben D. 3.

Besitzer zwar ständig einem verhaltenen Herausgabeanspruch ausgesetzt ist, sein momentaner Besitz aber gerade darum bis zur Rückforderung als rechtmäßig qualifiziert werden muss. Dies wird für den Fall des Verwahrers (§ 695 BGB) sowie des redlichen Finders[654] angenommen.[655] Nichts anderes kann daher für die öffentlich-rechtliche Verwahrung gelten. Die §§ 987 ff. BGB stehen damit grundsätzlich nicht als Kostenausgleichsregelungen im Rahmen der öffentlich-rechtlichen Verwahrung zur Verfügung.

a) Anwendung der §§ 987 ff. BGB im Rahmen der öffentlich-rechtlichen Verwahrung trotz fehlender Vindikationslage

Der BGH wendet ausnahmsweise die Regeln des Eigentümer-Besitzer-Verhältnisses als „Notordnung" auch für Rechtsverhältnisse an, in denen dem Besitzer ein Recht zum Besitz zusteht.[656] Begründet wird dies mit der Feststellung, dass der Ausschluss der §§ 987 ff. BGB bei Rechtmäßigkeit des Besitzes nicht generell gelten kann.[657] Ausnahmsweise kommen die §§ 987 ff. BGB dieser Ansicht zufolge also zur Anwendung, obwohl eine Vindikationslage tatsächlich nicht besteht.[658] Untersucht werden soll daher, ob einer dieser Ausnahmefälle hier vorliegt und ob die §§ 987 ff. BGB im Wege einer solchen „Notordnung" auch auf die öffentlich-rechtliche Verwahrung angewendet werden können. Da die Verwendungen i. S. d. §§ 994 ff. BGB gegenstandsbezogene Aufwendungen sind, die einer Sache zugute kommen sollen,[659] stünde der aufbewahrenden Institution in diesem Fall ein Ersatzanspruch gegen den Eigentümer zu, der über das im Rahmen der öffentlich-rechtlichen Verwahrung Gewährte hinausgeht. Statt der im Rahmen der Verwahrung lediglich vorgesehenen Ansprüche auf Ersatz der Aufwendungen, die gem. § 693 BGB „zum Zwecke" der Aufbewahrung gemacht werden dürfen,[660] wird in § 994 BGB der Ersatz notwendiger und in § 996 BGB sogar lediglich nützlicher Verwendungen gewährt.[661] Dies würde aufgewendete

---

654 Staudinger/*Gursky*, Vorbem zu §§ 987–993 Rn. 17 und § 966 Rn. 2.

655 Staudinger/*Gursky*, Vorbem zu §§ 987–993 Rn. 17.

656 Dazu bereits oben, unter V.I. d) zur Frage des Schadensersatzanspruchs gem. § 989, 990 BGB analog.

657 BGH, Urt. v. 13.10.1978, V ZR 147/77, NJW 1979, 716; Urt. v. 24.11.1995, V ZR 88/95, NJW 1996, 921; *Vieweg/Werner*, SachR, § 8 Rn. 4.

658 Ablehnend hierzu *Baldus*, in: MüKo-BGB, § 994 Rn. 26a sowie Vor §§ 987–1003 Rn. 9; Staudinger/*Gursky*, Vorbem § 994 Rn. 31; Palandt/*Bassenge*, Vorb v. § 994 Rn. 3; *Wieling* § 12 V 2 e.

659 BGH, Urt. v. 21.12.1960, VIII ZR 89/59, BGHZ 34, 122 (124), NJW 1961, 499 (500); *Baldus*, in: MüKo-BGB, § 994 Rn. 6.

660 Siehe dazu oben unter 1.a).

661 Zur umstrittenen Reichweite des Verwendungsbegriffs – jeweils für einen weiten Verwendungsbegriff: Motive zum BGB, Bd. 2, S. 394; *Wolf*, AcP 166 (1966), 188 (193); *Baur/Stür-*

Kosten für während der Aufbewahrung durchgeführte Restaurierungsarbeiten an den Kulturgütern einschließen. Die aufbewahrende Institution könnte somit die aufgewendeten Kosten im Fall einer Herausgabe des Kulturguts vom Eigentümer erstattet verlangen.

b) Zugrundeliegendes Rechtsverhältnis enthält keine ausreichenden Regelungen

Eine entsprechende Anwendung der §§ 987 ff. BGB auf den berechtigten Besitzer wird in dem Fall für möglich gehalten, in welchem gesetzliche oder vertragliche Sonderregelungen im Einzelfall fehlen, gleichwohl aber ein Bedürfnis für einen Kostenausgleich besteht.[662] Zwar gilt der Ausschluss der §§ 987 ff. BGB bei Rechtmäßigkeit des Besitzes im Regelfall, jedoch nicht ausnahmslos. Soweit nämlich das das Besitzrecht begründende Rechtsverhältnis eine Regelung der Ansprüche auf Nutzungs- und Verwendungsersatz nicht enthält, greift der BGH ausnahmsweise auch beim rechtmäßigen Besitzer ergänzend auf eine Anwendung der §§ 987 ff. BGB zurück.[663] Soweit also das die Besitzberechtigung begründende Rechtsverhältnis die Frage der Nutzungsherausgabe und des Verwendungsersatzes nicht regelt, kann und muss nach dieser Ansicht auch bei rechtmäßigen Besitzern zur Lückenfüllung auf eine entsprechende Anwendung der §§ 987 ff. BGB zurückgegriffen werden.[664] Begründet wird der Rückgriff auf die §§ 987 ff. BGB in diesen Fällen mit der Erwägung, dass im Zweifel der rechtmäßige Besitzer nicht schlechter gestellt werden dürfe als der gutgläubige unrechtmäßige Fremdbesitzer.[665] Verwiesen wird außerdem auf die Funktion der §§ 987 ff. BGB als „Mindestregelungen" im Rahmen von Rückabwicklungsverhältnissen, die sich durch Verweise im BGB auch außerhalb des Eigentümer-

---

ner, § 11 Rn. 55; *Baldus*, in: MüKo-BGB, § 994 Rn 11. Für einen engen Verwendungsbegriff: BGH, Urt.v. 10.7.1953, V ZR 22/52, BGHZ 10, 171; Urt. v. 26.02.1964, V ZR 105/61, BGHZ 41, 157; Urt. v. 24.11.1995, V ZR 88/95, BGHZ 131, 220.

662 BGH Urt. v. 13.10.1978, V ZR 147/77, NJW 1979; Urt. v. 24.11.1996, V ZR 88/95, BGHZ 131, 220, NJW 1996, 921.

663 BGH, Urt. v. 14.7.1995, V ZR 45/94, NJW 1995, 2627, 2628; Urt. v. 7.7.1971, VIII ZR 228/69,WM 1971, 1268, 1270 – abgestellt wird hier allerdings konkret auf die Gewährung von Verwendungsersatz gem. § 994; BGH, Urt. v. 2.10.1970, V ZR 125/68, WM 1970, 1366 f.; Urt. v. 14.12.1954, I ZR 134/53, NJW 1955, 340.

664 BGH, Urt. v. 20.12.2001, IX ZR 401/99, BGHZ 149, 326, 332 f.; krit. *Gursky*, JZ 2005, 285 (286).

665 BGH, Urt. v. 2.10.1970, V ZR 125/68 (siehe Rn. 24 der Entscheidung), WM 1970, 1366 f. Ablehnend zur Anwendung der §§ 987 ff. BGB analog *Baldus*, der die Ansicht vertritt, dass es insbesondere für die Verwendungen des Fremdbesitzers bei der direkten Anwendung der §§ 683 f. BGB bleibe. Schließlich wisse der Fremdbesitzer, dass er mit der Sorge für die Sache ein fremdes Geschäft führt, und scheitere daher mit den Ansprüchen aus auftragsloser Geschäftsführung nicht an § 687 Abs. 1 BGB, *Baldus*, in: MüKo-BGB, §§ 987–1003 BGB Rn. 11, 14.

Besitzer-Verhältnisses der §§ 987 ff. BGB (EBV) manifestieren.[666] Geboten sei diese Auffassung durch Billigkeitserwägungen, die auch nicht durch in der Literatur vorgebrachte rechtssystematische Einwände[667] widerlegt werden könnten.[668]

Die dargelegten Erwägungen zu Situationen, in denen die §§ 987 ff. BGB als ergänzende Regelungen heranzuziehen sind, treffen auf den Fall der Verwahrung nachrichtenloser Kulturgüter zu. Insbesondere der Charakter des Besitzrechts des staatlichen Hoheitsträgers als nicht vindikationshindernd spricht für eine Hinzuziehung der §§ 987 ff. BGB auf das Verwahrungsverhältnis. Das Verwahrungsverhältnis ist der von den EBV-Regelungen vorgesehenen Konstellation ähnlich. Dies trifft insbesondere zu, da die Verwahrung der Kulturgüter zwar möglicherweise auf Dauer angelegt ist, aber stets unter der Prämisse einer treuhändischen Verwahrung für den unbekannten Eigentümer durchgeführt wird. Der Aufbewahrung liegt das Bewusstsein darüber zugrunde, dass lediglich ein Besitzrecht besteht, das nicht vindikationshindernd ist. Die Verwahrung erfolgt also, wie bereits dargelegt, im Schatten einer verhaltenen Vindikation. Die Situation der öffentlich-rechtlichen Verwahrung nachrichtenloser Kulturgüter kommt daher der in den §§ 987 ff. BGB vorausgesetzten Vindikationslage bereits sehr nahe. Es erscheint daher interessengerecht, den Staat als berechtigten Verwahrer nicht schlechter zu stellen, als wenn ihm kein Recht zur Verwahrung zustünde. Da in letzterem Fall die §§ 987 ff. BGB direkt zur Anwendung kommen würden und einen Anspruch auf Ersatz von Verwendungen gem. §§ 994 ff. BGB ermöglichen würden, muss dies auch für das vorliegende öffentlich-rechtliche Verwahrungsverhältnis nachrichtenloser Kulturgüter gelten.

Da das der Aufbewahrung zugrundeliegende Rechtsverhältnis, nämlich die öffentlich-rechtliche (und auch die dieser zugrundeliegende zivilrechtliche) Verwahrung, keine Regelungen zur Möglichkeit und zum Ausgleich von Verwendungen auf die verwahrte Sache enthalten, könnten die §§ 987 ff. BGB unter dem Gesichtspunkt ergänzender Ausgleichsvorschriften zur Anwendung gelangen. Es ist im Rahmen der öffentlich-rechtlichen Verwahrung aus Billigkeitserwägungen angemessen, der aufbewahrenden Institution durch die Anwendung der §§ 987 ff. BGB im Fall einer Rückgabe an den Eigentümer einen Verwendungsersatzanspruch zu gewähren. Verwendungen, die während der Aufbewahrung zu Restaurierungszwecken und sonstigen wertsteigernden Maßnahmen auf die Kulturgüter gemacht worden sind, kommen im Falle einer Rückgabe dem Eigentümer zugute.

---

666 So in §§ 292, 818 Abs. 4, 819 BGB.

667 *Baur/Stürner*, SachR, § 11 B I 1 Fn. 2.

668 BGH, Urt. v. 2.10.1970, V ZR 125/68, WM 1970, 1367.

Wendet die Behörde finanzielle Mittel auf, um Kulturgüter zu erhalten und zu restaurieren, so könnte sie diese Verwendungen im Fall einer Rückgabe gegen den Eigentümer geltend machen, wenn einer Anwendung der §§ 987 ff. BGB analog keine sonstigen Gründe entgegenstehen.

4. Zulässigkeit der Anwendung zivilrechtlicher Kostenausgleichsregelungen im Rahmen der öffentlich-rechtlichen Verwahrung

Wie bereits gezeigt enthält das der Aufbewahrung nachrichtenloser Kulturgüter zugrunde gelegte Rechtsverhältnis der öffentlich-rechtlichen Verwahrung keine Regelung, die einen Ausgleich für Verwendungen auf die Sache gewährt. Im allgemeinen Verwaltungsrecht sowie im Staatshaftungsrecht im weiteren Sinne sind keine bzw. nur sehr vereinzelt Regelungen für einen Ausgleich von Aufwendungen ersichtlich, die bei Übergriffen in den Geschäftskreis bzw. den Zuständigkeitsbereich eines Privaten oder eines Verwaltungsträgers zum Tragen kommen können.[669]

Gleichwohl besteht bei der Aufbewahrung nachrichtenloser Kulturgüter ein Bedürfnis dafür, die Möglichkeit eines Kostenausgleichs für aufgewendete Kosten, insbesondere Restaurierungskosten, zu schaffen. Es besteht daher ein Bedürfnis dafür, die §§ 987 ff. BGB zur Ausfüllung dieser Ansprüche im Rahmen der einer öffentlich-rechtlichen Verwahrung zugrunde gelegten zivilrechtlichen Vorschriften anzuwenden.

Gegen eine derartige Ausweitung der zivilrechtlichen Normen spricht allerdings, dass hierfür bereits im Zivilrecht eine Analogie bemüht wird – im öffentlichen Recht wäre daher in analoger Anwendung eine Analogie aus dem Zivilrecht anzuwenden. Erst diese doppelte Analogie würde eine Rechtsgrundlage für Kostenansprüche des Staates gegen den Eigentümer der Kulturgüter im Rahmen einer öffentlich-rechtlichen Verwahrung begründen.

Eine derart weitreichende Rechtsfortbildung ist zumindest unter dem Gesichtspunkt des Grundsatzes des Gesetzesvorbehalts schwerwiegenden Bedenken ausgesetzt.

a) Einheitliche Bewertung staatlicher oder privater Eigentümer als Anspruchsgegner

Fraglich ist zunächst allerdings, ob ein Unterschied in der rechtlichen Würdigung der Frage nach der Grundlage für Kostenausgleichsregelungen zwischen Kosten, die gegen einen privaten Eigentümer oder gegen einen ausländischen Staat als Eigentümer geltend gemacht werden, besteht. Zwei Erwägungen führen zu dem Schluss, dass sich für die öffentlich-rechtliche Verwahrung und die sich

---

[669] *Meysen*, S. 254.

hieraus ergebenden Ansprüche kein Unterschied aus dem Umstand ergibt, ob sich das verwahrte Kulturgut als Eigentum eines ausländischen Staates oder einer juristischen oder natürlichen Person des Privatrechts herausstellt. Selbst wenn das betreffende Kulturgut einem (ausländischen) Staat gehört, tritt dieser im Rahmen des Verwahrungsverhältnisses nicht als Hoheitsträger auf, sondern in seiner Eigenschaft als Träger privater Rechtspositionen. Es geht also gerade nicht um das Verhältnis zwischen verschiedenen Hoheitsträgern, sondern um das Verhältnis zwischen einem deutschen staatlichen Hoheitsträger als Verwahrer und einem Eigentümer eines Kulturguts als Hinterleger. Im Rahmen der öffentlich-rechtlichen Verwahrung macht es keinen Unterschied, ob dieser Eigentümer eine natürliche oder juristische Person des Privat- oder des öffentlichen Rechts ist.

b) Grundsatz des Vorbehalts des Gesetzes

Verwendungen auf nachrichtenlose Kulturgüter bedeuten einen Eingriff in die Rechte der Eigentümer, da es nach zivilrechtlichen Grundsätzen zunächst nur diesen zusteht, mit ihrem Eigentum nach Belieben zu verfahren.[670] Dieser Eingriff bedarf einer entsprechenden Legitimation. Den privatrechtlichen Normen, auf die hierfür zurück gegriffen wird, muss somit eine Legitimations- und Ausgleichsfunktion für die handelnde Behörde zukommen.[671] Erledigen Behörden die Angelegenheiten Privater, wie im Fall der Erledigung von Angelegenheiten von Eigentümern, so ist zu differenzieren, ob sie damit zugleich eine (eigene) Verwaltungsaufgabe erfüllen oder ob sie allein im Interesse des Privaten, außerhalb ihrer eigentlichen Aufgaben, tätig werden.

Zwar kann die Verwaltung durch das Rechtsinstitut der öffentlich-rechtlichen Verwahrung grundsätzlich als legitimiert angesehen werden. Hierzu ist bereits ausgeführt worden, dass das Rechtsinstitut durch jahrzehntelange Rechtsprechung anerkannt ist und unter Verweis auf die analoge Anwendung der §§ 688 ff. BGB im öffentlichen Recht angewendet wird.[672] Eine hierüber hinausgehende Anwendung weiterer zivilrechtlicher Rechtsinstitute, wie den §§ 987 ff. BGB als Ausgleich für im Rahmen der Verwahrung nicht vorgesehene Kostenausgleichsregelungen zulasten der privaten Eigentümer, überschreitet hingegen die Grenzen des Anwendungsbereichs der weithin anerkannten öffentlich-rechtlichen Verwahrung. Diese zusätzliche Anwendung zivilrechtlicher Vorschriften zur Ausfüllung des im Rahmen der öffentlich-rechtlichen Verwahrung nicht vorge-

---

[670] *Säcker*, in: MüKo-BGB, § 903 Rn. 6.

[671] Ob der Ausgleich der in Frage stehenden Kosten für Verwendungen im Einzelfall auf die §§ 987 ff. BGB analog oder auf andere zivilrechtliche Normen in analoger Anwendung gestützt wird, ist insoweit unerheblich, als die zu klärende Vorfrage dieselbe bleibt. In Betracht gezogen werden könnte neben den EBV-Vorschriften die Anwendung der §§ 677 ff. analog.

[672] Hierzu bereits oben, A. II, III.

sehenen Ausgleichs von Aufwendungen auf die verwahrte Sache kann daher nicht von vornherein als legitimiertes Verwaltungshandeln angesehen werden.

c) Verwaltungshandeln außerhalb gesetzlicher Legitimation

Vom gesetzlich legitimierten Verwaltungshandeln, für welches ein Kostenausgleich nicht vorgesehen ist – wie im oben erörterten Fall der Verwahrungsgebühren außerhalb der geregelten Gebührensätze –, muss die Situation, in der die Behörde eine Maßnahme trifft, die gänzlich außerhalb des behördlichen Aufgabenbereiches und allein im Interesse eines Privaten liegt, unterschieden werden. Handelt es sich also in ersterem Fall um legitimiertes Verwaltungshandeln ohne vorgesehenen Kostenausgleich, liegt in letzterem Fall Verwaltungshandeln vor, für welches bereits keine gesetzlich geregelte Legitimation ersichtlich ist. So liegt der Fall bei der Frage nach dem Aufwendungsersatzanspruch vorgenommener Aufwendungen, wie Restaurierungen nachrichtenloser Kulturgüter während der Aufbewahrung im Rahmen der öffentlich-rechtlichen Verwahrung. Dann entsteht nicht nur die Frage der Möglichkeit eines finanziellen Ausgleichs durch Hinzuziehung zivilrechtlicher Vorschriften, sondern auch die der Legitimation der Verwaltung. Da eine anderweitige Legitimation der Verwaltung nicht ersichtlich ist, müssten die den Kostenausgleich vorsehenden zivilrechtlichen Normen der Verwaltung auch die Legitimation zum Tätigwerden vermitteln. Die Übertragung der zivilrechtlichen Normen kann in diesem Fall jedenfalls nicht unter dem Gesichtspunkt des abschließenden Charakters der vorhandenen öffentlich-rechtlichen Vorschriften ausgeschlossen werden – denn mit der weithin inhaltlich unbestimmten öffentlich-rechtlichen Verwahrung bestehen keine Legitimationsvorschriften. Allerdings stehen gewichtige Prinzipien des Rechts der Übertragung zivilrechtlicher Normen als Legitimations- und Ausgleichsvorschriften für die Verwaltung im öffentlichen Recht entgegen.

aa) Vorbehalt des Gesetzes – Eingriffsvorbehalt

Der durch Art. 20 Abs. 3 GG begründete Grundsatz der Rechtsbindung der Verwaltung gibt vor, dass jegliche Tätigkeit der Verwaltung eine gesetzliche Grundlage erfordert. Die Verwaltung darf nur dann in Rechte und Freiheiten des Bürgers eingreifen, mithin nur dann belastende Verwaltungsmaßnahmen vornehmen, wenn ihr hierfür eine gesetzliche Ermächtigung zusteht.[673] Diese Ermächtigungsgrundlage muss ihrem Inhalt, Zweck und Ausmaß nach hinreichend bestimmt sein.[674]

---

673 Münch/Kunig/*Schnapp*, Art. 20 Rn. 46; *Wolff/Bachof/Stober/Kluth*, VerwR I, § 30 Rn. 28; *Doehring*, Staatslehre, Rn. 437.

674 Dabei steigen die Anforderungen an die Regelungsdichte des Gesetzes mit der Bedeutung der Angelegenheit für die Allgemeinheit und der Nachhaltigkeit der Grundrechtsbetroffenheit des einzelnen Bürgers.

Diese Ausprägung des Gesetzesvorbehalts als Ausfluss des Rechtsstaatsprinzips schützt den Bürger vor einer eigengesetzlichen und unberechenbaren Eingriffsverwaltung. Für Eingriffe der Verwaltung in Freiheit und Eigentum gilt also der Vorbehalt des Gesetzes. Zweifelhaft ist, ob der Eingriffsvorbehalt auch für die Gewährung von Leistungen gilt, ob also ein umfassender Gesetzesvorbehalt im Sinne eines sog. Totalvorbehalts besteht.[675] Zu bejahen wäre dies, wenn Leistungen wie Eingriffe wirkten und deshalb wie Eingriffe zu qualifizieren wären oder wenn jede Verwaltungstätigkeit nach einheitlichen gesetzlichen Vorgaben erfolgen müsste.[676] In diesem Zusammenhang ist von der Rechtsprechung vertreten worden, dass die Freiheit auch durch staatliche Vergünstigungen gefährdet werden könne.[677] Bei der Frage einer möglichen Hinzuziehung zivilrechtlicher Ausgleichsvorschriften im Rahmen der Aufbewahrung nachrichtenloser Kulturgüter spielt dieser Aspekt des Gesetzesvorbehalts allerdings nur eine untergeordnete Rolle. Dies liegt daran, dass die in Frage stehenden Verwendungen auf die nachrichtenlosen Kulturgüter ungeachtet der Kostenfolge zunächst nicht als eingreifende Maßnahme, sondern als begünstigendes, im Interesse des Eigentümers liegendes Verwaltungshandeln klassifiziert werden können. Schließlich kommen die Verwendungen dem Eigentum der unbekannten Rechteinhaber zugute – durch Restaurierungen und sonstige Instandhaltungsmaßnahmen werden die Kulturgüter aufgewertet.

bb) Vorbehalt des Gesetzes – Demokratieprinzip und Grundsatz der Gewaltenteilung

Problematisch erscheint die Zulässigkeit der Heranziehung zivilrechtlicher Normen seitens der Verwaltung zur Begründung eines Kostenausgleichs aufgrund des Vorbehalts des Gesetzes unter den Aspekten des Demokratieprinzips und des Grundsatzes der Gewaltenteilung. Das Demokratieprinzip gibt vor, dass die Verwaltung grundsätzlich nur vollziehende Gewalt des Willens der Gemeinschaft ist. Dieser Willen der Gemeinschaft bildet und äußert sich in den vom gewählten Parlament geschlossenen Gesetzen. Eng mit dem Demokratieprinzip verbunden ist der Grundsatz der Gewaltenteilung. Dieser Grundsatz fordert,

---

675 *Wolff/Bachof/Stober/Kluth*, VerwR I, § 18 Rn. 16. Gegen einen Totalvorbehalt wird teilweise das Argument der Flexibilität angeführt. Denn die Forderung, jedes Handeln der Verwaltung einer positiven gesetzlichen Ermächtigung zu unterwerfen, übersieht, dass Art. 20 GG die vollziehende Gewalt als eigenständige Staatsfunktion anerkennt. Die Verwaltung kann zwar durch die Legislative gelenkt und begrenzt werden, wird durch sie aber nicht erst handlungsfähig gemacht. Dieser Verwaltungsvorbehalt greife allerdings vor allem bei der Öffentlichkeitsarbeit der Verwaltung ein, die zu den typischen Aufgaben der Exekutive im Informationsstaat gehört. Dies betrifft nicht die hier untersuchte Situation der Aufbewahrung nachrichtenloser Kulturgüter.

676 *Wolff/Bachof/Stober/Kluth*, VerwR I, § 18 Rn. 16.

677 BVerwG, Urt. v. 18.4.1985, 3 C 34/84, BVerwGE 71, 183 (191).

dass die Ziele und Maßstäbe des Verwaltungshandelns nicht von der Verwaltung selbst bestimmt werden, sondern von der Legislative vorzugeben sind. Beide Verfassungsprinzipien stehen der Heranziehung zivilrechtlicher Normen als Legitimations- und Ausgleichsregelungen im Verhältnis Staat und privater Eigentümer entgegen. Gegen die grundsätzliche Anerkennung der behördlichen Befugnis zur Tätigung von Verwendungen auf die Sache und zur Gewährung von Kostenausgleichsansprüchen gegen den Eigentümer auf der Grundlage zivilrechtlicher Vorschriften kann die Gefahr der Verfolgung privater Interessen durch die Verwaltung nach eigenem Belieben sprechen. Dienen zivilrechtliche Normen der Verwaltung als Legitimations- und Ausgleichsnormen, bedeutet dies, dass das Betätigungsfeld der öffentlichen Verwaltung nicht mehr durch den Willen der Gemeinschaft bestimmt ist. Dieser kommt in parlamentarischen Gesetzen zum Ausdruck. Wird der Verwaltung der Rückgriff auf zivilrechtliche Vorschriften zur Legitimation und zum Ausgleich ihres Handelns möglich, so hat sie freie Hand dafür, außerhalb ihrer Grenzen, die durch Aufgaben- und Zuständigkeitsnormen gesetzt werden, neue Tätigkeitsfelder in fremden privaten Zuständigkeitsbereichen aufzutun.[678]

Eine andere Bewertung kann sich an diesem Punkt auch nicht aus Billigkeitserwägungen für den Fall der öffentlich-rechtlichen Verwahrung ergeben. Zwar würde die Möglichkeit des Rückgriffs der Verwaltung auf zivilrechtliche Vorschriften als Legitimation und Ausgleichsvorschriften im konkreten Fall der Verwahrung nachrichtenloser Kulturgüter dazu beitragen, dass erforderliche Restaurierungsarbeiten an Kulturgütern durchgeführt werden und damit ein Teil des kulturellen Erbes erhalten wird. Ferner müssten die hierfür aufgewendeten Kosten im Fall einer Rückgabe an den unbekannten Eigentümer nicht zulasten der Allgemeinheit verbleiben, sondern könnten von demjenigen zurück gefordert werden, dem die Verwendungen letztlich zugute kommen – nämlich dem Eigentümer. Diesen Billigkeitserwägungen stehen jedoch grundsätzlich die verfassungsrechtlichen Prinzipien entgegen, die die Anwendung zivilrechtlicher Normen im öffentlichen Recht als Legitimations- und Ausgleichsvorschriften nicht zulassen. Sie können als Argument dafür dienen, für spezielle Fälle der öffentlich-rechtlichen Verwahrung Kodifizierung von Kostenausgleichsregelungen vorzunehmen, die eine Legitimation und die entsprechenden Ausgleichsvorschriften vorsieht.

Im Allgemeinen angewendet würde die Zulässigkeit zivilrechtlicher Normen als Legitimations- und Ausgleichsregelungen in öffentlich-rechtlichen Rechtsbeziehungen jedoch zu einem freien Entschließungsermessen der Verwaltung führen.[679] Dies existiert im öffentlichen Recht grundsätzlich nicht – denn für die

---

678 *Nedden*, S. 162.

679 *Nedden*, S. 164.

Beurteilung der Pflichtgemäßheit einer behördlichen Entschließung fehlte es dann an jedem öffentlich-rechtlichen Maßstab. Handelt die Verwaltung außerhalb ihrer gesetzlichen Zuständigkeit, kommt es zu einer eigengesetzlichen Aufgaben- und Zielbestimmung und deren Verfolgung. Der Handlungsspielraum privater Rechtssubjekte ist im Gegensatz zu dem der Verwaltung nicht zweckgebunden, sondern wird durch die allgemeine Handlungsfreiheit im Rahmen des Art. 2 Abs. 1 GG bestimmt.[680] Der Handlungsspielraum der Verwaltung hingegen konstituiert sich aus einzelnen, besonders zu verleihenden Handlungsermächtigungen; getragen ist die öffentliche Verwaltung von einem Verwaltungszweck, der in der Förderung des Gemeinwohls liegt.[681] Die Verwaltung ist am öffentlichen Interesse orientiert, das sich wiederum in den öffentlich-rechtlichen Gesetzen konkretisiert.[682]

Hiervon zu unterscheiden sind die Individualinteressen des Einzelnen. Zwar ist es denkbar, dass im Einzelfall das Interesse des Einzelnen mit dem öffentlichen Interesse übereinstimmt. Das öffentliche Interesse deckt sich aber nur insoweit mit Individualinteressen, wie die Gesetzesnormen des öffentlichen Rechts bloße Individualinteressen zu auch-öffentlichen Interessen erheben. Die Verfolgung von Individualinteressen ist der Verwaltung allerdings nur in dem Rahmen gestattet, in dem die privaten Interessen mit dem gesetzlich bestimmten öffentlichen Interesse übereinstimmen. Hierneben läuft die Verfolgung rein privater Interessen durch die Verwaltung dem gesetzlichen Verwaltungszweck zuwider.[683] Die Aufgaben der Verwaltung geben ihr den Betätigungsspielraum vor. Das öffentliche Interesse bildet die Berechtigung und zugleich auch die Schranke für jede Verwaltungstätigkeit. Die Verwaltung ist dem Gemeinwohl verpflichtet und darf sich nicht nach Belieben und Willkür fremder, außerhalb des Gemeinwohls stehender Interessen einzelner Privater annehmen.[684]

Aus diesem Grund muss ihr grundsätzlich insbesondere der Rückgriff auf zivilrechtliche Normen als Anspruchsbegründung gegen Private verwehrt bleiben. Ein auf zivilrechtliche Normen gestützter Kostenausgleich für Verwendungen und Nutzungen im Rahmen der öffentlich-rechtlichen Verwahrung ist daher im Grundsatz ausgeschlossen.

---

680 *Nedden*, S. 160.

681 *Maurer*, VerwR, § 1 Rn. 10; *Nedden*, S. 161.

682 *Wolff/Bachof/Stober/Kluth*, VerwR I, § 29 Rn. 1.

683 *Nedden*, S. 161.

684 *Nedden*, S. 162.

d) Öffentlich-rechtliche Verwahrung nachrichtenloser Kulturgüter als nicht subordinationsgepägtes Rechtsverhältnis

Fraglich ist allerdings, ob der Grundsatz des Gesetzesvorbehalts auf die Aufbewahrung nachrichtenloser Kulturgüter durch die öffentliche Hand einschränkend anzuwenden ist. Dies könnte zu dem Ergebnis führen, dass die §§ 987 ff. BGB analog trotz der soeben ausgeführten verfassungsrechtlichen Bedenken im Rahmen der öffentlich-rechtlichen Verwahrung zur Anwendung gelangen und damit die Möglichkeit einer Erstattungsfähigkeit von Aufwendungen schaffen, die während der Zeit der Aufbewahrung seitens der öffentlichen Hand durchgeführt worden sind. Ansatz für diese Überlegung bieten Billigkeitserwägungen. Begründet werden diese durch eine Gesamtbewertung des Aufbewahrungsverhältnisses nachrichtenloser Kulturgüter vor dem Hintergrund der Interessenlage zwischen den Eigentümern als Hinterleger und dem hoheitlichen Verwahrer.

Die Aufbewahrung und auch Instandhaltung sowie die fachgerechte Restaurierung nachrichtenloser Kulturgüter durch Institutionen hoheitlicher Träger in Deutschland erfolgt auch im Interesse der Eigentümer. Das ihnen zustehende Eigentum soll vor Beschädigung und Zerstörung geschützt werden, um ihnen nach Möglichkeit unversehrt zurückgegeben zu werden. Die Aufbewahrung erfolgt zwar in Form einer öffentlich-rechtlichen Maßnahme, tatsächlich wohnt ihr jedoch vor allem ein zivilrechtlicher Charakter inne. Die Verwahrung von Kulturgütern für einen unbekannten Eigentümer gehört nicht zu den typischen Aufgaben des Staates, die in öffentlich-rechtlicher Funktion wahrgenommen werden. Aus dieser Erwägung stellt sich die Frage, ob der Grundsatz des Gesetzesvorbehalts in seiner Funktion als Schutz des Bürgers vor gesetzlich nicht legitimierten Eingriffen der Verwaltung zu seinen Lasten überhaupt zur Anwendung kommt. Statt in einem für hoheitliche Eingriffe typischen Subordinationsverhältnis findet die Aufbewahrung nachrichtenloser Kulturgüter in einer horizontal geprägten, mithin auf einer gleichgeordneten Ebene zwischen der aufbewahrenden Institution und dem Eigentümer statt. Die Aufbewahrung könnte in derselben Weise, wie sie durch staatliche Einrichtungen erfolgt, ebenso durch Personen des Privatrechts wahrgenommen werden.[685] In diesem Fall würden die zivilrechtlichen Ausgleichvorschriften nach der erörterten Ansicht des BGH einen Ausgleich für Aufwendungen ermöglichen.

Die Gefahr vor nicht legitimierten Eingriffen seitens der Verwaltung, vor welcher der Bürger durch den Gesetzesvorbehalt geschützt werden soll, liegt daher im Fall der Gewährung von Kostenausgleichsansprüchen für Aufwendungen auf die verwahrten Kulturgüter nicht vor. Auch die Gefahr einer faktischen Vereitelung von Herausgabeansprüchen der Eigentümer spricht nicht gegen die Mög-

---

685 Teilweise geschieht dies auch, beispielsweise im Afghanistan-Museum Bubendorf in der Schweiz, siehe dazu 5. Kapitel F. VI. 1.

lichkeit, Aufwendungsersatzansprüche des staatlichen Verwahrers gegen den Eigentümer von Kulturgütern als Hinterleger zuzulassen. Denkbar ist dies bei der Vornahme besonders kostenintensiver Restaurierungen, für die ein Ausgleich gefordert wird, der grundsätzlich gem. § 273 BGB analog dem vertraglichen und dinglichen Herausgabeanspruch des Eigentümers entgegengesetzt werden kann.[686] Der Anspruch des staatlichen Verwahrers gegen den Eigentümer gem. §§ 994 ff. BGB analog kann unter Umständen gem. § 242 BGB analog ausgeschlossen sein. Dies muss jedoch einer Entscheidung im Einzelfall überlassen bleiben und ist einer verallgemeinernden Bewertung nicht zugänglich. Problematisch ist im Einzelfall, inwieweit ein Ausgleich für Aufwendungen verlangt werden kann, die den Wert des Kulturguts übersteigen. Auch diese Überlegung wird allerdings im Einzelfall und mit Blick auf den historischen, moralischen oder sonstigen Wert zu entscheiden sein, der dem Kulturgut neben rein materiellen Faktoren inne wohnt.

Ferner sprechen auch Erwägungen des Allgemeininteresses für eine Erstattungsfähigkeit von Aufwendungen auf nachrichtenlose Kulturgüter, die während der öffentlich-rechtlichen Verwahrung vorgenommen werden. Wären die Kosten für eine fachgerechte Restaurierung nicht erstattungsfähig, wäre es dem staatlichen Verwahrer kaum zuzumuten, ohne Aussicht auf eine mögliche Erstattung im Fall einer Rückgabe des Kulturguts die im Einzelfall unter Umständen höchst kostenintensive Restaurierung vornehmen zu lassen.

Die Zulässigkeit der Kostenerstattung führt dazu, dass Aufwendungen auf die aufbewahrten Kulturgüter vorgenommen werden und diese damit als einzigartige Zeugnisse des menschlichen Erbes erhalten bleiben. Der Schutz der Eigentümer vor der Erstattungspflicht für andere als notwendige und nützliche Verwendungen wird durch den Regelungsgehalt der §§ 994, 996 BGB garantiert. Lediglich die ihnen verbleibende Bereicherung durch die Aufwendungen des Verwahrers ist durch diese Vorschriften zu erstatten. Ein Ausgleich der Interessen zwischen Eigentümer und dem Verwahrer ist durch die Zulässigkeit einer Kostenerstattung für Aufwendungen gem. §§ 987 ff. BGB analog im Sinne des Kulturgüterschutzes, des Eigentumsschutzes sowie im Interesse der Allgemeinheit am besten gewahrt. Der Grundsatz des Gesetzesvorbehalts steht der Geltendmachung von Aufwendungsersatzansprüchen in analoger Anwendung zivilrechtlicher Normen bei der Aufbewahrung nachrichtenloser Kulturgüter aufgrund der speziellen Interessenlage nicht entgegen. Hinzu kommt die praktische Erwägung eines erhöhten Anreizes, Restaurierungsmaßnahmen vorzunehmen, und damit den Kulturgüterschutz zu befördern, wenn Ausgleichsansprüche in analoger Anwendung zivilrechtlicher Kostenerstattungsvorschriften vorgenom-

---

[686] Das durch § 273 BGB vermittelte Zurückbehaltungsrecht ändert den Anspruch des Gläubigers von einer vormals unbeschränkten Leistung in einen Anspruch auf Leistung Zug um Zug, *Krüger*, in: MüKo-BGB, § 273 Rn. 91 f.

men werden können. Nur in diesem Fall ist der Anreiz der öffentlichen Hand uneingeschränkt zu unterstellen, Restaurierungen und sonstige Aufwendungen an Kulturgütern vornehmen zu lassen, die höchsten Standards entsprechen.

e) Zwischenergebnis

Der Vorbehalt des Gesetzes in seiner Erscheinungsform als Ausfluss des Demokratie- und Gewaltenteilungsprinzips steht einer Erweiterung des behördlichen Handlungsspielraums durch zusätzliche Tatbestände aus dem Zivilrecht zwar grundsätzlich entgegen.[687] Dies gilt jedoch nicht für die dauerhafte Aufbewahrung nachrichtenloser Kulturgüter Grund hierfür ist, dass das Verhältnis zwischen dem unbekannten Eigentümer als Hinterleger und dem staatlichen Träger als Verwahrer keine typisch subordinationsrechtliche Prägung aufweist. Der Gesetzesvorbehalt gilt grundsätzlich neben der Eingriffsverwaltung auch für die Leistungsverwaltung – mindestens dann, wenn eine Leistung wie ein Eingriff wirkt.[688] Im Verhältnis zwischen privatem Eigentümer und dem hoheitlichen Verwahrer fehlt jedoch die typisch hoheitliche Prägung des Rechtsverhältnisses. Statt auf verschiedenen Ebenen, mithin statt im Verhältnis einer Subordination, befinden sich Verwahrer und Hinterleger auf einer Stufe. Daher handelt es sich bei den Aufwendungen der öffentlichen Hand auf die Kulturgüter auch nicht um einen hoheitlichen Eingriff der Verwaltung in die Rechte der Eigentümer.

Eine Legitimation der Verwaltung durch analog angewandte zivilrechtliche Vorschriften als Ausgleichsvorschriften für Kostenerstattungen entspricht daher gesetzessystematischen und praktischen Erwägungen.

Ein Kostenausgleich für Aufwendungen und Nutzungen im Rahmen der öffentlich-rechtlichen Verwahrung von nachrichtenlosen Kulturgütern wird in analoger Anwendung der ergänzend heranzuziehenden §§ 987 ff. BGB erreicht.

5. Bedeutung des öffentlich-rechtlichen Erstattungsanspruchs für Ausgleich von Aufwendungen und Nutzungen in der öffentlich-rechtlichen Verwahrung nachrichtenloser Kulturgüter

Eine Geltendmachung von Ersatzansprüchen für durch die verwahrende Institution aufgewendeten Verwendungen einerseits und aus Nutzungen nachrichtenloser Kulturgüter gezogenen Erträgen andererseits können möglicherweise auch unter dem Gesichtspunkt der rechtsgrundlosen Vermögensverschiebung im Ver-

---

[687] Bemerkenswert erscheint *de Walls* Feststellung, dass die meisten Entscheidungen, die eine Analogie zu privatrechtlichen Vorschriften im öffentlichen Recht zulasten des Bürgers behandeln, die Problematik des Art. 20 Abs. 3 GG nicht ansprechen. *De Wall*, S. 98 m. w. N., insbesondere in Fn. 34.

[688] *Wolff/Bachof/Stober/Kluth*, VerwR I, § 55 Rn. 17. Differenzierend und im Ergebnis wohl a.A. *Wild*, VR 1998, 131 f.

hältnis zwischen der Verwaltung und dem Eigentümer ausgeglichen werden. Der öffentlichrechtliche Erstattungsanspruch wird als die öffentlich-rechtliche Parallele zum zivilrechtlichen Bereicherungsanspruch bezeichnet.[689]

Wie im Zivilrecht liegt dem öffentlich-rechtlichen Erstattungsanspruch der Gedanke zugrunde, dass Leistungen ohne Rechtsgrund und sonstige rechtsgrundlose Vermögensverschiebungen rückgängig gemacht werden müssen. Dieser Rechtsgedanke, der sich unmittelbar aus der Forderung nach wiederherstellender Gerechtigkeit ergibt, hat im bürgerlichen Recht seine Ausprägung in den Vorschriften der §§ 812 ff. BGB über die ungerechtfertigte Bereicherung gefunden. Im öffentlichen Recht hat er sich auf verschiedenen Rechtsgebieten in einer Vielzahl von Vorschriften niedergeschlagen, in denen für das jeweilige Rechtsgebiet die Rückgewähr des rechtsgrundlos Erlangten geregelt ist. Fehlt es an einer ausdrücklichen gesetzlichen Regelung, wird der allgemeine öffentlichrechtliche Erstattungsanspruch herangezogen.[690] Kennzeichnend für den Erstattungsanspruch ist nicht ein hoheitlicher Eingriff oder eine Schädigung von hoher Hand, sondern ein Vermögenszustand, der ohne rechtfertigenden Grund eingetreten ist und durch die Erstattung wieder rückgängig gemacht werden soll.[691] Wird, wie soeben dargelegt und befürwortet, ein Kostenausgleich im Wege der §§ 987 ff. BGB analog im Rahmen der öffentlich-rechtlichen Verwahrung nachrichtenloser Kulturgüter zugelassen, besteht kein Anwendungsbereich für den öffentlich-rechtlichen Erstattungsanspruch. Eine Vermögensverschiebung kann sodann über die §§ 987 ff. BGB ausgeglichen werden.

III. Schadensersatzanspruch der Eigentümer nachrichtenloser Kulturgüter nach der Rückabwicklung im Falle eines Verstoßes gegen Pflichten aus öffentlich-rechtlicher Verwahrung

Untersucht wird im Folgenden, inwieweit im Fall einer Rückabwicklung des Verwahrungsverhältnisses ein Ausgleich für Pflichtverletzungen des Verwahrers zustande kommen und dem Eigentümer als Hinterleger zustehen kann.

---

689 *Ossenbühl*, NVwZ 1991, 514.

690 In Rspr. und Literatur wird das Rechtsinstitut des allgemeinen öffentlich-rechtlichen Erstattungsanspruchs als Gewohnheitsrecht bezeichnet. BVerwG, Urt. v. 12.3.1985, 7 C 48/82, BVerwGE 71, 85 (88), NJW 1985, 2436; Urt. v. 30.11.1995, 7 C 56/93, NVwZ 1996, 595; Urt. v. 18.1.2001, 3 C 7/00, DVBl. 2001, 991 f.; *Ossenbühl*, NVwZ 1991, 514, *Wolff/Bachof/Stober/Kluth*, VerwR I, § 55 Rn. 26.

691 Daher häufig als „Kehrseite des Leistungsanspruchs" bezeichnet. Das BVerwG benutzt die Formel von der „Kehrseite" allerdings nicht mehr, sondern spricht farbloser, aber präziser vom öffentlich-rechtlichen Erstattungsanspruch als einem Anspruchsinstitut zur Rückabwicklung von rechtsgrundlosen Vermögensverschiebungen. Vgl. *Ossenbühl*, NVwZ 1991, 513 (514) m. w. N.

Anknüpfungspunkt hierfür sind Schadensersatzansprüche wegen Verschlechterung oder Untergangs des verwahrten Kulturguts, wegen der Verletzung von Verzeichnis- und Auskunftspflichten sowie wegen Vorenthaltung der Kulturgüter.

1. Schadensersatz wegen Verschlechterung oder Untergangs der verwahrten Kulturgüter

a) Schadensersatzanspruch gem. § 280 Abs. 1 BGB analog

Werden die verwahrten nachrichtenlosen Kulturgüter beschädigt oder wird ihre Herausgabe unmöglich, steht dem Eigentümer die Möglichkeit offen, den ihm hieraus entstandenen Schaden mit Hilfe eines vertraglichen Anspruchs gegen den Staat durchzusetzen. Hat der Verwahrer die Verschlechterung oder die Unmöglichkeit der Herausgabe der verwahrten Sache im Rahmen eines öffentlich-rechtlichen Verwahrungsverhältnisses zu vertreten, ist anerkannt, dass dem Hinterleger ein Schadensersatzanspruch gem. § 280 Abs. 1 BGB analog zusteht.[692] Wie bereits dargelegt,[693] findet § 690 BGB keine analoge Anwendung im Rahmen der öffentlich-rechtlichen Verwahrung. Verschuldensmaßstab ist stattdessen § 276 Abs. 1 BGB analog. Auch § 254 BGB gilt analog. Ein Mitverschulden des unbekannten Eigentümers kann so den Umfang des Schadensersatzanspruchs mindern. Ein Mitverschulden bleibt im Einzelfall festzustellen, kann aber beispielsweise dadurch begründet sein, dass nach dem Verbleib einer wertvollen Sache nicht weiter nachgeforscht wird und dadurch ein besonders langer Zeitraum für die Verwahrung entsteht.[694]

Die Ansprüche aus öffentlich-rechtlicher Verwahrung stehen selbständig neben dem konkurrierenden Amtshaftungsanspruch.[695]

Die aus der Verwahrung resultierenden Schadensersatzansprüche sind keine anderweitigen Ansprüche i. S. d. § 839 Abs. 1 Satz 2 BGB.[696]

---

[692] BGH, Urt. v. 2.2.1956, III ZR 204/54, LM 1956, Nr. 2 zu VerwRecht – Allgemeines (öffentl.-rechtl. Verpflichtungen), Blatt 2; Urt. v. 9.4.1956, III ZR 174/55, LM 1956, Nr. 7 zu § 688 BGB, Blatt 2; Urt. v. 11.10.1951, IV ZR 71/50, LM 1956, Nr. 2 zu § 688 BGB Blatt 2; *Büllesbach*, S. 169 noch zur Rechtslage vor der Schuldrechtsreform.

[693] Siehe dazu oben F. 3.

[694] *Quaritsch*, 169 (174). BGH, Urt. v. 5.10.1989, III ZR 126/88, NJW 1990, 1230 f. stellt klar, dass ein Mitverschulden allerdings den Schadensersatzanspruch dann nicht mindert, wenn der Rückgabeberechtigte darlegen und beweisen kann, dass Beamte des öffentlichen Verwahrers die verwahrte Sache unterschlagen haben.

[695] BGH, Urt. v. 13.3.52, III ZR 61/50, LM 1952, Nr. 6 zu § 688 BGB, Bl. 2; Soergel/*Vinke*, § 839 Rn. 25; *Quaritsch*, 169 (176); *Büllesbach*, S. 169 m. zahlreichen weiteren Nachweisen auch zu abweichenden Ansichten.

[696] BGH, Urt. v. 5.2.1962, III ZR 173/60, NJW 1962, 791; *Quaritsch*, 169 (177). Der Vorteil des Anspruchs aus § 280 Abs. 1 BGB analog besteht darin, dass einem Ausländer, der gegen eine deutsche Behörde einen Schadensersatzanspruch aus öffentlich-rechtlicher Verwahrung gel-

b) Schadensersatzanspruch gem. §§ 989, 990 BGB analog

Vereinzelt ist im Rahmen der öffentlich-rechtlichen Verwahrung ein Schadensersatzanspruch in analoger Anwendung der Regelungen des Eigentümer-Besitzer-Verhältnisses gem. §§ 987 ff. BGB gewährt worden.

Wie bereits zum Kostenausgleich von Aufwendungen und Nutzungen zwischen Verwahrer und Hinterleger ausgeführt, könnte auch in Bezug auf die Gewährung von Schadensersatzansprüchen auf die §§ 987 ff. BGB analog zurückzugreifen sein. So gewährt der BGH vereinzelt im Rahmen der öffentlich-rechtlichen Verwahrung auch Ansprüche des Eigentümers als Hinterleger auf Ersatz von Schäden an den verwahrten Sachen in analoger Anwendung der §§ 989, 990 BGB.[697] Begründet wird die Heranziehung der §§ 989, 990 BGB mit dem vorübergehenden Charakter des Besitzrechts der aufbewahrenden Institution. Die Kenntnis des Verwahrers darüber, dass sein Besitzrecht lediglich vorübergehender Natur sei, rechtfertige die Anwendung der §§ 989, 990 BGB.[698]

Die Sachlage der zitierten Entscheidung des BGH entspricht der Situation nachrichtenloser Kulturgüter, die sich in der Obhut der öffentlichen Hand befinden und für einen nicht feststellbaren Eigentümer verwahrt werden.[699] Zu prüfen ist daher, inwieweit die Anwendung des Schadensersatzanspruchs gem. §§ 989, 990 BGB analog im Rahmen der öffentlich-rechtlichen Verwahrung anwendbar ist. Ausgeführt wird vom BGH, allein der Umstand, dass der Besitzer nach Eintritt der Rechtshängigkeit mit der Möglichkeit der Herausgabe rechnen muss, rechtfertige eine verschärfte Haftung gem. § 989, 990 BGB.[700]

---

tend macht, nicht entgegengehalten werden kann, die Gegenseitigkeit sei nicht verbürgt – was im Fall des Amtshaftungsanspruchs allerdings möglich sein kann. Hierzu OLG Zweibrücken, Urt. v. 12.7.1993, 7 U 220/91, NJW-CoR 1994, 377 Nr. 6; *Quaritsch*, 169 (177).

[697] Der BGH gewährte im Fall einer Schadensersatzklage eines Bürgers gegen den staatlichen Hoheitsträger für im Krieg in einer Schule untergestellte Sachen einen Schadensersatzanspruch aus entsprechender Anwendung der §§ 989, 990 BGB innerhalb eines öffentlich-rechtlichen Verwahrungsverhältnisses. BGH, Urt. v. 11.10.1951, IV ZR 71/50, LM 1952, Nr. 2 zu § 688. Der BGH bezieht sich hierbei auf eine Entscheidung des OLG Hamburg aus dem Jahr 1920. Auch hier zieht das OLG als Anspruchsgrundlage für Schadensersatz – der wegen Diebstahls festgenommene Kläger forderte Schadensersatz für ihm abhanden gekommene Geldbeträge, die in der Asservatenkammer der Haftanstalt verwahrt worden waren – neben der Haftung aus öffentlich-rechtlichem Verwahrungsvertrag eine analoge Anwendung des § 989 BGB heran, vgl. OLG Hamburg, Urt. v. 22.12.1920, SeuffArch. Bd. 76 Nr. 69 (es handelt sich also nicht wie in LM 1952, Nr. 2 zu § 688 BGB Blatt 2 fälschlich aufgeführt, um eine Entscheidung des RG).

[698] BGH, Urt. v. 11.10.1951, IV ZR 71/50, LM 1952, Nr. 2 zu § 688 BGB Blatt 2.

[699] Der Kläger hatte 1944 aus Gründen des Luftschutzes u. a. Teppiche in einer Schule untergestellt. Der von den Besatzungstruppen eingesetzte Bürgermeister der Stadt ließ später die Sachen in eine andere Schule überführen. Der Kläger begehrt von der beklagten Stadtgemeinde Herausgabe der Teppiche oder Schadensersatz. Der BGH nimmt auch hier hinsichtlich der untergestellten Teppiche eine öffentlich-rechtliche Verwahrung an.

[700] BGH, Urt. v. 11.10.1951, IV ZR 71/50, LM 1952, Nr. 2 zu § 688 BGB Blatt 2.

Diese Ansicht ist jedoch in der Rechtsprechung vereinzelt geblieben und hat auch in der Literatur keine Befürwortung erfahren. Gegen die Heranziehung des Schadensersatzanspruchs aus §§ 989, 990 BGB im Rahmen der öffentlich-rechtlichen Verwahrung spricht, dass dem Eigentümer als Hinterleger bereits durch den Anspruch aus § 280 Abs. 1 BGB analog sowie den Amtshaftungsanspruch Anspruchsgrundlagen für Ersatz von eventuellen Schäden zur Verfügung stehen. Es besteht daher kein Bedürfnis dafür, die §§ 987 ff. BGB analog zur Ausfüllung von Regelungslücken auf die Sachlage auszuweiten, in der die aufbewahrende Institution die Sachherrschaft nicht als unberechtigte Besitzerin ausübt.[701]

Eine Befugnis zum Besitz i. S. d. § 986 BGB besteht typischerweise gegenüber dem Eigentümer nur auf Zeit. Insofern bedeutet es also den Normalfall des § 986 BGB, dass die Behörde (nur) für eine gewisse Zeitspanne zur Ausübung der Verfügungsgewalt über die Sache berechtigt ist. Es ist daher verfehlt, eine zukünftige ungewisse Rückgabepflicht zum Anlass zu nehmen, die Verwaltung grundsätzlich im Rahmen der öffentlich-rechtlichen Verwahrung als unberechtigten Besitzer i. S. d. § 986 BGB zu betrachten und aus diesem Grund einen Schadensersatzanspruch gem. §§ 989, 990 BGB analog zu gewähren.[702]

Die Heranziehung der Haftung gem. §§ 989, 990 BGB als Anspruchsgrundlage im Rahmen eines öffentlich-rechtlichen Verwahrungsvertrags ist stattdessen überkommene Rechtsprechung, die in den zitierten Einzelfällen lediglich die Unbilligkeit des wegen § 993 Abs. 1 BGB zunächst überhaupt nicht haftenden Besitzers ausgleichen sollte.[703] Aufgrund der Rechtsprechung über den Exzess des Fremdbesitzers, in welcher § 823 BGB für anwendbar erklärt wird,[704] ist die Gewährung von Schadensersatz gem. §§ 989, 990 BGB analog trotz eines Rechts zum Besitz aus diesen Erwägungen nicht erforderlich.

c) Schadensersatz bei Fremdbesitzerexzess

Jeder Besitzer, der die Schranken seines vermeintlichen Besitzrechts überschreitet, haftet ohne den Schutz durch § 993 Abs. 1 BGB a.E., mithin gem. § 823 BGB, wenn sein Handeln Haftungstatbestände verletzt. Dies gilt auch, wenn sein Besitzrecht gegenüber dem Eigentümer besteht.[705] Erst recht muss dies somit gelten, wenn das Besitzrecht nicht vindikationshindernd ist, wie im Fall der

701 Bereits oben ist die Funktion der §§ 987 ff. BGB analog zur Ausfüllung von Regelungslücken ausgeführt worden. Siehe dazu II. 3.a).

702 *Büllesbach*, S. 170.

703 So schon *Becker*, NJW 1954, 786 (787).

704 BGH, Urt. v. 23.3.1966, I b ZR 150/63, BGHZ 46, 140 (146), NJW 1967, 42 (43); RG, Urt. v. 1.3.1938, VII 179/37, RGZ 157, 132 (135); Staudinger/*Gursky*, Vor § 987 Rn. 28 f., 34.

705 *Baldus*, in: MüKo-BGB, § 993 Rn. 13.

Aufbewahrung der nachrichtenlosen Kulturgüter in öffentlich-rechtlicher Verwahrung.[706]

d) Amtshaftungsanspruch

Die Verletzung der Verwahrungspflicht in der öffentlich-rechtlichen Verwahrung kann einen Amtshaftungsanspruch des Eigentümers als Hinterleger gegen den Staat als Verwahrer begründen.

Anspruchsgrundlage ist Art. 34 Satz 1 GG i. V. m. § 839 BGB. Liegen im konkreten Einzelfall die Voraussetzungen für einen Anspruch aus Amtshaftung im Rahmen der Aufbewahrung nachrichtenloser Kulturgüter vor, mithin eine rechtswidrige und schuldhafte Verletzung einer drittbezogenen Amtspflicht durch einen hoheitlich handelnden Amtswalter, so sind die Voraussetzungen des Amtshaftungsanspruchs erfüllt, wenn kein gesetzlicher Ausschluss der Schuldübernahme vorliegt und keine Subsidiarität i. S. d. § 839 Abs. 1 Satz 2 BGB vorliegt, mithin kein anerkannter sonstiger Schadensersatzanspruch zur Verfügung steht.[707] Anspruchsinhalt des Amtshaftungsanspruchs ist Schadensersatz in Geld. Zuständig sind die ordentlichen Gerichte, Art. 34 Satz 3 GG. Eine Amtspflicht ist jede persönliche Verhaltenspflicht des Amtsträgers bezüglich seiner Amtsführung.[708] Eine Drittbezogenheit liegt vor, wenn die Amtspflicht nicht nur der Allgemeinheit oder der Behörde, sondern einem Dritten gegenüber besteht.[709] Die Pflicht zur sicheren Aufbewahrung von Kulturgütern für die unbekannten Eigentümer stellt jedenfalls eine drittbezogene Amtspflicht dar, deren Verletzung den Amtshaftungsanspruch begründen kann.[710]

e) Zwischenergebnis

Den Eigentümern dauerhaft verwahrter nachrichtenloser Kulturgüter stehen im Fall einer Pflichtverletzung des hoheitlichen Verwahrers Schadensersatzansprüche aus § 280 Abs. 1 BGB analog sowie ein Amtshaftungsanspruch zur Verfügung. Möglich ist ferner ein deliktischer Schadensersatzanspruch gem. § 823 Abs. 1 BGB für den Fall eines so genannten Fremdbesitzerexzesses des Ver-

---

[706] Siehe hierzu bereits oben, D. III. 3.

[707] Als Subsidiaritätsklausel oder auch Verweisungsprivileg wird die Regelung des § 839 Abs. 1 Satz 2 BGB bezeichnet, die bestimmt, dass der lediglich fahrlässig handelnde Amtswalter nur dann in Anspruch genommen werden kann, wenn der Verletzte nicht auf andere Weise Ersatz zu erlangen vermag, *Jarass/Pieroth*, Art. 34 Rn. 5.

[708] *Papier*, in: MüKo-BGB, § 839 Rn. 191.

[709] BGH, Urt. v. 26.1.1989, III ZR 194/87, BGHZ 106, 323 (331); BGH NJW 2005, 742 (743); Palandt/*Sprau*, § 839 Rn. 43 f.

[710] Siehe auch unter 2.

wahrers bei Überschreitung des Besitzrechts, das sich aus der öffentlich-rechtlichen Verwahrung ergibt.[711]

2. Schadensersatz wegen Verletzung der Verzeichnis- und Auskunftspflichten

Aus § 280 Abs. 1 BGB kann sich ferner ein Anspruch auf Schadensersatz ergeben, wenn Nebenpflichten aus der öffentlich-rechtlichen Verwahrung verletzt werden.

Nebenpflichten bei der Verwahrung nachrichtenloser Kulturgüter sind etwa die Pflicht zur Erteilung von Auskünften über die Verwahrung sowie weitere, neben die Obhut über die Sache tretende, der Erhaltung dienende Pflichten.[712] Keine Pflicht besteht allerdings aus dem öffentlich-rechtlichen Verwahrungsverhältnis zur Versicherung der verwahrten Kulturgüter.[713] Dies gilt selbst dann, wenn der Verwahrer seine eigenen Sachen, im vorliegenden Fall also die zum eigenen Bestand gehörenden Kulturgüter, versichert.[714]

Zum Inhalt der öffentlich-rechtlichen Verwahrung gehört neben der sicheren Aufbewahrung der Kulturgüter auch die Pflicht zur Inventarisierung und der Erteilung von Auskünften. Werden diese Pflichten schuldhaft verletzt, können auch hierdurch Schadensersatzansprüche der geschädigten Eigentümer entstehen.[715]

---

[711] Fraglich ist, ob den Eigentümern der nachrichtenlosen Kulturgüter ein Schadensersatzanspruch gem. § 2 Abs. 2 Nr. 4 StrEG analog zustehen kann. Gem. § 2 Abs. 2 Nr. 4 StrEG ist entschädigungsberechtigt, wer als Beschuldigter in ein Strafverfahren verwickelt ist, also derjenige, der den Vollzug einer der in § 2 StrEG genannten Maßnahmen unmittelbar hinzunehmen hat. Teilweise wird befürwortet, im Rahmen der öffentlich-rechtlichen Verwahrung in analoger Anwendung des § 2 Abs. 2 Nr. 4 StrEG dem Hinterleger einen verschuldensunabhängigen Schadensersatzanspruch gegen die öffentliche Verwaltung als Verwahrer zu gewähren. Richtigerweise ist diese Möglichkeit jedoch abzulehnen, da dem Hinterleger, wie gezeigt, ausreichende Möglichkeiten zustehen, eventuelle Schäden an den verwahrten Sachen ersetzt zu verlangen. Ein Bedürfnis für einen hierüber hinausgehenden, verschuldensunabhängigen Schadensersatzanspruch besteht nicht. *Meyer*, StrEG, § 2 Rn. 15 m. w. N. – auch zu der Frage, inwieweit eine Änderung der geltenden Rechtslage rechtspolitisch erstrebenswert erscheint. Dazu *Quaritsch*, in: Staat und Verwaltung, S. 169 (175).

[712] *Henssler*, in: MüKo-BGB, § 688 Rn. 13.

[713] Allgemein hierzu OLG Hamm, Urt. v. 2.7.1998, 28 U 163/97, NJW-RR 1999, 777; Staudinger/*Reuter*, § 688 Rn. 9; *Henssler*, in: MüKo-BGB, § 688 Rn. 13. Eine Versicherungspflicht kann jedoch aus sonstigen besonderen Bestimmungen folgen. Im Fall nachrichtenloser Kulturgüter ist allerdings keine derartige Pflicht ersichtlich.

[714] *Henssler*, in: MüKo-BGB, § 688 Rn. 13; a.A. AG Düsseldorf, Urt. v. 16.12.1986, 36 C 512/86 v. 16.12.1986, VersR 1987, 1122, siehe auch krit. Anmerkung dazu *Gaster*, ebenda.

[715] Auskünfte und Rat sind richtig, klar, unmissverständlich und vollständig zu erteilen, Palandt/*Sprau*, § 839 BGB Rn. 23, 41 m. w. N. Für Verletzung einer Amtspflicht i. S. d. § 839 BGB, wenn der Amtsträger die Erteilung von Auskünften übernommen hat, siehe BGH, Urt. v. 10.7.1980, III ZR 23/79, NJW 1980, 2574; Urt. v. 17.1.1985, III ZR 109/83, VersR 85, 492; Urt. v. 11.10.1984, III ZR 27/83, NJW 1985, 1338 (jeweils für Amtspflichtverletzungen).

3. Schadensersatz wegen Vorenthaltung der Kulturgüter

Ein Schadensersatzanspruch des Eigentümers gegen die verwahrende Institution wegen Vorenthaltung der Kulturgüter gem. 284 BGB analog kommt nicht ohne weiteres in Betracht. Voraussetzung ist hierfür der Verzug der aufbewahrenden Behörde als Verwahrer mit der Herausgabe des verwahrten Kulturguts.

Zur Zeit des (ersten) Herausgabeverlangens seitens des Eigentümers fehlt es jedenfalls an der Voraussetzung des Verzugs der aufbewahrenden Institution mit der Herausgabe. Nach § 284 BGB gerät der Beklagte erst durch Mahnung oder Erhebung der Klage in Verzug.

Anders freilich die Situation, wenn es nach der Rückgabeforderung eines Berechtigten zu einem Verzug der öffentlichen Hand mit der Herausgabe kommt. Dann ist es durchaus denkbar, dass die Voraussetzungen des § 284 BGB bei der Rückgabe der Kulturgüter vorliegen, so dass es zur Entstehung eines Schadensersatzanspruchs wegen der verzögerten Rückgabe kommen kann.[716]

IV. Rechtsweg für Ansprüche betreffend das Verwahrungsverhältnis

Für vermögensrechtliche Ansprüche aus der öffentlich-rechtlichen Verwahrung ist gem. § 40 Abs. 2 VwGO der ordentliche Rechtsweg gegeben.[717] Hierunter fallen Ansprüche des Eigentümers der aufbewahrten nachrichtenlosen Kulturgüter gegen die aufbewahrende Institution bzw. deren Rechtsträger. Nach dem umfassenden Wortlaut des § 40 Abs. 2 VwGO fallen hierunter auch die Ansprüche des Verwaltungsträgers gegen den Hinterleger. Nach allgemeiner Ansicht ist § 40 Abs. 2 VwGO allerdings einschränkend auszulegen. Zweck der Norm ist es, eine Verdopplung des Rechtswegs für Ansprüche, die sich aus der Konkurrenz der öffentlich-rechtlichen Verwahrung sowie aus der Amtshaftung ergeben können, auszuschließen.[718] Die Rechtswegzuweisung des § 40 Abs. 2 VwGO gilt daher nur für Ansprüche der Eigentümer nachrichtenloser Kulturgüter gegen den Verwaltungsträger. Der Verwaltungsträger hat seine eigenen Ansprüche gegen die Eigentümer hingegen im Verwaltungsrechtsweg geltend zu machen. Die instanzielle

---

716 Dies ist vor allem vor dem Hintergrund, dass Museen bedauerlicherweise in einigen Fällen Rückgabebegehren von Berechtigten nur sehr langsam bearbeiten, bedeutsam. Andererseits muss beachtet werden, dass hierfür die gesicherte Erkenntnis über die Berechtigung des Anspruchstellers erforderlich ist. Für die Zeit bis zu dieser Erkenntnis besteht keine Möglichkeit der Entstehung eines Anspruchs auf Ersatz des Verzögerungsschadens.

717 BGH, Urt. v. 11.10.1951, IV ZR 71/50, LM 1952, Nr. 2 zu § 688; Urt. v. 12.4.1951, III ZR 87/50, BGHZ 1, 369, NJW 1951, 800.

718 BGH, Urt. v. 25.02.1965, VII ZR 79/63, BGHZ 43, 269 (277); BVerwG, Urt. v. 17.2.1971, IV C 86.68, BVerwGE 37, 231 (235 f.), NJW 1971, 1053; *Rüfner*, JuS 1981, 259 f.; Staudinger/*Reuter*, Vor § 688 Rn. 53; *Henssler*, in: MüKo-BGB, § 688 Rn. 66.

Zuständigkeit der Zivilgerichte richtet sich allein nach dem Streitwert. Somit gilt für die öffentlich-rechtliche Verwahrung nicht die erstinstanzliche Zuständigkeit des Landgerichts, wie sie für die Amtshaftung § 71 Abs. 2 Satz 2 GVG festlegt.[719] Für die auf § 985 BGB gestützte zivilrechtliche Herausgabeklage des Kulturguts sind die ordentlichen Gerichte ohnehin zuständig.[720]

Die Ansprüche aus öffentlich-rechtlicher Verwahrung stehen selbständig neben dem konkurrierenden Amtshaftungsanspruch, wobei die hieraus resultierenden Schadendersatzansprüche keine anderweitigen Ansprüche iSv § 839 Abs. 1 Satz 2 BGB sind.[721]

H. Zusammenfassung der Ergebnisse des 4. Kapitels

Sämtliche dieser Untersuchung zugrunde gelegten Fallgruppen nachrichtenloser Kulturgüter werden in der Rechtsform der öffentlich-rechtlichen Verwahrung aufbewahrt. Die Aufbewahrung nachrichtenloser Kulturgüter in dieser Rechtsform lässt den konkreten Inhalt des Verwahrungsverhältnisses in vielerlei Hinsicht unbestimmt. Weder bieten gesetzliche Vorgaben einen Anhaltspunkt für die sich aus der öffentlich-rechtlichen Verwahrung nachrichtenloser Kulturgüter ergebenden Pflichten und Ansprüche noch ist der Rechtsprechung zur öffentlich-rechtlichen Verwahrung eine konkrete und einheitliche Ausgestaltung des Verwahrungsverhältnisses zu entnehmen. Auch Verwaltungsrichtlinien zum Umgang mit nachrichtenlosen Kulturgütern existieren bislang nicht. Die Ausgestaltung konkreter inhaltlicher Vorgaben für die Aufbewahrung nachrichtenloser Kulturgüter in der Rechtsform der öffentlich-rechtlichen Verwahrung ist daher wünschenswert. Erreicht wird hierdurch eine Klarstellung sowohl für die aufbewahrende Institution hinsichtlich ihrer Pflichten bei der Aufbewahrung sowie ihrer Rechte hinsichtlich eines Kostenausgleichs.

Für das Zustandekommen der öffentlich-rechtlichen Verwahrung nachrichtenloser Kulturgüter durch hoheitliche Einrichtungen ist es ohne Belang, dass eine zeitliche Begrenzung für die Aufbewahrung nicht von vornherein bestimmbar ist. Ihr steht es auch nicht entgegen, dass nicht festgestellt werden kann, ob Hinterleger ein ausländischer Staat oder eine natürlich oder juristische Person des Privatrechts ist. Ein Rückforderungsrecht für die Herausgabe der aufbewahrten nachrichtenlosen Kulturgüter steht dem Hinterleger neben § 985 BGB im Rah-

---

[719] BGH, Urt. v. 12.4.1951, III ZR 87/50, BGHZ 1, 369; NJW 1951, 800; *Quaritsch*, in: Staat und Verwaltung, S. 169 (171).

[720] Zur Klage auf Herausgabe der Plakatsammlung Hans Sachs aus dem DHM in Berlin an den Erben des Sammlers KG Berlin, 28.1.2010, 8 U 56/09, KUR 2010, 17.

[721] *Quaritsch*, in: Staat und Verwaltung S. 169 (176).

men der öffentlich-rechtlichen Verwahrung aus § 695 BGB analog zu. Eine Vergütungspflicht für die Verwahrung nachrichtenloser Kulturgüter besteht nicht. Ein Ausgleich von Nutzungen und Aufwendungen kann im Rahmen der öffentlich-rechtlichen Verwahrung nachrichtenloser Kulturgüter durch Hinzuziehung der §§ 987 ff. BGB erreicht werden, die im Rahmen des Rechtsinstituts der öffentlich-rechtlichen Verwahrung als ergänzende Regelungen zur Anwendung gelangen. Den Eigentümern als Hinterleger stehen gegen den Staat als Verwahrer im Falle von Verletzungen der Sorgfaltspflicht oder von Nebenpflichten bei der Aufbewahrung der nachrichtenlosen Kulturgüter Schadensersatzansprüche zu. In Betracht kommen insbesondere Schadensersatzansprüche wegen Verschlechterung oder Untergangs der verwahrten Kulturgüter und wegen der Verletzung der Verzeichnis- und Auskunftspflichten.

5. Kapitel: Die Aufbewahrung nachrichtenloser Kulturgüter im Kontext des internationalen Kulturgüterschutzes

Das folgende Kapitel widmet sich der Untersuchung des internationalen Kulturgüterschutzes im Hinblick auf die Behandlung nachrichtenloser Kulturgüter.

Aufgezeigt wird die Entwicklung im internationalen Kulturgüterschutz von ersten Bewusstseinsbildungen für die Notwendigkeit einer Aufbewahrung bis zur Entwicklung des Konzepts von „sicheren Zufluchtsstätten" oder „sicheren Häfen", mithin sogenannten *Safe-Haven*-Einrichtungen für nachrichtenlose Kulturgüter. Der Erörterung des internationalen Kulturgüterschutzes ist voranzustellen, dass das Völkerrecht zwar zahlreiche Regeln zum Kulturgüterschutz bereit hält. Diese Dichte von Regelungen wird jedoch von dem Manko fehlender Sanktionen und einer Durchsetzungsschwäche begleitet.[722] Im Rahmen dieser Untersuchung und der Ausarbeitung einer Umsetzung eines *Safe Haven* für nachrichtenlose Kulturgüter in Deutschland ist die Untersuchung der Vorgaben und Rahmenbedingungen des internationalen Kulturgüterschutzes dennoch unerlässlich. Da die Aufbewahrung nachrichtenloser Kulturgüter sowohl als Folge kriegerischer Auseinandersetzungen notwendig werden kann als auch außerhalb der in kriegsrechtlichen Normen behandelten Umstände, werden im Folgenden die Regelungen des Kriegsrechts, des Friedensrechts und des Völkergewohnheitsrechts untersucht werden. Als Ausgangspunkt für die Erörterung dient dabei die Schutzrichtung der jeweiligen Vorschriften und deren Relevanz für die Regelung einer Aufbewahrung von Kulturgütern. Eine innerstaatliche Aufbewahrung nachrichtenloser Kulturgüter kann nur im Einklang mit den bestehenden internationalen Bestimmungen zum Kulturgüterschutz entwickelt werden. Die Untersuchung des Zusammenspiels von völkerrechtlichen und nationalen Regelungen ist somit Voraussetzung für das Verständnis der mit der Aufbewahrung nachrichtenloser Kulturgüter zusammenhängenden rechtlichen Herausforderungen.[723] Die Notwendigkeit der Schaffung von *Safe-Haven*-Einrichtungen für Kulturgüter wird als Konsequenz der Entwicklung des internationalen Kulturgüterrechts dargestellt werden. Hierzu wird zunächst ein Überblick über das System des internationalen Kulturgüterschutzes gegeben.

---

722 Insbesondere im Zusammenhang mit Fragen der sogenannten Beutekunst werden immer wieder die Grenzen der Durchsetzbarkeit völkerrechtlicher Regelungen deutlich. *Irmscher*, in: Labyrinth des Rechts, S. 15.

723 *Irmscher*, in: Labyrinth des Rechts, S. 15.

Anschließend werden die Vorgaben herausgearbeitet, die auf internationaler Ebene existieren und für die Einrichtung eines *Safe Haven* für nachrichtenlose Kulturgüter in Deutschland entscheidend sind. Beachtung verdient dabei die Frage, inwieweit ausschließlich rechtlich verbindliche oder auch freiwillige Regelungen auf die nationale Umsetzung eines *Safe Haven* von Einfluss sind.

Für zwei Fallgruppen nachrichtenloser Kulturgüter existieren besondere internationale Vorgaben, die die Aufbewahrung beeinflussen können. Es handelt sich um archäologische Kulturgüter unbekannter Herkunft sowie die während der nationalsozialistischen Herrschaft ihren Eigentümern widerrechtlich entzogenen Kulturgüter. Auf die Auswirkungen dieser Regelungen für die Konzeption einer innerstaatlichen Umsetzung von *Safe-Haven*-Einrichtungen für nachrichtenlose Kulturgüter wird im Folgenden besonders eingegangen (Abschnitte B. und C. dieses Kapitels).

A. Verortung von Aufbewahrungsvorschriften im internationalen Kulturgüterschutz

Eine systematisierende Betrachtung des Kulturgüterschutzes auf internationaler Ebene macht verschiedene Anknüpfungspunkte deutlich, an denen Schutzvorschriften eingreifen. Diese Ausprägung kulturgüterschützender Regelungen ist der unterschiedlichen Natur der Umstände geschuldet, die als Gefährdung für den Erhalt des kulturellen Erbes anerkannt werden. Der internationale Kulturgüterschutz konzentriert sich vor allem auf drei wesentliche Aspekte: Den Schutz der Substanz von Kulturgütern, den Schutz vor unrechtmäßiger Verlagerung sowie die Rückgabe oder Rückführung von Kulturgütern an die jeweils Berechtigten.[724] Innerhalb dieser Schutzebenen finden wiederum jeweils ausdifferenzierte Teilaspekte Ausdruck in zahlreichen Regelungsbemühungen. Für die vorliegende Untersuchung ist von Bedeutung, ob das Konzept der Aufbewahrung von Kulturgütern im Regelungssystem des internationalen Kulturgüterschutzes vorgesehen ist und inwieweit es auf nicht zuzuordnende, also nachrichtenlose Kulturgüter konkretisiert wird. Die Verortung von Regelungen zur Aufbewahrung von Kulturgütern ist auf jeder der drei oben herausgestellten Ebenen kulturgüterschützender Vorschriften denkbar. So kann eine Aufbewahrung als Maßnahme zum Schutz vor einer Beschädigung oder Zerstörung, etwa in Form einer vorübergehenden Auslagerung, in Betracht kommen. Als Folge einer unrechtmäßigen Verlagerung ist ebenfalls die Konzeption einer regulierten Aufbewahrung naheliegend. Schließlich wäre auch im Rahmen von Vorschriften über die Rückgabe von Kulturgütern zu erwarten, dass die Aufbewahrung als

---

[724] Ausführlich zu den Zielen des Kulturgüterschutzes unter eingehender dogmatischer Betrachtung *Odendahl*, Kulturgüterschutz, S. 404 ff.

vorgelagerte Maßnahme mit einbezogen ist. Umso mehr erstaunt die Untersuchung der relevanten Vorschriften. Die Aufbewahrung von Kulturgütern, über deren Zuordnung Unklarheit besteht, findet kaum Beachtung im System der internationalen Regelungen zum Kulturgüterschutz.

I. Funktionaler Überblick über den Regelungsgehalt des internationalen Kulturgüterschutzes

Der Anerkennung einer Notwendigkeit besonderer Schutzstandards für Kulturgüter liegen verschiedene Erwägungen zugrunde.[725] Zum einen gelten sie als Werke der Kunst, Kultur und Wissenschaft als einmalig und aus diesem Grund schützenswert.[726] Dies ist ein Erwägungsgrund sowohl auf nationaler als auch auf internationaler Ebene. Darüber hinaus werden Kulturgüter in einem besonderen Bezug zur Identität eines Volkes und dessen historischen und kulturellen Errungenschaften gesehen und verdienen aus diesem Grund besonderen Respekt.[727] Dieser Auffassung kommt vor allem für die Ausprägung des Kulturgüterschutzes auf der völkerrechtlichen Ebene entscheidende Bedeutung zu. Da die Gefahren für Kulturgüter – sowohl historisch als auch gegenwärtig – in erster Linie im Zusammenhang mit militärischen Auseinandersetzungen erkannt werden, wurden Schutzvorschriften zunächst im Kriegsvölkerrecht ausgearbeitet.[728] Erst später wurde auch das Friedensvölkerrecht um kulturgüterrechtliche Schutzvorschriften ergänzt.[729] Der Ursprung des Kulturgüterschutzes liegt in der Bestrebung, religiöse Stätten zu bewahren.[730] Als schützenswert galten zunächst ausschließlich Kulturgüter wie die pan-hellenischen Heiligtümer – Olympos, Delos und Delphi.[731] Andere Kulturgüter, also Werke der Kunst und Wissenschaft, unterlagen dem Plünderungs- und Beuterecht[732] und waren daher häufig Gegenstand von gezieltem Raub und Zerstörung. Die völkerrechtlichen Regeln zum Schutz von Kulturgütern entwickelten sich also ursprünglich im Recht der

---

[725] Begründungsversuche für den Schutz von Kulturgütern unternimmt *Rietschel*, S. 12 ff. unter dem Aspekt eines staatlichen Rückführungsrechts.

[726] Diese Auffassung schlägt sich in den Begriffsdefinitionen der kulturgutschützenden Regelungen nieder. Siehe dazu bereits im Rahmen der Begriffsdefinition, 1. Kapitel B. I. Ferner dazu *Turner*, S. 162 f.; *Rietschel*, S. 15.

[727] *Fiedler*, in: GS Burmeister (2005), S. 163 (167).

[728] *Odendahl*, Kulturgüterschutz, S. 107; *Pabst*, S. 52.

[729] *Odendahl*, Kulturgüterschutz, S. 129 ff.; *Pabst*, S. 52 f.

[730] Zum Kulturgüterschutz von der Antike bis zum Zweiten Weltkrieg *Jenschke*, S. 114 ff.

[731] Die eigenen religiösen und vergleichbaren Stätten genossen bereits im frühen europäischen Mittelalter, im frühen Islam, in alten indischen Reichen und in Japan Immunität. *Irmscher*, in: Labyrinth des Rechts, S. 15 (16).

[732] Eingehend zum Kriegsbeuterecht *Rudolf*, in: FS Doehring (1989), S. 853 (855 ff.); *Pabst*, S. 53 ff.; *Lattmann*, S. 34 ff.; *Schmeinck*, S. 31 ff.

bewaffneten Konflikte.[733] Die Entwicklung des Völkerrechts in Bezug auf Kulturgüter nimmt im späten 19. Jahrhundert ihren Lauf.[734] Im Hinblick auf die „eigenen" Kulturgüter eines Staates unterliegen die Staaten bestimmten im Allgemeininteresse auferlegten besonderen Beschränkungen im Hinblick auf die physische und kontextuelle Erhaltung von Objekten.[735] Dies ist insbesondere Gegenstand der Denkmalschutzvorschriften.[736] Auf internationaler Ebene wird der Schutz von Kulturgütern als ein Anliegen der Staatengemeinschaft aufgefasst.[737] Die gegenwärtige Entwicklung der Regelungen auf dem Gebiet des Kulturgüterschutzes trägt vor allem dem zunehmenden Bewusstsein über die Schutzbedürftigkeit von Kulturgütern angesichts wachsender Umweltbelastungen, Ausweitungen des Tourismus oder Verfall in Friedenszeiten aufgrund dauerhafter Vernachlässigung Rechnung und gelangt insbesondere ab der zweiten Hälfte des 20. Jahrhunderts vermehrt in das politische und gesellschaftliche Bewusstsein. Dies führt zur Schaffung zahlreicher, auf spezielle Fragen ausgerichteter Regelwerke.[738] Im Mittelpunkt der Regelungsbemühungen des Kriegs- und Friedensrechts steht der Schutz vor Plünderung und Zerstörung, mithin der Schutz vor unrechtmäßiger Verlagerung, sowie der Substanzschutz der Kulturgüter. Die Ambitionen zum Schutz von Kulturgütern sind weitreichend und finden vereinzelt sogar bis hin zu Forderungen nach einem Interventionsrecht Ausdruck.[739] Die Aufbewahrung bis zum Zeitpunkt einer Rückgabe an den Berechtigten und damit eine Regelung, die den Gedanken einer Zufluchtsstätte oder eines *Safe Haven* für Kulturgut ausdrückt, sucht man allerdings bis zum Anfang des 21. Jahrhunderts vergeblich.

II. Vom Substanzschutz zur treuhändischen Aufbewahrung

Die dauerhafte Aufbewahrung von Kulturgütern unbekannter Herkunft hat bislang in völkerrechtlichen Regelungen zum Kulturgüterschutz kaum Ausprägung gefunden. Eine Aufbewahrung ist lediglich als Schutzmaßnahme bei Bestehen

---

[733] *Odendahl*, Kulturgüterschutz, S. 107 ff.

[734] Hierzu im kurzen Überblick *Irmscher*, in: Labyrinth des Rechts, S. 15 (16 ff.). Zur Bewertung der Entwicklung des modernen Kulturgüterschutzes als Ausdruck der Überwindung des Feudalismus siehe *Roellecke*, in: FS Mußgenug (2005), S. 473 ff.

[735] *Turner*, S. 42.

[736] Der Denkmalschutz ist wohl die älteste Form des Kulturgüterschutzes. Er betrifft allerdings vor allem die in dieser Arbeit nicht untersuchten unbeweglichen Gegenstände wie Gebäude und Gebäudekomplexe, dazu *Siehr*, in: Kunstrecht, Rn. 6.

[737] *Schorlemer* weist eine Internationalisierung des Kulturgüterschutzes nach, S. 36 ff.

[738] Hierzu *Schorlemer* mit einer Einteilung in Vorschriften zum Schutz gegen Urbanisierungs- und Industrialisierungsprobleme, gegen Massentourismus sowie gegen Natur- und sonstige Katastrophen, S. 101 ff.

[739] Dazu *Schorlemer*, S. 721 f.; *Koumantos*, in: International Legal Protection of Cultural Property, S. 14.

einer akuten Gefahr der Zerstörung von Kulturgütern vorgesehen.[740] Gleichwohl erfährt der Gedanke einer gesamtstaatlichen Treuhand für die Aufbewahrung von Kulturgütern im Laufe der Entwicklung des Kulturgüterrechts Ausdruck und Entwicklung. Einzelne Initiativen zur Aufbewahrung von Kulturgütern in akuten Gefahrenlagen werden im Folgenden daraufhin untersucht, ob sie als Anhaltspunkte für verallgemeinernde Regelungen für Aufbewahrungskonzepte dienen können. Die völkerrechtlichen Initiativen werden also auf ihre Eignung, als Vorbild für eine Umsetzung von Aufbewahrungseinrichtungen auf nationaler Ebene herangezogen zu werden, untersucht.

I. Schutz von Kulturgütern im Kriegsrecht: Vom Kriegsbeuterecht zum Substanzschutz – wesentliche Regelungen im Überblick

Die Entwicklung des Kulturgüterschutzes in den völkerrechtlichen Regelungen des Kriegsrechts lässt sich als Weg vom Kriegsbeuterecht hin zum Substanzschutz ausmachen.

Die Entwicklung der völkerrechtlichen Regelungsinstrumente im 19. Jahrhundert wird gekennzeichnet durch Bestimmungen, die Kulturgüter – auch solche, die sich im staatlichen Eigentum befinden – generell als Privateigentum behandeln und damit eine Beschlagnahme, Beschädigung und Zerstörung verbieten.[741] Im 20. Jahrhundert wird diese Systematik des Schutzes von Kulturgütern beibehalten und in den neu entstehenden kriegsrechtlichen Vorschriften fortgeführt. Die einzige ausdrückliche Regelung zum Umgang mit verlagerten Kulturgütern enthält eine kriegsrechtliche „Dienstanweisung", der *Lieber Code*[742] von 1863 – als Rechtsfolgeregelung der Zulassung der Beschlagnahme feindlichen Vermögens.

a) Ausweitung des Kulturgüterschutzes als Reflex verstärkten Zivilschutzes

Bis zum Ende des 17. Jahrhunderts ist ein allgemeines Recht der Kriegsbeute und Plünderung anerkannt. Erst im 18. Jahrhundert kommt eine zögerliche Gegenauffassung zum Beuterecht auf. Die Grundlage hierfür bildet die Aufklärung und das hierdurch gewandelte Verständnis von der Natur kriegerischer Auseinandersetzungen. Statt der Beziehung von Mensch zu Mensch steht nun

---

[740] Siehe dazu die Einlagerung von Kulturgütern in improvisierten Bergungsorten, Art. 11 der Ausführungsbestimmungen zur Haager Konvention von 1954.

[741] Siehe hierzu Art. 8 Brüsseler Erklärung 1874; Art. 53 Manuel d'Oxford; Art. 56 Haager Landkriegsordnung.

[742] *Instruction for the Government of Armies of the United States in the Field by the Order of the Secretary of War* v. 24.4.1863 (*Lieber-Code*), abgedruckt in: *Hartigan*, S. 45 ff.

die Beziehung zwischen Staaten als Protagonisten der Kriege im Fokus der Wahrnehmung.[743] Hieraus entwickelt sich ein Bewusstsein darüber, dass das Leben und auch das Eigentum der Zivilbevölkerung des gegnerischen Staates zu schützen ist. Der Schutz von Kulturgütern auf internationaler Ebene wird zunächst lediglich als Reflex der Ausweitung des Schutzes der Zivilbevölkerung und ihres Eigentums erreicht.

b) Die Herausbildung ausdrücklicher kulturgüterschützender Maßnahmen

Ausdrückliche Schutzmaßnahmen für Kulturgüter enthalten die *Instructions for the Government of Armies of the United States in the Field*, der sogenannte *Lieber Code* von 1863, verfasst von dem Völkerrechtsgelehrten Francis Lieber und während des Sezessionskriegs von Präsident Lincoln in Kraft gesetzt.[744] Der *Lieber Code* ist kein Instrument des internationalen Rechts, sondern eine panamerikanische Regelung. Es handelt sich bei diesem Regularium lediglich um eine Dienstvorschrift des U.S.-amerikanischen Heeres. Dieses Regelwerk hat jedoch maßgeblichen Einfluss auf die Entwicklung des völkerrechtlichen Kulturgüterschutzes ausgeübt.[745] Anweisungen zum Schutz von Privateigentum benennen ausdrücklich Kulturgüter als besonders schützenswerte Güter. Für Kulturgüter im Eigentum von Privaten und solchen, die im Eigentum des Staates stehen, werden unterschiedliche Regelungen getroffen. Für alle Kulturgüter gilt, dass eine Zerstörung oder Beschädigung um jeden Preis zu verhindern ist.[746] Von besonderem Interesse für die vorliegende Untersuchung sind Art. 35 und 36 des *Lieber Code*.[747] Hieraus ergibt sich, dass Kulturgüter, die sich im Eigentum des

---

[743] „[…] keine Beziehung zwischen Mensch zu Mensch, sondern eine Beziehung von Staat zu Staat, in der die Einzelnen nur durch Zufall Feinde sind, nicht als Menschen und nicht einmal als Bürger, sondern als Soldaten; nicht als Glieder des Vaterlandes, sondern als seine Verteidiger.“ *Rousseau*, S. 12; weitergehende Ausführungen hierzu bei *Pabst*, S. 54 f.

[744] Abgedruckt in *Bluntschli*, S. 486 ff. Eingehend hierzu *Lattmann*, S. 37 ff.; siehe auch *Pabst*, S. 56 f.

[745] *Pabst*, S. 57; *Röben*, S. 198 f.; *Fiedler* sieht den Grund für die ungewöhnliche völkerrechtliche Auswirkung des an sich innerstaatlich ausgerichteten Regelwerks unter anderem in dem hohen Ansehen, das Lieber in der europäischen Völkerrechtslehre genoss, sowie dem Umstand, dass der *Lieber-Code* auf eine weitere Humanisierung des Krieges angelegt war und damit die aktuellen Rechtsüberzeugungen ausdrückte, vgl. in: FS Doehring (1989), S. 199 (214).

[746] Art. 35.

[747] Art. 35: Classical works of art, libraries, scientific collections, or precious instruments, such as astronomical telescopes, as well as hospitals, must be secured against all avoidable injury, even when they are contained in fortified places whilst besieged or bombarded.

Art. 36: If such works of art, libraries, collections, or instruments belonging to a hostile nation or government, can be removed without injury, the ruler of the conquering state or nation may order them to be seized and removed for the benefit of the said nation. The ultimate ownership is to be settled by the ensuing treaty of peace.

feindlichen Staates befinden, beschlagnahmt werden dürfen, sofern dies ohne Beschädigung möglich ist. Die beschlagnahmten Kulturgüter dürfen jedoch weder beschädigt noch zerstört, verkauft noch weggegeben werden und sind außerdem einer privaten Aneignung nicht zugänglich. Für das Schicksal der Kulturgüter wird vorgesehen, dass im jeweiligen Friedensvertrag über die Eigentumsverhältnisse solcher Kulturgüter entschieden werden soll.[748]

Eine Beschlagnahme zieht folglich nicht ohne weiteres eine sachenrechtliche Aneignung des Kulturguts durch den beschlagnahmenden Staat nach sich. Die Entscheidung im Friedensvertrag über die Eigentumsverhältnisse hält die Möglichkeit offen, dass die Kulturgüter zurückgegeben werden. Bis zu diesem Zeitpunkt wird eine sorgfältige Aufbewahrung für erforderlich gehalten und vorgesehen. Somit markiert der *Lieber Code* den Beginn der Herausbildung eines Bewusstseins für die Problematik der Aufbewahrung von Kulturgütern ungeklärter Zuordnung.

c) Weiterentwicklung des Kulturgüterschutzes ohne Berücksichtigung der Aufbewahrungsproblematik

Die in unmittelbarer zeitlicher Folge zum *Lieber Code* entwickelten Regelwerke, die nur zum Teil tatsächlich ratifiziert worden sind, enthalten keine vergleichbaren Regelungen zur Aufbewahrung von Kulturgütern. Der Kulturgüterschutz findet in diesen Regelwerken seine Ausprägung durch Verbote von Beschlagnahme, Beschädigung und Zerstörung von Privateigentum und die ausdrückliche Ausweitung dieses Schutzes auch auf Kulturgüter, die sich in staatlichem Eigentum befinden. So basiert die Brüsseler Erklärung von 1874 als erster internationaler Entwurf einer Kodifikation des Landkriegsrechts[749] zwar auf den Bestimmungen des *Lieber Codes*, impliziert jedoch keine dem *Lieber Code* vergleichbare Aufbewahrungsbestimmung. Stattdessen wird der Schutz von Kulturgütern über die Ausweitung des Schutzes für privates Eigentum erreicht. Kulturgüter in staatlichem Eigentum sind gem. Art. 8 der Erklärung wie Privateigentum zu behandeln, so dass eine Beschlagnahme, Beschädigung und Zerstörung nicht zugelassen ist.[750] Das 1880 aus einer Übersicht über die in einzel-

---

In no case shall they be sold or given away, if captured by the armies of the United States, nor shall they ever be privately appropriated, or wantonly destroyed or injured.

[748] Die praktische Durchführung des *Lieber Codes* stieß allerdings erwartungsgemäß auf große Schwierigkeiten. Siehe dazu *Lattmann*, S. 39.

[749] *Projet d'une declaration internationale concernant les lois et coutumes de la guerre* (Brüsseler Erklärung), in Auszügen abgedruckt in ZaöRV 16 (1955/56), S. 76 f. Dazu *Pabst*, S. 57; *Schorlemer*, S. 262 ; *Berndt*, S. 19.

[750] Art. 8 Abs. 1: Les biens des communes, ceux des établissements consacrés aux cultes, à la charité et à l'instruction, aux arts et aux sciences, même appartenant à l'État, seront traités somme la propriété privée. Die Brüsseler Erklärung ist nie in Kraft getreten. *Pabst*, S. 55.

nen Ländern geltenden Dienstvorschriften zum Kriegsrecht, die vom *Institut de Droit International* in Auftrag gegeben worden war, entstandene so genannte *Manuel d'Oxford* weist keine vergleichbare Regelung auf.[751] Art. 4 des *Manuel d'Oxford* stellt klar, dass das einzige rechtmäßige Ziel eines Krieges die Schwächung und Zerstörung der militärischen Streitkräfte des Feindesstaates sei. Dementsprechend statuiert das Manual in Art. 53, dass die Erbeutung des Eigentums von der Kultur, den Künsten und der Wissenschaft gewidmeten Einrichtungen ausnahmslos verboten ist, unabhängig davon, ob sie privater oder öffentlicher Natur sind.[752] Zugelassen wird im Manual die Zerstörung von Kulturgütern im öffentlichen oder privaten Eigentum für den Ausnahmefall der „zwingenden Kriegsnotwendigkeit".[753] Zwar werden auch hier ausdrückliche Schutzmaßnahmen für Kulturgüter angeordnet, allerdings wird die Beschlagnahme von Kulturgütern generell ausgeschlossen. Hieraus erklärt sich auch das Fehlen von Regelungen über eine Aufnahme und Aufbewahrung von Kulturgütern. Ebenso enthalten weder das Haager Abkommen von 1899 samt seiner Anlage noch das Haager Abkommen von 1907 Regelungen zur Aufbewahrung von Kulturgütern. Die wesentlichen Regelungen zum Schutz von Kulturgütern in diesen Regelwerken zielen abermals auf das Verbot der Beschlagnahme, der Zerstörung oder Beschädigung, ausgenommen in Fällen militärischer Notwendigkeit.[754]

d) Konzept eines *Safe Haven* in neuesten Entwicklungen des internationalen Kulturgüterschutzes

Das Konzept von Zufluchtsstätten bzw. so genannten sicheren Häfen, mithin *Safe-Haven*-Einrichtungen, für Kulturgüter ist ausdrücklich zum ersten Mal in den Durchführungsrichtlinien zum Zweiten Zusatzprotokoll der Haager Konvention von 1954 enthalten.[755] Die Einrichtung eines *Safe Haven* für Kulturgüter wird hier in Form einer internationalen Unterstützung zum Schutz von Kultur-

---

[751] *Manuel des lois de la guerre sur terre* v. 9.9.1880 (Manuel d'Oxford), abgedruckt in Annuaire de l'Institut de Droit International 5 (1882), S. 159 ff.

[752] Art. 53: The property of municipalities, and that of institutions devoted to religion, charity, education, art and science, cannot be seized. All destruction or wilful damage to institutions of this character, historic monuments, archives, Works of art, or science, is formally forbidden, save when urgently demanded by military necessity.

[753] Näher dazu *Lattmann*, S. 40 f.

[754] Zum Treuhandgedanken, der aus Art. 55 der Anlage zum Haager Abkommen 1907 entnommen wird, siehe unten, III. 1.

[755] Siehe *Annex III, Table 2* der *Guidelines for the Implementation of the 1999 Second Protocol to the Hague Convention of 1954 for the Protection of Cultural Property in the Event of Armed Conflict* v. 24.11.2009, UNESCO-document CLT-09//CONF/219/3REV.3; hierzu *Odendahl*, in: Kulturgüterschutz – Künstlerschutz, S. 23 (44).

gütern zum ersten Mal im Rahmen eines globalen Vertragswerks vorgesehen.[756] Allerdings sind die Durchführungsrichtlinien dem Schutz einer begrenzten Kategorie von Kulturgütern gewidmet, nämlich den so genannten „wertvollsten Kulturgütern der Menschheit".[757] Das Konzept der *Safe-Haven*-Einrichtungen in den Durchführungsrichtlinien ist derart ausgestaltet, dass einzelne Vertragsparteien sich als „sichere Häfen" für bewegliche Kulturgüter unter Sonderschutz anbieten. Die Kulturgüter werden in das betreffende (Verwahrer-)Land gebracht, dort gelagert und verwahrt, um nach dem Ende der Gefahren wieder an das Ursprungsland zurückgegeben zu werden. Diese Aufnahme von Kulturgut ist als Notfallmaßnahme (*emergency measures*) vorgesehen. Vorgesehen ist die Möglichkeit finanzieller Unterstützung für die Einrichtung eines *Safe Haven*. Diese wird aus einem hierfür einzurichtenden Fonds gewährt. In rechtlicher Hinsicht wird für diese Art der Hilfe die Unterstützung seitens eines Komitees für den Entwurf und die Umsetzung von Regelungen in der Gefahrenlage vorgesehen.

Die Durchführungsrichtlinien zum Zweiten Zusatzprotokoll der Haager Konvention von 1954 sehen folglich die vorübergehende Aufnahme von beweglichem Kulturgut zum Schutz vor Gefahren vor. Aufgegriffen wird hiermit das teilweise auf private Initiativen zurückgehende und also in der Praxis bereits vereinzelt praktizierte Verwahren von Kulturgütern in Gefahren- und Notsituationen. Prominentes Beispiel hierfür ist die auf einer privaten Initiative basierende Aufbewahrung von Kulturgütern aus Afghanistan im so genannten „Afghanistan-Museum Bubendorf". Hier wurden zwischen 2001 und 2007 in Entsprechung einer Bitte Afghanistans bedeutende Kulturgüter aufbewahrt.[758] Inhaltlich ist der Vorschlag in den Durchführungsrichtlinien folglich nicht neu. Eine Neuerung stellt es allerdings dar, dass diese Form der internationalen Unterstützung ausdrücklich als eine mögliche Hilfeleistung im Rahmen eines völkerrechtlichen Vertragswerks vorgesehen wird.[759]

Diese Durchführungsrichtlinien sehen die Möglichkeit von Hilfeleistungen auf Antrag des Staates vor, in welchem die Kulturgüter sich in Gefahr befinden. Die Problematik der Aufbewahrung von Kulturgütern, deren Herkunft nicht geklärt werden kann, ist somit nicht Regelungsgegenstand der Durchführungsrichtlinien.

---

756 *Odendahl*, in: Kulturgüterschutz – Künstlerschutz, S. 23 (44 f.).

757 Ausführlich hierzu insgesamt *Odendahl*, in: Kulturgüterschutz – Künstlerschutz, S. 23 ff.

758 *Koellreuter/Bucherer*, KGS-Forum 12/2008, 44 ff.

759 *Odendahl*, in: Kulturgüterschutz – Künstlerschutz, S. 19 (41).

2. Aufbewahrungsregelungen im Völkergewohnheitsrecht

Das Völkergewohnheitsrecht sieht keine über die kriegsrechtlichen Regelungen hinausgehenden Regelungen zur Aufbewahrung von Kulturgütern vor.

Das Völkergewohnheitsrecht entsteht nach allgemeiner Ansicht durch die internationale allgemeine Übung der Völkerrechtssubjekte, der eine gemeinsame Rechtsüberzeugung zugrunde liegt. Es handelt sich dabei um eine weitere Völkerrechtsquelle. Dies geht aus Art. 38 Abs. 1 lit. b) IGH-Statut hervor.[760] Objektiv ist eine „wiederholte, gefestigte oder regelmäßige, einheitliche Übung" von Völkerrechtssubjekten Voraussetzung für das Entstehen von Völkergewohnheitsrecht.[761] Subjektiv ist neben der Übung gem. Art. 38 Abs. 1 lit. b) IGH-Statut deren „Anerkennung als Recht", also die allgemeine Überzeugung der Staaten erforderlich, dass ein bestimmtes Verhalten völkerrechtlich geboten ist.[762] In bewaffneten Konflikten besteht daher das völkergewohnheitsrechtliche Verbot der Zerstörung oder Wegnahme von Eigentum,[763] Plünderungen, das Gebot größtmöglicher Schonung unbeweglicher Kulturgüter bei Belagerungen und Beschießungen sowie das Verbot der Beschlagnahme, Zerstörung und Beschädigung von Kulturgütern auf besetzten Gebieten.[764] Hierüber hinausgehende Regelungen zur Aufbewahrung von verlagerten oder nicht zuzuordnenden Kulturgütern können allerdings mangels einer entsprechenden Übung, also bereits mangels Vorliegens der objektiven Voraussetzungen eines völkerrechtlich verfestigten Verhaltens, auch dem Völkergewohnheitsrecht nicht entnommen werden.[765]

---

[760] Statut des Internationalen Gerichtshofs v. 26.6.1945, BGBl. II 1973, 595.

[761] Vitzthum/*Vitzthum*, 1. Abschnitt Rn. 131; Ipsen/*Heintschel v. Heinegg*, § 16 Rn. 4 ff.; *Pabst*, S. 66.

[762] Vitzthum/*Vitzthum*, 1. Abschnitt Rn. 131; Ipsen/*Heintschel v. Heinegg*, § 16 Rn. 12 ff.; *Pabst*, S. 66.

[763] *Pabst*, S. 66 f. Möglich sind allerdings Einschränkungen dieses Grundsatzes aus militärischen Gründen.

[764] Dies folgt daraus, dass für Art. 23 lit. g), Artt. 27, 28 und 56 des Haager Abkommens von 1899 sowie Art. 5 des Haager Abkommens von 1907 eine völkergewohnheitsrechtliche Geltung angenommen wird, dazu *Fiedler*, in: FS Doehring (1989), S. 199; *Pabst*, S. 66 f.; *Hipp*, S. 108 f.; *Schorlemer*, S. 297 ff.; *Hartung*, S. 21.

[765] Nicht geklärt ist, ob eine gewohnheitsrechtliche Pflicht des Staates existiert, die auf seinem Territorium befindlichen Kulturgüter zu erhalten und zu schützen – aus eigener Kraft oder mit internationaler Unterstützung *Turner*, S. 43. Gegen eine derartige Pflicht: *Doehring*, in: Symposium (1990), S. 176 (177); für eine solche Verpflichtung: *Williams*, S. 52, 64. Nicht näher eingegangen werden kann im Rahmen dieser Untersuchung auf die (umstrittene) Wiener Konvention über die Staatennachfolge in Vermögen, Archiven und Schulden von Staaten von 1983, in der sich zwei Erhaltungspflichten des Gebietsvorgängers im Sukzessionsfall finden – eine für Kulturgüter im allgemeinen Sinn und eine in Bezug auf Archive. Dazu eingehend *Huguenin*, S. 193 ff.

3. Schutz vor Verlagerung und Restitution im Friedensrecht

Neben dem Schutz der Substanz von Kulturgütern gewinnt der Umgang mit unrechtmäßig verlagerten Kulturgütern vermehrt Bedeutung in den internationalen Regelungen zum Kulturgüterschutz. Unrechtmäßige Verlagerungen sind entweder als Folge von kriegerischen Konflikten oder als Folge illegaler Raubgrabungen Gegenstand von Regelungen geworden. Da die Frage der Rückabwicklung von unrechtmäßigen Verlagerungen insbesondere nach dem Ende einer kriegerischen Auseinandersetzung relevant wird, hält vor allem das Friedensrecht Regelungen in diesem Bereich parat. Selten gelangen die Regelungsbemühungen auf internationaler Ebene jedoch zu verbindlicher und zwingender innerstaatlicher Geltung. So wird vor allem im Bereich der Rückgabe von Kulturgütern auf die jeweiligen bestehenden zivilrechtlichen Regelungen mit den entsprechenden Durchsetzungshindernissen und Verjährungsregelungen zurückgegriffen.

a) Ausweitung des Kulturgüterschutzes im Interesse des Kunsthandels

Anknüpfungspunkt der friedensrechtlichen Regelungen ist vor allem der grenzüberschreitende Handel mit Kulturgütern.

Hierneben bestehen internationale Regelungen zum Bestandsschutz und der Erhaltung von Kulturgütern. Hierzu gehört auch der Schutz archäologischen Guts. Der Schutz und die Behebung unrechtmäßiger Verlagerungen werden gleichermaßen Gegenstand der Regelungsbemühungen.[766] Das Europäische Übereinkommen zum Schutz archäologischen Kulturguts von 1969, das 1992 revidiert worden ist, hat den Schutz des „europäischen archäologischen Kulturguts, der ältesten Quelle europäischer Geschichte" zum Gegenstand.[767] Von Bedeutung für die vorliegende Untersuchung sind die Bestimmungen über den Schutz von archäologischen Gegenständen und ihren Fundorten, zu denen sich die Vertragsstaaten verpflichten.[768] Ferner sind unzulässige Ausgrabungen zu verbieten und zu verhindern. Von besonderem Interesse für die vorliegende Studie ist die Bestimmung darüber, bei Museen und ähnlichen Einrichtungen unter staatlicher Aufsicht den Erwerb von aus unzulässigen Ausgrabungen stammenden oder entwendeten archäologischen Gegenständen zu unterbinden.[769] Die Verpflichtungen sind allerdings allgemein formuliert und der Schutz insgesamt wenig effektiv

---

766 Für einen Überblick zu den über die hier angeführten Regelungen zum Schutz beweglichen Kulturguts hinausgehenden Regelungen zum Schutz unbeweglichen Kulturguts siehe *Pabst*, insbes. S. 71 ff.

767 Europäisches Übereinkommen zum Schutz des archäologischen Erbes (revidiert) v. 16.1.1992.

768 Art. 2 und 3.

769 Art. 10 Abs. 3.

ausgestaltet.[770] Das in Art. 1 Abs. 1 enthaltene Ziel der Konvention sieht den Schutz des archäologischen Erbes als Quelle gemeinsamer europäischer Erinnerung und als Instrument für historische und wissenschaftliche Studien vor.

Erreicht werden soll dies gem. Art. 2 und 3 dadurch, dass die Staaten den Schutz von archäologischen Gegenständen und ihren Fundorten sicherstellen, unzulässige Ausgrabungen verbieten und verhindern sowie gem. Art. 6 Abs. 2 Museen und ähnlichen Einrichtungen unter staatlicher Aufsicht den Erwerb von aus unzulässigen Ausgrabungen stammenden oder entwendeten archäologischen Gegenständen unterbinden.

Inwiefern Kulturgüter, deren Provenienz zweifelhaft ist und auf eine illegale Raubgrabung hindeutet, aufbewahrt werden können, ist im Übereinkommen nicht vorgesehen.

b) Eindämmung des illegalen Kunsthandels als übergeordnetes Ziel

Das Anliegen der Bekämpfung des Handels mit Kulturgütern zweifelhafter Provenienz liegt auch der UNESCO Konvention 1970 zugrunde. Auch hier wird das Ziel der Eindämmung illegaler Raubgrabungen dadurch zu befördern versucht, dass Kulturgüter illegaler Herkunft weder durch Museen noch andere staatliche Einrichtungen erworben oder eingeführt werden sollen.[771] Vorgesehen ist zwar die Rückgabe unrechtmäßig aus- und eingeführten Kulturguts an die Ursprungsstaaten,[772] eine vorhergehende Aufbewahrung der Kulturgüter für den Fall, dass eine Zuordnung zu einem Herkunftsstaat und bzw. oder Eigentümer nicht möglich ist, wird jedoch nicht geregelt. Die UNIDROIT Konvention 1995 wiederum ist ausschließlich mit der Rückgabe von Kulturgütern befasst, die einem Eigentümer gestohlen oder sonst abhanden gekommen sind. Die Aufbewahrung bis zu einer Rückgabe findet auch hier keine Ausprägung.

4. Zwischenergebnis

Das Kriegsrecht ist aus der Natur der Sache heraus hauptsächlich auf den Schutz von Kulturgütern vor akuten Einwirkungen fokussiert. Das Kriegsrecht trifft vor allem Regelungen, die die Zerstörung, Beschädigung, den Diebstahl, die Plünderung und Beschlagnahme von Kulturgütern verhindern sollen. Die dauerhafte Aufbewahrung von Kulturgütern, auch etwa als Maßnahme im Anschluss an die Beendigung der Auseinandersetzungen, wird in den Regelungen zum Kriegsrecht grundsätzlich nicht vorgesehen. Eine denkbare Erklärung hierfür ist, dass Regelungen über die Aufbewahrung verlagerter Kulturgüter erst

---

770 So auch das Fazit von *Pabst*, S. 70.

771 Art. 7 lit. a) und b) i) sowie ii).

772 Siehe dazu § 6 KultGüRückG.

im Anschluss an die Beendigung der kriegerischen Handlungen für erforderlich gehalten werden. Ab diesem Zeitpunkt gewinnt die Möglichkeit an Relevanz, zuvor verlagerte Kulturgüter gegebenenfalls zurückzugeben.

Lediglich zwei Regelungszusammenhängen lässt sich eine Aufbewahrung von Kulturgütern entnehmen. Im *Lieber Code* von 1863 wird die Aufbewahrung bis zur Entscheidung über das Schicksal der Kulturgüter in den der kriegerischen Auseinandersetzung folgenden Friedensverhandlungen vorgesehen. In den Durchführungsrichtlinien zum Zweiten Zusatzprotokoll zur Haager Konvention von 1954 aus dem Jahr 2009 ist die Aufnahme und Aufbewahrung bestimmter Kulturgüter zum Schutz vor akuten Gefahren vorgesehen. Die Regelung des *Lieber Codes* kann auch die Aufbewahrung solcher Kulturgüter umfassen, deren Eigentümer nicht mehr feststellbar ist. Allerdings erfährt die Aufbewahrung keine nähere Ausgestaltung durch den Code. Sie wird lediglich als Vorgehen impliziert. Die Aufnahme von Kulturgut in den Durchführungsrichtlinien zum Zweiten Zusatzprotokoll der Haager Konvention von 1954 ist demgegenüber als Hilfeleistung auf Anfrage des Staates, in welchem die Kulturgüter der Gefahr ausgesetzt sind, ausgestaltet. Insofern wird es sich in der Regel nicht um die Einlagerung nachrichtenloser Kulturgüter handeln, da die Herkunft der Kulturgüter nicht ungewiss ist. Die in dieser Arbeit untersuchte zeitlich unbestimmte und von akuten Gefahren unabhängige Aufbewahrung nachrichtenloser Kulturgüter ist in den bestehenden kriegsrechtlichen Regelungen des Völker- und Völkergewohnheitsrechts nicht enthalten.

Internationale Regelungen zum Schutz von Kulturgütern in Friedenszeiten entstehen vor allem ab dem 20. Jahrhundert. Es entstehen zahlreiche Übereinkommen zu einzelnen Aspekten des Schutzes von Kulturgütern. Der Aspekt der Aufbewahrung von Kulturgütern erfährt keine ausdrückliche Regelung. Somit finden sich auch keine Anhaltspunkte für den Umgang mit nachrichtenlosen Kulturgütern.

III. Von der individuellen zur allgemeinen Verantwortung – Ausprägung des Treuhandgedankens

Die Aufbewahrung nachrichtenloser Kulturgüter erfolgt einerseits als Ausdruck von Verantwortung dem konkreten nicht bestimmbaren Eigentümer gegenüber. Andererseits wohnt ihr die Wahrnehmung einer allgemeinen Verantwortung des Schutzes von Kulturgut als Erbe der Menschheit inne. Ausprägungen dieser Verantwortlichkeit führen zu der Vorstellung, Kulturgüter in einer Treuhand für kommende Generationen zu bewahren.[773] Zu untersuchen ist, ob diese Auffassung im Gefüge der kulturgüterschützenden Normen für die Aufbewahrung

---

773 *Schorlemer*, S. 564 f.

nachrichtenloser Kulturgüter dienlich ist. Bedeutung erlangt vor allem die Überlegung, ob eine Aufbewahrung für einen konkreten, wenngleich aktuell nicht bestimmbaren Eigentümer dem im Kulturgüterrecht ausgeprägten Treuhandgedanken möglicherweise sogar widerspricht. Denkbar ist dies unter dem Gesichtspunkt, dass eine Treuhand im Interesse der Weltengemeinschaft eine Nutzung und Rückgabe an einen (unter Umständen auch privaten) Eigentümer einschränkt. Dies wäre der Fall, wenn der kulturgüterrechtliche Treuhandgedanke lediglich dem Gedanken des allgemeinen Substanzschutzes verschrieben ist, ohne die Rechtsfolge einer möglichen konkreten Rückgabe vorzusehen.

I. Ausprägungen des Treuhandgedankens im Kulturgüterschutz

Der Idee einer Treuhand wird die Vorstellung zugrunde gelegt, dass die gegenwärtig lebende Generation zur Pflege und Überlieferung von Kulturgütern an die Nachwelt verpflichtet ist. Die Vorstellung einer vorübergehenden Obhutsbewahrung begründe die Pflicht, in dem Maß sorgfältig im Umgang mit Kulturgütern zu sein, dass sie für kommende Generationen erhalten bleiben.[774]

Die Vorstellung einer derartigen Treuhand wird teilweise bereits Art. 55 der Anlage zum Haager Abkommen von 1907 entnommen.[775] Auch in einer Studie des Internationalen Museumsrates aus dem Jahr 1939 wird die Bewahrung des künstlerischen und kulturellen Erbes als Aufgabe der Staaten in ihrer Gesamtheit aufgefasst.[776]

Die Vorstellung einer Treuhand für Kulturgüter ist schon in der Stellungnahme des damaligen Generaldirektors der UNESCO im Jahr 1950 enthalten[777] und wird auch Jahrzehnte später im Rahmen eines Berichtes für den Europarat als Ergebnis einer Entwicklung im internationalen Kulturgüterschutz festgestellt.[778] Auch in der Literatur wird die Idee der Treuhand im Kulturgüterrecht aufgegriffen, beispielsweise durch die Herausstellung der besonderen Nähe des Kultur-

---

774 *Schorlemer*, S. 561 f.

775 Art. 55 der Anlage zum Haager Abkommen von 1907 sieht für den besetzenden Staat vor, dass er sich „nur als Verwalter und Nutznießer der öffentlichen Gebäude [...]" verstehen durfte. Hieraus entsteht auch die Pflicht, „den Bestand dieser Güter [zu] erhalten und sie nach den Regeln des Nießbrauchs" zu verwalten. Siehe dazu *Schorlemer*, S. 564 und S. 263.

776 Ausführungen hierzu *Schorlemer*, S. 564.

777 *Torres Bodet*, in: Museum 3 (1950), 6 (7).

778 „There is some indication of a shift in international law towards the definition of ownership of cultural property more in terms of trusteeship". Council of Europe, Information Report on Disasters and the Cultural Heritage presented by the Committee on Culture and Education (Rapporteur *Ross*), (Doc. 5579), 22.5.1986, S. 9. Diese Entwicklung führt dem Bericht zufolge auf lokaler, regionaler sowie internationaler Ebene zu einer besser aufgeteilten Verantwortung zwischen dem Eigentümer eines Kulturguts und der Gemeinschaft.

güterschutzes zum Rechtsinstitut des „trust".[779] Hierbei wird wiederum der Gedanke ausgeführt, dass die Staaten lediglich Verwalter des gemeinsamen Erbes sind. Begründet wird dies mit der Vorstellung, bestimmte, als besonders schützenswert erachtete Güter würden jemandem – einer natürlichen oder juristischen Person oder der gegenwärtig lebenden Menschheit als Ganzes –mit der Pflicht einer möglichst vollständigen Überlieferung an künftige Generationen anvertraut. Der „trust" wird also als Institution verstanden, die vor allem über einen Schutzcharakter verfügt.[780]

Der Treuhandgedanke wird ferner als Grundlage dafür benutzt, in Abkehr von „traditionellen" Eigentumskonzepten verschieden abgestufte „Grade" an Eigentum zu konzipieren.[781] Staaten seien danach in ihrer Eigenschaft als „Treuhänder" von Kulturgut „*second degree-owner*" von auf ihrem Territorium befindlichen Kunstschätzen. Noch weiter gehen Formulierungen, denen zufolge die Annahme eines „dritt-rangigen Eigentums" der Staatengemeinschaft an Kulturgütern angebracht sei.[782]

2. Umsetzungsmöglichkeiten des Treuhandgedankens

Überlegungen, diese Vorschläge konkret umzusetzen, führen zu drei Ausgestaltungsmöglichkeiten.

Möglich ist zum einen (1) die Begrenzung privater Eigentumsrechte zugunsten der Staatengemeinschaft. Im Rahmen eines Berichts des Europarates wird dies für das archäologische Kulturerbe erwogen.[783]

Denkbar ist ferner (2) eine Garantie für den Erhalt von Kulturgütern durch staatliches Eingreifen. Es könnten Verpflichtungen von staatlicher Seite entstehen, am Erhalt der Kulturgüter mitzuwirken. Schließlich können (3) Staaten ihrerseits beschränkt werden bei ihrer Entscheidung im Umgang mit Kulturgütern, insbesondere hinsichtlich einer Aufbewahrung, Veräußerungen und Sorgfaltspflichten.

Gemeinsam ist den aufgezählten Möglichkeiten der Gedanke einer Förderung der Zusammenarbeit und der gemeinsamen Verantwortung mit dem Ziel, das gemeinsame kulturelle Erbe für zukünftige Generationen zu erhalten. Hierfür werden einerseits partielle Einschränkungen der Verfügungsbefugnisse von

---

779 *Kiss*, RdC 175 (1982 II), 99 (171).

780 *Kiss*, RdC 175 (1982 II), 99 (129).

781 *Williams*, S. 64.

782 *Koumantos*, in: International Legal Protection of Cultural Property, S. 12 (14).

783 Dazu *Schorlemer*, S. 565 mit Hinweis auf *Council of Europe, Parliamentry Assembly, thirty-third ordinary session, Recommendation 921 (1981) on Metal Detectors and Arachaeology*, (Rapporteur A. Beith und O.J. Flanagan), S. 6.

Eigentümern an Kulturgütern und andererseits die Einführung bestimmter staatlicher Schutzpflichten für Kulturgüter beabsichtigt und angestrebt.

Die Aufbewahrung und der Schutz von Kulturgütern, deren Eigentümer nicht festgestellt werden können, könnte als Ausprägung der staatlichen Garantie am Erhalt von Kulturgütern aufgefasst werden. In Ermangelung konkreter Handlungsvorschläge zur Ausprägung des Treuhandgedankens ist bei einer Umsetzung einer Aufbewahrung von Kulturgütern in nationales Recht jedoch ausschließlich die bestehende Gesetzeslage maßgeblich. Konkrete Handlungsanweisungen und Richtlinien zum Umgang mit nachrichtenlosen Kulturgütern sind durch die zahlreichen Absichtsbekundungen nicht ersichtlich.

IV. Das Prinzip des *Common Heritage of Mankind*

Die Vorstellung einer treuhändischen Aufbewahrung von Kulturgut wird teilweise als Ausfluss des Prinzips des *Common Heritage of Mankind* verstanden.[784] Untersucht werden soll daher, inwieweit dieses Prinzip für die innerstaatliche Umsetzung und Ausgestaltung von *Safe-Haven*-Einrichtungen für nachrichtenlose Kulturgüter fruchtbar gemacht werden kann. Das Prinzip des *Common Heritage of Mankind* spielt in verschiedenen Bereichen des Völkerrechts eine Rolle.[785] Besondere Bedeutung kommt dem Prinzip im internationalen Seerecht und dem Weltraumrecht zu, da es zur Regelung des Tiefseebodenbergbaus sowie der Erforschung und Nutzung des Mondes und der Antarktis entwickelt und verwirklicht wurde.[786] Geregelt wurde also die Nutzung und Ausbeutung von bis dahin hoheitsfreien Ressourcen. Im Kontext des Kulturgüterschutzes wird das *Common Heritage of Mankind*-Prinzip als Grundlage für die Verpflichtung aller Staaten zum gemeinsamen Schutz des Kulturguts als universelles kulturelles Erbe herangezogen. Diese Auffassung beruht auf der Vorstellung einer Verpflichtung aller Staaten, losgelöst vom Aufenthaltsort Kulturgüter zu erhalten.[787] Der Gedanke einer universellen Schutzpflicht für Kulturgüter, die jeden Staat trifft, birgt freilich in seiner Weite Schwierigkeiten. Verfolgt man die Idee vom Staat als treuhänderischen Verwalter von Kulturgut im Interesse der gesamten Menschheit konsequent, müssten konkrete Pflichten begründet werden, die den einzelnen Staat als Adressat der Verpflichtung dazu verpflichten, das auf seinem Territorium gelegene Kulturgut umfassend zu erhalten.[788]

---

[784] *Schorlemer*, S. 564 ff. Zur historischen Entwicklung des Prinzips *Common Heritage of Mankind* siehe *Williams*, S. 53 ff.

[785] *Stocker*, S. 3 ff.

[786] *Baufeld*, S. 290; *Genius-Devime*, S. 36 ff; *Williams*, S. 52 ff.

[787] *Schorlemer*, S. 566.

[788] *Wyss*, S. 139.

Das *Common Heritage of Mankind*-Prinzip basiert auf dem Gedanken, dass die Einzigartigkeit des kulturellen Erbes zu respektieren und zu tolerieren ist. Der Gedanke, Kulturgüter als Errungenschaften der gesamten Menschheit anzusehen, birgt jedoch aufgrund seiner Weite die Gefahr der Konturenlosigkeit und bietet für die Konkretisierung eines völkerrechtlichen Schutzes für nachrichtenlose Kulturgüter keine verbindliche Grundlage. Neben den bestehenden Konventionen zum Schutz von Kulturgütern lassen sich derzeit keine konkreten Rechtsfolgen aus dem Prinzip herleiten.[789] Die Vorstellung eines gemeinsamen Welterbes impliziert, dass losgelöst vom konkreten Aufenthaltsort Kulturgüter zu schützen sind. Von diesen umfassenden Erhaltungspflichten sind neben den einzelnen Staaten auch Staatengemeinschaften in die Pflicht genommen.[790] Das Prinzip des *Common Heritage of Mankind* bleibt daher für den Kulturgüterschutz in der derzeit im internationalen Seerecht und Weltraumrecht anerkannten Gestalt ohne konkrete Auswirkung.[791] Über den teilweise festgestellten „legitimatorischen Gebrauch" des Begriffs „Kulturerbe der Menschheit"[792] hinaus kommt ihm somit auch für die hier vorliegende Untersuchung keine weiterreichende Bedeutung zu. Über die Tatsache hinaus, dass sich auch eine geregelte Aufbewahrung nachrichtenloser Kulturgüter mit dem Gedanken des Schutzes von für die gesamte Menschheit bedeutenden Gütern vereinbaren lässt, kann dem Prinzip weder eine konkrete Orientierung über die rechtliche noch über die tatsächliche Ausgestaltung eines *Safe Haven* entnommen werden.

B. Rechtliche und rechtspolitische Rahmenbedingungen im internationalen Kulturgüterschutz für die Aufbewahrung archäologischer Kulturgüter ungeklärter Provenienz

Die Analyse der Regelungen zum Schutz archäologischer Kulturgüter führt zu einem Ergebnis, das auf den ersten Blick paradox scheint. Zwar ist Ziel der Regelungen der Schutz noch unerforschter Grabungsstätten und der bereits zutage geförderten Kulturgüter. Allerdings existieren keine Regelungen zum Umgang mit den zutage geförderten Kulturgütern, wenn ihre Provenienz ungeklärt ist oder sogar auf eine Herkunft durch illegale Raubgrabungen schließen lässt. Statt einer sicheren Aufbewahrung ist für diese Kulturgüter keine Handhabung vorgesehen.

Im Folgenden wird gezeigt werden, dass diese Situation der weltweiten Bestrebung, illegale Raubgrabungen insgesamt einzudämmen, geschuldet ist. An den

---

[789] *Dolzer*, in: Symposium (1990), S. 13 (25).

[790] *Schorlemer*, S. 565, 578 f.

[791] *Schorlemer*, S. 583; *Dolzer*, in: Symposium (1990), S. 13 (24).

[792] *Genius-Devime*, S. 445 ff.

zunächst praktizierten Bann jeglicher Aufnahme von illegal zutage geförderten archäologischen Kulturgütern ist die Hoffnung geknüpft worden, die Absatzmöglichkeiten und damit das Interesse an illegalen Raubgrabungen mit ihren verheerenden Wirkungen für archäologische Ausgrabungsstätten zu verringern. Angesichts der massiven Ausweitung illegaler Absatzmöglichkeiten für Kulturgüter ohne Herkunftsnachweise ist dieses Ziel verfehlt worden. Der Umfang und die Zahl ungenehmigter archäologischer Grabungen haben stattdessen deutlich zugenommen.[793] Gezeigt wird im Folgenden, dass das Scheitern der ursprünglichen Konzepte erst in den neuesten Entwicklungen des völkerrechtlichen Kulturgüterschutzes Niederschlag findet. Eine entscheidende Maßnahme ist hierbei die Einrichtung von *Safe-Haven*-Institutionen für Kulturgüter, deren Provenienz nicht ausreichend belegt ist. Dies würde auch eine Aufbewahrungsmöglichkeit für die hier untersuchten nachrichtenlosen Kulturgüter bieten.

I. Archäologische Kulturgüter ungeklärter Provenienz – Dilemma der widerstreitenden Interessen

Unter den nachrichtenlosen Kulturgütern erfordert die Fallgruppe der illegal zutage geförderten archäologischen Objekte in mehrerlei Hinsicht besondere Erwägungen und Regelungen. Der Hintergrund dieser Problemstellung wird im Folgenden beleuchtet.

1. Rechtspolitische Ausgangslage für Regelungen zur Aufbewahrung archäologischer Kulturgüter ungeklärter Provenienz

Die zunächst feststellbare rechtspolitische Haltung des Verbots jeglichen Erwerbs oder einer Aufnahme von Kulturgütern ungeklärter Provenienz erklärt sich aus der historischen Entwicklung der gegenwärtig existierenden Regelungen. Angesichts eines Dilemmas im Umgang mit Kulturgütern ungeklärter Provenienz, unter die auch die hier untersuchten nachrichtenlosen Kulturgüter fallen, ist ein Bewusstsein dafür entstanden, dass die widerstreitenden Interessen in Einklang zu bringen sind. Zu berücksichtigen ist für die vorliegende Untersuchung der rechtlichen Situation nachrichtenloser Kulturgüter das Interesse der Eigentümer sowie das öffentliche Interesse am Erhalt und der Nutzung sowie der wissenschaftlichen Verwertung der Kulturgüter als Zeugnisse des kulturellen Erbes der Menschheitsgeschichte.

Der Entscheidung, eine Regelung zur Aufbewahrung von nachrichtenlosen Kulturgütern zu schaffen, geht eine Auseinandersetzung mit einer Grundsatzfrage voraus,

---

[793] *Lehmann*, Grußwort, in: Illegale Archäologie?, Berlin 2004, S. 9 (10), demzufolge der Jahresumsatz des Handels mit illegal zutage geförderten Antiken auf bis zu 5 Milliarden U.S. Dollar geschätzt werde. Ähnliche Einschätzungen trifft *Graepler*, in: Bewahren als Problem, S. 23 (23 f.).

die sich besonders am Beispiel der Aufnahme archäologischer Kulturgüter entzündet. Die staatliche Aufbewahrung von Kulturgütern ungeklärter Provenienz, deren Herkunft auf eine illegale Raubgrabung hindeutet, verlangt eine klare Positionierung zu der Frage, inwieweit diese illegalen Vortaten durch die Aufnahme in einen *Safe Haven* stillschweigend geduldet oder sogar unterstützt werden.

Die Aufnahme der Kulturgüter in ein Museum oder in eine sonstige wissenschaftliche Einrichtung birgt die Gefahr des Vorwurfs, dass staatliche Stellen von den Raubgrabungen profitieren und somit letztlich das Ergebnis der Raubgrabungen billigen.

Andererseits kann die Zurückweisung eines Kulturguts von einer Aufnahme in die Obhut der öffentlichen Hand zur Folge haben, dass das Artefakt über den privaten illegalen Kunstmarkt der Öffentlichkeit für immer unzugänglich bleibt oder sogar zerstört wird. Die betrifft beispielsweise die Situation, dass Schmuggler oder Hehler keine Absatzmöglichkeit finden und aus diesem Grunde dem Kulturgut eine unsachgemäße Lagerung oder eine Preisgabe bzw. Zerstörung durch die Raubgräber oder Hehler droht.

a) Illegal zutage geförderte Kulturgüter – ein Tabu?

Für die Wissenschaft sind die Folgen von Raubgrabungen fatal:[794] Quellen der Geschichte werden zerstört, die Kulturgüter aus ihrem Kontext gerissen und somit essenziell wichtige Informationen unwiederbringlich zerstört.[795] Statt einer Dokumentation des Fundzusammenhangs wird dieser im Falle von illegalen Grabungen verschleiert und möglichst unkenntlich gemacht.[796] Die somit aus ihrem Kontext gerissenen Grabungsfunde lassen sich häufig nur noch ungenau, teilweise gar nicht mehr einordnen und sind damit für wissenschaftliche Zwecke unbrauchbar.[797] Diese Objekte werden an private Händler und Sammler zu veräußern versucht. Eine Verwertung der Kulturgüter durch eine öffentliche Ausstellung, wissenschaftliche Untersuchung und Publikation bleibt hierdurch verwehrt, sie bleiben für die Öffentlichkeit unzugänglich.

Darüber hinaus erfolgt die Aufbewahrung der Fundobjekte im Fall von Raubgrabungen häufig unsachgemäß, so dass sie einer materiellen Verschlechterung oder gar ihrer vollständigen Zerstörung ausgesetzt sind.

Illegal ausgegrabene Kulturgüter sind nahezu ein Tabu für Archäologen. Selbstverpflichtungserklärungen verbieten die Veröffentlichung und Ausstellung der Objekte. Verhindert werden soll dadurch eine öffentliche Akzeptanz oder ein

---

[794] *Fasold/Stutzinger*, S. 11.

[795] *Kyrieleis*, in: Bewahren als Problem, S. 163 ff.; *Fasold/Stutzinger*, S. 11 f.

[796] *Renfrew*, S. 9 f.

[797] *Cannon-Brookes*, Antiquity, 1994 (68), 349 (350); *Renfrew*, S. 15 f.

„Reinwaschen“ der illegalen Herkunft.[798] Darüber hinaus sollen die Absatzmöglichkeiten für Raubgrabungsfunde eingeschränkt werden, so dass der Anreiz für unrechtmäßige und nicht wissenschaftlich begleitete Grabungen entfällt.

b) Schutz archäologischer Kulturgüter als Quelle wissenschaftlicher Erkenntnismöglichkeiten

Neben den Raubgrabungen gilt auch der Handel mit Kulturgütern ungeklärter Provenienz als Gefahr für den Bestand wissenschaftlicher Ausgrabungsstätten.[799] Bestrebungen zur nachhaltigen Eindämmung des Handels mit Kulturgütern zweifelhafter Provenienz werden insbesondere durch die Einwirkung auf Kunsthändler und Museen unternommen. Diese werden angehalten, grundsätzlich jeglichen Kontakt, mithin auch jegliche Aufnahme von Kulturgütern ungeklärter Provenienz zu unterlassen. Darüber hinaus werden Archäologen dazu aufgerufen, Kulturgüter ungeklärter Provenienz weder zu Forschungszwecken zu benutzen noch Untersuchungsergebnisse hierüber zu publizieren.[800] Auch diese Haltung der archäologischen Verbände wird durch die Überzeugung und Furcht begründet, dass der Umgang mit Antiken aus illegalen Raubgrabungen die Zerstörung archäologischer Ausgrabungsstätten zumindest indirekt för-

---

[798] Zum Fall im Jahr 1990 gestohlener Kulturgüter aus dem Archäologischen Museum in Korinth, die 1997 in einem Auktionskatalog in New York auftauchten, beschrieben als im Eigentum eines Privaten Sammlers stehend, *Brodie*, Museum International 2003 (55), 10 (15).

[799] Die staatliche Aufbewahrung nachrichtenloser Kulturgüter betrifft die Selbstverpflichtungserklärungen der Kunsthändler und Auktionatoren naturgemäß nicht. Allerdings spielt der Kunstmarkt eine wichtige Rolle bei der Frage, inwieweit Kulturgüter ungeklärter Provenienz Absatzmärkte finden können. Dies wiederum wird maßgeblich von der Frage beeinflusst, welche Sorgfaltsmaßstäbe für Kunsthändler und Auktionatoren bei der Veräußerung von Kulturgütern gelten. Die Verhaltensrichtlinien des Deutschen Kunsthandelsverbandes e.V. bekennen sich zur Unterstützung der Verhaltensrichtlinien der *Confédération Internationale des Negociants en Oevres d'Art* (CINOA). Stand: 14.9.2001. Zu finden unter http://www.deutscherkunsthandel.org/fileadmin/user_upload/dk-intern/downloads/DK-Verhaltenskodex.pdf (aufgerufen am 15.3.2011). Unter Punkt 1. statuiert der Verhaltenskodex das Bestreben der Mitglieder, den Handel mit solchen Kunstwerken zu unterlassen, bei denen hinreichender Grund zur Annahme besteht, dass der Verkäufer nicht zur Verfügung über den Gegenstand berechtigt ist oder dass das Objekt unrechtmäßig von einem Ausgrabungsort entwendet und unter Verletzung der Gesetze im Herkunftsland erworben wurde.

[800] *Merryman*, Working Paper, S. 2 f., der in Fn. 7 auf die führende Rolle des *Illicit Abtiquities Research Center* des *MacDonald Institute for Archaeological Research* der *Cambridge University* verweist, das unter der Leitung von Prof. Colin Renfrew von seiner Eröffnung im Jahr 1996 bis zu seiner Schließung im Jahr 2007 als eine der führenden Kräfte gegen den Handel mit Kulturgütern ungeklärter Herkunft eingetreten ist; eine zusammenfassende Stellungnahme des *Archaeological Institute of America* (AIA) zu diesen Fragen ist in *Archaeology Watch: Questions and Answers* zu finden, abgedruckt als Appendix A in *Merryman* (a. a. O.); siehe ferner *American Schools of Oriental Research* (ASOR), *Statement of ASOR Policy on Preservation and Protection of Archaeological Resource*, Appendix B in *Merryman* (a. a. O.).

dert.[801] Stellungnahmen zur Auswirkung des Antikenhandels auf die archäologischen Ressourcen sind nicht erst Gegenstand neuerer Publikationen. Bereits zur Zeit des Entwurfs der UNESCO Konvention 1970 erfolgten Auseinandersetzungen mit dieser Problematik.[802]

Gegenwärtig wird vor allem die mangelnde Dokumentation von Antiken kritisiert, die auf dem internationalen Kunstmarkt gehandelt werden.[803] Dies führe zu Schwierigkeiten bei der Verifizierung „echter" Ausgrabungsfunde und erleichtere den Absatz von gefälschten Kulturgütern. Dies führt schließlich wiederum dazu, dass eine wissenschaftliche Erkenntnisgewinnung als Basis archäologischer Arbeit verhindert wird.[804] Als besonders problematisch wird empfunden, dass Grabungsfunde ohne genaue Dokumentation des Fundkontextes nicht für eine wissenschaftliche Arbeit verwertbar sind,[805] da sie unwiederbringlich keinen Beitrag zu einer wissenschaftlichen Erkenntnis leisten.[806] Als Konsequenz hieraus wird verlangt, jeglichen Handel mit Kulturgütern ungeklärter oder zweifelhafter Provenienz zu unterlassen[807] bzw. gesetzlich zu unterbinden.[808]

---

801 *Brodie*, KUR 2006, 26 f.; *Merryman*, Working Paper, S. 3; *Coggins*, Art Journal, Vol. 29 (1969) 94. Am Problem des Umgangs mit dem Sevso-Schatz ist eine beispielhafte Diskussion entbrannt, anhand derer die verschiedenen Argumente der widerstreitenden Interessen und Ansichten von Archäologen untereinander sowie Kunsthändlern und Museen im Umgang mit Antiken ungeklärter und zweifelhafter Provenienz aufgebracht werden. Dazu bereits oben, 1. Kapitel B. I. 1. b).

802 Bereits in den 1920er Jahren haben Archäologen die Gefahr erkannt, die von den zahlreichen Raubgrabungen für den Bestand archäologischer Fundstätten ausgeht, dazu mit Hinweis auf *Harrington*, Indian Notes, 1 No. 2 (1924), 37 und darüber hinaus *Davies*, Science, Vol. 175, (1972), 267 (267 f., 272); *Coggins*, Art Journal, Vol. 29 (1969), 94; *dies.*, Science, Vol. 175, No. 4019 (1972), 263 – mit dem Aufruf, die Heranführung an die aufgeführten Probleme zu beenden und endlich zu Taten zu schreiten (266).

803 Eine umfassende Darstellung der gegenwärtigen Diskussion erfolgt in *Chippindale/Gill*, American Journal of Archaeology, Vol. 104, No. 3 (2000), 463 ff.; *Chippindale/Gill*, American Journal of Archaeology, Vol. 97, No. 4 (1993), 601 ff.

804 *Chippindale/Gill/Salter/Hamilton*, International Journal of Cultural Property Vol. 10, No. 1 (2001), 1 (10).

805 *Giuliani*, in: Illegale Archäologie?, S. 32 (38 f.); *Krinzinger*, in: Neues Recht, S. 45 (52); *Brodie*, KUR 2006, 26; *Gill/Chippindale*, International Journal of Cultural Property Vol. 13 (2006), 311 (323); *dies.* American Journal of Archaeology, Vol. 104, No. 3 (2000), 463 (500).

806 *Heilmeyer*, in: Illegale Archäologie?, S. 12 f.; *Chippindale/Gill/Salter/Hamilton*, International Journal of Cultural Property Vol. 10, No 1 (2001), 1 (25 f.). *Chippindale/Gill*, American Journal of Archaeology, Vol. 104, No. 3 (2000), 463 (504 f.); *Eggebrecht*, in: Süddeutsche Zeitung v. 14.1.2009, S. 11.

807 *American Schools of Oriental Research* (ASOR), *Statement of Policy on Preservation and Protection of Archaeological Resources*, (Stand: 22.11.2003) abgedruckt in *Merryman*, Working Paper, Appendix B; für weitere Nachweise zu Stellungnahmen von Archäologen siehe *ders.*, Working Paper, S. 6 Fn. 18.

808 Stellungnahme *Prof. Rainer-Maria Weiss* (Direktor Helms-Museum, Harburg), Ergebnisbericht des Symposiums „Schutz von Kulturgütern", Podiumsdiskussion „Deutschland –

Nur vereinzelt sind Gegenpositionen zu vernehmen, die die geschilderte Gefahrenlage relativieren.[809] Vertreten wird hier die Ansicht, dass die Erforschung von bedeutenden Grabungsfunden zweifelhafter Provenienz keinen nachweisbaren Effekt auf das Ausmaß der Raubgrabungen hat. Vor die Wahl gestellt, die vorhanden Kulturgüter aus Raubgrabungen zu ignorieren oder sie einer wissenschaftlichen Verwertung zu unterziehen, fällt die Entscheidung der Anhänger dieser Position zugunsten einer sowohl wissenschaftlichen als auch kommerziellen Verwertung aus.[810] Begründet wird diese Ansicht mit der Überlegung, dass die Zurückweisung der fraglichen Grabungsfunde einen Verlust für Wissenschaftler, die Wissenschaft und damit letztlich für die Gesellschaft bedeute.[811]

Eine Regelung zur Aufbewahrung nachrichtenloser Kulturgüter hat vor dem Hintergrund des geschilderten Interessenkonflikts zu erfolgen.

Zu bedenken ist dabei, dass vor einer Zerstörung durch illegale Raubgrabungen nicht lediglich die Objekte selbst zu schützen sind, sondern auch die kulturhistorischen Informationen, die aus archäologischen Befunden gewonnen werden können.[812]

c) Schutz des Kunstmarktes

Auch seitens der Sammler, Museen und Kunsthändler wird der Verlust wichtiger Fundkontexte und historischer Informationen durch illegale Raubgrabungen als Gefahr erkannt und verurteilt.[813] Neben den genannten Interessen am Schutz der

---

ein Paradies für Hehlerware?“ vom 22.5.2006, abrufbar unter http://www.culture-and-development.info/project/ergebnis.htm (abgerufen am 15.3.2011).

809 So hat beispielsweise die *Biblical Archaeology Society* ein *Statement of Concern* verabschiedet, in welchem die rigoros ablehnende Haltung Grabungsfunden mit zweifelhafter Provenienz gegenüber relativiert wird. *The Biblical Archaeology Society* (BAS), *Publication of Unprovenanced Artifacts: Statement of Concern*, abgedruckt in *Merryman*, Working Paper, als Appendix X.

810 *BAS*, Publication of Unprovenanced Artifacts: Statement of Concern, Punkt 7 und 10, abgedruckt in *Merryman*, Working Paper, als Appendix X.

811 *BAS*, Publication of Unprovenanced Artifacts: Statement of Concern, Punkt 10 a.E., abgedruckt in *Merryman*, Working Paper, als Appendix X.

812 *Giuliani*, in: Illegale Archäologie?, S. 32 (39).

813 *Merryman*, Working Paper, S. 7 f. Die Verhaltensrichtlinien des Deutschen Kunsthandelsverbandes e.V. bekennen sich zur Unterstützung der Verhaltensrichtlinien der Confédération Internationale des Negociants en Oevres d’Art (CINOA). Stand 14. September 2001. Zu finden unter http://www.deutscherkunsthandel.org/fileadmin/user_upload/dk-intern/downloads/DK-Verhaltenskodex.pdf (abgerufen am 15.3.2011). Unter Punkt 1. statuiert der Verhaltenskodex das Bestreben der Mitglieder, den Handel mit solchen Kunstwerken zu unterlassen, bei denen hinreichender Grund zur Annahme besteht, dass der Verkäufer nicht zur Verfügung über den Gegenstand berechtigt ist oder dass das Objekt unrechtmäßig von einem Ausgrabungsort entwendet und unter Verletzung der Gesetze im Herkunftsland erworben wurde.

Grabungsstätten als Quelle wissenschaftlicher Erkenntnis sind die Interessen der Sammler, Museen und Kunsthändler von weiteren Gesichtspunkten beeinflusst. So ist es in ihrem Interesse, dass Kulturgüter, die gehandelt oder ausgestellt werden, nicht illegal ausgegraben, gestohlen oder sonst abhanden gekommen bzw. unrechtmäßig verlagert worden sind, da ansonsten Rückgabeforderungen der rechtmäßigen Eigentümer drohen. Für Kunsthändler ist dies unter Umständen mit Schadensersatzforderungen seitens ihrer Kunden verbunden. Den Museen drohen Herausgabeansprüche und somit der Verlust von Sammlungsbeständen. Ein weiterer gewichtiger Punkt ist, dass Antiken, die über eine gesicherte Provenienz verfügen, einen weitaus höheren Wert haben, um gehandelt, besessen, erforscht und genossen zu werden.[814]

d) Zwischenergebnis

Grundsätzlich besteht weitgehender Konsens zwischen Archäologen, Museen und dem Kunsthandel darüber, dass Kulturgüter, die aus illegalen Raubgrabungen stammen oder deren Provenienz nicht zweifelsfrei geklärt werden kann, weder einer wissenschaftlichen noch kommerziellen Nutzung zugänglich sein soll. Dennoch besteht aufgrund der tatsächlichen Situation ein Bedürfnis dafür, Kulturgütern zweifelhafter Provenienz eine angemessene Aufbewahrung zuteil werden zu lassen.

2. Rechtspolitische Vorschläge für die Zulässigkeit der Aufbewahrung archäologischer Kulturgüter ungeklärter Provenienz

Insbesondere ab dem Ende der 1960er Jahre entstehen verschiedene Resolutionen und Vereinbarungen, die sich der Problematik illegaler Raubgrabungen annehmen.[815] Etabliert wird hierdurch zunächst das Bewusstsein für die gesetzliche, moralische und ethische Widerrechtlichkeit, die das Sammeln, Erforschen und Ausstellen von illegal zutage geförderten Kulturgütern bedeutet.[816] Einen

---

814 *Merryman*, Working Paper, S. 8.

815 Siehe hierzu *Coggins*, Art Journal, Vol. 29 (1969), 94: Resolution vom 18.8.1968 des 39. Internationalen Kongresses von Amerikanisten, in der der illegale Handel mit Präkolumbianischen Objekten verurteilt und abgelehnt wird; weitere Ausführungen von *Coggins*, Science, Vol. 175, No. 4019 (1972), 263 (263 f.) zum Vertrag zwischen den USA und Mexiko vom 10.2.1970 über die Regelung zur Rückgabe von bedeutenden Skulpturen oder Fresken, die aus illegalen Raubgrabungen stammen.

816 Die Ausführungen von *Coggins* lassen erkennen, dass vor allem durch die Lenkung des Kunstmarkts das Problem der Raubgrabungen gelöst werden sollte. Die Stärkung eines Handels mit „sauberen" Kulturgütern mit einem Provenienznachweis würde ihrer Ansicht nach dazu führen, dass der illegale Markt und somit den illegalen Raubgrabungen der Absatzmarkt und damit auch der Anreiz genommen werden würde. Der Prozess der Bewusstseinsbildung ist bis zum gegenwärtigen Zeitpunkt noch nicht abgeschlossen. Siehe dazu *Eggebrecht*, Zerstörung, Raub und Schmuggel, Süddeutsche Zeitung vom 14.1.2009,

nicht zu unterschätzenden Beitrag hierzu leisten in dieser Zeit Selbstverpflichtungserklärungen von Forschungseinrichtungen, insbesondere in den USA. Ihre Bedeutung liegt vor allem in der Formulierung immer weitergehender Sorgfaltsmaßstäbe für den Erwerb von Kulturgütern ungeklärter Provenienz. Während also zunächst lediglich der Ankauf von Kulturgütern abgelehnt wird,[817] werden später auch andere Erwerbsformen unterbunden.[818]

Die Frage der Aufbewahrung nicht zuzuordnender nachrichtenloser Kulturgüter erfährt aufgrund dieser Haltung keine Regelung. Erst zu Beginn des 21. Jahrhunderts findet diese Problematik allmählich Eingang in die kulturgüterrechtlichen Auseinandersetzungen. Betrachtungen des rechtlichen Schicksals der Raubgrabungsfunde erfolgen unter dem Gesichtspunkt eines internationalen Zusammenwirkens. Aufgeführt werden territoriale, historische, faktische und praktische Erwägungen, die für eine Regelung sprechen, die über einen rein nationalen Ansatz bei der Lösung im Umgang mit nicht zuzuordnenden Kulturgütern hinausgeht.[819] Durch einen internationalen Ansatz bei der Lösungsfindung würden sich die dargestellten widerstreitenden Interessen in einen Einklang bringen lassen. Dies folge aus den Überlegungen, dass in der Vergangenheit einerseits Staatsgrenzen stetigen Veränderungen unterworfen waren (und noch immer sind) und andererseits Migrationsbewegungen stets zur Verlagerung von Kulturgütern geführt haben.[820]

S. 11 mit Hinweis auf den Aufruf des ICOM-Generalsekretärs Julien Anfuns vom 13.1.2009 zu einer Vernetzung von Polizei, Zoll und Museen zum besseren Schutz von Kulturgütern.

817 Einen Schritt hierüber hinaus geht die *University of Pennsylvania* mit dem Erlass eines „*Announcements*“. Siehe hierzu *Coggins*, Vol. 175, No. 4019 (1972), 263 (263 f.). *University of Pennsylvania Announcement* vom 7.4.1970, in dem sich die Universität dazu verpflichtet, ab dem Tag der Verkündung des *Announcements* keine Objekte anzukaufen, die nicht über eine gesicherte Provenienz verfügen. Dies gilt jedoch nicht für eigene archäologische Grabungen, die Annahme von Geschenken oder Tauschverträgen etc. Aus diesem Grunde wurde das *Announcement* teilweise mit zynischen Tönen aufgenommen. Der Provenienznachweis erfordert das Vorliegen legaler Exportpapiere, Informationen zu früheren Eigentümern sowie einen Herkunftsnachweis.

818 Konstruktiver und weitgehender legt kurz darauf die *Harvard University Policy* vom 30.11.1971 strengere Maßstäbe zu jeglichen Anschaffungen zahlreicher Institutionen der Universität fest. Siehe dazu *Coggins*, Vol. 175, No. 4019 (1972), 263 (263 f.). Die *Policy* bezieht sich im Gegensatz zu dem *Announcement* der *University of Pennsylvania* (siehe vorhergehende Fn.) nicht lediglich auf das archäologische Museum, sondern bezieht zahlreiche Institutionen (auch Bibliotheken) mit ein. Eine gesicherte Provenienz ist nicht nur Voraussetzung beim Ankauf von Kulturgut, sondern ist für jegliche Form der Erwerbung Voraussetzung, also auch für Tauschverträge, Dauerleihgaben, und gilt sogar für Objekte, die in temporären Ausstellungen gezeigt werden.

819 *Chippindale/Gill*, American Journal of Archaeology, Vol. 104, No. 3 (2000), 463 (505 f.).

820 Hierzu und Ausführungen zu einem *cultural nationalism* siehe *Merryman*, in: Licit Trade, S. 15.

3. Bewertung der rechtspolitischen Vorgaben für eine innerstaatliche Umsetzung von Aufbewahrungskonzepten unter Berücksichtigung völkerrechtlicher Grundsätze

Den dargelegten Positionen zufolge würde ein international geprägtes Konzept der Aufbewahrung von Kulturgütern mit zweifelhafter Provenienz das einseitige Profitieren eines Staates von illegalen Raubgrabungen verhindern. Eine derartige Nutzung der Kulturgüter käme möglicherweise in Übereinstimmung mit den dargelegten rechtspolitischen Positionen in Betracht.

Keine ausdrückliche Auseinandersetzung erfolgt mit der erörterten Problematik, dass jede Nutzung der Kulturgüter, also auch die Aufnahme und Aufbewahrung von archäologischen Kulturgütern ungeklärter Provenienz, die Gefahr der indirekten Förderung von Raubgrabungen birgt.

Es wird lediglich zu bedenken gegeben, dass das schlichte Einfrieren des Status quo der nicht zuzuordnenden Kulturgüter bedeutet, dass lediglich ein Zeitpunkt für deren Entsorgung festgelegt würde, sofern ein Eigentümer nicht feststellbar bleibt. Dies könne jedoch keinen verantwortungsvollen Umgang mit dem in Frage stehenden historischen Erbe der gesamten Menschheitsgeschichte bedeuten.[821]

Werden die Kulturgüter unter transparenten Bedingungen aufbewahrt und eine bewusste Auseinandersetzung mit den Gefahren, die von Raubgrabungen ausgehen, geführt, werden die illegalen Vortaten nicht gefördert. Vielmehr wird der Absatzmarkt für die illegal zutage geförderten Kulturgüter verringert.[822]

Solange die Möglichkeit einer Rückgabe an rechtmäßige Eigentümer offengehalten wird und folglich lediglich eine treuhändische Aufbewahrung erfolgt, ist die Gefahr des Profitierens von illegalen Vortaten nicht gegeben.

Eine internationale Lösung zum rechtlichen Umgang mit illegal zutage geförderten nachrichtenlosen Kulturgütern ist auch mit völkerrechtlichen Grundsätzen vereinbar. Ein allgemeiner Rechtsgrundsatz im Völkerrecht, der die territoriale Bindung von Kulturgütern regelt, existiert nicht. Weder ein völkerrechtlicher Vertrag noch ungeschriebenes Völkergewohnheitsrecht gibt dies vor. Selbst der jeweils „ursprüngliche“ Standort wird nicht notwendigerweise als rechtlich entscheidendes Kriterium für eine Zuordnung von Vermögenswerten zugrunde gelegt.[823] Hieraus folgt, dass jedenfalls eine Aufbewahrung von Kul-

---

[821] Wichtiger als nationale und internationale Befindlichkeiten oder Eigentumsrechte setzt *Coggins* die Erkenntnis über den fraglichen Kunstgegenstand selbst, *Coggins*, in: International Trade in Art, S. 47 (54).

[822] Siehe zu noch weitergehenden Maßnahmen in Form der so genannten Deregulierung oben, 3. Kapitel C. V.

[823] Maunz/Dürig/*Maunz*, Art. 135, Rn. 12.

turgütern, deren Zuordnung weder zu einem konkreten Eigentümer noch zu einem Herkunftsstaat möglich ist, mit völkerrechtlichen Grundsätzen vereinbar ist.

Fraglich bleibt, ob eine Umsetzung der Aufbewahrung auf nationaler Ebene den rechtspolitisch wünschenswerten internationalen Ansatz verwirklichen kann. Dies erscheint einerseits durch die garantierte Möglichkeit einer Rückgabe für den Fall, dass ein Eigentümer feststellbar wird, erfüllt. Die Aufbewahrungsregelung dient folglich nicht der Aneignung oder dem Ausschluss der rechtmäßigen Eigentümer, sondern ausschließlich einer vorübergehenden und treuhändischen Aufbewahrung.

Darüber hinaus wird im Fall einer innerstaatlichen Umsetzung auch dadurch ein internationaler Ansatz gewahrt, wenn die Recherche möglicher Eigentümer in den Beständen der aufbewahrten Kulturgüter ermöglicht wird. Hierzu kann eine weltweit und öffentlich zugängliche Datenbank dienen, in welcher die aufbewahrten nachrichtenlosen Kulturgüter verzeichnet sind. Somit wird die Möglichkeit für eine Recherche nach dem Verbleib der Objekte und eine mögliche Rückführung garantiert.

4. Entstehung der UNESCO Konvention 1970 und ihr Einfluss auf die Aufbewahrung von Kulturgütern zweifelhafter Provenienz

Im Umfeld der erörterten Bewusstseinsbildung für die mit illegalen Raubgrabungen und der unrechtmäßigen Verbringung von Kulturgütern verknüpften Gefahren für das archäologische Erbe entsteht eines der zentralen Übereinkommen für den Kulturgüterschutz – die UNESCO Konvention 1970.[824]

Vor dem Hintergrund des Aufblühens des illegalen Handels mit Kulturgütern wiesen Anfang der 1960er Jahre vor allem die hiervon besonders betroffenen Staaten wie Mexiko und Peru die UNESCO auf das Anschwellen der Problematik hin. Hieraus entstand die Forderung nach einem internationalen Instrument, um das kulturelle Erbe der Menschheit auch in Friedenszeiten zu erhalten. 1964 beschloss die Generalversammlung der UNESCO eine Empfehlung, die die Einfuhr in einen Staat nur dann als rechtmäßig anerkannte, wenn eine Bewilligung des Ursprungsstaates vorliegt. Darüber hinaus wurde zur Zusammenarbeit der Staaten bei der Bekämpfung des illegalen Handels mit Kulturgütern aufgerufen.

[824] Die UNESCO-Konvention über Maßnahmen zum Verbot und zur Verhütung der rechtswidrigen Einfuhr, Ausfuhr und Übereignung von Kulturgut (UNESCO-Konvention 1970) wurde am 14. November 1970 durch die 16. Generalkonferenz der UNESCO in Paris verabschiedet. Sie trat am 24. April 1972 mit der Ratifikation durch Ecuador, Bulgarien und Nigeria als die drei ersten Vertragsstaaten in Kraft. *Planche*, KUR 2010, 143 (144). Bislang haben über 118 Staaten die Konvention ratifiziert. Darunter Frankreich, Italien, Griechenland, Großbritannien (mit Vorbehalt), Portugal, Spanien sowie die Schweiz, Australien, Kanada und die USA.

Der 1969 vorgelegte Konventionsentwurf sah als Hauptverpflichtung die Einrichtung genereller Ein- und Ausfuhrkontrollen für Kulturgüter in den Vertragsstaaten vor. Die Konvention ist ein multilateraler Staatsvertrag. Sie ist nicht direkt anwendbar und sieht keine Instrumente für die Wiedererlangung gestohlener oder rechtswidrig ausgeführter Kulturgüter unter Berücksichtigung der Rechte eines gutgläubigen Erwerbers vor. Sie bedarf daher einer innerstaatlichen Umsetzung.

Die UNESCO Konvention 1970 ist in Deutschland am 30.11.2007 ratifiziert worden.[825] Gleichzeitig ist das deutsche Gesetz vom 18.5.2007 zur Ausführung der Konvention in Gestalt des Kulturgüterrückgabegesetzes (KultGüRückG) wirksam geworden.[826] Damit ist die Konvention in Deutschland umgesetzt worden. Ihre Bestimmungen können nun in der umgesetzten Form innerstaatlich angewendet werden.[827] Zwar finden sich auch hier keine Regelungen für die Aufnahme nachrichtenloser Kulturgüter. Der Konvention kommt im Rahmen dieser Untersuchung jedoch insbesondere aus zwei Gründen Bedeutung zu. Zum einen hat die Konvention in maßgeblicher Weise zahlreiche Selbstverpflichtungserklärungen beeinflusst, die ihrerseits über die Bestimmungen der Konvention hinausgehen und teilweise die Aufnahme nachrichtenloser Kulturgüter vorsehen.[828] Darüber hinaus werden die Bestimmungen der Konvention selbst und ihres Umsetzungsakts in das nationale deutsche Recht auf die Frage hin untersucht werden, ob sie einer Aufbewahrung nachrichtenloser Kulturgüter in Deutschland paradoxerweise entgegenstehen können.[829]

II. Zwischenergebnis

Die Regelung einer Aufbewahrung für nachrichtenlose Kulturgüter in Deutschland, die auch die Aufnahme von Kulturgütern umfasst, die aus illegalen Raubgrabungen stammen, ist mit den aktuellen kulturgüterschutzrechtlichen rechtspolitischen Meinungsständen und den völkerrechtlichen Grundsätzen vereinbar.

---

825 BGBl. II 2007, 626. Das Übereinkommen ist gem. Bekanntmachung v. 28.3.2008, BGBl. II 2008, 235 für die Bundesrepublik Deutschland am 29.2.2008 in Kraft getreten.

826 KultGüRückG v. 18.5.2007, BGBl. I 2007, 757, 2547. Das Gesetz wurde als Art. 1 des Gesetzes v. 18.5.2007, BGBl. I 2007, 757, 2547 vom Bundestag erlassen.

827 Siehe zu Rechtsfolgen einer Vertragsverletzung nach der Umsetzung der Konvention unten, E. VI. Zur Umsetzung der Konvention in Deutschland aus der Sicht des Gesetzgebers *Schenk*, in: Kulturgüterschutz – Künstlerschutz, S. 55 ff. Zu Umsetzungsmodellen der UNESCO Konvention 1970 in verschiedenen Ländern *Siehr*, in: Kulturgüterschutz – Künstlerschutz, S. 75 ff.

828 Dazu sogleich unter D.

829 Dazu sogleich unter E.

Die Gefahr der indirekten Förderung von Raubgrabungen und damit von illegalen Vortaten durch eine staatliche Aufbewahrung besteht nicht, wenn die Verwahrung treuhändisch für die Eigentümer erfolgt und eine jederzeitige Rückgabe garantiert bleibt. Hierzu ist erforderlich, dass die Aufbewahrung transparent erfolgt, Verwaltungswege klargestellt werden und ein öffentlicher und weltweit zugänglicher Zugriff auf die Bestände der Kulturgüter ermöglicht wird. Dies kann durch die Einrichtung von online zugänglichen Datenbanken gewährleistet werden.

C. Rechtliche und rechtspolitische Rahmenbedingungen in internationalen Übereinkommen für so genannte „verfolgungsbedingt entzogene" Kulturgüter

Neben den archäologischen Kulturgütern unbekannter Herkunft kommt einer weiteren Fallgruppe nachrichtenloser Kulturgüter eine herausgehobene Stellung in internationalen Vereinbarungen zu. Dies betrifft die ihren Eigentümern während der Zeit der nationalsozialistischen Herrschaft entzogenen Kulturgüter. Im Gegensatz zu der soeben geschilderten Situation der aus illegalen Raubgrabungen stammenden Kulturgüter ist im Fall der unrechtmäßig entzogenen Objekte die Grundentscheidung einer Aufbewahrung durch die öffentliche Hand keinen Problemen ausgesetzt.

I. Washingtoner Erklärung von 1998 und die Gemeinsame Erklärung von 1999

Die Rückgabe NS-verfolgungsbedingt entzogener Kulturgüter ist insbesondere nach der Washingtoner Konferenz im Jahr 1998 in ein neues Kapitel getreten. Auf der Washingtoner Konferenz wurden Grundsätze über die Rückgabe von Vermögenswerten aus der Zeit des Holocaust erarbeitet. Im bislang kaum in der öffentlichen Diskussion aufgegriffenen Punkt 9 geht die Erklärung außerdem auf die Situation der Nachrichtenlosigkeit von verfolgungsbedingt entzogenen Kulturgütern ein:

> „*Wenn bei Kunstwerken, die nachweislich von den Nationalsozialisten beschlagnahmt und in der Folge nicht zurückgegeben wurden, die Vorkriegseigentümer oder deren Erben nicht ausfindig gemacht werden können, sollten rasch die nötigen Schritte unternommen werden, um eine gerechte und faire Lösung zu finden.*"

Erklärt wurde hiermit durch die Bundesrepublik nach weiterem NS-verfolgungsbedingt entzogenem Kulturgut zu suchen und gegebenenfalls die notwendigen

Schritte zu unternehmen, eine „gerechte und faire Lösung“ zu finden. Welche konkreten Schritte diese Lösungen bedeuten können, blieb dabei offen.[830]

II. Einfluss der Washingtoner Erklärung auf die Aufbewahrung nachrichtenloser Kulturgüter in Deutschland

In Folge der Washingtoner Erklärung unterzeichneten Bund, Länder und die kommunalen Spitzenverbände im Dezember 1999 eine „Gemeinsame Erklärung“, in welcher sie sich zur Auffindung und zur Rückgabe NS-verfolgungsbedingt entzogenen Kulturguts, insbesondere aus jüdischem Besitz verpflichten.[831] Seitdem sind alle öffentlichen Einrichtungen aufgerufen, ihre Kulturgutbestände zu überprüfen und unklare sowie „verdächtige“ Erwerbsvorgänge offenzulegen. Zur besseren Umsetzung dieser Gemeinsamen Erklärung von 1999 hat der Beauftragte für Kultur und Medien im Jahr 2001 eine so genannte „Handreichung“ herausgegeben, die Mitte Mai 2008 in einer überarbeiteten Neuauflage erschienen ist.[832] Sämtliche Bemühungen sind darauf ausgerichtet, die Provenienzforschung und -recherche auszuweiten, Hilfestellungen für Rückgabeverfahren zu bieten oder Vereinbarungen mit ursprünglichen Eigentümern zu treffen.[833] Vorschläge für eine Handhabung der Kulturgutbestände für den Fall, dass eine Rückgabe mangels eines Anspruchstellers nicht möglich ist, werden allerdings weder in der ersten Fassung noch in der überarbeiteten Version der Handreichung vorgesehen. Ein unmittelbarer Einfluss der Washingtoner Erklä-

---

[830] Zur Auswirkung der Washingtoner Erklärung als so genannte narrative Normen auf das geltende Recht *Jayme*, in: Museen im Zwielicht, S. 247 (249).

[831] Erklärung der Bundesregierung, der Länder und der kommunalen Spitzenverbände zur Auffindung und zur Rückgabe NS-verfolgungsbedingt entzogenen Kulturgutes, insbesondere aus jüdischem Besitz (Gemeinsame Erklärung) v. 14.12.1999, abgedruckt in: *Koordinierungsstelle für Kulturgutverluste (Hrsg.)*, Band 2, Museen im Zwielicht, Magdeburg 2002, S. 303 ff. und als Anlage III zu dieser Untersuchung. Siehe zur Entstehung der Gemeinsamen Erklärung *Kuhn*, in: Museen im Zwielicht, S. 297 ff. Zu Kunstrestitutionen auf Grundlage der Washingtoner Erklärung und der Gemeinsamen Erklärung *Trott zu Solz/Gielen,* ZOV 2006, 256 ff.

[832] Insbesondere die umstrittene Rückgabe Ernst Ludwig Kirchners „Berliner Straßenszene“ löste heftige Diskussionen aus. Siehe hierzu im Kontext der Rückerstattungsgeschichte in Deutschland *Lillteicher*, S. 9 ff.; zu diesem und anderen Restitutionsfällen *Trott zu Solz/Gielen*, ZOV 2006, 256 ff.

[833] Neben der Überarbeitung der Handreichung zur Umsetzung der Washingtoner Erklärung und der „Gemeinsamen Erklärung“ erfolgte die Einrichtung einer Arbeitsstelle für Provenienzrecherche und -forschung beim Institut für Museumsforschung der Stiftung Preußischer Kulturbesitz sowie die Einrichtung eines Fachbeirates bei der Koordinierungsstelle in Magdeburg, um die Zusammenarbeit zwischen Koordinierungsstelle und den Museen zu fördern.

rung von 1998 und der ihr folgenden innerstaatlichen Bemühungen um ihre Umsetzung in der Frage der Aufbewahrung nachrichtenloser Kulturgüter in Deutschland ist mithin nicht ersichtlich.

D. Das Konzept eines *Safe Haven* in freiwilligen internationalen Vereinbarungen

Trotz der geschilderten Situation unzureichender Regelungen ist das Problem der Aufnahme von Kulturgütern ungeklärter Provenienz in der Praxis allgegenwärtig. Im Rahmen von Selbstverpflichtungsregeln und so genannten ethischen Kodizes haben sich daher Ansätze herausgebildet, eine Aufbewahrung im Ausnahmefall zu ermöglichen, obwohl die Provenienzen von Kulturgütern nicht den Anforderungen entsprechen, die durch internationale Übereinkommen wie die UNESCO Konvention 1970 grundsätzlich für eine Aufnahme in Museen oder wissenschaftliche Institutionen gefordert wird.

Es folgt zunächst ein Überblick über den Inhalt und die Auswirkungen von Selbstverpflichtungserklärungen und so genannten ethischen Kodizes in Bezug auf die Aufbewahrung nachrichtenloser Kulturgüter.

Im Anschluss hieran wird die Vereinbarkeit der Vorgaben aus der UNESCO Konvention 1970 mit den *Safe-Haven*-Klauseln der Selbstverpflichtungserklärungen für den Fall der Aufbewahrung nachrichtenloser Kulturgüter untersucht.

I. Internationale freiwillige Selbstverpflichtungen

Freiwillige Selbstverpflichtungsregelungen sind meist neueren Datums.[834] Zwar stammt der erste *Code of Ethics* der *American Association of Museums* von 1925. Die größte Anzahl an Selbstverpflichtungen entstanden jedoch ab den 1970er Jahren. Die Regelungsdichte und der Umfang der in den Kodizes enthaltenen Regelungen fallen unterschiedlich aus.[835] Sie umfassen neben Regelungen zum Erwerb von Kulturgut oft auch Regelungen zu Aufzeichnungspflichten sowie der Aufbewahrung, Grundsätze zur Nutzung von Kulturgütern, also Regelungen über Ausstellungen, Veräußerungen und Finanzierungen, zum Verhalten der Mitarbeiter, gutachterlicher Tätigkeit der Museumsangestellten und weitere Fragen der Museumsorganisation. Die Regelwerke enthalten Ausführungen zu grundsätzlichen Fragen und Bekenntnisse zum Schutz des Kulturerbes der

---

[834] *Müller-Katzenburg*, Internationale Standards, S. 198 ff.; *Prott/O'Keefe*, Vol. 3, Rn. 254.

[835] Zu verschiedenen Selbstverpflichtungsregelungen sowie deren Umfang und Inhalt *Müller-Katzenburg*, Internationale Standards, S. 197 ff. Eingehend dazu auch *Prott/O'Keefe*, Vol. 3, Rn. 254.

Menschheit sowie konkrete Verbote und Handlungsanweisungen. Einen Regelungsschwerpunkt stellen die Ausführungen zu Erkundigungspflichten und Erwerbsverboten für Objekte zweifelhafter Provenienz und Herkunft dar. Die Aufnahme und Aufbewahrung von Kulturgütern zweifelhafter Provenienz wurde auf diese Weise zunächst ausnahmslos abgelehnt.

Einige Selbstverpflichtungen enthalten zwar Regelungen über die Rückgabe regelungswidrig erworbenen Kulturguts – eine Herausgabe ist an den rechtmäßigen Besitzer bzw. an das jeweilige Herkunftsland vorgesehen[836] –, eine „absichtliche" Aufnahme wurde jedoch zunächst nicht vorgesehen. Erst ab dem Jahr 2000 finden in revidierten Fassungen der freiwilligen Regelwerke Klausel zum Umgang mit nachrichtenlosen Kulturgütern Eingang in die Selbstverpflichtungserklärungen.[837]

I. Selbstverpflichtungen der Wissenschaft

Um den gravierenden substanziellen Verlust der archäologischen Quellen durch illegale Raubgrabungen zu stoppen oder ihm zumindest entgegen zu wirken, sind insbesondere in den letzten Jahrzehnten neben den vertraglichen und sonstigen regulierenden Ansätzen[838] seitens der internationalen Gemeinschaft der Archäologen weitere Bemühungen in Gang gesetzt worden.

Ziel dieser Bestrebungen war es, aktiv einen Beitrag zum Schutz des kulturellen Erbes zu leisten. Niedergeschlagen hat sich dies in der Vereinbarung gemeinsamer Prinzipien und Grundsätze zum Umgang mit aus ungenehmigten Gra-

---

[836] Siehe hierfür der Hinweis *Müller-Katzenburgs* auf *The Royal Ontario Museum, Statement of Principles and Policies on Ethics and Conduct,* in dem es heist: „*... to respect at all times the cultural heritage of its own country and that of other nations by 1. ...; 2. returning to the rightful owner, upon presentation of convincing proof within legal time limits, any unlawfully acquired property, including property that has changed hands through an intermediary in another country;*". Siehe für zahlreiche weitere Codes mit Rückgabeverpflichtungen *Müller-Katzenburg*, Internationale Standards, S. 202 Fn. 546.

[837] Die Frage einer Rückführung nach der Aufbewahrung wird teilweise von einer finanziellen Entschädigung abhängig gemacht oder einer rechtlichen und tatsächlichen „Durchführbarkeit". Teilweise wird alternativ zu einer Restitution an den berechtigten Eigentümer oder Herkunftsstaat auch lediglich die Rückgabe an den Stifter oder Verkäufer vorgesehen. Zwar wird in diesen Fällen gleichzeitig festgelegt, dass einer Rückführung in das Herkunftsland ein Vorrang einzuräumen ist, wenn dieser Staat den Beweis erbringen kann, dass es sich um einen Teil seines nationalen Kulturguts handelt. Die vagen Formulierungen der Regelungen sowie die Berufung auf die rechtliche und tatsächliche Durchführbarkeit lassen jedoch bei der Rückgabeentscheidung einen so weiten Auslegungsspielraum zu, dass nicht von einer transparenten und praktikablen Rückforderungsmöglichkeit der ursprünglichen Eigentümer gesprochen werden kann. Dazu *Müller-Katzenburg*, Internationale Standards, S. 204 mit zahlreichen w. N. in Fn. 552.

[838] Dazu bereits oben im Überblick über den Kulturgüterschutz unter A. II., III. Weitergehend hierzu *Schorlemer*, S. 156 ff., 386 ff.

bungen stammenden archäologischen Kulturgütern.[839] Für die Aufbewahrung nachrichtenloser Kulturgüter kommt aus den so entstandenen Selbstverpflichtungserklärungen einzig der revidierten Fassung der Berliner Resolution aus dem Jahr 2003 (Berliner Resolution 2003) eine besondere Bedeutung zu.[840]

Die vom 23. bis 25. Mai 2003 von der Antikensammlung Berlin veranstaltete Konferenz mit dem Titel „Illegale Archäologie?" sollte besonders auf die problematische Verbindung von Illegalität und Archäologie hinweisen. Einen Schwerpunkt der Veranstaltung bildete die Frage, wie Archäologen zum Schutz des kulturellen Erbes aktiv werden können.[841] Die von den Teilnehmern der Konferenz verabschiedete Berliner Resolution 2003 knüpft an die Berliner Erklärung 1988[842] an und beinhaltet vor allem die Forderung nach einem „Antikenpass", der jede Antike begleiten soll und somit Transparenz hinsichtlich ihrer Herkunft, ihrer Erwerbsgeschichte und ihres legalen Status' gewährleisten soll.[843] Die Resolution stellt die Forderung an Archäologen auf, Beschäftigung mit Antiken unbekannter – und damit zumeist illegaler – Herkunft zu vermeiden. Darüber hinaus wird dem Ausbau der Öffentlichkeitsarbeit großes Gewicht beigemessen. In der Verbreitung von Informationen und der Aufklärung über das Ausmaß der Zerstörung des kulturellen Erbes durch illegale Raubgrabungen wird – ähnlich wie im Umweltrecht – ein großes Potenzial gesehen, den Schutz des kulturellen Erbes durch das Bewusstsein jedes Einzelnen zu fördern.[844] Die einleitenden Worte der Berliner Resolution 2003 verleihen der Überzeugung der

---

839 Für eine Übersicht über die bestehenden ethischen Kodizes, Vereinbarungen und Prinzipien von Archäologen zum Schutz von Kulturgütern vgl. die Website der Society for American Archaeology (SAA), http://www.saa.org/AbouttheSociety/AnnualMeeting/EthicsBowl/EthicsResources/CodesChartersPrinciples/tabid/199/Default.aspx (abgerufen am 15.3.2011).

840 Die Berliner Resolution 2003 ist dieser Untersuchung als Anlage II beigefügt. Die bestehenden Übereinkommen zum Schutz archäologischen Kulturguts treffen zu dieser Frage keine Aussage. Neben dem Schutz der Ausgrabungsstätten und der Regelung des legalen Handels mit archäologischen Kulturgütern wird die Aufbewahrung nachrichtenloser Güter nicht geregelt.

841 *Heilmeyer*, in: Illegale Archäologie?, S. 12 (13); *Eule*, Illegale Archäologie?, UNESCO heute, Ausgabe 7, Juli 2003, http://deposit.ddb.de/ep/netpub/28/34/66/972663428/_data_dync/_stand_Dezember_2006/0703/archaeologie.htm (abgerufen am 15.3.2011).

842 Vom 24. bis 30.6.1988 wurde im Auftrag der Association Internationale d'Archéologie Classique vom Deutschen Archäologischen Institut in Berlin der XIII. Internationale Kongress für Klassische Archäologie ausgerichtet, siehe dazu den Konferenzbericht: *Deutsches Archäologisches Institut* (Hrsg.), S. 1 ff.

843 Die Ausgestaltung und Verabschiedung der Berliner Resolution 2003 ist neben anderen maßgeblich dem Engegemant von Wolf-Dieter Heilmeyer zu verdanken, der den Prozess der Bewusstseinsbildung über die verheerenden Auswirkungen illegaler Raubgrabungen entscheidend vorangetrieben hat; so auch in *Heilmeyer*, in: Illegale Archäologie?, S. 12 ff.

844 *Heilmeyer*, in: Illegale Archäologie?, S. 12 (13); *Eule*, Illegale Archäologie?, UNESCO heute, Ausgabe 7, Juli 2003, http://deposit.ddb.de/ep/netpub/28/34/66/972663428/_data_dync/_stand_Dezember_2006/0703/archaeologie.htm (abgerufen am 15.3.2011).

Konferenzteilnehmer über die Bedeutung einer generellen Anerkennung des *ICOM Code of Ethics* (ICOM-Kodex), dem Selbstverpflichtungskodex der Museen,[845] durch die Museums-Gemeinschaft Ausdruck.

Wesentlich für den Gegenstand dieser Untersuchung ist eine im Jahr 2003 erstmals vorgesehene Möglichkeit einer Aufbewahrung von Kulturgütern ungeklärter und bzw. oder zweifelhafter Provenienz.

In Punkt 9 der Resolution aus dem Jahr 2003 wird folgendes vorgesehen:

> *„[Die Teilnehmer haben übereingestimmt,] im Grundsatz anzuerkennen, dass ein Zufluchts-Museum für jede Region oder Nation bestimmt werden kann, das als legaler Aufnahmeort für illegal ausgegrabene Antiken dienen soll, die innerhalb des Gebiets der jeweiligen Region oder Nation, und zwar nur dort, aufgefunden worden sind."*

Der *Safe Haven* wird hier als Zufluchtsmuseum bezeichnet. Inhaltlich geht es um die Möglichkeit, Kulturgüter ungeklärter Provenienz in einem Museum aufzubewahren. Bemerkenswert ist, dass in der der Fassung von 2003 vorangehenden Berliner Erklärung von 1988 die Frage der Aufbewahrung der aus illegalen Raubgrabungen stammenden Kulturgüter noch keine Erwähnung findet.[846] Eine nähere Ausgestaltung des Konzeptes eines derartigen Zufluchtsmuseums wird in der Berliner Resolution 2003 nicht getroffen. Die Resolution selbst enthält keine Angaben zur Bindungswirkung oder etwaigen Sanktionen bei Zuwiderhandlungen gegen die in ihr niedergelegten Prinzipien. Entsprechend dem Charakter einer rechtlich nicht bindenden Erklärung handelt es sich um ethische Vorgaben für die Arbeit von Archäologen, deren Befolgung aus berufsethischen Gründen erfolgen soll. Die Regelung über ein Zufluchtsmuseum findet im ICOM-Kodex eine Entsprechung. Diese wird im folgenden Abschnitt erörtert und zum Ausgangspunkt einer eingehenden Untersuchung für die Bedeutung bei der Aufbewahrung nachrichtenloser Kulturgüter gemacht.

2. Selbstverpflichtung der Museen – *ICOM Code of Ethics*

Zu den bedeutendsten Selbstverpflichtungserklärungen im Bereich des Kulturgüterschutzes gehört der *ICOM Code of Ethics*[847] (ICOM-Kodex). Enthalten

---

[845] Hierzu sogleich eingehend unter 2.

[846] Im Oktober 1987 bereitete eine Gruppe internationaler Archäologen bei Gesprächen in Berlin den Entwurf einer Erklärung zur Problematik des Kunstexports, Neuerwerbungen, Leihgaben vor. Dieser Entwurf wurde unter reger Anteilnahme des Publikums erneut besprochen und bildet die Grundlage für die letztlich verabschiedete Berliner Erklärung 1988, siehe dazu *Deutsches Archäologisches Institut* (Hrsg.), S. 642.

[847] *ICOM Code of Ethics for Museums as approved by the 21st General Assembly of ICOM in Seoul, Republic of Korea* v. 8 10.2004, abgedruckt in Intern. Journal of Cultural Property 2006, Vol. 13, 393 ff.

sind hierin Vorschriften, die den Erwerb von Kulturgütern und sonstiges Verhalten von Museen regeln.

Der weltweite Museumsverband ICOM gab im Jahr 1970 erstmalig *Ethics of Acquisition* heraus.[848] Der erste vollständige *Code of Professional Ethics* des ICOM wurde im Jahr 1986 veröffentlicht und in den folgenden Jahren überarbeitet, modifiziert und jeweils neu herausgegeben.[849] Der jeweils aktuelle Kodex gibt einen globalen Mindeststandard vor, den die nationalen Fachverbände entsprechend ihrer besonderen Erfordernisse ausgestalten können. Der ICOM unterstützt darüber hinaus ausdrücklich die Schaffung nationaler Richtlinien.[850] Selbstverpflichtungserklärungen sind nicht mehr lediglich bloße Absichtserklärungen. Vielmehr kommt ihnen in der Praxis des Museumswesens erhebliche Bedeutung zu. Grund hierfür ist einerseits, dass ihre Beachtung teilweise zur Voraussetzung für eine Aufnahme in Zusammenschlüsse von Museen- und Interessenvereinigungen gemacht wird.[851] Ferner sind die im ICOM-Kodex festgelegten Verhaltensweisen zu Standards im Museumswesen geworden, mit denen sich Museen untereinander sowie nach außen hin darstellen. Den Bestimmungen des ICOM-Kodex kommt sogar so weitreichende Bedeutung zu, dass sie selbst dann allgemein als maßgebliche Sorgfaltsanforderung betrachtet werden, wenn das einzelne Museum sie gar nicht unterzeichnet und eingeführt hat.[852]

Der ICOM-Kodex legt Mindeststandards für das Verhalten von Museen und deren Angestellten fest. Mit Eintritt in die Organisation unterwerfen sich die ICOM Mitglieder diesem ethischen Verhaltenskodex.

a) Repository of last resort – Aufbewahrung nachrichtenloser Kulturgüter nach 2.11. ICOM-Kodex

Der ICOM-Kodex enthält ausdrückliche Bestimmungen zum Umgang mit Gegenständen, bei denen Anlass zur Annahme besteht, dass sie illegalen oder unwissenschaftlichen Grabungen entstammen, oder die sonst über keine ausreichend dokumentierte Provenienz verfügen. Bestimmungen werden zum Erwerb[853] sowie zur Ausstellung[854] der betreffenden Gegenstände getroffen.

---

848 Zum Hintergrund der Entstehung des ICOM-Kodex siehe *Müller-Katzenburg*, Internationale Standards, S. 196 f.

849 Dem derzeit gültigen ICOM-Kodex liegen die folgenden internationalen Regelungen zugrunde: UNESCO Konvention 1970, UNESCO 1954, UNIDROIT Konvention 1995, UN-Konvention über die biologische Vielfalt 1992, vgl. *Lewis*, in: Illegale Archäologie?, S. 50 (59).

850 Broschüre *ICOM* (Hrsg.), Ethische Richtlinien für Museen (2002), S. 4.

851 *Kühl*, Fn 64. Allgemein zu Selbstverpflichtungen *Griffiths*, AA&L 2 (1997) 173 (176).

852 *Lewis*, in: Illegale Archäologie?, S. 50 (59).

853 Abschnitt 2 des ICOM-Kodex.

854 Abschnitt 4 des ICOM-Kodex.

Ein Erwerb bzw. Ankauf (*acquisition*) von Gegenständen ungeklärter sowie nicht ausreichend dokumentierter Herkunft soll grundsätzlich unterbleiben.[855] Ebenso wenden sich die Bestimmungen des ICOM-Kodex gegen eine Ausstellung dieser Gegenstände.[856] Ausnahmen vom Erwerbungsverbot werden aber für möglich gehalten.[857] Eine ausdrückliche Ausnahme legt Punkt 2.11 des ICOM-Kodex fest, der die Möglichkeit vorsieht, dass Museen als Aufbewahrungsstätten für Kulturgüter ungeklärter Provenienz oder solchen, die illegal zutage gefördert worden sind, fungieren können. Der ICOM-Kodex sieht damit in seiner am 8.10.2004 revidierten Fassung erstmals eine Regelung vor, die über die reine Ablehnung der Aufnahme und Behandlung von Kulturgut mit ungeklärter Provenienz oder Herkunft hinausgeht:

> „*Nothing in this code of Ethics should prevent a museum from acting as an authorised repository for unprovenanced, illicitly collected or recovered specimens or objects from the territory over which it has lawful responsibility.*“[858]

Im Einzelnen stellt die Vorschrift konkrete Voraussetzungen auf, die erfüllt sein müssen, damit ein Museum in Übereinstimmung mit den Voraussetzungen des ICOM-Kodex als Aufbewahrungs- und Zufluchtsort, im Kodex als *repository of last resort* bezeichnet, fungieren kann.

Punkt 2.11 des ICOM-Kodex greift die in Punkt 9 der Berliner Resolution 2003 aufgestellte Modell auf, eine Möglichkeit der Aufnahme von Kulturgut ungeklärter Provenienz zu ermöglichen.[859]

---

855 2.4: Objects and Specimens from Unauthorised or Unscientific Fieldwork – Museums should not aquire objects where there is reasonable cause to believe their recovery involved unauthorised or unscientific fieldwork, or intentional destruction or damage of monuments, archaeological or geological sites, or of species and natural habitats. In the same way, acquisition should not occur if there has been a failure to disclose he finds to the owner or occupier of the land, or to the proper legal or governmental authorities.

856 4.5: Display of Unprovenanced Material – Museums should avoid displaying or otherwise using material of questionable origin or lacking provenance. They should be aware that such displays or usage can be seen to condone and contribute to the illicit trade in cultural property.

857 2.9: Acquisition Outside Collections Policy – The acquisition of objects or specimens outside the museum's stated policy should only be made in exceptional circumstances. The governing body should consider the professional opinions available to it and the views of all interested parties. Consideration will include the significance of the object or specimen, including its context in the cultural or natural heritage, and the special interests of other museums collecting such material. However, even in these circumstances, objects without a valid title should not be aquired.

858 2.11 ICOM-Kodex.

859 Siehe dazu oben unter 1.

b) Regelungsgehalt der Ausnahmevorschrift im Einzelnen

Keine der im ICOM-Kodex aufgeführten Bestimmungen soll der in Punkt 2.11 getroffenen Ausnahmeregelung entgegengehalten werden können („*Nothing in this code of Ethics should prevent* [...]"). Es ist somit klargestellt, dass es sich um eine Spezialregelung im Gefüge des ICOM-Kodex handelt.

aa) Museen als Zufluchtsstätte

Vorgesehen wird die Ausnahmeregelung für Museen („[...] *a museum* [...]") im Sinne des ICOM-Kodex. Die Definition des Begriffs „Museum" ist im Glossar des ICOM-Kodex enthalten.[860] Ihr liegt ein weites Verständnis zugrunde. Museen, die in öffentlich-rechtlicher Trägerschaft betrieben werden und besonderen Relevanz im Rahmen dieser Studie haben, sind hiervon umfasst.

bb) Form der vorgesehenen Aufbewahrung

Fraglich ist, welche konkrete Form der Aufbewahrung vorgesehen wird.

Der in der Ausnahmevorschrift 2.11 benutzte Begriff „*acting*" lässt hierzu weiten Spielraum. Umfasst ist hiervon die Einnahme einer passiven Rolle durch die museale Institution, also ein Aufbewahren von Gegenständen. Weit verstanden kann der Begriff „*acting*" jedoch auch ein aktives Auftreten der Institution mit umfassen. Erfasst wäre in diesem Fall also auch ein aktives Heraussuchen von Kulturgütern, das Ergreifen der Initiative zur Aufnahme und zur Einlagerung von Kulturgütern.

cc) Legitimation zur Aufnahme nachrichtenloser Kulturgüter

Fraglich ist, ob eine Legitimation zum Handeln bereits aus der Eigenschaft als Museum im Sinne der Definition des ICOM-Kodex folgt, oder ob eine spezielle Ermächtigung zur Aufnahme nachrichtenlosen Kulturguts ungesicherter Provenienz erforderlich ist („[...] *as an authorised* [...]").

Aus dem Charakter der Vorschrift als Ausnahmetatbestand im Gefüge der Vorgaben des ICOM-Kodex folgt jedoch, dass einer Aufnahme von Kulturgütern gem. Punkt 2.11 eine ausdrückliche Entscheidung im Einzelfall zugrunde zu legen ist. Die durch 2.11 vermittelte Kompetenz ermöglicht es einer Institution, Kulturgüter aufzubewahren, bei denen nicht ausgeschlossen werden kann, dass sie möglicherweise aus Raubgrabungen stammen. Es besteht ferner die Möglich-

[860] Definition des ICOM-Kodex: „A museum is a non-profit making permanent institution in the service of society and of its development, open to the public, which acquires, conserves, researches, communicates and exhibits, for purposes of study, education and enjoyment, the tangible and intangible evidence of people and their environment."

keit, dass die einzulagernden Gegenstände auf illegale Weise aus ihrem Herkunftsland herausgeführt worden sind oder in sonstiger Weise das Ergebnis krimineller Vortaten sind. In Anbetracht des Ausnahmecharakters der hier eingeräumten Aufbewahrungsmöglichkeit ist daher unbedingt eine spezielle Ermächtigung im Einzelfall erforderlich. Wer im Einzelfall für die Entscheidung zu einer Aufnahme gem. Punkt 2.11 zuständig ist, muss den maßgeblichen innerinstitutionellen Bestimmungen überlassen bleiben.

dd) Aufbewahrung und Nutzung

Vorgesehen ist in Punkt 2.11 lediglich die Aufbewahrung eines Kulturguts („[...] *repository* [...]"), jedoch keine Nutzung. Hierzu sieht jedoch Punkt 4.5 ICOM-Kodex vor, dass eine Ausstellung und sonstige Nutzung von Kulturgütern ungeklärter Provenienz unterbleiben soll, um eine Förderung des illegalen Kunsthandels auszuschließen.

Dieser Zusatz erlaubt den Schluss, dass eine Nutzung möglicherweise dann zulässig ist, wenn die Förderung des illegalen Handels ausgeschlossen bleibt. Dies ist wiederum der Fall, wenn kein Erwerb im Sinne eines Ankaufs stattfindet, sondern das Kulturgut unter sonstigen Umständen eingelagert wird. Sollte eine Aufnahme von Kulturgütern also im Anschluss an eine Sicherstellung oder sonstige hoheitliche Maßnahmen erfolgen, die keinen Profit für illegal agierende Mittlungspersonen bedeutet, scheint eine Nutzung der aufbewahrten Kulturgüter im Einklang mit Punkt 4.5. ICOM-Kodex nicht ausgeschlossen.

Ungeklärt bleibt im ICOM-Kodex, welche Sorgfaltspflichten, also etwaige Restaurierungs- oder Instandhaltungsmaßnahmen durchzuführen sind oder vorgenommen werden dürfen. Unerwähnt bleibt auch die Möglichkeit einer Veräußerung der aufgenommenen Kulturgüter.

Dies entspricht allerdings der „Rechtsnatur" des ICOM-Kodex. Während Punkt 2.11 lediglich die Möglichkeit der Aufnahme nachrichtenloser Kulturgüter in ein Museum in Übereinstimmung mit den ethischen Standards der Museumspraxis behandelt, betreffen Fragen des Inhalts der Verwahrungspflicht den hinter der aufbewahrenden Institution agierenden – im Fall dieser Studie ausschließlich hoheitlichen – Träger des Museums. Diese Fragen sind also im Rahmen des der Aufbewahrung zugrundeliegenden Rechtsverhältnisses zu klären. Daher kann hierfür vollumfänglich auf die Ausführungen des vorangegangenen 4. Kapitels verwiesen werden, in welchem das der Aufbewahrung nachrichtenloser Kulturgüter zugrunde liegende Rechtsverhältnis der öffentlich-rechtlichen Verwahrung erörtert worden ist.

ee) Gegenstände der Aufbewahrung

Die in Punkt 2.11 enthaltene Aufzählung von Objekten, deren Aufnahme ermöglicht sein soll, fällt weit aus. Unter die genannten Objekte ungeklärter Provenienz können alle der hier dargestellten Fallgruppen nachrichtenloser Kulturgüter subsumiert werden. Ausdrücklich Bezug genommen wird in der Klausel aus Klarstellungsgründen aufgrund ihrer geschilderten besonderen Stellung auf Kulturgüter, die aus illegalen Raubgrabungen stammen („[...] *for unprovenanced, illicitly collected or recovered specimens or objects* [...]").

ff) Örtliche Zuständigkeit

Vorausgesetzt wird in Punkt 2.11 eine Beziehung zwischen dem Museum und dem Herkunftsort des aufzubewahrenden Gegenstandes.

Die dem Museum übertragene Verantwortlichkeit bzw. Zuständigkeit muss aufgrund oder durch ein Gesetz begründet sein („[...] *from the territory over which it has lawful responsibility.*").

Fraglich ist, ob hierdurch lediglich die Aufnahme solcher Kulturgüter ermöglicht sein soll, die innerhalb des Gebietes aufgefunden worden sind, für welches das jeweilige Museum bzw. der dahinter stehende Träger zuständig ist. Dies würde die Aufnahme von Kulturgütern ausschließen, deren Herkunft aus einem ausländischen Staat zu vermuten ist.

Für eine derartige Auslegung der Vorschrift des Punktes 2.11 im ICOM-Kodex spricht zwar die Formulierung der entsprechenden Ausnahmevorschrift in Punkt 9 der Berliner Resolution 2003. Wie oben dargelegt,[861] wird in der Berliner Resolution 2003 ausdrücklich festgelegt, dass lediglich eine Aufnahme von Kulturgütern möglich ist, die innerhalb des Gebietes der jeweiligen Region oder Nation, für welche das jeweilige Museum zuständig ist, aufgefunden worden sind. Möglicherweise ist die Ausnahmevorschrift des ICOM-Kodex allerdings in diesem Punkte einer weiteren Auslegung zugänglich.

Die Verantwortlichkeit für ein Gebiet kann möglicherweise auch in der Weise aufgefasst werden, dass Kulturgüter umfasst sein müssen, deren Herkunftsort gerade nicht bestimmt werden kann. Anknüpfungspunkt für eine Zuständigkeit wäre damit nicht der Ort der Ausgrabung, sondern die örtliche Zuständigkeit des Hoheitsträgers für die Aufbewahrung der Kulturgüter. Diese Zuständigkeit bestünde beispielsweise für ein Museum in Deutschland, wenn Kulturgüter, die vermeintlich aus Raubgrabungen stammen, in Deutschland sichergestellt werden. Unabhängig vom (nicht bestimmbaren) Ausgrabungsort besteht eine Zuständigkeit zur Aufbewahrung der sichergestellten Kulturgüter in Deutschland. Der Wortlaut des Punktes 2.11 des ICOM-Kodex lässt diese, über den Wortlaut der Berliner Resolution hinausgehende, Auslegung zu. Auch eine Aus-

---

[861] Siehe hierzu oben, unter 1.

legung nach dem Sinn und Zweck der Ausnahmevorschrift spricht für ein derart weites Verständnis. Bezweckt wird mit der Aufnahmemöglichkeit für Kulturgüter zweifelhafter Provenienz, deren angemessene Aufbewahrung zu ermöglichen. Kulturgüter sollen vor Schäden bewahrt und eine Rückgabe an den Eigentümer ermöglicht werden. Dieses Interesse besteht bei Kulturgütern, die aus dem In- und Ausland stammen. Sofern eine Rückgabe der aufbewahrten Kulturgüter im Fall der Feststellung des Eigentümers der gem. 2.11 ICOM-Kodex aufgenommenen Objekte garantiert bleibt, besteht auch nicht die Gefahr des Profitierens der aufnehmenden Institution aus illegalen Vortaten. Es ist daher interessengerecht, im Rahmen der Ausnahmevorschrift in Punkt 2.11 des ICOM-Kodex auch die Aufnahme solcher Kulturgüter zuzulassen, deren Herkunft auf illegale Raubgrabungen im Ausland hinweist. Eine derartige Aufnahme zur Aufbewahrung hat keinerlei Auswirkung auf die Durchsetzbarkeit der Herausgabeansprüche der Eigentümer, sondern betrifft abermals lediglich die Möglichkeit der Einlagerung nachrichtenloser Kulturgüter unter angemessenen Bedingungen in einem Museum.

II. Zwischenergebnis

Konsens der Selbstverpflichtungsregelungen ist die Erkenntnis über die Notwendigkeit, einen Zufluchtsort für Kulturgüter zu gewährleisten, deren Provenienz ungeklärt ist und die aus diesem Grund keiner anderweitigen Aufbewahrungsmöglichkeit unterliegen. Von Seiten der Archäologen und der Museen ist das Problem der Aufbewahrung nachrichtenloser Kulturgüter erkannt und bereits Gegenstand von Vorschriften in Selbstverpflichtungserklärungen geworden. Vorgesehen ist in der Berliner Resolution 2003 sowie im ICOM-Kodex jeweils die Möglichkeit, Kulturgüter zweifelhafter Provenienz in einem Museum aufzubewahren.

Unterschiede ergeben sich zwischen den beiden Vorschriften hinsichtlich der Reichweite der Zuständigkeit für mögliche Einlagerungsgegenstände.

Die Berliner Resolution 2003 geht davon aus, dass die aufnehmende Institution sich in der Region befindet, aus der das Kulturgut stammt. Demgegenüber erlaubt der ICOM-Kodex auch die Aufnahme von Kulturgütern, für deren Aufbewahrung eine Zuständigkeit im Inland begründet ist. Dies umfasst unter anderem auch in Deutschland sichergestellte, mutmaßlich aus ausländischen Raubgrabungen stammende Kulturgüter, deren genauer Herkunftsort nicht feststellbar ist.

Eine regionale Begrenzung der Zufluchtsstätten ist zwar sinnvoll vor dem Hintergrund, dass eine Aufnahme von Kulturgut zweifelhafter Provenienz „durch die Hintertür“ von Museen oder Archäologen ausgeschlossen werden soll. Andererseits setzt ein derart regionales Verständnis von Zufluchtsorten für Kulturgüter, wie es die Berliner Resolution 2003 vorsieht, voraus, dass bereits bestimmbar ist, aus welcher Region das Kulturgut stammt. Ist eine derartige Bestimmung der Region nicht möglich bzw. kann ausgeschlossen werden, dass die Herkunft des Kulturguts in die Region fällt, für die ein bestimmtes inländisches Museum zuständig ist, ist nach dieser einschränkenden Klausel eine Aufnahme und Aufbewahrung des Kulturguts ausgeschlossen.

E. Vereinbarkeit einer innerstaatlichen Aufnahme unrechtmäßig verbrachter nachrichtenloser Kulturgüter mit den Vorgaben der UNESCO Konvention 1970

Anlass für die Untersuchung einer Vereinbarkeit der Aufbewahrung nachrichtenloser Kulturgüter als innerstaatliche Maßnahme mit den Vorgaben der UNESCO Konvention 1970 geben vertragliche Vereinbarungen, die in der Praxis zwischen Aufbewahrungsinitiativen für gefährdete Kulturgüter und der UNESCO vereinbart werden.

I. Zusatzvereinbarungen über die Aufbewahrung von Kulturgütern in Übereinstimmung mit den Vorgaben der UNESCO Konvention 1970

Beispiel für eine Aufbewahrung entsprechend einer so genannten Zusatzvereinbarung ist unter anderem das Afghanistan-Museum im schweizerischen Bubendorf.[862] In den Vereinbarungen verpflichteten sich die als Verwahrer agierenden Organisationen, afghanische Kulturgüter in der Schweiz aufzubewahren, zu erhalten und zum mit der UNESCO vereinbarten Zeitpunkt an das Ursprungsland Afghanistan zurückzugeben.[863] In diesen Vereinbarungen wird unter anderem niedergelegt, dass die Aufnahme der Kulturgüter nicht als „Erwerb" (in der englischen Fassung der Konvention als *„purchase"* bezeichnet) im Sinne des Art. 7 lit a) der UNESCO Konvention 1970 verstanden wird. In den in englischer Sprache ausgefertigten Vereinbarungen wird daher statt des Ausdrucks *„purchase"*, wie ihn Art. 7 lit. a) verwendet, für die temporäre Aufbewahrung auf den Ausdruck *„acquire"* abgestellt. Beabsichtigt ist mit diesen Vereinbarungen eine Klarstellung darüber, dass die Aufbewahrung der gefährdeten Kulturgüter – jedenfalls in diesen Einzelfällen – mit den Bestimmungen der Konvention im

---

[862] *Koellreuter/Bucherer*, KGS-Forum 12/2008, 44 f.

[863] Nach mündlicher Aussage der UNESCO existieren wenige weitere Zusatzvereinbarungen für eine japanische Kulturerbestiftung sowie ein weiteres archäologisches Museum im französischen Lattes.

Einklang ist. Darüber hinaus gewährt die UNESCO mit den Verträgen eine Art Schirmherrschaft für die einzelnen Hilfsaktionen.

Die ausdrückliche Vereinbarung über die Zulässigkeit einzelner Aufbewahrungsinitiativen für Kulturgüter führt zu der Frage, ob möglicherweise jede Aufnahme von Kulturgütern als Erwerb im Sinne der Konvention verstanden werden muss. Damit läge durch die Aufnahme nachrichtenloser Kulturgüter, bei denen nicht ausgeschlossen werden kann, dass sie entgegen den Bestimmungen der UNESCO Konvention aus ihren Herkunftsländern aus- oder in andere Länder eingeführt worden sind und sie vom sachlichen Anwendungsbereich der Konvention umfasst sind, grundsätzlich eine Verletzung der UNESCO Konvention 1970 vor.

Obgleich zwei Gesichtspunkte – nämlich die Flexibilität der sanktionslosen UNESCO Konvention in Bezug auf die Vereinbarkeit mit dem nationalen Recht der Vertragsstaaten sowie der Umstand, dass zur Zeit der Entstehung der Konvention eine Aufbewahrung nachrichtenloser Kulturgüter noch nicht als Maßnahme zum Schutz von Kulturgut anerkannt und ausgearbeitet worden war – gegen eine Verletzung der UNESCO Konvention 1970 durch die Aufnahme nachrichtenloser Kulturgüter in staatliche Obhut sprechen könnten, wird angesichts der Praxis der Zusatzvereinbarungen im Folgenden der Vereinbarkeit einer Aufbewahrung nachrichtenloser Kulturgüter mit den Vorgaben der Konvention im Einzelnen nachgegangen.

Relevant ist die Untersuchung der Aufbewahrung im Lichte der Vorgaben der UNESCO Konvention 1970 für die vorliegende Untersuchung, da die Aufnahme und Aufbewahrung nachrichtenloser Kulturgüter unter anderem auch Kulturgüter umfassen kann, die unrechtmäßig aus dem Herkunftsland ausgeführt und in ein anderes Land eingeführt worden sind und damit unter den Anwendungsbereich der Konvention fallen. Die Fragestellung wird unter drei voneinander zu unterscheidenden Aspekten bearbeitet.

Zunächst ist zu überprüfen, ob eine Aufnahme und Aufbewahrung nachrichtenloser Kulturgüter durch innerstaatliche Maßnahmen in einen *Safe Haven* in Museen und sonstigen kulturellen Einrichtungen einen Verstoß gegen die UNESCO Konvention 1970 darstellt. Klarzustellen ist dabei das Verhältnis und die Rechtswirkung des nationalen Umsetzungsakts der UNESCO Konvention 1970, dem KultGüRückG, und der Konvention selbst.

Ferner ist zu untersuchen, welche Rechtsfolgen ein derartiger Verstoß zur Folge hat. Dabei ist wiederum zwischen den Wirkungen auf innerstaatlicher und denen auf internationaler Ebene zu differenzieren.

Schließlich ist zu untersuchen, welche Rechtswirkungen den genannten Zusatzvereinbarungen zukommen können und inwieweit sie geeignet sind, einen möglichen Verstoß gegen die UNESCO Konvention 1970 auszuschließen.

II. Aufnahme und Aufbewahrung unrechtmäßig verbrachter nachrichtenloser Kulturgüter als Verstoß gegen den Wortlaut der UNESCO Konvention 1970

1. Verstoß gegen Art. 7 lit. a)

Art. 7 lit. a) der Konvention verpflichtet die Unterzeichnerstaaten, im Rahmen der innerstaatlichen Rechtsvorschriften die erforderlichen Maßnahmen zu ergreifen, um Museen und ähnliche Einrichtungen in ihrem Hoheitsgebiet am Erwerb von Kulturgut, das aus einem anderen Vertragsstaat stammt und nach Inkrafttreten dieses Übereinkommens widerrechtlich aus dem betreffenden Staat ausgeführt worden ist, zu verhindern.[864] Eine Ausnahmevorschrift hierzu – etwa für den Fall der Aufnahme von Kulturgut zum Schutz trotz widerrechtlicher Ausfuhr aus dem Herkunftsstaat – sieht die Konvention nicht vor.

Entscheidende Bedeutung kommt der Frage zu, ob eine Aufnahme zur Aufbewahrung in einen *Safe Haven* die Voraussetzung eines „Erwerbs" i. S. d. Regelung erfüllt. Für die Auslegung, die eine Aufnahme als „Erwerb" i. S. d. Art. 7 lit. a) UNESCO Konvention 1970 selbst dann als erfüllt ansieht, wenn lediglich eine vorübergehende Aufbewahrung von Kulturgütern für einen ausländischen Staat erfolgen soll, spricht freilich die Tatsache, dass im Fall des Afghanistan-Museums Bubendorf die beschriebene Zusatzvereinbarung zumindest auch für ein Projekt vereinbart wurde, in dem ein Erwerb im Sinne eines Ankaufs nicht ersichtlich war. Möglich ist somit die Annahme, dass auch die schlichte Aufbewahrung von Kulturgütern, die i. S. d. UNESCO Konvention 1970 unrechtmäßig verlagert worden sind, als Verstoß gegen Art. 7 lit. a) UNESCO Konvention 1970 bewertet werden muss.

Zu klären ist daher, ob ein „Erwerb" in Art. 7 lit. a) UNESCO Konvention 1970 eine dingliche Übereignung, einen schuldrechtlichen Ankauf oder bereits eine Aufnahme zur Aufbewahrung im Sinne der Konvention bedeutet. Der Wortlaut der Bestimmung lässt entsprechend der oben aufgezeigten praktischen Handhabung in den Zusatzvereinbarungen für einzelne kulturgüterschützene Initiativen hierzu keinen eindeutigen Schluss zu.

---

[864] Art. 7 UNESCO Konvention 1970: Die Vertragsstaaten dieses Übereinkommens übernehmen folgende Verpflichtungen:

a) Sie ergreifen im Rahmen der innerstaatlichen Rechtsvorschriften alle erforderlichen Maßnahmen, um Museen und ähnliche Einrichtungen in ihrem Hoheitsgebiet am Erwerb von Kulturgut zu hindern, das aus einem anderen Vertragsstaat stammt und nach Inkrafttreten dieses Übereinkommens widerrechtlich aus dem betreffenden Staat ausgeführt worden ist. Soweit möglich teilen sie einem Ursprungsstaat, der Vertragspartei dieses Übereinkommens ist, mit, wenn Kulturgut angeboten wird, das nach Inkrafttreten dieses Übereinkommens für beide Staaten widerrechtlich aus jenem Staat entfernt worden ist.

Der Sinn und Zweck der Konvention könnte sogar dafür sprechen, eine weitestmögliche Auslegung des Wortlauts anzunehmen und somit bereits die Aufnahme von Kulturgütern ungeklärter Provenienz als Verstoß gegen die Bestimmungen der Konvention aufzufassen. Die Konvention bezweckt einen umfassenden Schutz durch die strenge Einhaltung rechtmäßiger Aus- und Einfuhrvorschriften von Kulturgütern. Ausschließlich die Aufnahme rechtmäßig verbrachter Kulturgüter könnte daher zulässig sein.

Die Aufnahme von Kulturgut, das ohne Ausfuhrgenehmigung nach 1970 aus dem Herkunftsstaat ausgeführt worden ist, soll verhindert werden. Die Einrichtung eines *Safe Haven* würde genau das Gegenteil vorsehen, nämlich unter anderem gerade solche Kulturgüter in öffentliche Einrichtungen aufzunehmen, deren Herkunft auf illegale Raubgrabungen und eine illegale Ausfuhr hindeutet. Trotz der kulturgutschützenden Intention einer Aufnahme von nachrichtenlosen Kulturgütern zur Verwahrung, widerspricht dies dem Wortlaut von Art. 7 UNESCO Konvention 1970 in Bezug auf die in den Anwendungsbereich der Konvention fallenden Kulturgüter.

2. Verstoß gegen Art. 13 lit. a) i. V. m. Art. 3

Auch die Bestimmung Art. 13 lit. a) UNESCO Konvention 1970 stellt möglicherweise ein Hindernis bei der Aufnahme von Kulturgut ungeklärter Provenienz dar.

Art. 13 lit. a) der Konvention sieht vor, dass die Vertragsstaaten im Rahmen ihrer innerstaatlichen Rechtsordnungen die Verpflichtung übernehmen, mit allen geeigneten Mitteln Übereignungen von Kulturgut, durch die eine unzulässige Einfuhr oder Ausfuhr desselben begünstigt werden könnte, zu verhüten.[865]

Die Aufnahme von Kulturgütern in einen *Safe Haven* zum Schutz vor Verlust oder Zerstörung könnte gegen Art. 13 lit. a) UNESCO Konvention 1970 verstoßen, sofern die Aufnahme mit einer Übereignung verbunden ist. Denkbar ist dies in dem Fall, dass der Aufnahme zur Aufbewahrung eine Begründung staatlichen Eigentums vorangeht, beispielsweise durch die Einziehung von Schmuggelware.[866] Dass hierdurch i. S. d. Art. 13 lit. a) UNESCO Konvention 1970 die rechtswidrige Einfuhr oder Ausfuhr begünstigt werden kann, ist zumindest nicht von vornherein ausgeschlossen.

---

[865] Art. 13 UNESCO Konvention 1970: Die Vertragsstaaten dieses Übereinkommens übernehmen ferner im Rahmen ihrer innerstaatlichen Rechtsordnung folgende Verpflichtungen:

a) Sie verhindern mit allen geeigneten Mitteln Übereignungen von Kulturgut, durch die eine rechtswidrige Einfuhr oder Ausfuhr desselben begünstigt werden könnte.

[866] Siehe dazu aber für die nachrichtenlosen Kulturgüter 3. Kapitel, A. III 2.

Der genaue Regelungsgehalt und damit die Frage, welches Verhalten einen Verstoß gegen die Vorschrift begründet, ist zwar nicht ohne weiteres zu beantworten. Zu dieser Unsicherheit trägt der Wortlaut des Art. 13 bei, der auch als *„one of the most difficult and contradictory articles of the Convention"*[867] und als *„complex"*, *„potentially far-reaching"* und *„confusing"*[868] bezeichnet wird.[869] Zweifel an einem Widerspruch der Aufnahme nachrichtenloser Kulturgüter zu Art. 13 lit. a) UNESCO Konvention 1970 ergeben sich vor allem daraus, dass die Aufnahme einer (bis dahin dann bereits erfolgten) illegalen Ein- und Ausfuhr nachgelagert stattfinden würde und diese damit nicht mehr „begünstigen" könnte. Eine Begünstigung der unrechtmäßigen Verlagerungen von Kulturgütern wäre damit nur in einem weiteren Zusammenhang erkennbar – wenn also die Akzeptanz der Aufnahme illegal exportierter Kulturgüter generell zu einer Begünstigung einer zukünftigen illegalen Aus- und Einfuhr führt.

Eine derart weite Auslegung des Art. 13 UNESCO Konvention 1970 ist allerdings fernliegend und daher abzulehnen.

III. Vereinbarkeit der Aufbewahrung nachrichtenloser Kulturgüter mit dem KultGüRückG

Das KultGüRückG als Akt innerstaatlicher Umsetzung der UNESCO Konvention 1970 in Deutschland enthält keine Regelung, die explizit Museen oder ähnliche Einrichtungen an der Aufnahme von Kulturgut hindert, das widerrechtlich ausgeführt worden ist. Eine dem Art. 7 lit. a) der UNESCO Konvention 1970 entsprechende Bestimmung ist im KultGüRückG folglich nicht umgesetzt. Die Aufnahme nachrichtenloser Kulturgüter ist dementsprechend mit dem KultGüRückG vereinbar und verstößt nicht gegen die Vorgaben des innerstaatlichen Rechts. Zu untersuchen bleibt allerdings, ob neben einer Vereinbarkeit mit dem national transformierten Recht die UNESCO Konvention 1970 selbst weiterhin für die Rechtmäßigkeit einer innerstaatlichen Aufnahme von nachrichtenlosen Kulturgütern beachtlich ist.

---

867 *Gordon*, Harvard Intern. Law Journal 12 (1971), 537 (554).

868 So jeweils *Bator*, Stanford Law Review, 34 (1982), 275 (378).

869 Ausführlich zur Entstehungsgeschichte zu Art. 13 der Konvention *O'Keefe*, UNESCO 1970, S. 82. Siehe dort auch zur Frage, ob möglicherweise vor allem die Herkunfts- oder Exportstaaten Adressaten der Vorschrift sind, die durch Klassifizierungen und Registrierungen von archäologischen Kulturgütern einer illegalen Ausfuhr entgegenwirken sollen. So *Fraoua*, UNESCO Doc. CC-86/WS/40, 1986, S. 88 f. *O'Keefe* hält dieses Verständnis der Vorschrift allerdings für zu kurz gegriffen (a. a. O. S. 83).

IV. Rechtfertigungsgründe für Vertragsverletzung durch Aufnahme unrechtmäßig verbrachter nachrichtenloser Kulturgüter

Die Untersuchung der Rechtsfolgen eines möglichen Verstoßes gegen den Konventionstext könnte dahinstehen, wenn für die Aufnahme unrechtmäßig verbrachter nachrichtenloser Kulturgüter ein Rechtfertigungsgrund besteht.

1. Rechtfertigungsgründe in der UNESCO Konvention 1970

Ausdrückliche Rechtsfertigungs- oder Ausnahmevorschriften enthält die Konvention zu dem möglicherweise verletzten Art. 7 lit. a) nicht.

Ein Vertragsverstoß kann jedoch möglicherweise gem. Art. 9 UNESCO Konvention 1970 gerechtfertigt sein.

a) Art. 9

Art. 9 UNESCO Konvention 1970 sieht die Verpflichtung der Vertragsstaaten vor, auf Bitten eines Vertragsstaates aufgrund von Gefahrensituationen für dessen kulturelles Erbe an gemeinsamen internationalen Aktionen teilzunehmen. Bis zu einer (abgestimmten, gemeinsamen) Vereinbarung über entsprechende Maßnahmen ist in Satz 3 vorgesehen, dass jeder betroffene Staat einstweilige Maßnahmen zu ergreifen hat, um zu verhindern, dass dem kulturellen Erbe des ersuchenden Staates unersetzlicher Schaden zugefügt wird. Denkbar könnte daher sein, eine Aufbewahrung nachrichtenloser Kulturgüter als eine solche, vorläufige einzelstaatliche, durch Art. 9 Satz 3 der Konvention erlaubte Maßnahme zu betrachten. Für den hier vorgesehenen Fall der Aufbewahrung von Kulturgütern, deren Eigentümer und Herkunftsort unbekannt ist, bietet Art. 9 insoweit keinen Rechtfertigungsgrund, als die Schutzmaßnahmen auf Ersuchen des Staates vorgesehen sind, dessen Kulturgut gefährdet ist. Diese Möglichkeit entfällt damit, wenn der Herkunftsstaat gerade nicht festgestellt werden kann.

b) Einschränkungen aufgrund der Entstehungsgeschichte der UNESCO Konvention 1970

Weder die Präambel noch die Materialien zur Entstehung der Konvention sehen eine Einschränkung der Vorschriften dahingehend vor, dass eine Aufnahme unrechtmäßig verbrachter Kulturgüter im Ausnahmefall vorgesehen sein kann. Es soll vielmehr einem umfassenden Verbot jeglichen Erwerbs unrechtmäßig verbrachter Kulturgüter verholfen werden. Eine Ausnahme hierzu lässt sich der Entstehungsgeschichte der Konvention nicht entnehmen.

2. Teleologische Reduktion des Vertragstextes

In Betracht kommt darüber hinaus eine teleologische Reduktion des Art. 7 lit. a) UNESCO Konvention 1970 in der Weise, dass die Aufbewahrung von Kulturgütern unbekannter Herkunft ermöglicht sein muss, obwohl nicht ausgeschlossen werden kann, dass sie entgegen den Vorgaben der Konvention aus ihrem Herkunftsland aus- bzw. unter Verstoß gegen die Vorgaben der Konvention in einen anderen Staat eingeführt worden sind.

Dabei darf jedoch nicht außer Betracht bleiben, dass die rechtliche Überzeugung zur Zeit der Entstehung der Konvention von der Vorstellung geprägt war, dass jegliche Aufnahme von Kulturgütern unterbleiben soll, die unrechtmäßig, also unter Verstoß gegen Aus- und Einfuhrverbote, verbracht wurden.

Die bereits erläuterte Rechtswirklichkeit, dass diese Vorstellung eines vollkommenen Banns rechtlich belasteter Kulturgüter nicht die erwünschten Früchte getragen hat und Raubgrabungen bis in die Gegenwart keinesfalls eingedämmt worden sind, sondern immer professioneller und in immer größerem Umfang betrieben werden, kann nicht ohne weiteres zu einer Auslegung eines bestehenden Konventionstextes führen, die die Bestimmungen – ihrem Wortlaut entgegen – in das Gegenteil verkehrt.

Obwohl dies zu einer unzeitgemäßen Auslegungen führt, kann eine Rechtfertigung für einen möglichen Verstoß gegen den Konventionstext nicht auf eine teleologische Reduktion des Anwendungsbereiches von Art. 7 lit. a) gestützt werden, die dem Wortlaut der Vorschrift widerspricht.

3. Stellungnahmen der UNESCO zur Situation gefährdeten Kulturguts vom März 2001

Auch eine Stellungnahme der UNESCO vom März 2001, in der sie zur Aufnahme von gefährdetem afghanischen Kulturgut aufruft, kann keine generelle Rechtfertigung der Aufnahme von nachrichtenlosen Kulturgütern entgegen den Bestimmungen der UNESCO Konvention 1970 bewirken. Zwar wird hierin erklärt:

> *„Where there is serious danger to the survival of heritage and at the request of the recognised government of the country concerned UNESCO will arrange safe custody of objects donated to it for the purpose of eventual return to the country concerned when the situation will allow. ... It will not itself purchase objects which are being illicitly trafficked [...]"*[870]

[870] UNESCO Policy of Taliban, Issue 8, 2001, Newsletter of the Illicit Antiquities Research Center, Issue 8 2001, http://www.mcdonald.cam.ac.uk/projects/iarc/culturewithoutcontext/contents.htm (aufgerufen am 15.3.2011).

Abgesehen von der Frage der Rechtswirkung einer derartigen Erklärung auf die vertraglichen Verpflichtungen aus der UNESCO Konvention 1970, wird in der Erklärung lediglich die Aufnahme von Kulturgütern auf Bitten des Herkunftsstaates vorgesehen, in welchem die Kulturgüter Gefahren ausgesetzt sind. Dies scheidet im Fall der nachrichtenlosen Kulturgüter, deren Herkunft nicht festgestellt werden kann, aus. Die Erklärung betrifft folglich die Aufnahme nachrichtenloser Kulturgüter nicht.

4. Rechtfertigungsgründe aus allgemeinem Vertragsrecht

Auch aus dem allgemeinen Völkervertragsrecht ergeben sich keine Rechtfertigungsgründe. Der in Betracht zu ziehende Rechtfertigungsgrund des Art. 62 des Wiener Vertragsrechtsübereinkommens einer Unmöglichkeit der Vertragserfüllung, der bei einem tiefgreifenden Wandel der Umstände nach Vertragsschluss eingreifen kann und beispielsweise in der veränderten Bewertung der Schutzbedürftigkeit unrechtmäßig verbrachter Kulturgüter gesehen werden könnte, hätte lediglich ein Lösungsrecht der Vertragspartner von den vertraglichen Verpflichtungen oder ein Recht zur Suspendierung der UNESCO Konvention 1970 zur Folge.[871] Eine derartige Rechtsfolge ist mit der Einrichtung von Aufbewahrungsmöglichkeiten für unrechtmäßig verbrachte nachrichtenlose Kulturgüter jedoch nicht beabsichtigt.

5. Zusatzvereinbarungen als Rechtfertigung für Vertragsverstoß

Da außerhalb der oben erörterten Zusatzvereinbarungen keine sonstigen Rechtfertigungsgründe ersichtlich sind, kommt es zur Abwendung eines Vertragsverstoßes gegen die Bestimmungen der UNESCO Konvention 1970 durch die Aufnahme unrechtmäßig verbrachter nachrichtenloser Kulturgüter auf die Rechtswirkung der Zusatzvereinbarungen an.

Die Praxis des Abschlusses derartiger Absprachen seitens der UNESCO lässt den Schluss zu, dass die UNESCO selbst einen Vertragsverstoß durch die Aufnahme von Kulturgütern zum Schutz nicht für ausgeschlossen hält. Die Zusatzvereinbarung zwischen der UNESCO und einem Unterzeichnerstaat der Konvention kann allerdings keine Modifikation der Konvention bewirken. Es handelt sich vielmehr um eine Klarstellung der Auslegung des Vertragstextes. Die Betonung der Unterscheidung zwischen den Begriffen *„purchase“* und *„acquire“* als Grundlage für den Ausschluss einer Vertragsverletzung im Rahmen des Art. 7 lit. a) UNESCO Konvention 1970 mag verwundern. Dennoch ist das Ergebnis der Zusatzvereinbarung wünschenswert und dient dem Anliegen der Konvention – den größtmöglichen Schutz für Kulturgüter zu erreichen.

---

[871] Art. 62 Abs. 1, 3 und 4 WVRK, zu diesem Fall des Wegfalls der Geschäftsgrundlage, sog. *clausula rebus sic stantibus*, siehe *Stein/von Buttlar*, Völkerrecht, Rn. 103.

Fraglich ist, welche Rechtsfolge sich aus einer Zusatzvereinbarung über die Aufnahme bestimmter Kulturgüter ergibt.

Da die Vereinbarung jeweils lediglich zwischen der UNESCO und einem Vertragspartner besteht, kann nicht ohne weiteres darauf geschlossen werden, dass dies für alle Unterzeichnerstaaten zu einer verbindlichen Auslegung führt. Würde allerdings ein an der Vereinbarung nicht beteiligter Staat, trotz des so erteilten „Einverständnisses" der UNESCO, durch die Maßnahme, die Gegenstand der Zusatzvereinbarung geworden ist, eine Vertragsverletzung behaupten, müsste dies als rechtsmissbräuchlich gelten.

Besteht eine derartige Zusatzvereinbarung nicht, kann ein Verstoß gegen den Vertragstext durch die Aufnahme solcher Kulturgüter, die im Sinne der UNESCO Konvention 1970 unrechtmäßig verlagert worden sind, allerdings nicht ausgeschlossen werden.

In Erwägung gezogen werden könnte, aus den existierenden Zusatzvereinbarungen eine „vertragliche Übung" abzuleiten, die in Anlehnung an die Grundsätze des Völkergewohnheitsrechts eine allgemeine Zulässigkeit der Handlungen ergibt, die bislang Gegenstand der Zusatzvereinbarungen geworden sind. Dies könnte bedeuten, dass eine Initiative, die bereits durch Zusatzvereinbarungen für zulässig erklärt worden ist, die Zulässigkeit jeder weiteren Initiative bedeutet, die eine vergleichbare Handlung zum Gegenstand hat. Aus der Zulässigkeit der vorübergehenden Aufbewahrung von Kulturgütern, die möglicherweise im Widerspruch zur UNESCO Konvention 1970 aus ihren Herkunftsstaaten ausgeführt worden sind, könnte daher die generelle Zulässigkeit einer Aufbewahrung von Kulturgütern für einen anderen Staat geschlossen werden. So sehr diese Lösung unter dem Aspekt der Förderung des Kulturgüterschutzes zu befürworten ist und im Einzelfall Billigkeitserwägungen entsprechen kann, so entschieden kann ihr gerade das Wesen einer Zusatzvereinbarung als ausdrückliche und einzig gewollte Ausnahme von der Regel entgegengesetzt werden. Eine allgemeine Billigung und Zulässigkeit von Initiativen ähnlicher Art lässt sich hieraus nicht folgern.

V. Rechtsfolgen eines Verstoßes gegen den Vertragstext der Konvention

Die Aufnahme und Aufbewahrung nachrichtenloser Kulturgüter, die in den Anwendungsbereich der UNESCO Konvention 1970 fallen, als staatliche Maßnahme Deutschlands kann, wie soeben gezeigt, einen Verstoß gegen den Vertragstext der Konvention bedeuten. Fraglich ist allerdings, welche Rechtsfolgen sich aus einem Verstoß gegen den Vertragstext der Konvention nach der erfolgten Umsetzung der UNESCO Konvention 1970 in innerstaatliches Recht ergeben.[872]

---

[872] Siehe dazu bereits oben, unter IV.

Unterschieden werden muss für diese Frage zwischen der Rechtswirkung, die sich unmittelbar aus der völkervertraglichen Verpflichtung für das innerstaatliche einfache Recht ergibt, und den Rechtswirkungen auf der Ebene des Völkerrechts.

Letztere ist für die innerstaatliche Verwahrung ohne konkrete Auswirkung: Im Völkerrecht gilt, wie im nationalen Recht der Grundsatz, dass Verbindlichkeiten einzuhalten sind.[873] Allerdings enthält die UNESCO Konvention keine Sanktionen für den Fall von Vertragsverletzungen, so dass ein Vertragsverstoß auf völkerrechtlicher Ebene grundsätzlich keine konkreten Maßnahmen nach sich zieht. Zu prüfen bleibt daher, welche Auswirkungen sich aus einer Verletzung der UNESCO Konvention 1970 für die innerstaatliche Aufbewahrung nachrichtenloser Kulturgüter ergeben.

I. Rechtswirkung einer Vertragsverletzung auf das innerstaatliche Recht

Auf der Ebene der innerstaatlichen Wirksamkeit führt ein möglicher Verstoß einer innerstaatlichen gesetzlichen Regelung oder verwaltungsrechtlichen Maßnahme gegen den Vertragstext der UNESCO Konvention 1970 nicht ohne Weiteres zur Rechtswidrigkeit dieser Maßnahme. Denkbar ist dies allenfalls unter dem Aspekt eines Verstoßes gegen höherrangiges Recht, wenn die Konvention unabhängig von einer innerstaatlichen Umsetzung als Bestandteil des Bundesrechts zu behandeln ist. Dies ist jedoch nicht der Fall.

Die UNESCO Konvention 1970 konnte nicht gem. Art. 25 GG als „allgemeine Regelung des Völkerrechts" Bestandteil des Bundesrechts werden,[874] da für sie Art. 59 Abs. 2 Satz 2 GG maßgeblich ist.[875] Für völkerrechtliche Verträge greift Art. 59 Abs. 2 Satz 2 GG als Sonderregelung ein, der für Staatsverträge ein parlamentarisches Zustimmungsverfahren vorsieht und den Vertragsbestimmungen innerstaatlich den Rang einfacher Gesetze (Art. 59 Abs. 2 Satz 1 GG) oder Verordnungen (Art. 59 Abs. 2 Satz 2 – normative Verwaltungsabkommen) verleiht.[876] Neben der Umsetzung der Konvention durch das KultGüRückG ist keine weitere Umsetzung erfolgt.[877]

---

[873] Auch im Völkerrecht gilt der Grundsatz *pacta sunt servanda*, nach welchem also Verträge einzuhalten sind. Vgl. *Stein/von Buttlar*, Völkerrecht, Rn. 46.

[874] Das allgemeine Bundesrecht verpflichtet alle Träger der öffentlichen Gewalt in Deutschland, sie zu beachten und zu befolgen, Münch/Kunig/*Rojahn*, Art. 25 Rn. 2.

[875] Münch/Kunig/*Rojahn*, Art. 25 Rn. 10. Dies gilt sowohl für zweiseitige als auch für multilaterale Verträge.

[876] Hierzu allgemein Münch/Kunig/*Rojahn*, Art. 25 Rn. 10.

[877] Ferner sind die Bestimmungen der UNESCO Konvention 1970 nicht zum Völkergewohnheitsrecht geworden, so dass sie nicht hierüber in den Geltungsbereich des Art. 25 GG fallen würden.

Da die Regelungen der UNESCO Konvention 1970 somit nicht Bestandteil des Bundesrechts geworden sind, führt selbst ein Verstoß gegen den Wortlaut der Konventionsbestimmungen nicht zur Rechtswidrigkeit eines innerstaatlichen Rechtsakts. Die Aufnahme von Kulturgütern, selbst wenn sie als „Erwerb" i. S. d. Art. 7 lit. a) UNESCO Konvention 1970 verstanden wird und als hoheitliche Maßnahme erfolgt, ist folglich nach den Maßstäben des innerstaatlichen Rechts nicht rechtswidrig.

2. Völkerrechtliche Verpflichtungen im deutschen Verfassungssystem

Zu untersuchen bleibt, inwieweit eine völkerrechtliche Vertragsverletzung vorliegt, wenn innerstaatlich hoheitliche Maßnahmen durchgeführt werden, die gegen die vertraglich übernommenen völkerrechtlichen Verpflichtungen verstoßen. Auch aus diesem Grund könnte möglicherweise die Aufnahme von Kulturgütern zur Aufbewahrung durch Institutionen staatlicher Träger innerstaatlich als rechtswidrig zu bewerten sein.[878]

Art. 1 Abs. 1 und 2 GG schaffen aufgrund ihres universellen Charakters eine Verbindung zwischen der Völkerrechtsordnung und dem nationalen Recht. Hieraus ergibt sich, dass das GG dem Völkerrecht insgesamt eine grundlegende und mitgestaltende Rolle im deutschen Verfassungssystem zuweist. Dies gilt über das Homogenitätsgebot des Art. 28 Abs. 1 Satz 1 GG auch für die Bundesländer. Alle staatlichen Stellen in Bund und Ländern sind gehalten, die Anforderungen des Völkerrechts zu beachten. Völkerrechtliche Verpflichtungen sind bei exekutiven Entscheidungen zu berücksichtigen. Für den Gesetzgeber ergibt sich hieraus die Verpflichtung, keine Regelung zu erlassen, die in Konflikt zum Völkerrecht stehen würde. Auch die Judikative ist in vollem Umfang an das Völkerrecht gebunden. Das BVerfG prägte diesbezüglich den „Grundsatz der völkerrechtsfreundlichen" Auslegung.[879] Hiernach muss bei mehreren möglichen Interpretationen von deutschen Rechtsnormen im Zweifel diejenige gewählt werden, die den Anforderungen des Völkerrechts am besten Rechnung trägt, mithin diesem vollumfänglich innerstaatliche Geltung verschafft.[880] Eine völkerrechtsfreundliche Interpretation einer gesetzlichen Auslegung, die die Aufnahme nachrichtenloser Kulturgüter vorsieht, könnte also ggf. in der Weise auszulegen sein, dass eine Aufnahme und Aufbewahrung in Museen für Kulturgüter zu unterlassen ist, die

---

878 Auch im Völkerrecht gilt der Grundsatz *pacta sunt servanda*, nach welchem also Verträge einzuhalten sind. Vgl. *Stein/von Buttlar*, Völkerrecht, Rn. 46.

879 Hierzu *Stein/von Buttlar*, Völkerrecht, Rn. 192. Zur völkerrechtsfreundlichen Interpretation auch VGH München, Beschl. v. 13.4.2010, 7 CE 10.258, DVBl. 796 (vorhergehend VG München, Beschl. v. 25.1.2010, M 17 E 09.4878) im Rahmen der Frage einer möglichen Anhaltung von Kulturgütern der sog. Sammlung Patterson gem. § 8 KultGüRückG.

880 VGH München, Beschl. v. 13.4.2010, 7 CE 10.258, BeckRS 2010 48583, Rn. 26; *Jarass/Pieroth*, Art. 25 Rn. 2, 4.

in den Anwendungsbereich der Konvention fallen. Nach der ständigen Rechtsprechung ist Völkervertragsrecht nicht unmittelbar, also ohne Transformationsakt bzw. innerstaatlichen Anwendungsbefehl, als innerstaatliches Recht anzusehen.[881] Dem GG liegt die Vorstellung zugrunde, dass das Völkerrecht und das nationale Recht grundsätzlich getrennte Rechtsordnungen sind. Die im GG bereits angelegte Öffnung des innerstaatlichen Souveränitätsbereiches gegenüber dem Völkerrecht bestimmt sich nach Maßgabe des nationalen Rechts.[882] Dies machen die Art. 25 und 59 Abs. 2 GG deutlich. Völkervertragsrecht gilt innerstaatlich konkret nur dann, wenn es in die nationale Rechtsordnung formgerecht und in Übereinstimmung mit materiellem Verfassungsrecht inkorporiert worden ist.[883]

Die Völkerrechtsfreundlichkeit entfalte ihre Wirkung also nur innerhalb des demokratischen und rechtsstaatlichen Systems des Grundgesetzes, mithin nur dann, wenn es in die nationale Rechtsordnung transformiert worden ist.[884] Die UNESCO Konvention 1970 ist in Gestalt des KultGüRückG in die innerstaatliche Rechtsordnung inkorporiert worden. Wie bereits oben gezeigt, sind Art. 7 lit. a) nicht in der Gestalt in nationales Recht umgesetzt, dass die Aufnahme nachrichtenloser Kulturgüter gegen die Bestimmungen des KultGüRückG verstößt.

3. Einfluss der sanktionslosen internationalen Vorgaben auf verbindliche nationale Rechtssätze

Möglicherweise kommt dennoch eine Bindung der Verwaltung durch die internationalen Verbindlichkeiten Deutschlands, die im Rahmen der Unterzeichnung der UNESCO Konvention 1970 eingegangen worden sind, zustande. Denkbar ist dies in der Form, dass der Ermessensspielraum der Verwaltung bei der Vornahme von Maßnahmen zur Einlagerung und Aufbewahrung von Kulturgütern eingeschränkt sein könnte, wenn die Vornahme dieser Maßnahmen einen Verstoß gegen den Vertragstext der Konvention begründet. Das Fehlen einer unmittelbaren Bindungswirkung des von der Bundesrepublik abgeschlossenen Vertrags im innerstaatlichen Raum schließt eine mittelbare Bindungswirkung der UNESCO Konvention 1970 nicht von vornherein aus. Zwingende rechtliche Folgen aus einem den Bundesstaat verpflichtenden völkerrechtlichen Vertrag entstehen zwar für die Länder und deren Gebietskörperschaften ausschließlich nach Maßgabe des innerstaatlichen Verfassungsrechts.[885] Das GG geht in seiner Völ-

---

[881] BVerfG, Beschl. v. 22.10.1986, 2 BvR 197/83, BVerfGE 73, 339 (375) *Jarass/Pieroth*, Art. 25 Rn. 1a.

[882] SächsOVG, Beschl. v. 9.3.2007, 4 BS 216/06, DÖV 2007, 564 (566).

[883] BVerfG, Beschl. v. 14.10.2004, 2 BvR 1481/04, BVerfGE 111, 307 (319).

[884] SächOVG, Beschl. v. 9.3.2007, 4 BS 216/06, DÖV 2007, 564 (566).

[885] BVerfG, Urt. v. 26.3.1957, BVerfGE 6, 309 (363).

kerrechtsfreundlichkeit auch nicht so weit, die Einhaltung völkerrechtlicher Verträge der Bundesrepublik durch eine korrespondierende Bindung der Länder im Bereich ihrer eigenen Gesetzgebungszuständigkeiten zu ermöglichen.[886] Andererseits schließen weder die Kompetenzordnung noch der allgemeine Souveränitätsvorbehalt des GG aus, völkervertragsrechtliche Verpflichtungen des Bundes, die nicht in den innerstaatlichen Rechtsraum inkorporiert wurden, bei der Auslegung von Bundes- und Landesrecht zu berücksichtigen. Das BVerfG führte hierzu aus, dass alle Staatsorgane verpflichtet sind, die die Bundesrepublik bindenden Völkerrechtsnormen zu befolgen und Verletzungen nach Möglichkeit zu unterlassen.[887]

Es spricht daher einiges dafür, dass die Pflichten der Bundesrepublik aus Art. 7 lit. a) UNESCO Konvention 1970 auch bei der Auslegung von Regelungen zur Aufnahme von Kulturgut ungeklärter Provenienz zu berücksichtigen sind. Dies könnte einer Aufnahme von nachrichtenlosen Kulturgütern entgegenstehen, wenn hierin, wie oben, unter III. erörtert, ein Verstoß gegen Art. 7 lit. a) UNESCO Konvention 1970 liegt.

VI. Stellungnahme zur Vertragsverletzung durch Aufnahmenachrichtenloser Kulturgüter und eigener Lösungsansatz

Im Einklang mit den Vorgaben der UNESCO Konvention 1970 ist eine Aufbewahrung von Kulturgütern in Museen oder sonstigen kulturellen Institutionen jedenfalls dann, wenn eine Schirmherrschaft oder Unterstützung seitens der UNESCO durch die Niederlegung einer Zusatzvereinbarung ausdrücklich zugesagt worden ist. Liegt dies nicht vor, kann nicht von vornherein ausgeschlossen werden, dass aufgrund des Grundsatzes der völkerrechtsfreundlichen Anwendung innerstaatlichen Rechts das Ermessen einer Verwaltungsentscheidung derart eingeschränkt ist, dass sie gegen die Aufnahme von nachrichtenlosen Kulturgütern ausfallen muss, deren Provenienz vermuten lässt, dass sie i. S. d. UNESCO Konvention 1970 widerrechtlich aus ihren Herkunftsstaaten ausgeführt worden sind.

Vermieden werden kann eine Verletzung der UNESCO Konvention 1970 allerdings durch eine ausdrückliche Klarstellung im innerstaatlichen Recht darüber, dass die Aufnahme nachrichtenloser Kulturgüter keinen „Erwerb" i. S. d. Art. 7 lit. a) UNESCO Konvention 1970 darstellt. Der Charakter eines Erwerbs im Sinne der UNESCO Konvention kann zwar, wie gezeigt, auch im Fall einer Aufnahme von Kulturgütern nicht ohne Weiteres ausgeschlossen werden. Dies zeigt

---

[886] BVerfG, Urt. v. 26.3.1957, 2 BvG 1/55, BVerfGE 6, 309 (366).

[887] BVerfG, Urt. v. 26.3.1957, 2 BvG 1/55, BVerfGE 6, 309 (365 f.).

sich vor allem daran, dass in der Vergangenheit die oben beschriebenen Initiativen, in denen eine Aufbewahrung von Kulturgütern stattfand, Gegenstand von Zusatzvereinbarungen geworden sind, die ausdrücklich den Ausschluss einer Vertragsverletzung für den Einzelfall festgeschrieben haben. Kann somit eine Aufbewahrung von Kulturgütern nicht generell als vertragskonform angesehen werden, so lässt sich dennoch mit einer allgemeinen Erwägung eine Vertragsverletzung durch die Aufbewahrung von Kulturgütern ausschließen.

Diese besteht darin, dass ein „Erwerb" i. S. d. des Art. 7 UNESCO Konvention 1970 dann verhindert werden soll, wenn er eine Hinderung bei der Rückgabe an den Herkunftsstaat darstellt. So lange dieser „Erwerb" jedoch die Rückgabe an den Herkunftsstaat – oder in Ausweitung des Anwendungsbereichs der UNESCO Konvention 1970 an einen sonstigen Berechtigten, wie einen privaten Eigentümer – gerade befördern soll, liegt ein tatbestandliches Handeln gem. Art. 7 lit. a) UNESCO Konvention 1970 nicht vor. Voraussetzung hierfür ist allerdings, dass der vorübergehende Charakter der Aufbewahrung und die Offenhaltung der Durchsetzungsmöglichkeit von Rückgabeansprüchen im Fall der Feststellung der Eigentümer der nachrichtenlosen Kulturgüter gewahrt bleiben.[888] Dies wird durch die deklaratorische Feststellung einer treuhändischen Aufbewahrung nachrichtenloser Kulturgüter und ihrer Rückforderungsmöglichkeit im Fall des Herausgabeanspruchs eines feststellbaren Eigentümers erreicht. Deklaratorisch ist die Feststellung insbesondere im Hinblick auf die dauerhafte Rückforderungsmöglichkeit deswegen, weil sie – wie im 2. Kapitel dargelegt – der geltenden Rechtslage entspricht. Die staatliche Aufbewahrung nachrichtenloser Kulturgüter wird folglich bei einer ausdrücklichen gesetzlichen Festlegung, die den vorübergehenden Charakter der Verwahrung verdeutlicht und eine – selbst „faktische" – Aneignung, der verwahrten Kulturgüter durch den aufbewahrenden Staat ausschließt, mit den Vorgaben der UNESCO Konvention 1970 vereinbar.

Erforderlich ist also die – deklaratorische – Bekräftigung einer lediglich vorübergehenden Aufbewahrung von nachrichtenlosen Kulturgütern in einem *Safe Haven* in Deutschland.

VII. Einfluss der UNESCO Konvention 1970 auf die Möglichkeit einer Veräußerung nachrichtenloser Kulturgüter

Zu beachten ist, dass die UNESCO Konvention 1970 unter Zugrundelegung der vorangegangenen Erwägungen auch für einen weiteren Punkt der Handhabung nachrichtenloser Kulturgüter von entscheidendem Einfluss ist. Dies betrifft die

---

[888] Vereinbar mit den Vorgaben der UNESCO Konvention 1970 bleibt auch die Möglichkeit einer gerechtfertigten verzögerten Rückgabe, wie sie in § 8 des KGTG (Schweiz) vorgesehen ist.

oben bereits erörterte Möglichkeit, nachrichtenlose Kulturgüter im Ausnahmefall unter dem Stichwort der „Deregulierung" zu veräußern.[889] Soweit die Veräußerung Kulturgüter betrifft, deren Herkunft vermuten lässt, dass sie in den Anwendungsbereich der Konvention fallen, und ferner vom Anwendungsbereich des Art. 7 lit. a) umfasst sind, mithin widerrechtlich aus ihrem Herkunftsstaat ausgeführt worden sind, würde die Möglichkeit einer Veräußerung dieser Kulturgüter eine Verletzung der Konvention darstellen. Handelt es sich um ein Kulturgut, das (mutmaßlich) vom Anwendungsbereich der UNESCO Konvention erfasst ist, würde die Zulässigkeit einer Veräußerung einerseits die Rückgabe des Kulturguts verhindern und andererseits wiederum die Möglichkeit eines „Erwerbs" von Kulturgütern schaffen, die auch von Museen und ähnlichen Einrichtungen wahrgenommen werden könnte. Denn im Sinne einer konsistenten Rechtsanwendung wäre nicht verständlich, aus welchen Gründen Museen als potenzielle Erwerber von diesen Erwerbsmöglichkeiten ausgeschlossen bleiben sollten, die anderen (privaten und hoheitlichen) Erwerbern offenstehen. Ergebnis dieser Überlegungen ist also, dass die Entscheidung über eine Veräußerung aufbewahrter nachrichtenloser Kulturgüter, die vom Schutz der UNESCO Konvention 1970 erfasst sein können, nur zulässig ist, wenn es hierüber eine Abstimmung mit der UNESCO gibt. Liegt die Zustimmung der UNESCO zu einer derartigen Veräußerung nicht vor, ist das im Rahmen von § 983 BGB eingeräumte Ermessen der zuständigen Behörde durch den Grundsatz der völkerrechtsfreundlichen Auslegung des deutschen Rechts dahingehend beschränkt, dass eine Veräußerung der Kulturgüter nicht durchgeführt werden kann. Nur unter der Voraussetzung einer Zustimmung der UNESCO, beispielsweise in Form einer Zusatzvereinbarung, ist eine ausnahmsweise Veräußerung der genannten Kulturgüter durchführbar. Dies schränkt die Durchführbarkeit einer Veräußerung von Kulturgütern nach dem Grundsatz der „Deregulierung" nochmals ein. Nur auf diese Weise ist allerdings ein innerstaatliches Vorgehen garantiert, das mit dem Grundsatz des völkerrechtsfreundlichen Verhaltens und den Bestimmungen der UNESCO Konvention 1970 im Einklang ist.

---

[889] Siehe hierzu oben, 3. Kapitel C. V. Eine Veräußerung wird im Ausnahmefall für möglich gehalten, wenn wissenschaftliche und rechtspolitische Gründe im Einzelfall nicht entgegenstehen.

F. *Safe Haven* für gefährdete Kulturgüter – erste Vorgaben zur Umsetzung eines so genannten „sicheren Hafens" für nachrichtenlose Kulturgüter

In einem von *Siehr* im Jahr 2006 publizierten Artikel *‚Safe Havens' for Endangered Cultural Objects*[890] wird auf die Notwendigkeit einer Regelung für Zufluchtsstätten oder „sichere Häfen" für gefährdete Kulturgüter hingewiesen. Bewaffnete Konflikte und Naturkatastrophen werden als Umstände genannt, die eine Aufbewahrung von Kulturgütern in besonderen Aufbewahrungsverhältnissen erfordern können. Ferner werden insbesondere Kulturgüter in Bezug genommen, die als Beute illegaler Raubgrabungen sichergestellt wurden und deren Herkunftsort nicht feststellbar ist. Verwiesen wird somit im letzten Beispiel ausdrücklich auf eine der Fallgruppen der in dieser Studie untersuchten nachrichtenlosen Kulturgüter.

Wie bereits in den vorangegangenen Abschnitten gezeigt, werden Museen und andere Institutionen, die angesichts der geschilderten Gefahrentatbestände zur vorübergehenden Aufnahme der Kulturgüter bereit sind, vor das Problem gestellt, dass der Inhalt des Aufbewahrungsverhältnisses und die sich hieraus ergebenen Rechtsfolgen weitgehend offen bleiben.[891]
Rechtsunsicherheiten in derartigen Situationen abzuhelfen ist das Anliegen der *Guidelines for the Establishment and Conduct of Safe Havens for Cultural Material* (im Folgenden: Richtlinien) der *International Law Association* (im Folgenden: ILA) aus dem Jahr 2008,[892] die einen ersten Umsetzungsvorschlag für die Einrichtung von „sicheren Häfen" für Kulturgüter enthalten.

Zwar ist – wie schon ausgeführt – das Konzept der *Safe-Haven*-Einrichtungen bereits in freiwilligen Selbstverpflichtungserklärungen enthalten. So sieht die Berliner Resolution 2003[893] sowie der ICOM-Kodex[894] jeweils die Möglichkeit vor,

---

[890] *Siehr*, in: Handbook of Oriental Studies, Section 8, Vol. 14 (2006), S. 325 ff. Hierzu *Engelhardt*, in: FS Siehr (2010), S. 55 ff.

[891] Dass dieses Problem auch außerhalb Deutschland besteht, zeigt die folgende Äußerung eines Mitglieds der internationalen Kulturgüterschutzorganisation *International Committee of the Blue Shield*: *„A private 'museum in exile' containing museum objects from Afghanistan has been established in Switzerland, and it was agreed there is need for guidelines to ensure this type of initiative is properly regulated."*, *MacKenzie*, ICOM News 2000, Nr. 2, Vol. 53 (8). Anlässlich der Aufbewahrung afghanischer Kulturgüter im Afghanistan-Museum Bubendorf, das ursprünglich als private Initiative begründet wurde, siehe auch unten, VI. 1.

[892] Die Richtlinien sind als Anlage I zu dieser Arbeit abgedruckt.

[893] Siehe zur Berliner Resolution 2003 oben, unter D.I.

[894] Siehe dazu oben, unter D.I.2.

dass ein Museum als Zufluchtsstätte, mithin als *Safe Haven* fungiert. Schließlich wird ein *Safe Haven* für Kulturgüter ausdrücklich als Form der internationalen Unterstützung im Rahmen der im November 2009 verabschiedeten Durchführungsrichtlinien zur Umsetzung des Zweiten Haager Protokolls vorgesehen.[895]

Wie im Rahmen dieser Untersuchung bereits dargelegt worden ist, wird in den genannten Fällen allerdings jeweils lediglich die Möglichkeit eingeräumt, dass Museen oder andere Institutionen als Zufluchtsstätten für Kulturgüter dienen können und sich damit im Einklang der jeweiligen ethischen Vorschriften der betroffenen Berufsstände befinden. Eine Ausgestaltung dieses Konzepts der Aufbewahrung liegt zum ersten Mal in Gestalt der Richtlinien der ILA vor.

I. Rechtsnatur des Umsetzungsvorschlags

Die Richtlinien wurden als Ergebnis der 73. Konferenz der ILA, die vom 17.–21. August 2008 in Rio de Janeiro stattfand, verabschiedet.[896] Weder die Resolution der ILA noch die Richtlinien sind auf völkerrechtlicher oder innerstaatlicher Ebene rechtlich bindend. Vielmehr sind sie als Aufforderung und Ermunterung an die Staatengemeinschaft zur Errichtung von *Safe-Haven*-Einrichtungen für Kulturgüter zu verstehen. Es handelt sich hierbei um rechtlich unverbindliche Richtlinien für eine innerstaatliche Umsetzung dieser „sicheren Häfen“.

Die einzelnen Vorschriften der Richtlinien sind mit Kommentaren der Ersteller versehen und der Resolution als Annex beigefügt. Es handelt sich um die Ausgestaltung einer Aufbewahrung von Kulturgütern in bestimmten Gefahrensituationen. Hierzu zählt der Verlust oder die drohende Zerstörung von Kulturgütern, die aus einer Reihe von beispielhaft aufgeführten Situationen entstehen können. Den Richtlinien ist außerdem ein Model-Vertrag angefügt, der die Rechtsbeziehung zwischen dem Herkunftsstaat oder einem sonstigen Eigentümer des Kulturguts und der *Safe-Haven*-Institution bzw. deren Rechtsträger festlegt.[897] Dieser kann aus der Natur der Sache heraus im Fall nachrichtenloser Kulturgüter nicht zwischen diesen Parteien vereinbart werden, da der Eigentümer als Hinterleger gerade nicht bekannt ist.

---

895 *Guidelines for the Implementation of the 1999 Second Protocoll to the Hague Convention of 1954 for the Protection of Cultural Property in the Event of Armed Conflict* v. 24.11.2009. Hierzu *Odendahl*, in: Kulturgüterschutz – Künstlerschutz, S. 23 (44 f.). Siehe dazu bereits oben, unter A.II.1.d).

896 Die ILA ist eine internationale Gesellschaft von Rechtswissenschaftlern, die sich in Arbeitsgruppen jeweils aktuellen Rechtsfragen zuwenden.

897 Annex zu den Richtlinien, siehe Anlage zu dieser Arbeit.

II. Bezugnahme der Richtlinien auf nachrichtenlose Kulturgüter

Den Ausführungen der Richtlinien wird die grundsätzliche Ausgangssituation zugrunde gelegt, dass das Herkunftsland der zu schützenden Kulturgüter bekannt ist. Hierneben sind jedoch auch Ausführungen enthalten, die sich ausdrücklich auf die Aufbewahrung von Kulturgütern beziehen, deren Herkunft nicht feststellbar ist. Damit bieten die Richtlinien auch Vorgaben zum Umgang mit nachrichtenlosen Kulturgütern.

III. Regelungsgehalt der Richtlinien

Der Regelungsgehalt der Richtlinien umfasst vier Bereiche. Im Anschluss an deskriptive Ausführungen zum Zweck der vorgeschlagenen *Safe-Haven*-Einrichtungen unter Bezugnahme auf die gegenwärtige ungeklärte Rechtslage folgen Vorgaben für die inhaltliche Ausgestaltung der Aufbewahrung.[898] Es folgen sodann Vorschläge zur Einrichtung und Verwaltung eines *Safe Haven*. Das Aufbewahrungsverhältnis selbst wird unter dem Gesichtspunkt der Aufnahme von Kulturgütern, der Definition relevanter Begrifflichkeiten und Gefahrentatbestände, der maßgeblichen Sorgfaltsanforderungen sowie einer möglichen Nutzung der eingelagerten Kulturgüter während der Aufbewahrung behandelt. Schließlich enthalten die Richtlinien Vorschriften über die Rückgabe der aufbewahrten Kulturgüter und die Umsetzung von *Safe-Haven*-Einrichtungen auf innerstaatlicher Ebene.

IV. Vorgaben für einen *Safe Haven* im Einzelnen

1. Organisation und Verwaltung

Die Richtlinien sehen einen *Safe Haven* als Einrichtung auf nationaler Ebene vor.[899] Eingeräumt wird die Möglichkeit, den *Safe Haven* sowohl als staatliche als auch als nicht-staatliche Einrichtung zu organisieren.[900] In letzterem Fall ist allerdings eine staatliche Aufsicht über die aufbewahrende Institution sicherzustellen.[901] Einzelheiten dieser staatlichen Aufsichtsführung sehen die Richtlinien nicht vor. Das Spektrum der Ausgestaltungsmöglichkeiten reicht daher von einer verwaltungsrechtlichen Kontrollmöglichkeit bis hin zu einer umfassen-

---

[898] Präambel sowie 2. der Richtlinie.

[899] 2. der Richtlinie.

[900] 3. und 3.1 (Kommentierung) der Richtlinie. Siehe zur Bedeutung privater Initiativen im Dienste des kulturellen Erbes *Sladek*, in: Internationaler Kulturgüterschutz, S. 73 ff.; aus Sicht der UNESCO *Prott*, in: Private Initiativen, S. 65 ff.

[901] 3. der Richtlinie.

den staatlichen Leitung.[902] Entscheidend ist jedenfalls, dass die Aufbewahrung von Kulturgütern einer staatlichen Einwirkungsmöglichkeit unterliegt und nicht vollständig der Entscheidungsgewalt einer privaten Initiative überlassen bleiben soll. Das Modell eines *Safe Haven* als private Initiative unter staatlicher Schirmherrschaft nimmt ausdrücklich Bezug auf das Afghanistan-Museum im schweizerischen Bubendorf, in welchem von 1999 bis 2007 eine vorübergehende Aufbewahrung von Kulturgütern aus Afghanistan unter der Schirmherrschaft der UNESCO stattgefunden hat.[903]

Ein wesentliches Merkmal der *Safe-Haven*-Konzeption der Richtlinien besteht darin, dass es sich nicht notwendigerweise um eigenständige Einrichtungen oder Institutionen handeln muss. Stattdessen kann ein *Safe Haven* auch schlicht als Rechtsverhältnis für bestimmte Kulturgüter innerhalb einer bestehenden Institution, wie beispielsweise eines Museums, eingerichtet werden.[904] Folglich ist nicht notwendigerweise eine eigenständige Einrichtung im räumlichen Sinne, in Form eines Museums oder Depots, erforderlich, sondern ein *Safe Haven* ist charakterisiert durch die Begründung eines speziellen Rechtsverhältnisses, das die Aufbewahrung von bestimmten Kulturgütern innerhalb einer bestehenden Institution besonders ausgestaltet und konkretisiert. Insofern korrespondiert die Konzeption mit den bereits erörterten Safe-Haven-Modellen der Berliner Resolution 2003 und dem ICOM-Kodex.[905]

2. Maßgebliches Recht

Für die Errichtung und Verwaltung, die inhaltliche Ausgestaltung der Aufbewahrungsverhältnisse und die Rückgabe der Kulturgüter sehen die Richtlinien die Anwendung der Rechtsvorschriften des Staates, in dessen Hoheitsgebiet sich der *Safe Haven* befindet, als maßgeblich an.[906]

V. Aufnahme und Aufbewahrung von Kulturgütern

1. Begriffsklärung

Für die Definition des in den Richtlinien zugrunde gelegten Begriffs Kulturgut (*cultural material*) wird auf Art. 1 UNESCO Konvention 1970 verwiesen.[907] Als

---

902 Hoffmann-Riem/Schmidt-Aßmann/Voßkuhle/*Jestaedt*, § 14 Rn. 59.

903 2. (Kommentierung) der Richtlinie. Zum Afghanistan-Museum im Exil siehe bereits oben, E. 5. ff.; sowie *Koellreuter/Bucherer*, KGS-Forum, 12/2008, 44 f. Siehe zum Erfordernis einer Zusatzvereinbarung zwischen UNESCO und der als *Safe Haven* fungierenden kulturellen Einrichtung oben, unter E.

904 3.3 (Kommentierung) der Richtlinie.

905 Siehe dazu oben, D.

906 4. lit. b) der Richtlinie.

907 1. lit. a) der Richtlinie.

Herkunftsstaat (*source state*) wird der Staat bezeichnet, in welchem das Kulturgut sich zum Zeitpunkt der Gefährdungslage befindet.[908] Es kommt in diesem Zusammenhang folglich nicht darauf an, ob es sich dabei um den ursprünglichen Herkunftsstaat des Kulturgutes handelt. Es ist daher auch ohne Belang, ob das Kulturgut in diesem Staat erschaffen worden ist oder erst später dorthin verbracht wurde.[909] Keine Rolle spielt bei der Bestimmung des Herkunftsstaats die Frage, ob das Eigentum an dem gefährdeten Kulturgut diesem Staat, einem Drittstaat oder einem – unter Umständen auch unbekannten – privaten Eigentümer zusteht.

2. Gefahrentatbestände

Die Einlagerung von Kulturgütern in einen *Safe Haven* soll dann in Betracht kommen, wenn die Objekte an ihrem gewöhnlichen Aufbewahrungsort Gefahren ausgesetzt sind und ihnen hierdurch Beschädigung, Verlust oder Zerstörung droht. Die Richtlinien enthalten eine Aufzählung von Situationen und Umständen, die eine derartige Gefahrenlage darstellen können. Genannt werden in diesem Zusammenhang bewaffnete Konflikte, Naturkatastrophen und illegale Raubgrabungen.[910] Die Aufzählung ist nicht abschließend. Weitere Umstände können daher zur Folge haben, dass eine Einlagerung von Kulturgütern in einem *Safe Haven* erforderlich wird. Klargestellt wird, dass ein *Safe Haven* sowohl im Inland als auch in einem ausländischen Staat eingerichtet werden kann.[911] Anknüpfungspunkt ist folglich nicht die Ursache der Gefahrensituation, sondern ihre mögliche Auswirkung auf das zu schützende Kulturgut. Die Richtlinien folgen damit nicht der Trennung zwischen kulturgüterschützenden Maßnahmen in Friedenszeiten und solchen im Kriegsrecht.[912]

3. Sorgfaltspflichten

Um die Ausübung der erforderlichen Sorgfalt[913] bei der Aufbewahrung der Kulturgüter zu gewährleisten, ist in ausreichendem Maße auf die Gebräuche und Traditionen des (oder eines möglichen) Herkunftsstaates Rücksicht zu nehmen.[914] Es handelt sich bei dieser Vorgabe nicht etwa um eine Modifikation des maßgeblichen anwendbaren Rechts, sondern um eine Konkretisierung der maß-

---

908 1. lit. b) der Richtlinie.

909 1. lit. b) (Kommentierung) der Richtlinie.

910 Präambel und 2. der Richtlinie.

911 2. (Kommentierung) der Richtlinie.

912 Ein Überblick hierzu *Pabst*, S. 52 ff.

913 Gefordert wird die Anwendung höchster Sorgfaltsmaßstäbe, 4.1. (Kommentierung) der Richtlinie.

914 4. lit. b) der Richtlinie.

geblichen Sorgfaltspflichten bei der Aufbewahrung. Bedeutung erlangt dies vor allem für die Aufbewahrung von sogenannten *human remains* und Kulturgütern, denen eine religiöse oder kultische Funktion zukommt.[915]

Es wird besonders darauf hingewiesen, einen *Safe Haven* nicht in den Dienst einer eventuellen Förderung des illegalen Handels mit Kulturgütern zu stellen. Die als *Safe Haven* agierende Institution habe jede Handlung zu unterlassen, die dem illegalen Handel mit Kulturgütern förderlich sein könnte.[916] Der Grund für die Betonung der Gesetzestreue der aufbewahrenden Institutionen liegt in der oben[917] bereits ausgeführten besonderen Schwierigkeit im Umgang mit Kulturgütern, die aus illegalen Raubgrabungen stammen. Einerseits wird hierdurch die Aufgabe der *Safe-Haven*-Einrichtungen verdeutlicht, die zwar als sichere Häfen, aber nicht als sichere Absatzmärkte für die Beute aus Raubgrabungen oder sonstigen unrechtmäßigen Geschäften dienen dürfen. Ausgeschlossen wird damit ferner die Möglichkeit, Kulturgüter anzukaufen oder auf sonstige Weise in Kooperation mit Dieben und Hehlern anzuschaffen.[918] Diese Klarstellung ist dem Spannungsfeld geschuldet, in dem sich die Umsetzung eines *Safe Haven* abspielt, insbesondere hinsichtlich der Aufnahme von Kulturgütern unbekannter Herkunft.

Wie oben bereits ausführlich dargelegt, umfasst dieses Spannungsfeld einerseits die Bestrebung, Kulturgüter als Erbe der gesamten Menschheit nicht dem illegalen Kunstmarkt und damit ihrem dauerhaften Verlust für die Öffentlichkeit Preis zu geben, und andererseits Bemühungen um die Eindämmung von Raubgrabungen und der illegalen Ausfuhr von Kulturgütern. Besteht über die Eckpunkte der Auseinandersetzung weitgehend Einigkeit, so ist im Einzelfall das Ergebnis einer Abwägung dieser widerstreitenden Interessen unklar.[919] Die Richtlinien enthalten die hierzu einzig mögliche und richtige Vorgabe, die jegliche Betätigung einer *Safe-Haven*-Institution ausschließt, die dazu geeignet ist dem illegalen Kunsthandel oder Raubgrabungen Vorschub zu leisten. Eine Aufbewahrung von Kulturgütern unbekannter Herkunft und zweifelhafter Provenienz kommt daher im Rahmen von sichergestellten oder sonst in die Obhut der öffentlichen Hand gelangten Objekten in Betracht. Ein Ankauf oder sonstiger (insbesondere entgeltlicher) Erwerb seitens der *Safe-Haven*-Institution muss ausnahmslos ausgeschlossen werden. Nur auf diese Weise garantieren die Richtlinien auch die Übereinstimmung mit den Vorgaben der UNESCO Konvention von 1970,[920] in

---

915 4.2 (Kommentierung) der Richtlinie.

916 4. lit. h) der Richtlinie.

917 Siehe oben, B. I.

918 4.8 (Kommentierung) der Richtlinie.

919 Siehe dazu oben, unter B.

920 Zu einem möglichen Konflikt zwischen den Vorgaben der UNESCO Konvention 1970 und einer Aufbewahrung nachrichtenloser Kulturgüter oben, E.

der sich die Vertragsstaaten in Art. 7 lit. a) dazu verpflichten, Museen und ähnliche Einrichtungen am Erwerb von Kulturgütern zu hindern, die widerrechtlich ausgeführt worden sind.

4. Verstoß gegen ausländische Exportvorschriften

Die Richtlinien verfolgen den Grundsatz, dass eine Aufnahme von Kulturgütern ausgeschlossen bleiben muss, wenn diese unter Verletzung von Exportvorschriften aus einem anderen Staat ausgeführt worden sind. Eine Ausnahme hiervon wird vorgesehen, wenn die Ausfuhr unter Umständen stattfand, unter denen die Ausstellung einer Ausfuhrgenehmigung unmöglich war.[921] Dieser Vorschrift liegt der Gedanke der Kooperation zugrunde – eine Aufnahme von Kulturgut in einen *Safe Haven* soll also grundsätzlich in Abstimmung mit dem Herkunftsstaat erfolgen. Fraglich ist allerdings, ob das Fehlen einer genehmigten Ausfuhr grundsätzlich der Aufnahme von Kulturgütern unbekannter Herkunft entgegensteht.

Ein derart restriktives Verständnis Richtlinien würde dem Sinn und Zweck eines *Safe Haven* widersprechen, der den umfassenden Schutz durch die Aufbewahrung von Kulturgütern zum Ziel hat, für die keine anderweitige Aufbewahrungsmöglichkeit besteht. Wie bereits aufgezeigt, wird ausdrücklich die Aufnahme von Kulturgütern unbekannter Herkunft vorgesehen.[922] Der in den Richtlinien vorgesehene Ausnahmefall einer Aufnahme trotz Fehlens einer Ausfuhrgenehmigung des Herkunftsstaates ist also auf Kulturgüter unbekannter Provenienz und Herkunft anzuwenden. Daneben sind für diesen Ausnahmetatbestand insbesondere Situationen vorstellbar, in denen Kulturgüter ohne die erforderlichen Genehmigungen ausgeführt werden, da im Herkunftsstaat aufgrund politischer Umstände oder Naturkatastrophen ein Handeln der zuständigen Behörden nicht abgewartet werden kann.[923]

5. Inventarisierung und Informationspflicht

Die Aufnahme von Kulturgütern zur Aufbewahrung begründet die Pflicht der Institution, die aufbewahrten Kulturgüter zu inventarisieren.[924] Die *Safe-Haven*-Institutionen sind also zur Errichtung eines Verzeichnisses über die aufgenommenen Kulturgüter verpflichtet. Die in diesem Verzeichnis enthaltenen Informationen sind öffentlich zugänglich zu halten.[925] Dies dient der Schaffung größtmöglicher Transparenz über die Aufbewahrungsverhältnisse. Der freie Zugang zu Verzeichnissen, Informationen und den aufbewahrten Kulturgütern

---

[921] 4. lit. c) der Richtlinie.

[922] 2. (Kommentierung), 3.3 (Kommentierung).

[923] 4.3 (Kommentierung) der Richtlinie.

[924] 4. lit. d) der Richtlinie.

[925] 4.4. (Kommentierung) der Richtlinie.

selbst ist insbesondere im Hinblick auf die Durchsetzung einer Rückforderung der Herkunftsstaaten oder privater Eigentümer von besonderer Bedeutung.

6. Nutzung der aufbewahrten Kulturgüter

Die Richtlinien sehen bemerkenswerterweise die Möglichkeit einer Nutzung der aufbewahrten Kulturgüter vor. Soweit die Gebräuche und Traditionen des Herkunftslandes dem nicht entgegenstehen, plädieren die Richtlinien dafür, die eingelagerten Kulturgüter zu Ausstellungszwecken zu nutzen. Voraussetzung ist hierfür, dass eine ausdrückliche Kennzeichnung als *Safe-Haven*-Bestand erfolgt.[926]

Die Überlassung der eingelagerten Kulturgüter an Dritte wird ebenfalls unter eingeschränkten Bedingungen für möglich gehalten. Erforderlich ist hierfür grundsätzlich das Vorliegen einer Genehmigung des Eigentümers.[927]

Werden aus der Nutzung der eingelagerten Kulturgüter Einkünfte erzielt, ist deren Verwendung zwingend und ausschließlich für die Kosten des *Safe Haven* zulässig.[928] Die Kommentierung der Richtlinien enthält einen ausdrücklichen Hinweis darauf, dass das übergebene Kulturgut nicht dazu verwendet werden darf, Einkommen für die sonstigen Zwecke der aufbewahrenden Institution zu erwirtschaften. Sämtliche Einnahmen aus Ausstellungen, einer Leihe an Dritte oder weiteren Verwertungen, wie beispielsweise durch fotografische Abbildungen, dürfen ausschließlich für die Finanzierung des *Safe Haven* verwendet werden.[929]

VI. Rückgabe der aufbewahrten Kulturgüter

Die Rückgabe der eingelagerten Kulturgüter aus den *Safe Haven* erfolgt auf Antrag des Herkunftsstaates.[930] Mit der Rückgabeforderung endet somit das Besitzrecht der als *Safe Haven* fungierenden Institution und sie ist zur Herausgabe verpflichtet. Dies entspricht der bereits erörterten Rechtslage bei der Aufbewahrung nachrichtenloser Kulturgüter.[931]

1. Aufschub der Rückgabe

Die Rückgabe kann allerdings aufgeschoben werden, wenn eine ausreichende Sicherheit für das Kulturgut im Herkunftsstaat nicht gewährleistet erscheint.

---

926 4. lit. e) der Richtlinie.

927 4. lit. f), 4.6. (Kommentierung) der Richtlinie.

928 4. lit. g) der Richtlinie.

929 4.7. (Kommentierung) der Richtlinie.

930 4. lit. i) der Richtlinie.

931 Siehe dazu bereits oben, 2. Kapitel B. V. sowie 4. Kapitel E.

Eine entsprechende Regelung existiert bereits in rechtlich verbindlichen Kulturgüterschutzgesetzen, so in Art. 9 Abs. 2 des KGTG der Schweiz.[932]

2. Kostenausgleich

Ein Ausgleich der durch die Aufbewahrung entstandenen Kosten ist in den Richtlinien vorgesehen und soll, vorbehaltlich anderweitiger Vereinbarungen, nach erfolgter Rückgabe erfolgen.[933]

VII. Umsetzungsvorgaben

Die Vorgaben der Richtlinien sind als Orientierung für eine Aufbewahrungspraxis konzipiert. Sie können durch verbindliche rechtliche Regelungen umgesetzt werden oder als Orientierungshilfe für die Aufbewahrung gefährdeter Kulturgüter dienen.[934] Denkbar ist dies in der Form, dass die Vorgaben der Richtlinien in die bestehende Praxis und die internen Handlungsanweisungen von Museen, Archäologen und weiteren Berufsgruppen eingearbeitet werden. Die jeweils einschlägigen ethischen Standards, Selbstverpflichtungserklärungen und Verwaltungsrichtlinien sind dann im Sinne der in den Richtlinien niedergelegten Vorschläge auszulegen oder entsprechend anzupassen.

Eine Streitschlichtung ist möglichst außergerichtlich herbeizuführen – die konkrete Form hierfür wird offen gelassen.[935]

Zur Vermeidung von Rechtsstreitigkeiten ist der Abschluss einer vertraglichen Vereinbarung über die Aufbewahrung vorgesehen. Zu diesem Zweck ist den Regelungsvorschlägen ein Modellvertragstext angefügt.[936]

Eine derartige Abrede scheidet freilich für den Fall aus, dass der Herkunftsstaat oder ein sonstiger Eigentümer der aufbewahrten Kulturgüter – wie im Fall der nachrichtenlosen Kulturgüter – nicht festgestellt werden kann.

VIII. Bewertung der Richtlinien

Die in den Richtlinien enthaltenen Vorgaben für eine abgestimmte und transparente Aufbewahrung von gefährdeten Kulturgütern sind als erste ausdrückliche

---

932 Vorgesehen wird dort die Möglichkeit einer gerichtlichen Aussetzung des Vollzugs der Rückführung, bis das Kulturgut bei einer Rückführung nicht mehr gefährdet ist. Siehe Bundesgesetz vom 20. Juni 2003 über den internationalen Kulturgütertransfer (Kulturgütertransfergesetz – KGTG), AS 2005 1869.

933 5. lit. b) der Richtlinie.

934 9. lit. a), c) der Richtlinie.

935 9 lit. d) der Richtlinie.

936 9. lit. e) und Modellvertrag, abgedruckt als Annex zu Anlage I.

Ausgestaltungsvorgabe für *Safe-Haven*-Einrichtungen von entscheidender praktischer Relevanz.

Eine Umsetzung der Vorschläge fördert die Rechtssicherheit für die aufbewahrenden Institutionen sowie für die Herkunftsstaaten und Eigentümer der Kulturgüter. Eine Umsetzung der Vorgaben ist daher aus Sicht der Wissenschaft, der Museen und auch in rechtspolitischer Hinsicht wünschenswert.[937]

Mit der Einrichtung von „sicheren Häfen" für Kulturgüter, die vorübergehend für die Eigentümer oder Herkunftsstaaten treuhändisch aufbewahrt werden, würde ein entscheidender Schritt für den Kulturgüterschutz getan. Im Hinblick auf die Ausgestaltung der Aufbewahrung von Kulturgütern stimmen die Vorgaben der Richtlinien mit der gesetzlichen Situation nachrichtenloser Kulturgüter nach deutschem Recht überein. Dies betrifft insbesondere die im 2. und 4. Kapitel dargelegten Grundsätze über die Aufbewahrung, die Herausgabe und die Nutzung der aufbewahrten nachrichtenlosen Kulturgüter.

1. *Safe Haven* als Fortentwicklung kulturgüterschützender Instrumente

Die Richtlinien ergänzen die bestehenden Instrumente des Kulturgüterschutzes um den Aspekt der geregelten und transparenten treuhändischen Aufbewahrung ausgelagerter Kulturgüter.

Neben dem Schutz vor Beschädigung und Verlust aufgrund von Krisensituationen, kriegerischen Unruhen oder Naturkatastrophen erlangt diese Aufbewahrungsform besondere Bedeutung für Kulturgüter unbekannter Herkunft, für die außerhalb eines *Safe Haven* weder in Museen noch in anderen Institutionen eine Aufbewahrung vorgesehen ist. Die Richtlinien wählen einen umfassenden Ansatz des Kulturgüterschutzes, indem sie in mehrerlei Hinsicht über die existierenden Konzepte von *Safe-Haven*-Einrichtungen hinausweisen. Einerseits bietet ein *Safe Haven* nach den Vorgaben der Richtlinien eine Aufnahme jeglichen Kulturguts, unabhängig von einer Eintragung in Listen besonders schützenswerter Kulturgüter oder sonstiger Einschränkungen. Ferner wird die Aufbewahrung nicht nur der Kulturgüter aus dem Gebiet vorgesehen, in welchem sich das Museum befindet, sondern auch für Objekte aus anderen Staaten. Darüber hinaus wird neben einer Aufbewahrung auch die Nutzung der Kulturgüter vorgesehen. Damit weisen die Richtlinien nicht nur in ihrer Detailliertheit, sondern auch in ihrer Qualität über die bestehenden Konzepte von *Safe-Haven*-Einrichtungen, insbesondere der der Berliner Resolution 2003 und der des ICOM-Kodex, hinaus.

2. Einzelstaatliche Umsetzung

Zu konkretisieren bleibt freilich, in welcher Form eine Umsetzung des *Safe-Haven*-Konzeptes in Deutschland erfolgen kann. Die Richtlinien bieten zwar

937 Dazu bereits *Engelhardt*, in: FS Siehr (2010), S. 55 (66).

eine konkrete Vorgabe zur Umsetzung, es erscheint jedoch unwahrscheinlich, dass allein durch diesen Umstand ein Museum oder eine sonstige Institution aus eigener Initiative einen *Safe Haven* etablieren wird. Die Richtlinien bieten keine rechtlich verbindliche Handlungsanweisung, sondern lediglich eine Hilfestellung bei der inhaltlichen Ausgestaltung. Empfehlenswert ist ein abgestimmtes Vorgehen zwischen den Museen und den sonstigen betroffenen Institutionen und deren Trägern. Es liegt somit bei diesen, dem praxisrelevanten Vorschlag aus den Richtlinien zu einer Gestalt zu verhelfen.

Die Einrichtung eines *Safe Haven* erfordert neben innerstaatlichen Maßnahmen zur Umsetzung des Konzeptes auch eine Anpassung der internationalen ethischen Richtlinien und freiwilligen Selbstverpflichtungserklärungen, um neuerlichen Rechtsunsicherheiten auf Seiten der Museen und der Wissenschaft vorzubeugen. Zwar handelt es sich hierbei nicht um gesetzliche Vorgaben, sondern lediglich um rechtlich unverbindliche ethische Kodizes.[938] Diesen kommt allerdings in vielen Fällen entscheidende praktische Bindungswirkung zu. Aus Gründen der Klarstellung und im Sinne einer einheitlichen Praxis wird daher eine Anpassung dringend empfohlen.

IX. Rahmenüberlegungen für Umsetzung von *Safe-Haven*-Einrichtungen in Deutschland

Eine Umsetzung des *Safe-Haven*-Modells in Deutschland erfordert rechtsgestaltende Maßnahmen. Im Folgenden werden Rahmenüberlegungen für den Inhalt dieser Maßnahmen angestellt, die bislang nicht Gegenstand von Ausführungen in dieser Untersuchung geworden sind.

1. Regelungsebenen einer innerstaatlichen Umsetzung

Je nach Inhalt der erforderlichen Regelung erfordert die Umsetzung eines *Safe Haven* für nachrichtenlose Kulturgüter in Deutschland verschiedene Maßnahmen. Die durch die gegenwärtige Rechtslage offen gebliebenen Fragen bei der Aufbewahrung nachrichtenloser Kulturgüter verlangen eine gesetzliche Klarstellung des Kostenausgleichs im Rahmen der öffentlich-rechtlichen Verwahrung. Ferner sind die Festlegung bestimmter Einlagerungsorte, einer Koordinierungsstelle und die Finanzierung dieser Aufgaben in Gestalt eines Staatvertrags zwischen dem Bund und den Ländern erforderlich. Darüber hinaus sind Vorgaben für die konkreten Sorgfaltsanforderungen und Handlungsanweisungen zum Umgang mit den aufbewahrten Kulturgütern in Form von Verwaltungsrichtlinien für die als *Safe Haven* auftretende Institution erforderlich. Hieraus ergibt sich folglich ein dreistufiges Umsetzungsmodell für *Safe-Haven*-Einrichtungen in Deutschland, bestehend aus einer gesetzlichen Regelung, einer staatsvertrag-

---

[938] Siehe dazu oben, D.

lichen Vereinbarung sowie internen Verwaltungsrichtlinien als Handlungsanweisung für die aufbewahrenden Institutionen.

2. Inhaltliche Vorgaben für die Aufbewahrung

Die Aufbewahrung nachrichtenloser Kulturgüter erfolgt im Rechtsverhältnis der öffentlich-rechtlichen Verwahrung. Die hierbei entstehenden Unsicherheiten über den genauen Inhalt der anzuwendenden Sorgfaltspflicht der als *Safe Haven* agierenden Institution sind durch Verwaltungsrichtlinien, die konkrete Handhabungshinweise enthalten, zu beheben. Hierbei ist auch auf eine mögliche Nutzung der aufbewahrten Kulturgüter einzugehen. Die Vorgaben sind jeweils für die einzelnen Fallgruppen aufbewahrter Kulturgüter festzulegen, so dass auf die bestehenden Besonderheiten eingegangen werden kann.

3. Konzeption der Verwahrungskostenregelung

Die Festsetzung von erstattungsfähigen Gebühren für die Verwahrung nachrichtenloser Kulturgüter sollte unterbleiben. Die anfallenden Kosten für die Verwahrung der Kulturgüter könnte stattdessen mit den Mitteln beglichen werden, die der aufbewahrenden Institution durch eine Nutzung der Kulturgüter zufließen. Diese Konzeption ist in dreifacher Hinsicht wünschenswert und bedeutet eine Abwägung der möglichen widerstreitenden Interessen zwischen den Eigentümern der Kulturgüter als Hinterleger, dem Staat als Verwahrer sowie der Allgemeinheit als Träger der Kostenlast.

Zum einen wird eine Belastung der Eigentümer mit Verwahrungskosten vermieden. Da die Eigentümer nachrichtenloser Kulturgüter in der Regel nicht als Verursacher der Situation der Nachrichtenlosigkeit oder als Störer i. S. d. polizeirechtlichen Bestimmungen angesehen werden können, andererseits die Verwahrung der Kulturgüter in ihrem Interesse erfolgt, erscheint so ein angemessener Ausgleich der Interessen der Beteiligten erreichbar. Ferner liegt eine Nutzung der Kulturgüter im öffentlichen Interesse. Schließlich entspricht es dem Interesse des Trägers der aufbewahrenden Institution und dem der Allgemeinheit, die Kostenlast für die Verwahrung nicht ohne jeden Ausgleich zu belassen, sondern zumindest das Einkommen aus den Nutzungen der nachrichtenlosen Kulturgüter für die bei der Betreibung der *Safe-Haven*-Einrichtung anfallenden Kosten einzusetzen.

4. Koordinierung von Informationen

Das Ziel auch einer geregelten Aufbewahrung von nachrichtenlosen Kulturgütern bleibt die Zusammenführung von Eigentümer und Kulturgut. Insofern sind Vorkehrungen erforderlich, die eine gezielte Suche nach nachrichtenlosem Kulturgut ermöglichen. Gewährleistet wird dies durch die Einrichtung einer zentralen Anlaufstelle, die als Informations- und Koordinierungsstelle fungieren kann. Ein elementarer Beitrag einer Regelung zu einem transparenten Umgang mit den nachrichtenlosen Kulturgütern ist daher die Schaffung einer Anlaufstelle für die ursprünglichen Eigentümer sowie für die aufbewahrenden Institutionen, die Informationen und Anfragen entgegennimmt und koordiniert. Hierzu gehören auch der Aufbau und die Verwaltung einer Datenbank der im Rechtsverhältnis eines *Safe Haven* eingelagerten Kulturgüter.

Im Hinblick auf Kulturgüter, die ihren Eigentümern im Zusammenhang mit dem Zweiten Weltkrieg entzogen worden sind, nimmt die Koordinierungsstelle in Magdeburg[939] die soeben beschriebenen Aufgaben wahr. Eine Erweiterung ihrer Aufgaben auf die Koordinierung der Verwaltung nachrichtenloser Kulturgüter erscheint hierfür als geeignetes Vorgehen. Damit ist sichergestellt, dass die bereits bestehenden Einrichtungen und Strukturen sinnvoll genutzt werden. Die bereits gewonnenen Erfahrungen und die Infrastruktur der bestehenden Einrichtung können sinnvoll erweitert und für die Koordinierung der Informationen über nachrichtenlose Kulturgüter genutzt werden. Die Ausweitung der Kompetenz der Behörde erfordert eine Festlegung in einem Vertrag zwischen den Ländern.

a) Einrichtung einer Koordinierungsstelle

Die Koordinierungsaufgaben für eine Verwaltung nachrichtenloser Kulturgüter decken sich in vielen Punkten mit den Aufgaben der bereits bestehenden Koordinierungsstelle in Magdeburg (Koordinierungsstelle). Sie ist gem. § 1 Abs. 1 der Gemeinsamen Vereinbarung über die Koordinierungsstelle in Magdeburg eine von der Bundesrepublik Deutschland und den Ländern getragene Einrichtung in der Form einer Arbeitsgruppe des Kultusministeriums des Landes Sachsen-Anhalt in Magdeburg.[940] Die Arbeit der Koordinierungsstelle basiert auf der gemeinsamen Vereinbarung zwischen der Bundesrepublik und den Ländern sowie der Bereitstellung der entsprechenden Haushaltsmittel.[941]

Es erscheint jedoch zweifelhaft, ob die Erweiterung der Kompetenzen der Koordinierungsstelle auf die Verwaltung von Informationen zur Aufbewahrung von nachrichtenlosen Kulturgütern im Rahmen der ihrer Einrichtung zugrunde liegenden Vereinbarung erfolgen kann. Ist dies nicht möglich, wäre eine neue Vereinbarung in Form eines Verwaltungsabkommens erforderlich, in welchem die Erweiterung der Aufgaben der Koordinierungsstelle erfolgt und auf die Verwaltung der Informationen zu nachrichtenlosen Kulturgütern erstreckt wird.

---

939 Die Koordinierungsstelle Magdeburg dokumentiert Such- und Fundmeldungen zu NS-verfolgungsbedingt entzogenen und kriegsbedingt verlagerten Kulturgütern. Siehe näher hierzu www.lostart.de (abgerufen am 15.3.2011).

940 Allgemein zur Möglichkeit der Kompetenzübertragung zur Ausübung durch Einrichtungen eines Landes Isensee/Kirchhoff/*Rudolf*, § 105 Rn. 63.

941 Gemeinsame Vereinbarung über die Koordinierungsstelle für Kulturgutverluste v. 17.5.2005, ABl. Brandenburg Nr. 24 v. 22.6.2005, 670.

b) Aufgabenerweiterung durch innerinstitutionellen Beschluss gem. § 1 Abs. 4 der Vereinbarung über die Koordinierungsstelle in Magdeburg

Die Verwaltung und Koordinierung von Informationen über die Aufbewahrungsorte nachrichtenloser Kulturgüter gehört nicht zu den in § 1 Abs. 3 abschließend aufgelisteten Aufgaben der Koordinierungsstelle. Die Möglichkeit der Übernahme zusätzlicher Aufgaben ist in § 1 Abs. 4 vorgesehen und kann, unter der Bedingung der Bereitstellung entsprechender Projektmittel, vom Vorstand beschlossen werden. Zweifel über die Möglichkeit einer Ausweitung des Aufgabenspektrums der Koordinierungsstelle durch einen innerinstitutionellen Beschluss entstehen im Hinblick auf die Grundlagen, auf denen die Einrichtung der Koordinierungsstelle basiert. Gemäß der Präambel ist Hintergrund der Einrichtung der Koordinierungsstelle die historische Verantwortung Deutschlands in Form der Zustimmung zu den Washingtoner Prinzipien von 1998 und der Verabschiedung der Erklärung der Bundesregierung, der Länder und der kommunalen Spitzenverbände zur Auffindung und zur Rückgabe NS-verfolgungsbedingt entzogenen Kulturgutes, insbesondere aus jüdischem Besitz von 1999. Genannt wird ferner der Wille zur Dokumentation kriegsbedingt verbrachter Kulturgüter. Erfasst sind vor diesem Aufgabenbereich zwar bereits nachrichtenlose Kulturgüter, die Eigentümern im Zusammenhang mit verfolgungsbedingten Entzugstatbeständen im Sinne der Gemeinsamen Erklärung von 1999 abhanden gekommen sind.[942] Die weiteren Fallgruppen nachrichtenloser Kulturgüter sind hiervon jedoch nicht umfasst. Die Erweiterung der Aufgaben durch einen Vorstandsbeschluss gem. § 1 Abs. 4 der Vereinbarung scheint daher nicht geeignet, die Tätigkeit der Koordinierungsstelle im erläuterten erforderlichen Umfang zu ergänzen.

c) Aufgabenerweiterung durch neue Verwaltungsvereinbarung

Um die weiteren Fallgruppen nachrichtenloser Kulturgüter in das Aufgabenspektrum der Koordinierungsstelle mit einbeziehen zu können, wird daher empfohlen, eine gemeinsame Vereinbarung zu formulieren, die ausdrücklich auf die historische Verantwortung auch für illegal zutage geförderte und sonstige nachrichtenlose Kulturgüter verweist. Eine gemeinsame Vereinbarung zwischen dem Bund und den Ländern dient der Erweiterung der Kompetenz der Koordinierungsstelle in Magdeburg sowie der Finanzierung und Festlegung der Einlagerungsorte für nachrichtenlose Kulturgüter. Erforderlich ist hierfür eine rechtsverbindliche Vereinbarung zwischen dem Bund und den Ländern.[943]

---

942 Zur Gemeinsamen Erklärung siehe oben, C. II.

943 Vertragliche Regelungen zwischen den Ländern oder dem Bund und den Ländern bilden eine Form der Kooperation im bundesstaatlichen Bereich. Die Verträge sind, im Gegensatz

Verträge bilden auch die Grundlage für gemeinsame Einrichtungen der Länder, die als organisatorisch – teilweise sogar rechtlich – verselbständigte Verwaltungseinheiten gemeinsame Aufgaben für alle Länder wahrzunehmen haben.[944] Formell ist die Einrichtung meist einem Bundesland zugeordnet, im Fall der Koordinierungsstelle dem Land Sachsen-Anhalt (§ 1 Abs. 1 der Vereinbarung), materiell wird sie aber für alle Länder tätig. Aus diesem Grund haben alle Länder entsprechende Mitwirkungsrechte bei der Besetzung und der Kontrolle der jeweiligen Einrichtung (§§ 2, 3 der Vereinbarung).[945]

5. Festlegung der Einlagerungsorte

Das Modell der *Safe-Haven*-Einrichtungen soll darauf basieren, dass sich Institutionen selbständig dazu bereit erklären, als Aufbewahrungsorte für nachrichtenlose Kulturgüter zu fungieren. Es erscheint jedoch angebracht, von vornherein eine Einrichtung festzulegen, die unabhängig von der Bereiterklärung weiterer Institutionen in jedem Fall als Aufbewahrungsort im Sinne des Modells eines *Safe Haven* dienen kann. Sichergestellt wird auf diese Weise eine garantierte Aufnahmemöglichkeit für nachrichtenlose Kulturgüter. Auch dies ist Gegenstand der Abstimmung zwischen dem Bund und den Ländern und damit ebenfalls in der Vereinbarung zwischen diesen festzulegen.

6. Finanzierung

Festzulegen ist in der Vereinbarung über die Kompetenzerweiterung der Koordinierungsstelle die Finanzierung der durch die Verwaltung der Informationen über nachrichtenlose Kulturgüter neu entstehenden Aufgaben.

Finanziert wird die Koordinierungsstelle jeweils zur Hälfte vom Bund und den Ländern. Nach diesem Finanzschlüssel sind auch die Mehrkosten durch die Übernahme der zusätzlichen Aufgaben zur Verwaltung nachrichtenloser Kulturgüter aufzuteilen.

---

zu informellen Kontakten zwischen den zuständigen Ministern oder sonstigen Amtsträgern oder Ausschüssen, Konferenzen und deren Beschlüssen, rechtsverbindlich. *Maurer*, § 10 Rn. 62.

944 *Maurer*, § 10 Rn. 64.

945 Zur rechtlichen Einordnung des föderativen Vertragsrechts *Maurer*, § 10 Rn. 66 („Bund-Länder-Recht", „föderatives Recht"), der auf die Unterscheidung zwischen dem Recht, das für den Abschluss der Verträge maßgeblich ist, und dem, welches als Ergebnis der Vertragsschließung entsteht, hinweist. Zur Terminologie und zur Einordnung dieses föderativen Vertragsrechts ferner *Kisker*, S. 47 ff. („innerbundesstaatliches Kooperationsrecht") sowie *Rudolf*, § 105 Rn. 73 ff. („Innerföderationsrecht").

7. Anpassung der Selbstverpflichtungserklärungen

Die Aufbewahrung nachrichtenloser Kulturgüter erfordert auch die Möglichkeit der Aufnahme solcher Objekte, deren Herkunft nicht feststellbar ist. Dies betrifft auch Kulturgüter, deren Herkunft aus auswärtigen Staaten vermutet wird, der konkrete Staat jedoch nicht feststellbar ist. Die dauerhafte Offenhaltung einer Rückforderungsmöglichkeit für den Fall der Feststellung eines Eigentümers oder Herkunftsstaates stellt sicher, dass die Aufbewahrung in einem Safe Haven kein unbilliges Profitieren des aufbewahrenden Staates darstellt. Ferner werden hierdurch Raubgrabungen weder direkt noch indirekt gefördert. Stattdessen wird die Möglichkeit eröffnet, die Kulturgüter fachgerecht zu verwahren. Hierdurch ist sowohl den unbekannten Eigentümern gedient als auch dem Interesse der Allgemeinheit am Erhalt von Kulturgütern als Zeugnis der Menschheitsgeschichte entsprochen. Klargestellt werden sollte daher für Punkt 9 der Berliner Resolution 2003 sowie für Punkt 2.11 ICOM Kodex, dass in innerstaatlichen *Safe-Haven*-Einrichtungen auch solche Kulturgüter verwahrt werden können, deren Herkunft nicht aus der Region oder Nation, in der sich der *Safe Haven* befindet, vermutet werden kann, sondern eine Herkunft aus einem ausländischen Herkunftsstaat vermuten lässt.[946]

G. Zusammenfassung der Ergebnisse des 5. Kapitels

Die Aufbewahrung nachrichtenloser Kulturgüter ist im internationalen Kulturgüterschutz bislang nicht Gegenstand ausdrücklicher spezieller Regelungen geworden. Lediglich der allgemeine Gedanke einer gesamtstaatlichen Verantwortlichkeit für den Erhalt von Kulturgütern kann den internationalen Regelungen und Prinzipien entlehnt werden. Die neuesten Entwicklungen kulturgüterschützender Regelungen sehen die Einrichtung von so genannten *Safe-Haven*-Einrichtungen für Kulturgüter in Gefahrensituationen vor. Unter diese Gefahrensituationen kann auch die Unbestimmbarkeit des Eigentümers eines Kulturguts gefasst werden. Die Verortung des Konzeptes eines *Safe Haven* greift die Entwicklungen in der Praxis und die Vorlagen in untergesetzlichen Vereinbarungen, den so genannten Selbstverpflichtungsregelungen, auf.

Die Umsetzung eines *Safe Haven* für nachrichtenlose Kulturgüter in Deutschland ist insbesondere für die Fallgruppe der illegal zutage geförderten Kulturgüter rechtlichen sowie rechtspolitischen Schwierigkeiten ausgesetzt. Dies liegt daran, dass die Handhabung von Kulturgütern, deren Herkunft auf illegale

---

[946] Um mit *Siehr* zu sprechen: „Illegal ausgegrabenes Kulturgut ist nicht totzuschweigen wie bisher. Es ist international auszuwerten und bis zu einer Rückführung treuhänderisch aufzubewahren." *Siehr*, in: Bewahren als Problem, S. 107 (110).

Raubgrabungen hindeutet, unter dem Aspekt der möglichen Förderung der illegalen Vortaten abgewogen werden muss. Im Ergebnis wird die Verwahrung sowie eine angemessene Nutzung auch dieser nachrichtenlosen Kulturgüter unter der Offenhaltung einer Rückgabe an einen privaten oder hoheitlichen Eigentümer mit völkerrechtlichen Verpflichtungen vereinbar, wenn eine ausdrückliche gesetzliche Klarstellung über den vorübergehenden Charakter der treuhändischen Verwahrung erfolgt und die Möglichkeit für eine Rückgabe der verwahrten Kulturgüter bestehen bleibt. In diesem Fall ist selbst die Verwahrung illegal zutage geförderter nachrichtenloser Kulturgüter nicht als Verletzung der UNESCO Konvention 1970 anzusehen. Eine innerstaatliche Entscheidung über die Veräußerung nachrichtenloser Kulturgüter, die vom Schutzbereich der UNESCO Konvention 1970 erfasst sein könnten, bedarf hingegen aufgrund des Grundsatzes des völkerrechtsfreundlichen innerstaatlichen Verhaltens zwingend einer Abstimmung mit der UNESCO.

Die rechtlich unverbindlichen Richtlinien zur Umsetzung von Safe-Haven-Einrichtungen der ILA leisten durch ihre inhaltlich ausdifferenzierte Vorgabe einen entscheidenden Beitrag zur Umsetzung des Konzepts eines *Safe Haven* für Kulturgüter. Die Richtlinien bieten entscheidende Anhaltspunkte und Vorgaben für eine Umsetzung eines *Safe Haven* als innerstaatliche Initiative und spielen den Ball den einzelnen Staaten zu, tätig zu werden. Für eine Einrichtung von *Safe-Haven*-Einrichtungen in Deutschland ist eine dreistufige Umsetzung auf gesetzlicher, staatsvertraglicher und verwaltungsinterner Ebene erforderlich. Selbstverpflichtungserklärungen, die die Möglichkeit eines Safe Haven unter einer Beschränkung auf illegal zutage geförderte Kulturgüter aus der Region oder Nation, in welcher sich der Safe Haven befindet, enthalten, sind entsprechend anzupassen, so dass auch Kulturgüter, deren Herkunft unbekannt ist, aber auf einen ausländischen Staat hindeutet, aufgenommen werden können.

6. Kapitel: Schlussbetrachtung

A. Umsetzungsvorschlag für *Safe-Haven*-Einrichtungen in Deutschland

Die vorausgegangenen Ausführungen ergeben den Rahmen des folgenden Regelungsentwurfs für die Umsetzung von *Safe-Haven*-Einrichtungen in Deutschland. Da die konkrete Umsetzung eines *Safe Haven* vor allem von politischen Entscheidungen abhängig ist, beschränken sich die folgenden Ausführungen auf den Entwurf einer Umsetzungsmöglichkeit. Die Umsetzung von *Safe-Haven*-Einrichtungen für nachrichtenlose Kulturgüter erfordert Regelungen auf verschiedenen Normenebenen. Vorgeschlagen wird eine dreistufige Umsetzung durch eine gesetzliche Regelung, eine staatvertragliche Vereinbarung sowie den Erlass von Verwaltungsrichtlinien.

Die gesetzliche Regelung enthält rechtsgestaltende und deklaratorische Vorschriften zur Ausgestaltung des Inhalts des Rechtsverhältnisses zwischen Eigentümer und der als *Safe Haven* fungierenden Institution. Die staatsvertragliche Vereinbarung zwischen den Ländern betrifft insbesondere die Festlegung bestimmter Einlagerungsorte sowie die der Zuständigkeiten für die Koordinierung von Informationen. Die Verwaltungsrichtlinien bezwecken eine Orientierung und konkrete Handlungsanweisungen für die als Safe Haven fungierende Einrichtung für die konkreten Aufbewahrungsumstände.

Neben der dreistufigen Umsetzung von *Safe-Haven*-Einrichtungen in Deutschland sollte die Anpassung der Selbstverpflichtungserklärung von Archäologen in der Berliner Resolution 2003 in Bezug auf den regionalen Anwendungsbereich von Zufluchtsstätten für Kulturgüter in *Safe-Haven*-Regelungen vorgenommen werden. Auch der ICOM Kodex sollte in diesem Punkt eine Klarstellung erfahren.

I. Gesetzliche Regelung

Die gesetzlichen Regelungen teilen sich in deklaratorische und rechtsgestaltende Vorschriften.

1. Deklaratorische Vorschriften

Die deklaratorischen Vorschriften dienen dazu, den Rahmen und Anwendungsbereich für die Aufbewahrung nachrichtenloser Kulturgüter festzulegen. Unterstrichen wird damit zugleich die Übereinstimmung einer *Safe-Haven*-Einrichtung mit der geltenden Rechtslage.

a) Klarstellung des Gesetzeszwecks und Anwendungsbereich

Zweck des Gesetzes zur Einrichtung eines *Safe Haven* für nachrichtenlose Kulturgüter ist die zeitlich unbegrenzte Aufbewahrung von Kulturgütern, deren Herkunft und Eigentümer oder sonstige Berechtigte nicht festgestellt werden können. Die Verwahrung der Kulturgüter erfolgt in Wahrnehmung der Verantwortung Deutschlands, Kulturgüter als Erbe der Menschheit vor Schäden und Verschlechterungen ihrer Substanz zu schützen und im Hinblick darauf, sie für ihre Eigentümer aufzubewahren.

Die deklaratorische Festlegung des Gesetzeszwecks und die Klarstellung des Aufbewahrungsverhältnisses schließt eine mögliche strafrechtliche Haftung von Entscheidungsträgern durch die Aufnahme nachrichtenloser Kulturgüter aus.[947] Darüber hinaus garantiert sie die Vereinbarkeit der Einrichtung von Safe Haven mit den völkerrechtlichen Verpflichtungen Deutschlands, insbesondere eine Übereinstimmung mit den Vorgaben der UNESCO Konvention 1970.

b) Ausschluss von Erwerbungen nachrichtenloser Kulturgüter

Eine Erwerbung im Sinne eines Ankaufs von Kulturgütern ungeklärter Provenienz zur Einlagerung in einen *Safe Haven* muss ausdrücklich und ausnahmslos ausgeschlossen werden. Auch dies dient insbesondere der ausdrücklichen Klarstellung darüber, dass auf diese Weise eine Aufbewahrung nachrichtenloser Kulturgüter in Übereinstimmung mit der Gesetzeslage in Deutschland und den Vorgaben der UNESCO Konvention 1970 erfolgt.

c) Herausgabe

Die Herausgabe der aufbewahrten Kulturgüter erfolgt auf Antrag des Eigentümers. Hierdurch endet das Besitzrecht der *Safe-Haven*-Institution.

d) Keine zeitliche Begrenzung der Aufbewahrung

Hervorzuheben ist die rechtspolitische Haltung darüber, dass die Verwahrung der nachrichtenlosen Kulturgüter treuhändisch für die unbekannten Eigentümer erfolgt und eine zeitliche Begrenzung hierfür nicht vorgesehen wird.

e) Ausschluss der Geltendmachung von Verwahrungsgebühren

Verwahrungsgebühren werden für die Aufbewahrung nachrichtenloser Kulturgüter – auch im Fall einer Rückgabe an einen Eigentümer oder sonst Berechtig-

---

947 Ausgeschlossen wird somit eine strafrechtliche Haftung, die wegen Steuerhehlerei gem. § 374 AO, Hehlerei gem. § 252 StGB oder Geldwäsche gem. § 261 StGB in Betracht kommen könnte durch die Aufnahme von Kulturgütern, die aus illegalen Vortaten erlangt worden sind. Zur strafrechtlichen Bewertung illegaler Raubgrabungen siehe oben, 2. Kapitel B. II. 1. c).

ten – nicht erhoben. Kosten, die im Zusammenhang mit der Verwahrung der Kultugrüter entstehen, können aus dem Einkommen ausgeglichen werden, das durch die Nutzung der Kulturgüter entsteht.

2. Rechtsgestaltende Vorschriften

Die rechtsgestaltenden Vorschriften verändern die geltende Rechtslage und schaffen gesetzliche Grundlagen, die den Inhalt des Verwahrungsverhältnisses bei der Aufbewahrung nachrichtenloser Kulturgüter definieren sowie die gegenseitigen Ansprüche zwischen den Eigentümern nachrichtenloser Kulturgüter als Hinterleger und dem staatlichen Verwahrer begründen. Ferner wird die Möglichkeit der Veräußerung nachrichtenloser Kulturgüter im Ausnahmefall eingeräumt. Damit wird eine spezielle Regelung zum Anwendungsbereich des § 983 BGB für den Fall nachrichtenloser Kulturgüter geschaffen.

a) Begriffsklärung

Gegenstand einer Aufbewahrung in *Safe-Haven*-Einrichtungen sind nachrichtenlose Kulturgüter.

Für die Definition des Begriffs Kulturgut wird auf die in Art. 1 UNESCO Konvention 1970 verwendete Definition verwiesen und damit ein weites Verständnis zugrunde gelegt.

Eine Nachrichtenlosigkeit der Kulturgüter liegt vor, wenn die Zuordnung des Kulturguts zu einem Eigentümer nicht erfolgen kann, da dieser oder ein sonst Berechtigter nicht feststellbar ist und die Feststellung des Eigentümers (zumindest vorübergehend) nicht möglich ist.

b) Aufzeichnungspflichten

Die aufbewahrende *Safe-Haven*-Institution ist dazu verpflichtet, ein Verzeichnis über die verwahrten Kulturgüter zu führen. Ein Gesamtverzeichnis aller in einem *Safe Haven* aufbewahrten nachrichtenlosen Kulturgüter ist in einem zentralen Verzeichnis zusammen zu führen, welches als Datenbank öffentlich und weltweit zugänglich auszugestalten ist.

c) Nutzung der aufbewahrten Kulturgüter

Die öffentliche Ausstellung der eingelagerten nachrichtenlosen Kulturgüter ist zulässig.

Dabei sind sie eindeutig als *Safe-Haven*-Bestand zu kennzeichnen; auf ihre ungeklärte Herkunft ist ausdrücklich hinzuweisen.

Eine Verwertung der nachrichtenlosen Kulturgüter durch eine Vervielfältigung ist zulässig.

Dabei ist in ausreichendem Maße auf die Gebräuche und Traditionen des (oder eines möglichen) Herkunftsstaates Rücksicht zu nehmen. Dies gilt insbesondere für mögliche religiöse oder kultische Funktionen der Kulturgüter.

Ferner hat die Nutzung der Kulturgüter ausschließlich in einem Rahmen zu erfolgen, der die Möglichkeit jeglicher Förderung illegaler Vortaten, die zur Erlangung der Kulturgüter geführt haben, ausschließt.

Die aus der Nutzung erzielten Einnahmen sind ausschließlich für die Unterhaltung der *Safe-Haven*-Einrichtung zu verwenden.[948]

d) Überlassung der aufbewahrten Kulturgüter an Dritte

Eine Überlassung der aufbewahrten Kulturgüter an Dritte ist grundsätzlich ausgeschlossen. Im Ausnahmefall, unter Beachtung der besonderen künstlerischen, wissenschaftlichen oder historischen Bedeutung des Kulturguts und für den Fall, dass die Überlassung an Dritte dieser Stellung besser gerecht wird als die weitere Verwahrung durch die bislang zuständige *Safe-Haven*-Institution, kann eine Überlassung an Dritte in Form einer Leihe erfolgen. Sichergestellt werden muss dabei, dass dieser Dritte die Herausgabe an den Eigentümer oder sonst Berechtigten nicht verzögert oder sie sonst verhindern kann. Der Dritte, dem das nachrichtenlose Kulturgut im Ausnahmefall überlassen wurde, muss zur unwiderruflichen und unbedingten Herausgabe an den berechtigten Eigentümer bzw. Hinterleger verpflichten werden, soweit dieser das verlangt.

e) Ausgleich für Aufwendungen

Aufgrund der aufgezeigten Schwierigkeiten bei der Begründung von Kostenausgleichsansprüchen für Aufwendungen und Nutzungen bei der Aufbewahrung nachrichtenloser Kulturgüter, ist es aus Gründen der Rechtssicherheit und im Hinblick auf eine einheitliche Rechtspraxis ausgesprochen wünschenswert, dass hierzu eine gesetzliche Regelung vorgesehen wird.

Vorzusehen ist die Erstattungsfähigkeit von Aufwendungen in Form von angemessenen fachgerechten Restaurierungsmaßnahmen, sofern der Wert des Kulturgutes bei der Rückabwicklung des Aufbewahrungsverhältnisses hierdurch noch erhöht ist. Die Angemessenheit der Aufwendungen hat sich an dem materiellen, ideellen und künstlerischen Wert des Kulturguts sowie seiner Bedeutung für die Wissenschaft zu orientieren. Die Entscheidung hierüber muss einem Fachgremium vorbehalten bleiben.

In Ausnahmefällen kann von der Geltendmachung von Aufwendungsersatzansprüchen abzusehen sein. Maßgeblich sind hierfür die Höhe der Aufwen-

---

[948] Dazu soeben die Begründung unter b).

dungsersatzforderung, die Umstände des Gewahrsamsverlustes sowie die persönlichen Umstände des Eigentümers.

Für die gewöhnlichen Erhaltungskosten hat der Eigentümer keinen Ersatz zu gewähren, da dem Staat als Verwahrer für diese Zeit ein Nutzungsrecht eingeräumt wird.

f) Ausnahmeregelung über Veräußerung

Sofern es unter dem Aspekt der so genannten Deregulierung wünschenswert ist, kann unter engen Voraussetzungen die Veräußerung von verwahrten nachrichtenlosen Kulturgütern vorgesehen werden. Voraussetzung muss hierfür die Zustimmung eines Expertengremiums sein. Dieses sollte aus Vertretern der Wissenschaft und der Politik besetzt sein. Eine Veräußerung von Kulturgütern muss ausgeschlossen bleiben, sofern diese vom Schutz der UNESCO Konvention 1970 umfasst sein können und durch ihre Veräußerung Art. 7 lit. a) UNESCO Konvention 1970 verletzt sein kann. Eine Ausnahme hiervon ist nur durch ausdrückliche Vereinbarung mit der UNESCO möglich.

II. Staatsvertrag der Länder

Ein Staatsvertrag zwischen dem Bund und den Ländern legt die Zuständigkeit einer Koordinierungsstelle für die zentrale Verwaltung der Informationen zu Bestand, Tätigkeit und Ort der *Safe-Haven*-Einrichtungen fest.

Empfohlen wird die Erweiterung der Kompetenz der Koordinierungsstelle in Magdeburg für Koordinierungsaufgaben im Zusammenhang mit nachrichtenlosen Kulturgütern.

Gegenstand der Vereinbarung soll ferner die Festlegung von Einrichtungen sein, die als *Safe Haven* fungieren.

Darüber hinaus ist in der Vereinbarung die gemeinsame Finanzierung der Koordinierungsstelle zu sichern.

III. Verwaltungsrichtlinien für einzelne Verwahrungssituationen

Den als *Safe Haven* fungierenden Institutionen sind im Interesse einer einheitlichen Verwahrungsübung und zur Einhaltung der erforderlichen Sorgfalt Verwaltungsrichtlinien zum Umgang mit nachrichtenlosen Kulturgütern zur Verfügung zu stellen.

In diesen konkreten Handlungsanweisungen ist nach verschiedenen Fallgruppen der verwahrten Kulturgüter zu unterscheiden. Kriterien hierfür sind unter anderem die Umstände der vermuteten Herkunft, Bedeutung und ideelle Funktion sowie der Zustand des Kulturguts.

Der Entwurf der Richtlinien zur tatsächlichen Handhabung der aufbewahrten Kulturgüter ist von hierfür qualifiziertem Fachpersonal unter Berücksichtigung der rechtlichen, rechtspolitischen und tatsächlichen Umstände auszugestalten.

Die Verwaltungsrichtlinien haben genaue Anweisungen vorzusehen zur Aufzeichnungs- und Inventarisierungspflicht, zur Kooperation mit der Koordinierungsstelle, den einzuhaltenden Sorgfaltsstandards bei der Aufbewahrung, zur Instandhaltung und Durchführung von Restaurierungsarbeiten sowie für die Nutzung der aufbewahrten Kulturgüter.

Für die einzuhaltende Sorgfalt und praktische Handhabung der nachrichtenlosen Kulturgüter sind gegebenenfalls unterschiedliche Vorgehensweisen vorzusehen. Die Festlegung der konkreten Handhabung hat je nach Umständen der Ingewahrsamnahme, nach der vermuteten Herkunft der Kulturgüter und nach deren kultureller, wissenschaftlicher und ideeller Bedeutung zu erfolgen.

IV. Anpassung der Selbstverpflichtungserklärungen an *Safe-Haven*-Modell

Die Berliner Resolution 2003 sowie der ICOM Kodex werden erweitert um die Möglichkeit, Kulturgüter in *Safe-Haven*-Einrichtungen aufzunehmen, deren Herkunft aus einem auswärtigen Staat vermutet wird.

B. Zusammenfassung der wesentlichen Ergebnisse der Untersuchung in Thesen

Die vorliegende Arbeit hat die rechtliche Situation illegal zutage geförderter sowie ihren Eigentümern vor langer Zeit abhanden gekommener Kulturgüter untersucht. Diese Analyse hat gezeigt, dass die als nachrichtenlos typisierten Kulturgüter weiterhin im Eigentum der mittlerweile nicht mehr feststellbaren bisherigen Eigentümer verbleiben. Eine Aufbewahrung der Kulturgüter erfolgt im Interesse der einzelnen Eigentümer und wird zugleich dem rechtspolitischen Interesse Deutschlands sowie dem Interesse der Allgemeinheit gerecht. Für diese Aufbewahrung sollte das Modell eines *Safe Haven* für nachrichtenlose Kulturgüter geschaffen werden.

Im Folgenden sollen die wichtigsten Ergebnisse in Thesen zusammengestellt werden.

I. Typisierung von Kulturgütern ungeklärter Provenienz in staatlicher Aufbewahrung in Deutschland als nachrichtenlos

1. Kulturgüter, deren Eigentümer nicht festgestellt werden können, lassen sich trotz der Unterschiede hinsichtlich ihrer ursprünglichen Herkunft und Einlagerungsumstände in eine staatliche Aufbewahrung einheitlich als nachrichtenlos typisieren.

2. Die Nachrichtenlosigkeit tritt neben die gebräuchlichen Begrifflichkeiten, um die gesetzlich nicht definierte Situation von Kulturgütern zu beschreiben, über deren konkrete Eigentümer Ungewissheit besteht.

3. Die dinglichen Rechte an den nachrichtenlosen Kulturgütern verbleiben auch im Fall einer langfristigen Aufbewahrung in staatlicher Obhut in Deutschland weiterhin bei den unbekannten Eigentümern. Eine Weiterveräußerung der nachrichtenlosen Kulturgüter an Dritte nach den §§ 929 ff. BGB sowie ein Eigentumsverlust der unbekannten Eigentümer infolge einer Ersitzung des Eigentums gem. § 937 BGB durch die aufbewahrende Institution ist ausgeschlossen.

4. Es besteht grundsätzlich die Möglichkeit zur Nutzung der nachrichtenlosen Kulturgüter während der hoheitlichen Aufbewahrung. Der Umfang der Nutzung wird durch den Umfang der Unterlassungsansprüche der unbekannten Eigentümer sowie durch eine eventuelle religiöse, kultische oder ethische Funktion der Kulturgüter vorgegeben.

5. Die Veräußerung nachrichtenloser Kulturgüter nach den allgemeinen Verwertungsregelungen für unanbringbare Sachen gem. § 983 BGB ist grundsätzlich ausgeschlossen. Lediglich im Ausnahmefall kann eine Veräußerung in Betracht gezogen werden, wenn eine Übereinstimmung mit rechtspolitischen und generalpräventiven Gesichtspunkten garantiert ist. Eine spezielle Regelung zur Ermöglichung der Veräußerung nachrichtenloser Kulturgüter ist erforderlich.

II. Die Aufbewahrungssituation nachrichtenloser Kulturgüter

6. Die Aufbewahrung nachrichtenloser Kulturgüter in Deutschland erfolgt in der Rechtsform der öffentlich-rechtlichen Verwahrung. Hieraus folgt, dass die Herausgabe der für die unbekannten Eigentümer verwahrten Kulturgüter auch im Fall langer Verwahrungszeiträume durchsetzbar bleibt. Der Lauf der Verjährungsfrist zur Durchsetzung des Herausgabeanspruchs wird erst durch die Herausgabeforderung in Gang gesetzt.

7. Der konkrete Inhalt der anzuwendenden Sorgfaltspflichten sowie der sonstigen Rechte und Pflichten zwischen den unbekannten Eigentümern als Hinterleger und dem hoheitlichen Verwahrer bleibt bei Zugrundelegung einer öffentlich-rechtlichen Verwahrung nachrichtenloser Kulturgüter unbestimmt.

8. Der Anspruch auf Ausgleich für Aufwendungen, die während der öffentlich-rechtlichen Verwahrung von dem hoheitlichen Verwahrer auf die nachrichtenlosen Kulturgüter getätigt worden sind, kann auf die §§ 987 ff. BGB gestützt werden, die in analoger Anwendung auf die Verwahrung nachrichtenloser Kulturgüter angewendet werden können.

9. Die bestehenden Regelungen zum internationalen Kulturgüterschutz sehen eine Aufbewahrung nachrichtenloser Kulturgüter nicht vor. Aus allgemeinen Erwägungen des Völkerrechts lässt sich jedoch das Verständnis einer weltweiten Treuhänderschaft für Kulturgüter entnehmen.

III. *Safe Haven* für nachrichtenlose Kulturgüter

10. Das Konzept eines *Safe Haven* zur Aufbewahrung von Kulturgütern greift die neuesten Entwicklungen des internationalen Kulturgüterschutzes auf, in denen *Safe-Haven*-Einrichtungen als Form internationaler Kooperation oder innerstaatlicher Maßnahmen zum Schutz gefährdeter Kulturgüter vorgesehen werden.

11. Die Umsetzung des Konzeptes eines *Safe Haven* für nachrichtenlose Kulturgüter in Deutschland erfordert ein dreistufiges Regelungsmodell, das gesetzliche Regelungen zum Inhalt des Verwahrungsverhältnisses, staatsvertragliche Vereinbarungen für die Finanzierung und Koordinierung von Informationen sowie verwaltungsinterne Handlungsanweisungen für die konkrete Aufbewahrung der nachrichtenlosen Kulturgüter vorgibt.

12. Eine deklaratorische Klarstellung über den Regelungszweck und den Inhalt des Aufbewahrungsverhältnisses im Fall der staatlichen Verwahrung nachrichtenloser Kulturgüter sorgt dafür, dass eine Verletzung international bestehender Verpflichtungen ausgeschlossen bleibt.

13. Die Anpassung der Selbstverpflichtungserklärungen (Berliner Resolution 2003, ICOM-Kodex) an die Möglichkeit der Aufnahme nachrichtenloser Kulturgüter, deren Herkunft aus einem Drittstaat nicht ausgeschlossen werden kann, in einen *Safe Haven* in Deutschland, wird empfohlen.

C. Ausblick – Die Umsetzung von *Safe-Haven*-Einrichtungen in Deutschland

Die Umsetzung von *Safe-Haven*-Einrichtungen für nachrichtenlose Kulturgüter in Deutschland wird den globalen Kunstdiebstahl und illegale Raubgrabungen nicht eindämmen können. Weiterhin werden in Friedenzeiten und in Zeiten bewaffneter Konflikte oder Kriege Kulturgüter geraubt und verschleppt werden, es werden weiterhin illegale Raubgrabungen stattfinden und der Versuch unternommen werden, Kulturgüter unrechtmäßig aus den Herkunftsländern aus- und in andere Länder einzuführen, um sie mit dem größtmöglichen Profit zu veräußern. Trotz dieser düsteren Aussicht kann die Umsetzung von *Safe-Haven*-Einrichtungen in Deutschland dazu beitragen, einige Folgen dieser illegalen Vortaten zu beseitigen. Die Aufbewahrung nachrichtenloser Kulturgüter in *Safe-Haven*-Einrichtungen schützt diese durch eine fachgerechte Aufbewahrung, stützt die Eigentümerinteressen durch die Offenhaltung einer Rückgabe der Kulturgüter und bietet die Möglichkeit einer Nutzung der Objekte im Interesse der Allgemeinheit. Auf diese Weise wird den Raubgräbern als Zerstörern der Fundkontexte sowie den Dieben und Räubern in den sonstigen Fällen des Entzugs von Kulturgütern in Kriegs- oder Friedenszeiten zumindest die Macht darüber entzogen, die Kulturgüter bis auf unbestimmte Zeit jeglicher Nutzung und Verwertung zu entziehen. Auch wenn sich viele weitere Fragen an die Umsetzung eines *Safe Haven* anschließen werden, wird zumindest auf dem Stand der Erkenntnisse dieser Arbeit die Umsetzung eines *Safe Haven* auf innerstaatlicher Ebene in Deutschland als entscheidender und wünschenswerter Beitrag zum internationalen Kulturgüterschutz konstatiert.

Anlage I

Guidelines for the Establishment and Conduct of Safe Havens for Cultural Material

INTERNATIONAL LAW ASSOCIATION
RIO DE JANEIRO CONFERENCE (2008)
CULTURAL HERITAGE LAW

Members of the Committee:

Professor James Nafziger (USA). *Chair*
Professor Robert Paterson (Canaria): *Rapporteur*

Thomas Adlercreutz (Sweden)
Professor Shigeru Kozai (Japan)
Dr Kaare Bangert (Denmark)
Mr P B Mauleverer (UK)
Professor Margaretha Beukes (South Africa)
Professor Patrick J O'Keefe (Australia)
Mr Kevin John Chamberlain CMG (UK)
Dr Lyndel V Prott (Australia)
Alternate: Ms Viviane Contin-Williams
Dr Beat Schonenberger (Switzerland)
Mrs Marie Cornu (France)
Alternate: Professor Marc-André Renold
Mr Piers Davies (New Zealand)
Professor Kurt Siehr (Germany)
Professor Talia Einhorn (Israel)
Mr Rajesh Singh (UK)
Professor Wilfried Fiedler (Germany)
Dr Abhishek M Singhvi (India)
Professor David E Flint (Australia)
Dr Anastasia Strati (Hellenic)
Mr Manlio Frigo (Italy)
Alternate: Professor Elina Moustaira
Alternate: Professor Guido Carducci
Mr Maarten Vidal (Belgium)
Ms Sabine M Gimbrere (Netherlands)
??Helena Vilus (Unaffiliated)??
Alternate: Dry C G Roelofsen
Dr Sabine von Schorlemer (Germany)
Mr David A Johnson (Canaria)

DRAFT REPORT

At the 72nd Conference of the International Law Association (2006), the Committee on Cultural Heritage Law adopted a two-part agenda for work during the next biennium: (1) a study of the concept of safe havens for temporary deposit of cultural material rescued from circumstances of armed conflict and other serious threats, and (2) a study of the relationship between international trade law and cultural heritage law. At a meeting in London, May 17–18, 2007, the Committee reviewed papers by Kurt Siehr on the concept of safe havens for threatened cultural material and by Sabine von Schorlemer and Robert Paterson on the relationship between international trade law and cultural heritage law. The Committee decided to focus at this meeting on the preparation of a set of guidelines for establishing and managing safe havens for cultural material. Accordingly, the Committee first reviewed Professor Siehr's paper and a written critique of it by Lyndel Prott, and, after extensive discussion, developed a rough set of guidelines. The Committee asked the Chair and Reporter to prepare draft guidelines on this basis, upon which Professor Siehr would prepare explanatory comments and a Safe Haven Model Contract. After further review and any revisions by the Committee, the composite document would then be submitted for adoption by the ILA at its 73rd Conference. Concluding discussion at the London meeting focused on the two papers related to international trade law. The Committee decided to focus that initiative primarily on culture-related exceptions in the World Trade Organization (WTO)'s General Agreement on Tariffs and Trade (GATT) and in regional agreements. Professor Paterson agreed to prepare a working paper with that focus for discussion at the 73rd Conference. What follows in Part I are annotated Guidelines for the Establishment and Conduct of Safe Havens for Cultural Material, together with a Safe Haven Model Contract (Annex). The document, having gone through a drafting and editing process by the Chair, Reporter and Professor Siehr, has been modified and finally approved by the Committee for review and eventual adoption by the ILA at its 73rd Conference. Part II is a working paper by the Committee's Reporter on the relationship between international trade law and cultural heritage law.

Part I.

Numerous catastrophes and other circumstances may threaten cultural material – for example, armed conflict (such as Europe during World War II, the former Yugoslavia during its civil war, Iraq and Afghanistan); and natural disasters (floods in Florence, New Orleans, and Dresden, volcanic eruptions in Italy and Indonesia, earthquakes in Pakistan and Iran, and fires in California, Greece, and Weimar). Consider also the threats of unauthorized excavations (Guatemala, Iraq, Italy, and Turkey); and public projects (dam construction in China and highway construction in Greece). Whatever the cause, cultural material may need to be removed temporarily to safe havens for safekeeping and proper preservation until it can be returned to its original site. The initiator of this temporary relocation may be a state, a private owner, a museum, or another entitled person or entity. The following Guidelines are intended to provide a framework for the establishment and conduct of such safe havens and for the return of cultural material held for safekeeping and preservation there.

Guidelines for the Establishment and Conduct of Safe Havens for Cultural Material

Recognizing the crucial need to rescue cultural material threatened by armed conflict, natural disaster, illegal excavation, or other insecurity;

Noting the uncertainty of standards and procedures for safekeeping and preserving cultural material that has been rescued by removal from the territory of one state to the territory of another state;

Noting also the uncertainty about requirements for returning cultural material after a threat necessitating its removal to the territory of another state has ended;

Observing the importance of engaging both governmental and nongovernmental bodies in safekeeping and preserving cultural material;

Convinced therefore of the need for and efficacy of international guidelines, engaging state authorities, for safekeeping, preserving, and returning cultural material within the source state and after it has been removed from the territory of one state to that of another state;

Confirming therefore the following Guidelines for the establishment and conduct of safe havens for cultural material; and

Perceiving the efficacy of a model contract to formalize essential terms of the relationship between a source state or entity and a safe haven;

The International Law Association hereby adopts these Guidelines:

1. Definitions

a) "Cultural material" includes all objects defined as cultural property in Article 1 of the UNESCO Convention on the Means of Prohibiting and Preventing the Illicit Import, Export and Transfer of Ownership of Cultural Property.

COMMENTS:
Instead of creating a new definition, the Guidelines adopt the most widely-accepted definition of "cultural property" in Article 1 of the 1970 UNESCO Convention. This definition has been only slightly modified in other instruments such as the UNIDROIT Convention on Stolen or Illegally Exported Cultural Objects.

b) “Source state” is the state in which cultural material is in need of a safe haven, either in the state itself or in the territory of another state.

COMMENTS:
For the purpose of these Guidelines, the source state is the state in which cultural material is in need of a safe haven, whether that is the state of origin of the material – that is, where it was created – or a state to which the material has been later removed from the state of origin.

2. Safe Havens for Cultural Material

Safe havens are created in order to care for cultural material that has been endangered by armed conflict, natural disasters, illegal excavation, or other insecurity and has therefore been removed for safekeeping and preservation from the territory of the source state to the territory of another state or to a place of safety in the source state.

COMMENTS:
There is often a critical need for safe havens when endangered cultural material is removed for safekeeping and protection from one state to another. There is also a need for safe havens to protect material within a source state – for example, material that is imperiled by calamities, has been seized as contraband, or is of unknown origin or suspect provenance. An example of international cooperation in establishing a safe haven involved the removal and temporary storage of Afghan cultural material at the privately owned Afghanistan Museum and Library in Bubendorf, Switzerland (1999–2007).

3. Governmental Establishment and Supervision of Safe Havens

State authorities shall establish safe havens or supervise such havens within their territories as governmental or nongovernmental institutions may otherwise create.

COMMENTS:
3.1. Under these Guidelines, safe havens are national and not international facilities that are established and managed under national law. The Guidelines provide for and help harmonize the obligations of these facilities (see Guideline 4).
3.2. Safe havens may be established as either nongovernmental or governmental facilities under national law.
3.3. Safe havens need not be specific organizations or institutions. They may be simply facilities within national museums or other institutions that receive cultural material for safekeeping, restoration, and preservation. One example involves the designation of facilities in national museums as trustees of material whose ownership is either unknown or disputed.

4. Obligations of Safe Havens

a) A safe haven shall be responsible for safekeeping and preserving cultural material that has been entrusted to its care. This general responsibility shall extend to the exceptional case of an unknown source state. A safe haven shall take all reasonable measures to avoid deterioration or endangerment of cultural material by applying the highest standards of care.
b) A safe haven is governed by the law of the state in which it is located, but shall accord due respect to the laws and traditions of the source state of cultural material.
c) A safe haven shall accept no cultural material received from another state in violation of its export provisions, unless it is satisfied that the material has left that country under circumstances precluding the issuance of an export certificate.
d) A safe haven shall take all possible measures to make an inventory of all cultural material entrusted to its care and guarantee public access to the information in the inventory.
e) A safe haven may exhibit cultural material in its care unless to do so would be inappropriate under the laws and traditions of the source state. All such material on exhibit shall be identified as safe haven material.
f) A safe haven may not lend safe haven material without the consent of the source state or entity.
g) Any proceeds from exhibition or loans may be used only for safekeeping and preserving safe haven material.
h) A safe haven shall not engage in any activity the result of which would be to stimulate illegal trafficking in cultural material or other threats to it.
i) A safe haven must return cultural material items as soon as the established owner or other established source of the material so requests, provided that the safe haven is satisfied with the conditions for safekeeping and preserving the material by the requesting state or entity.
j) Nothing in these Guidelines shall require the safe haven to do or refrain from doing anything inconsistent with an order of a court of competent jurisdiction.

COMMENTS:
4.1. Under 4 a), safe havens are responsible for safekeeping and preserving cultural material even if the material is owned by a foreign state or citizen or there are no prospects for compensation of attendant expenses by the owner. In keeping with the highest standards of care, any necessary restorative work should be planned and its cost discussed with the source state or entity before the work is done.
4.2. Under 4 b), safe haven authorities, in fulfilling their responsibilities for safekeeping and preserving cultural material of foreign origin, must respect the laws and customs of the source state and of customary international law. This means,

for example, that safe havens ordinarily must store human remains with dignity and, whenever possible, preserve and restore religious objects according to the religious and cultural traditions and practices in the source state. Otherwise, local or national law applicable in safe havens governs the standard of care for the pertinent cultural material.

4.3. Under 4 c), states to which material is to be removed for safekeeping must respect the export laws of source states unless, under the often difficult circumstances that give rise to the need for removal, the issuance of an export certificate is impossible.

4.4. Guideline 4 d) requires safe havens to apply the general principle of transparency. Safe havens must inventory cultural material and guarantee public access to it. Because safe havens are trustees or custodians of material for the benefit of legitimate owners, they must ensure the rights of those owners. It is also imperative that safe havens ensure public access to all records and inventories of cultural material and, in response to return claims, to the cultural material itself.

4.5. Under 4 e), safe havens may exhibit entrusted material, but they must ensure that the material is clearly described and identified as "cultural material entrusted to the exhibiting institution as safe haven," or other words to that effect. Such an exhibition has the added benefit of drawing public attention to the good offices of safe havens and the threats to cultural material in foreign countries. Cultural material should not be exhibited, however, when it would be inappropriate to do so under the legal rules or customs of the state or culture of origin.

4.6. According to 4 f), loans of entrusted cultural material should be strictly limited to instances where source states, private owners, museums, or other institutions, as appropriate, give their consent in writing or when the purpose of the loan is to unite dismembered cultural material or to have it conserved in third countries for exhibition to the public. Such "functional" loans are compatible with the obligations and duties of conscientious trustees.

4.7. Guideline 4 g) makes clear that entrusted cultural material should not be used by safe havens to generate income. All proceeds from exhibitions, loans, and photographs must be used for safekeeping and preservation of the material.

4.8. Under 4 h), it is incompatible with the fiduciary duties of safe havens to engage in illicit trade in the cultural material for which they have assumed responsibility or to engage in any activity that might stimulate illegal trafficking, such as cooperating with thieves and smugglers in defiance of the very purposes and obligations of safe havens.

4.9. Guideline 4 i) makes clear that safe havens are only temporary homes for endangered cultural material. Therefore, they must return protected cultural material after the threat prompting its removal has come to an end and material can again be protected in the source state. It is expected that safe havens normally will agree to requests for the return of entrusted cultural material under appli-

cable national law. Safe havens can also initiate an appropriate return in order, for example, to minimize the expenses of safekeeping and preservation.
4.10. Under 4 j), safe havens are generally bound by court decisions governing entrusted cultural material. Among courts with concurrent jurisdiction, courts in the territory of safe havens have the final word on what should be done or not done regarding safeguarded material.

5. Obligations of Source States or Entities

a) A source state or entity of safe haven material shall give all information to the safe haven which is necessary to fulfill the safe haven's obligations.
b) A source state or entity shall be expected to compensate the safe haven for reasonable costs of safekeeping, preserving, and returning cultural material.
c) A source state or entity shall ensure that requested cultural material whose return it has requested will be secured and preserved after its return to that state or entity.

COMMENTS:
5.1. The obligation to give all information necessary to ensure the effectiveness of a safe haven includes facts concerning the material removed for safekeeping as, for example, the risk of its exposure to air, water, temperature, insects and other vermin. In addition, the required information should include such legal data as the identity of the titleholder or other interested parties so as to facilitate a return, if appropriate, to the correct person or entity and any relevant information concerning legal rules or customs of the source state or culture of origin that may affect how the cultural material is to be treated in the safe haven.
5.2. In principle, a source state is expected to compensate a safe haven for its reasonable expenses of safekeeping and preservation. This principle is grounded in both fairness to the safe haven and the importance of overcoming any reluctance, for financial reasons, on the part of a prospective safe haven to safeguard endangered material. However, the parties may stipulate conditions more favourable for the source state (see Guideline 6 and Annex). Normally compensation is due after material has been returned and the costs of safekeeping can be calculated precisely.
5.3. Parties may stipulate their own necessary special conditions regarding the security of safeguarded material, however difficult it may be to enforce those conditions (see Annex). If a safe haven has valid reason to believe that in case of return the objects will not be protected properly, it may decline to return material until the safe haven is satisfied that the requesting source state is able to protect it. The requirement of 5 c) may further encourage source states to take measures to protect their material. Conversely, the failure of a source state to preserve its own cultural material may discourage other states from returning material.

6. Party Autonomy

A safe haven and a source state or entity may stipulate conditions of care which are different from those in these Guidelines. Whenever possible, such conditions shall be expressed in the form of a written agreement.

COMMENTS:
These Guidelines are not legally binding. Parties to a contract for the establishment of a safe haven (see Annex) may therefore stipulate other conditions for safekeeping and return of cultural material besides those contained in these Guidelines. Such stipulations should be in writing.

7. International Instruments

Nothing in these Guidelines shall be interpreted so as to affect the application of any international agreement or other instrument.

COMMENTS:
These Guidelines do not abrogate binding international agreements or other instruments otherwise applicable and are not intended to affect mandatory national laws.

8. Assistance of UNESCO and Other International Bodies

a) A safe haven state is encouraged to request the United Nations Educational, Scientific and Cultural Organization (UNESCO) for assistance in maintaining the safe haven.
b) States in need of assistance are encouraged to request UNESCO to help coordinate their cooperation with states that are ready to provide such assistance for safekeeping and preserving cultural material.
c) Safe havens of cultural material and source states are also encouraged to seek the assistance of other international and regional bodies that are engaged in the protection of cultural material.

COMMENTS:
As a specialized organization with an excellent international network, UNESCO is in a good position to facilitate communication between the source state and the state on whose territory a safe haven is or will be established. The parties are urged, therefore, to contact UNESCO and other international organizations such as the International Council of Museums (ICOM) and the International Council on Monuments and Sites (ICOMOS) to ask for assistance and help.

9. Implementation

a) These Guidelines are intended to be integrated into the rules and practices of museums, archaeologists, ethnologists, other professionals including state authorities, and pertinent professional organizations.

b) Whenever possible, responsible states and entities are encouraged to call upon the International Council of Museums (ICOM) and other organizations and institutions for technical assistance in support and implementation of these Guidelines.
c) These Guidelines are also intended to serve as a basis for the development of rules and policies of governmental and nongovernmental bodies.
d) If a dispute arises between the source state or entity and the safe haven concerning a request for return of cultural material, the parties shall attempt to resolve it whenever possible by good-faith negotiations and consultations before proceeding to more formal means of dispute resolution such as those provided for by UNESCO.
e) These Guidelines encourage the source state or entity and the safe haven to formalize their relationship within the terms of the annexed Safe Haven Model Contract

COMMENTS:
9.1. Museums and other institutional users of these Guidelines should incorporate them into their rules of ethics or practice and interpret them broadly and purposefully. The Guidelines also afford institutions a model for drafting their own guidelines or rules.
9.2. Users of the Guidelines should review them periodically and modify them as may be appropriate.
9.3. Users of these Guidelines should consider adopting the Safe Haven Model Contract and, in particular, provide for a method to resolve any dispute under the contract.

Annex: Safe Haven Model Contract

The Source State or Entity:

____

and the Safe Haven:

____

agree that the items:

1) ____

2) ____

or the Collection

____

consisting of the items in the inventory or catalogue, as follows:

____

shall be removed for safekeeping and preservation to

____

Special conditions for safekeeping:

1) ____

2) ____

The items may be exhibited, but may not be lent without the consent of the Source State or Entity. The items will be returned at the request of the Source State or Entity provided that the Source State or Entity reasonably can ensure that the items will be kept safely and preserved properly after their return.
The Source State or Entity will compensate the Safe Haven for any reasonable expenses, including cost of restorative work done in order to preserve the entrusted objects. This contract is governed by the law of the state in which the Safe Haven is located.
The parties will seek to resolve any dispute under the contract or related to it by recourse to a court in the territory of the Safe Haven, UNESCO dispute resolution procedures, arbitration, or other dispute resolution procedures as the parties may so
agree.

Signed ________________ Date __________ Place ______________

Signed ________________ Date __________ Place ______________

Anlage II

Berliner Resolution 2003

Berlin, den 25. Mai 2003

Die Teilnehmer der internationalen Konferenz „Illegale Archäologie?“ Internationale Konferenz über Probleme in der Zukunft im Bezug auf Illegalen Handel mit Antiquitäten, 23.–25 Mai 2003, gehalten in Berlin aus Anlass des 15. Jahrestages der Berliner Erklärung (organisiert von der Antikensammlung der Staatlichen Museen Preußischer Kulturbesitz und gesponsert von der Deutschen Forschungsgemeinschaft, UNESCO, dem Mc Donald Institut in Cambridge, England, und der School of American Research in Santa Fe, New Mexiko),

– bestürzt über die Plünderung antiker Fundorte und Museen wie auch über die erwogene Zerstörung von Kulturerbe in Verbindung mit bewaffneten Auseinandersetzungen wie im Irak, in der Überzeugung von der Bedeutung einer generellen Anerkennung durch der Verbund der Museen des ICOM Code of Ethics (1986–2001);

– in Übereinstimmung mit den Resolutionen, die auf der Konferenz „Eredità Contestata?“ an der Accademia Nazionale dei Lincei, Rom, 29.–30. April 1991, und auf der Konferenz „Art, Antiquity and the Law“ an der Rutgers State University in New Brunswick, New Jersey, 30. Oktober–1. November 1998, verabschiedet wurden;

haben mit einer Mehrheit der folgenden Resolution zugestimmt.

1) Alle Staaten sollten die Haager Konventionen über den Schutz von Kulturgut im Fall von bewaffneten Auseinandersetzungen (1954) und ihre zwei Protokolle (1954, 1999), und die Konventionen der UNESCO über die Bedeutung von Verbot und Verhinderung von illegalem Import bestätigen und umsetzen.

2) Um den legalen Austausch und Handel mit archäologischen Objekten zu schützen, sollten alle Objekte, die auf dem Markt angeboten werden ein „Pedigree“ tragen, das Informationen über ihre Herkunft (Ort und Datum der Ausgrabung/ Entdeckung, Erlaubnis des Exports durch das Herkunftsland), und die Besitzverhältnisse (frühere/r und gegenwärtige/r Besitzer) angibt, und von Wissenschaftlern, Kunsthändlern, Sammlern und Museumspersonal verwendet und geprüft wird.

3) Für jedes Leihen (kurze oder lange Zeiträume) von archäologischen Objekten sollten die ausleihenden oder verleihenden Institutionen bescheinigen, dass sie adäquate Bedingungen und Sicherheit garantieren und dass sie den ICOM Code of Ethics beachten; generell sollten die Prinzipien, die die „Decleration of Rome 2002“ enthält, beachtet werden.

4) Jedes Museum und jede Institution des Kulturerbes und jeder beruflich damit Befasste sollte die Öffentlichkeit fortwährend über die Zerstörung von Kulturerbe durch illegale Ausgrabungen informieren und das öffentliche Bewußtsein über die Notwendigkeit, dieses Erbe zu schützen so fördern, dass es dasselbe Maß erreicht wie das Bewußtsein über den Schutz von bedrohten Tier- und Pflanzenarten.

5) Effizienter Austausch von Informationen zwischen Beamten, Staatsanwälten, der Polizei, Kunden, Akademikern, Wissenschaftlern, Händlern und Sammlern sollte angeregt werden und ihre Ausbildung im Bereich der illegalen Antiquitäten gefördert werden.

6) Die Teilnehmer haben übereingestimmt, die Handelskammer und jeden Museumsdirektor aufzurufen,

i) für Antiquitäten einen speziellen Erwerbsnachweis zu formulieren und der Öffentlichkeit bekannt zu machen, besonders für Kulturbesitz ohne dokumentierte Herkunft;
ii) ihre Erwerbsnachweise ebenso für Schenkungen und Erbe wie für Käufe zu verwenden und die Nachweise mit derselben Gültigkeit auch für die Annahme von Objekten als Leihgabe und für Konservierungen auszustatten.
iii) ihre Erwerbsnachweise für Antiquitäten so zu gestalten, dass die Museen nur solche Objekte erwerben, für die dokumentiert ist, dass sie vor 1970 ausgegraben und bekannt wurden bzw. vor dem entsprechenden Datum, das von der Gesetzgebung ihres Herkunftslandes festgelegt wurde.

7) Zu empfehlen, dass die UNESCO einen „Code of ethics for Archaeologists" ausarbeitet.

8) Die Einrichtung einer internationalen Vereinigung der Archäologen („Archeologists without frontiers") zu empfehlen, eventuell in Kooperation mit dem „Blue Shield", deren Eingreifen im Notfall möglich ist.

9) Das Gesetz anzuerkennen, dass ein Museum als letztes Mittel für jede Region oder Nation damit beauftragt werden kann, sich als eine legale Institution um illegal ausgegrabene Antiquitäten, die innerhalb des Gebiets der jeweiligen Region oder Nation, und zwar nur dort, gefunden wurden, zu kümmern.

Anlage III

Erklärung der Bundesregierung, der Länder und der kommunalen Spitzenverbände zur Auffindung und zur Rückgabe NS-verfolgungsbedingt entzogenen Kulturgutes, insbesondere aus jüdischem Besitz vom 14. Dezember 1999

Die Bundesrepublik Deutschland hat nach dem Zweiten Weltkrieg unter den Voraussetzungen der alliierten Rückerstattungsregelungen, des Bundesrückerstattungsgesetzes und des Bundesentschädigungsgesetzes begründete Ansprüche wegen des verfolgungsbedingten Entzugs von Kulturgütern erfüllt sowie die entsprechenden Verfahren und Institutionen zur Verfügung gestellt, damit die sonstigen Rückerstattungsverpflichteten von den Berechtigten in Anspruch genommen werden konnten. Die Ansprüche standen in erster Linie den unmittelbar Geschädigten und deren Rechtsnachfolgern oder im Fall erbenloser oder nicht in Anspruch genommenen jüdischen Vermögens den in den Westzonen und in Berlin eingesetzten Nachfolgeorganisationen zu. Die materielle Wiedergutmachung erfolgte im Einzelfall oder durch Globalabfindungsvergleiche. Das Rückerstattungsrecht und das allgemeine Zivilrecht der Bundesrepublik Deutschland regeln damit abschließend und umfassend die Frage der Restitution und Entschädigung von NS-verfolgungsbedingt entzogenem Kulturgut, das insbesondere aus jüdischem Besitz stammt.

In der DDR war die Wiedergutmachung von NS-Unrecht nach alliiertem Recht über gewisse Anfänge nicht hinausgekommen. Im Zuge der deutschen Vereinigung hat sich die Bundesrepublik Deutschland zur Anwendung der Grundsätze des Rückerstattungs- und Entschädigungsrechts verpflichtet. NS-verfolgungsbedingt entzogenes Kulturgut wurde nach den Bestimmungen des Vermögensgesetzes und des NS-Verfolgtenentschädigungsgesetzes zurückgegeben oder entschädigt. Dank der globalen Anmeldung seitens der Conference on Jewish Material Claims against Germany, Inc. (JCC) als der heutigen Vereinigung der Nachfolgeorganisationen sind im Beitrittsgebiet gelegene Ansprüche im Hinblick auf Kulturgüter jüdischer Geschädigter geltend gemacht worden. Wie früher in den alten Bundesländern wurde auch hier soweit wie möglich eine einzelfallbezogene materielle Wiedergutmachung und im übrigen eine Wiedergutmachung durch Globalvergleich angestrebt.

I.

Die Bundesrepublik Deutschland hat – ungeachtet dieser materiellen Wiedergutmachung – auf der Washingtoner Konferenz über Holocaust-Vermögen am 3. Dezember 1998 erneut ihre Bereitschaft erklärt, auf der Basis der verabschiedeten Grundsätze und nach Maßgabe ihrer rechtlichen und tatsächlichen Möglichkeiten nach weiterem NS-verfolgungsbedingt entzogenen Kulturgut zu suchen und gegebenenfalls die notwendigen Schritte zu unternehmen, eine gerechte und faire Lösung zu finden. In diesem Sinne wird der Stiftungsratsbeschluss der Stiftung Preußischer Kulturbesitz vom 4. Juni 1999 begrüßt.

Die Bundesregierung, die Länder und die kommunalen Spitzenverbände werden im Sinne der Washingtoner Erklärung in den verantwortlichen Gremien der Träger einschlägiger öffentlicher Einrichtungen darauf hinwirken, dass Kulturgüter, die als NS-verfolgungsbedingt entzogen identifiziert und bestimmten Geschädigten zugeordnet werden können, nach individueller Prüfung den legitimierten früheren Eigentümern bzw. deren Erben zurückgegeben werden. Diese Prüfung schließt den Abgleich mit bereits erfolgten materiellen Wiedergutmachungsleistungen ein. Ein derartiges Verfahren ermöglicht es, die wahren Berechtigten festzustellen und dabei Doppelentschädigungen (z. B. durch Rückzahlungen von geleisteten Entschädigungen) zu vermeiden.

Den jeweiligen Einrichtungen wird empfohlen, mit zweifelsfrei legitimierten früheren Eigentümern bzw. deren Erben über Umfang sowie Art und Weise einer Rückgabe oder anderweitige materielle Wiedergutmachung (z. B. gegebenenfalls in Verbindung mit Dauerleihgaben, finanziellem oder materiellem Wertausgleich) zu verhandeln, soweit diese nicht bereits anderweitig geregelt sind (z. B. durch Rückerstattungsvergleich).

II.

Die deutschen öffentlichen Einrichtungen wie Museen, Archive und Bibliotheken haben schon in der Vergangenheit die Suche nach NS-verfolgungsbedingt entzogenem Kulturgut unterstützt:

1. durch Erschließung und Offenlegung ihrer Informationen, Forschungsstände und Unterlagen,
2. durch Nachforschungen bei konkreten Anfragen und eigene Recherchen im Falle von aktuellen Erwerbungen,
3. durch eigene Suche im Rahmen der Wahrnehmung der Aufgaben der jeweiligen Einrichtung,
4. durch Hinweise auf die Geschichte von Kulturgütern aus NS-verfolgungsbedingt entzogenem Besitz in den Sammlungen, Ausstellungen und Publikationen.

Diese Bemühungen sollen – wo immer hinreichend Anlass besteht – fortgeführt werden.

III.

Darüber hinaus prüfen Bundesregierung, Länder und kommunale Spitzenverbände im Sinne der Washingtoner Grundsätze ein Internet-Angebot einzurichten, das folgende Bereiche umfassen sollte:

1. Möglichkeiten der beteiligten Einrichtungen, Kulturgüter ungeklärter Herkunft zu veröffentlichen, sofern NS-verfolgungsbedingter Entzug vermutet wird.
2. Eine Suchliste, in die jeder Berechtigte die von ihm gesuchten Kulturgüter eintragen und damit zur Nachforschung für die in Frage kommenden Einrichtungen und die interessierte Öffentlichkeit ausschreiben kann.
3. Informationen über kriegsbedingte Verbringung NS-verfolgungsbedingt entzogener Kulturgüter in das Ausland.
4. Die Schaffung eines virtuellen Informationsforums, in dem die beteiligten öffentlichen Einrichtungen und auch Dritte ihre Erkenntnisse bei der Suche nach NS-verfolgungsbedingt entzogenen Kulturgütern eingeben können, um Parallelarbeiten zu gleichen Themen (z. B.: Bei welcher Auktion wurden jüdische Kulturgüter welcher Sammlung versteigert?) auszuschließen und im Wege der Volltextrecherche schnell zugänglich zu machen.

IV.

Diese Erklärung bezieht sich auf die öffentlich unterhaltenen Archive, Museen, Bibliotheken und deren Inventar. Die öffentlichen Träger dieser Einrichtungen werden aufgefordert, durch Beschlussfassung in ihren Gremien für die Umsetzung dieser Grundsätze zu sorgen. Privatrechtlich organisierte Einrichtungen und Privatpersonen werden aufgefordert, sich den niedergelegten Grundsätzen und Verfahrensweisen gleichfalls anzuschließen.

Anlage IV

Grundsätze der Washingtoner Konferenz in Bezug auf Kunstwerke, die von den Nationalsozialisten beschlagnahmt wurden

Veröffentlicht im Zusammenhang mit der Washingtoner Konferenz über Vermögenswerte aus der Zeit des Holocaust, Washington, D.C., 3. Dezember 1998

Im Bestreben, eine Einigung über nicht bindende Grundsätze herbeizuführen, die zur Lösung offener Fragen und Probleme im Zusammenhang mit den durch die Nationalsozialisten beschlagnahmten Kunstwerken beitragen sollen, anerkennt die Konferenz die Tatsache, dass die Teilnehmerstaaten unterschiedliche Rechtssysteme haben und dass die Länder im Rahmen ihrer eigenen Rechtsvorschriften handeln.

1. Kunstwerke, die von den Nationalsozialisten beschlagnahmt und in der Folge nicht zurückerstattet wurden, sollten identifiziert werden.
2. Einschlägige Unterlagen und Archive sollten der Forschung gemäß den Richtlinien des International Council on Archives zugänglich gemacht werden.
3. Es sollten Mittel und Personal zur Verfügung gestellt werden, um die Identifizierung aller Kunstwerke, die von den Nationalsozialisten beschlagnahmt und in der Folge nicht zurückerstattet wurden, zu erleichtern.
4. Bei dem Nachweis, dass ein Kunstwerk durch die Nationalsozialisten beschlagnahmt und in der Folge nicht zurückerstattet wurde, sollte berücksichtigt werden, dass aufgrund der verstrichenen Zeit und der besonderen Umstände des Holocaust Lücken und Unklarheiten in der Frage der Herkunft unvermeidlich sind.
5. Es sollten alle Anstrengungen unternommen werden, Kunstwerke, die als durch die Nationalsozialisten beschlagnahmt und in der Folge nicht zurückerstattet identifiziert wurden, zu veröffentlichen, um so die Vorkriegseigentümer oder ihre Erben ausfindig zu machen.
6. Es sollten Anstrengungen zur Einrichtung eines zentralen Registers aller diesbezüglichen Informationen unternommen werden.
7. Die Vorkriegseigentümer und ihre Erben sollten ermutigt werden, ihre Ansprüche auf Kunstwerke, die durch die Nationalsozialisten beschlagnahmt und in der Folge nicht zurückgegeben wurden, anzumelden.
8. Wenn die Vorkriegseigentümer von Kunstwerken, die durch die Nationalsozialisten beschlagnahmt und in der Folge nicht zurückgegeben wurden, oder ihre Erben ausfindig gemacht werden können, sollten rasch die nötigen Schritte unternommen werden, um eine gerechte und faire Lösung zu finden, wobei diese je nach den Gegebenheiten und Umständen des spezifischen Falls unterschiedlich ausfallen kann.

9. Wenn bei Kunstwerken, die nachweislich von den Nationalsozialisten beschlagnahmt und in der Folge nicht zurückgegeben wurden, die Vorkriegseigentümer oder deren Erben nicht ausfindig gemacht werden können, sollten rasch die nötigen Schritte unternommen werden, um eine gerechte und faire Lösung zu finden.
10. Kommissionen oder andere Gremien, welche die Identifizierung der durch die Nationalsozialisten beschlagnahmten Kunstwerke vornehmen und zur Klärung strittiger Eigentumsfragen beitragen, sollten eine ausgeglichene Zusammensetzung haben.
11. Die Staaten werden dazu aufgerufen, innerstaatliche Verfahren zur Umsetzung dieser Richtlinien zu entwickeln. Dies betrifft insbesondere die Einrichtung alternativer Mechanismen zur Klärung strittiger Eigentumsfragen.

Literaturverzeichnis[1]

Motive zu dem Entwurfe eines Bürgerlichen Gesetzbuches für das Deutsche Reich, Amtliche Ausgabe, Band 1, Allgemeiner Theil, Berlin 1888; Band 2, Recht der Schuldverhältnisse, Berlin 1888; Band 3, Sachenrecht, Berlin 1888 (zitiert: Motive zum BGB).

Achilles/Gebhard/Spahn (Hrsg.): Protokolle der Kommission für die zweite Lesung des Entwurfs des Bürgerlichen Gesetzbuchs, Band 1, Allgemeiner Theil und Recht der Schuldverhältnisse Abschnitt I, Abschnitt II Titel I, Berlin 1897; Band 3, Sachenrecht, Berlin 1899 (zitiert: Protokolle zum BGB).

Anders, Reinhard: Die Proklamationen, Gesetze und Verordnungen der Militärregierung Deutschlands (Amerikanische Zone) einschließlich der Proklamationen und Gesetze der Alliierten Kontrollbehörde Kontrollrat, Karlsruhe 1946.

Anglade, Leila: The Situation in France Regarding Art Looted During World War II, in: *Renold, Marc-André/Gabus, Pierre (Hrsg.),* Claims for the restitution of Looted Art, Genf, Zürich, Basel 2004, S. 103–126 (zitiert: Anglade, in: Claims for Restitution).

Armbrüster, Christian: Verjährbarkeit der Vindikation? – Zugleich ein Beitrag zu den Zwecken der Verjährung, in: *Aderhold, Lutz/Grunewald, Barbara/ Klingberg, Dietgard/Paefgen, Walter G. (Hrsg.),* Festschrift für Harm Peter Westermann zum 70. Geburtstag, Köln 2008, S. 53–66 (zitiert: Armbrüster, in: FS Westermann (2008)).

–: Privatrechtliche Ansprüche auf Rückführung von Kulturgütern ins Ausland, NJW 2001, 3581–3587.

Armbrüster, Christian/Jopen, Winfried: Besteuerungsmaßnahmen der DDR und das Enteignungskollisionsrecht der Bundesrepublik Deutschland – Zugleich Anmerkungen zu BGH ROW 1989, 123 und KG ROW 1988, 252, ROW 1989, 332–338.

Aschenbach, Hans: Verfahrenssichernde und vollstreckungssichernde Beschlagnahme im Strafprozess, NJW 1976, S. 1068–1072.

Baier, Helmut: Mittäterschaft, JA 2002, S. 273–275.

Baldus, Christian: Internationaler Kulturgüterschutz: Renaissance der Ersitzung?, in: *Grupp, Klaus/Hufeld, Ulrich (Hrsg.),* Recht – Kultur – Finanzen, Festschrift für Reinhard Mußgenug, Heidelberg 2005, S. 525–528 (zitiert: Baldus, in: FS Mußgenug (2005)).

Baller, Oesten/Eiffler, Sven/Tschisch, Andreas: Allgemeines Sicherheits- und Ordnungsgesetz Berlin – ASOG Bln, Zwangsanwendung nach Berliner Landesrecht – UzwG Bln, Stuttgart, München, Hannover u.a. 2004.

[1] Die im Folgenden aufgeführten Publikationen werden grundsätzlich nur mit dem/den Verfassernamen zitiert, es sei denn, es ist ein gesondertes Kurzzitat angegeben.

Bär, Andreas J.: Vermögen ohne Kundenkontakt bei Schweizer Banken – de lege ferenda: Rechtsvergleichende Studie mit dem U.S.-amerikanischen Recht, Zürich 2006.

Bator, Paul M.: An Essay on the International Trade in Art, in: Stanford Law Review, 34 (1982), 275–384.

Battis, Ulrich: Allgemeines Verwaltungsrecht, 3. Auflage, Heidelberg 2002 (zitiert: Battis, Allgemeines VerwR).

Baufeld, Stefan: Kulturgutbeschlagnahmen in bewaffneten Konflikten, ihre Rückabwicklung und der deutsch-russische Streit um die so genannte Beutekunst, Frankfurt am Main, Berlin, Bern etc. 2005.

Baur, Jürgen F./Stürner, Rolf: Sachenrecht, 18. Auflage, München 2009 (zitiert: SachR).

Becker, Ludwig: Die analoge Anwendung des § 989 BGB bei „vorübergehender Verwahrung", NJW 1954, 786–787.

Behnisch-Hollatz, Susanne: Recht auf Zugang zu öffentlichem Kulturgut, Aachen 2004.

Bendref, Bernd: Die Vertretung des Eigentümers im Vermögensgesetz als besondere Form der Abwesenheitspflegschaft, ZOV 1995, 250–252.

Benfer, Jost: Rechtseingriffe von Polizei und Staatsanwaltschaft, 3. Auflage München 2005.

Berger-Röthlisberger, Regula: Sorgfalt bei der Übertragung und beim Erwerb von Kulturgütern, Bern 2009.

Berndt, Joachim: Internationaler Kulturgüterschutz, Köln, Berlin, Bonn, München 1998.

Bischof, Ulf: Die öffentliche Versteigerung: Waschsalon für Diebesgut?, KUR 2007, 62–65.

Bitter, Georg: Rechtsträgerschaft für fremde Rechnung, Tübingen 2006.

Blumenwitz, Dieter: Rechtliche Schwierigkeiten bei der Rückgabe rechtswidrig nach Deutschland verbrachter Kunstschätze an die Herkunftsstaaten und künftige Lösungsansätze, in: *Bröhmer, Jürgen/Bieber, Roland/Calliess, Christian/Langenfeld, Christine/Weber, Stefan/Wolf, Joachim (Hrsg.),* Internationale Gemeinschaft und Menschenrechte, Festschrift für Georg Ress, Köln, Berlin, München 2005 (zitiert: Blumenwitz, in: FS Ress (2005)).

Bluntschli, Johann Caspar: Das moderne Völkerrecht der civilisierten Staaten als Rechtsbuch dargestellt, 3. Auflage, Nördlingen 1887.

Bonhage, Barbara/Lussy, Hanspeter/Perrenoud, Marc: Nachrichtenlose Vermögen bei Schweizer Banken, Depots, Konten und Safes von Opfern des nationalsozialistischen Regimes und Restitutionsprobleme in der Nachkriegszeit, Veröffentlichungen der Unabhängigen Expertenkommission, Band 15, Zürich 2001.

Boos, Sabine: Das neue Kulturgütertransfergesetz der Schweiz – Vorbild für Deutschland?, KUR 2005, 161–169.

–: Kulturgut als Gegenstand des grenzüberschreitenden Leihverkehrs, Berlin 2006.

Brandt, Jürgen/Sachs, Michael (Hrsg.): Handbuch Verwaltungsverfahren und Verwaltungsprozess, 2. Auflage, Stuttgart, München, Hannover etc. 2003 (zitiert: Brand/Sachs/Bearbeiter).

Brodie, Neil: Stolen History: Looting and Illicit Trade, Museum International 2003 (Vol. 55), 10–22.

–: The illegal trade in antiquities, KUR 2006, 26–28.

Brückler, Theodor (Hrsg.): Kunstraub, Kunstbergung und Restitution in Österreich 1938 bis heute, Wien, Köln, Weimar 1999.

Büllesbach, Ruth: Die öffentlich-rechtliche Verwahrung, Köln, Berlin, Bonn, München, 1994.

Burchardi, Kristiane/Kalb, Christof: Russland, Deutschland und der Streit um die „Beutekunst", DA 30 (1997), S. 939–945.

–: Noch einmal zur ‚Beutekunst'. Eine Replik auf Wilfried Fiedlers kritische Einwände, DA 31 (1998), S. 791–795.

Busch, Joachim: Öffentlich-rechtliche Verwahrungsverhältnisse, Hamburg 1939.

Cannon-Brookes, Peter: Antiquities in the market-place: placing a price on documentation, Antiquity, 1994 (68), S. 349–350.

Chaffak, Berthold: Fundsache und Schatz, Leipzig 1903.

Chippindale, Christopher/Gill, David: Material and Intellectual Consequences of Esteem for Cycladic Figures, American Journal of Archaeology, Vol. 97, No. 4 (1993), 601–659.

–: Material Consequences of Contemporary Classical Collecting, American Journal of Archaeology, Vol. 104, No. 3 (2000), 463–511.

Chippindale, Christopher/Gill, David/Salter, Emiliy/Hamilton, Christian: Collecting the Classical World: First Steps in a Quantitative History, International Journal of Cultural Property, Vol. 10, No. 1 (2001), 1–31.

Christiani, Christian: Die Übertragung von Kunstgegenständen oder einer Kunstsammlung auf eine Stiftung, KUR 2007, 20–25.

Coggins, Clemency Chase: Illicit Traffic of Pre-Columbian Antiquities, Art Journal, Vol. 29 (1969), 94–98.

–: Archaeology and the Art Market, Science, Vol. 175, No. 4019 (1972), 263–266.

–: Licit International Trade in Cultural Objects, in: *Briat, Martine/Freedberg, Judith A. (Hrsg.),* Legal Aspects of International Trade in Art, Vol. V, Paris, New York, Den Haag, London, Boston 1996, S. 47–55. (zitiert: Coggins, in: International Trade in Art).

Cremers, Franz-Josef: Nur Vernichtung oder auch Hinterlegung beschlagnahmter Beweisunterlagen bei fehlender Rückgabemöglichkeit? wistra 2000, 130–133.

Crezelius, Georg: Rechtssystematisches zur Kunstrestitution, KUR 2007, 125–129.

Damrau, Jürgen: Der Ort der Rückgabe beschlagnahmter Sachen – Der nicht mehr analog anwendbare § 697 BGB bei beschlagnahmten oder formlos für Zwecke der Strafverfolgung sichergestellten Sachen, NStZ 2003, 408–410.

Daniels, William G.: U.S. High Commissioner for Germany (HICOG) Office Memorandum v. 27.6.1951, S. 2 f., https://ushmm.org/museum/exhibit/online/oad/documents/rest10.pdf (aufgerufen am 14.3.2011).

Davies, Hester A.: The Crisis in American Archaeology, Science, Vol. 175 (1972), 267–272.

Degenhart, Christoph: Staatsrecht I, Staatsorganisationsrecht, 24. Auflage, Heidelberg 2008.

Dernburg, Heinrich: Das Bürgerliche Recht des Deutschen Reichs und Preußens, Band 3: Das Sachenrecht des Deutschen Reichs und Preußens, Halle an der Saale 1898 (zitiert: BürgR).

Deutsches Archäologisches Institut (Hrsg.): Akten des XIII. Internationalen Kongresses für Klassische Archäologie Berlin 1988, Mainz am Rhein 1990.

Deutsches Nationalkomitee für Denkmalschutz/Kirschbaum, Juliane/Klein, Annegret (Hrsg.): Archäologie im Fokus – Von wissenschaftlichen Ausgrabungen und illegalen Raubgrabungen, Bühl 2008.

Dietrich, Reinhard: Antiken, Recht und Markt, Kunstrechtsspiegel 2008, 174–181.

Doehring, Karl: Allgemeine Staatslehre, 3. Auflage, Heidelberg 2004 (zitiert: Staatslehre).

–: Völkerrecht, 2. Auflage, Heidelberg 2004 (zitiert: Völkerrecht).

–: Diskussionsbeitrag, in: *Dolzer, Rudolf/Jayme, Erik/Mußgenug, Reinhard (Hrsg.)*, Rechtsfragen des internationalen Kulturgüterschutzes. Symposium vom 22./23. Juni 1990 im Internationalen Wissenschaftsforum Heidelberg, Heidelberg 1994, S. 176–177 (zitiert: Doehring, in: Symposium (1990)).

–: Völkerrechtswidrige Konfiskation eines Gemäldes des Fürsten von Liechtenstein als „deutsches Eigentum“: Ein unrühmlicher Schlusspunkt, IPRax 1998, 465–467.

Dolezych, Max: Die Rechtsverhältnisse am Fund und Schatz nach gemeinem und bürgerlichem Recht, Jena 1901.

Dolzer, Rudolf: Die Deklaration des Kulturguts zum „common heritage of mankind“, in: *Dolzer, Rudolf/Jayme, Erik/Mußgenug, Reinhard (Hrsg.)*, Rechtsfragen des internationalen Kulturgüterschutzes. Symposium vom 22./23. Juni 1990 im Internationalen Wissenschaftsforum Heidelberg, Heidelberg 1994, S. 13–26. (zitiert: Dolzer, in: Symposium (1990)).

Dörn, Harald: Vernichtung beschlagnahmter Beweisunterlagen bei fehlender Rückgabemöglichkeit, wistra 1999, 175–178.

Dörner, Heinrich: Zivilrechtliche Probleme der Bodendenkmalpflege, Berlin 1992.

Dreier, Horst (Hrsg.): Grundgesetz, Kommentar, Band 2: Art. 20–82, 2. Auflage, Tübingen 2006. (zitiert: Dreier/Bearbeiter); Band 2 (Art. 20–82) Supplementum, Tübingen 2007 (zitiert: Dreier/Bearbeiter (Suppl)).

Druba, Matthias: In Sachen Plakatsammlung Sachs/Deutsches Historisches Museum, Anmerkung zu LG Berlin, Urteil vom 10. Februar 2009 – 19 O 116/08, KUR 2009, 48.

Eechoud, Mireille van/Hugenholtz, P. Bernt/Gompel, Stef von/Guibault, Luci/Helberger, Natali: Harmonizing European Copyright Law, Aalphan an den Rijn u.a., 2009 (zitiert: Eechoud u.a.).

Eggebrecht, Harald: Zerstörung, Raub und Schmuggel, in: Süddeutsche Zeitung vom 14.1.2009, Feuilleton S. 11.

Engelhardt, Sophie: Safe Haven für gefährdete Kulturgüter – Überblick über eine erste Vorlage zur Umsetzung sogenannter „sicherer Häfen" unter besonderer Berücksichtigung von Kulturgütern unbekannter Herkunft, in: *Odendahl, Kerstin/Weber, Peter Johannes (Hrsg.),* Kulturgüterschutz – Kunstrecht – Kulturrecht, Festschrift für Kurt Siehr zum 75. Geburtstag, Baden-Baden 2010, S. 55–82 (zitiert: Engelhardt, in: FS Siehr (2010)).

Erichsen, Hans-Uwe/Ehlers, Dirk (Hrsg.): Allgemeines Verwaltungsrecht, 13. Auflage, Berlin 2005 (zitiert: VerwR).

Erman: Handkommentar zum Bürgerlichen Gesetzbuch mit EGBGB, ErbbauVO, HausratsVO, LPartG, ProdHaftG, UKlaG, VAHRG und WEG, hrsg. von Westermann, Harm Peter, Band 1, Band 2, 12. Auflage, Köln 2008 (zitiert: Erman/Bearbeiter).

Ernst & Young AG (Hrsg.): Untersuchung zu nachrichtenlosen Vermögenswerten bei liechtensteinischen Banken in der NS-Zeit, Veröffentlichungen der Unabhängigen Historikerkommission Liechtenstein Zweiter Weltkrieg (UHK), Studie 5, Vaduz, Zürich 2005.

Etzel, Matthias: Die Aufhebung von nationalsozialistischen Gesetzen durch den Alliierten Kontrollrat (1945–1948), Tübingen 1992.

Eule, J. Cordelia: Illegale Archäologie?, Unesco heute online, Online-Magazin der Deutschen UNESCO-Kommission, Ausgabe 7, Juli 2003, http://deposit.ddb.de/ep/netpub/28/34/66/972663428/_data_dync/_stand_Dezember_2006/0703/archaeologie.htm (aufgerufen am 14.3.2011).

Fasold, Peter/Stutzinger, Dagmar: Raubgrabungen zerstören das archäologische Erbe – Begleitheft zur Ausstellung Fundort unbekannt – Raubgrabungen in Hessen, Wiesbaden 1995.

Fechner, Frank: Rechtlicher Schutz archäologischen Kulturguts, Berlin 1991.

–: Wohin gehören Kulturgüter? Rechtliche Ansätze eines Ausgleichsmodells, in: *Grupp, Klaus/Hufeld, Ulrich (Hrsg.),* Recht – Kultur – Finanzen, Festschrift für Reinhard Mußgenug, Heidelberg 2005, S. 485–498 (zitiert: Fechner, in: FS Mußgenug (2005)).

Feliciano, Hector: „Le Musée disparu". The Lost Museum, in: Spoils of War, 1996 (Nr. 2), 16–18.

–: The Mauerbach Case, Part II: An Equivocal Sale, in: Spoils of War, 1996 (Nr. 3), 24–27.

–: Das verlorene Museum, Berlin 1998.

Fieberg, Gerhard/Reichenbach, Harald/Messerschmidt, Burkhard/Neuhaus, Heike: Vermögensgesetz – Gesetz zur Regelung offener Vermögensfragen Kommentar, Band 1, München Stand: 27. Ergänzungslieferung, März 2010 (zitiert: Fieberg/Reichenbach/Messerschmidt/Neuhaus/Bearbeiter).

Fieberg, Gerhard/Reichenbach, Harald: Enteignung und offene Vermögensfragen in der ehemaligen DDR, in: RWS-Dokumentation 7, Band 2, 2. Auflage, Köln 1992 (zitiert: RWS-Dok. 7).

Fiedler, Wilfried: Zur Entwicklung des Völkergewohnheitsrechts im Bereich des internationalen Kulturgüterschutzes, in: *Hailbronner, Kay/Ress, Georg/Stein, Torsten (Hrsg.),* Staat und Völkerrechtsordnung, Festschrift für Karl Doehring, Berlin 1989, S. 199–218 (zitiert: Fiedler, in: FS Doehring (1989)).

–*:* Kulturgüter als Kriegsbeute: Völkerrechtliche Probleme seit dem Ende des Zweiten Weltkriegs, in: *Frehner, Matthias (Hrsg.),* Das Geschäft mit der Raubkunst, Zürich 1998, S. 87–96. (zitiert: Fiedler, in: Raubkunst).

–*:* Unterwegs zu einem europäischen Beutemuseum? Zum Vorschlag der Errichtung einer deutsch-russischen Kulturstiftung, DA 31 (1998), 258–270 (zitiert: Fiedler, Unterwegs).

–*:* Der Streit um die „Kriegsbeute“, in: *Stern, Klaus/Grupp, Klaus (Hrsg.),* Gedächtnisschrift für Joachim Burmeister, Heidelberg 2005, S. 163–170 (zitiert: Fiedler, in: GS Burmeister (2005)).

Finkenauer, Thomas: Kulturgüterschutz im BGB, KUR 2007, 96–105.

–*:* Gutgläubiger Erbe des bösgläubigen Erblassers – Das Bernsteinzimmer-Mosaik, NJW 1998, S. 960–962.

Fischer, Thomas: Strafgesetzbuch und Nebengesetze, 57. Auflage, München 2010.

Fohr, Robert: "France" – country report/Bericht zur Konferenz "Spoils of War and Restitutions. The Destiny of French Works of Art During the Second World War", die am 17.11.1996 in Paris stattfand, in: Spoils of War 1996 (Nr. 3), S. 39–41.

Franz, Michael: Datenbanken abhanden gekommener Kulturgüter am Beispiel der Koordinierungsstelle der Länder für die Rückführung von Kulturgütern, KUR 1999, 345–351.

–*:* Ein virtuelles Glashaus autonomer Datenbanken – (nur) eine Vision?, KUR 2002, 7–10.

Fraoua, Ridha: Convention concernant les mesures à prendre pour interdire et empêcher l'importation, l'exportation et le transfert de propriété illicites des biens culturels, UNESCO Doc. CC-86/WS/40, 1986.

Fritsch, Claire: Ein Jahr im Netz, KUR 2007, 105–110.

Frotscher, Werner: Probleme des öffentlichen Sachenrechts, Verwaltungsarchiv 62 (1971), 153–168.

Garrison, Ray H.: Escheats, Abandoned Property Acts and their Revenue Aspects, Kentucky Law Journal, Vol. 25, 1947, 302–317.

Gaster, Jens: Zur Versicherungspflicht des Werkunternehmers für Kundengegenstände, VersR 1987, 1122–1124.

Geismeier, Irene: Dokumentation des Fremdbesitzes. Verzeichnis der in der Galerie eingelagerten Bilder unbekannter Herkunft, Staatliche Museen zu Berlin Preußischer Kulturbesitz 1999.

Genius-Devime, Barbara: Bedeutung und Grenzen des Erbes der Menschheit im völkerrechtlichen Kulturgüterschutz, Baden-Baden 1996.

Gill, David/Chippindale, Christopher: From Boston to Rome: Reflections on Returning Antiquities, 13 International Journal of Cultural Property, No. 1 (2006), 311–331.

Girsberger, Daniel: Das internationale Privatrecht der nachrichtenlosen Vermögen in der Schweiz, Basel, Frankfurt am Main, London 1997.

Giuliani, Luca: Archäologische Bodenfunde als nationale Kulturgüter?, in: *Heilmeyer, Wolf-Dieter/Eule, Cordelia (Hrsg.),* Illegale Archäologie?, Berlin 2004, S. 32–42 (zitiert: Giuliani, in: Illegale Archäologie?)

Godin, Reinhard: Das Rückerstattungsgesetz Nr. 59 für das amerikanische Kontrollgebiet Deutschlands, JR 1948, 32–42.

Gordon, John B.: The UNESCO Convention on the Illicit Movement of Art Tresures, in: Harvard International Law Journal 12 (1971), 537–556.

Gornig, Gilbert H.: Der internationale Kulturgüterschutz, in: *Gornig, Gilbert H./Horn, Hans-Detlef/Murswiek, Dietrich,* Kulturgüterschutz – internationale und nationale Aspekte, Berlin 2007, S. 17–64 (zitiert: Gornig, in: Kulturgüterschutz – Aspekte).

Graepler, Daniel: Der Milliardendeal mit geraubter Kunst, in: *Flashar, Martin (Hrsg.),* Bewahren als Problem, S. 23–28 (zitiert: Graepler, in: Bewahren als Problem).

Greenfield, Jeannette: The Return of Cultural Treasures, 3. Auflage, Cambridge 2007.

Grundmann, Stefan: Der Treuhandvertrag, insbesondere die werbende Treuhand, München 1997.

Gursky, Karl-Heinz: Die neuere höchstrichterliche Rechtsprechung zum Mobiliarsachenrecht – Teil 1, JZ 2005, 385–295.

Haase, Günther: Die Kunstsammlung des Reichsmarschalls Hermann Göring – Eine Dokumentation, Berlin 2000 (zitiert: Kunstsammlung Göring).

Haase, Günther: Die Kunstsammlung Adolf Hitler – Eine Dokumentation, Berlin 2002 (zitiert: Kunstsammlung Hitler).

Habel, Hubertus: Provenienzprüfung von Anfang an – Aktivitäten der Initiative Städtische Sammlung Coburg e.V., in: *Landesstelle für die nichtstaatlichen Museen in Bayern beim Bayerischen Landesamt für Denkmalpflege (Hrsg.),* Kulturgutverluste, Provenienzforschung, Restitution, München, Berlin 2007, S. 149–156 (zitiert: Habel, in: Provenienzprüfung).

Habenicht, Stefan: Der 20-jährige Nießbrauch an Kunstwerken nach dem Ausgleichsleistungsgesetz – Zur Entstehung und zum Fristbeginn des Nießbrauchs sowie dessen Verfassungsmässigkeit, VIZ 2000, 703–709.

Hanisch, Hans: Internationalprivatrechtliche Fragen im Kunsthandel, in: *Diekmann, Albrecht/Frank, Rainer/Hanisch, Hans/Simitis, Spiros (Hrsg.),* Festschrift für Wolfram Müller-Freienfels, Baden-Baden 1986, S. 193–224 (zitiert: Hanisch, in: FS Müller-Freienfels (1986)).

Hannich, Rolf (Hrsg.): Karlsruher Kommentar zur Strafprozessordnung und zum Gerichtsverfassungsgesetz mit Einführungsgesetz, 6. Auflage, München 2008 (zitiert: KK/Bearbeiter).

Hartigan, Richard Shelly: Lieber's Code and the Law of War, Chicago 1983.

Hartmann, Uwe: Das Internetportal www.lostart.de – Ziele und Möglichkeiten, in: *Landesstelle für die nichtstaatlichen Museen in Bayern beim Bayerischen Landesamt für Denkmalpflege (Hrsg.),* Kulturgutverluste, Provenienzforschung, Restitution, München, Berlin 2007, S. 67–77 (zitiert: Hartmann, in: Kulturgutverluste).

Hartung, Hannes: Kunstraub in Krieg und Verfolgung. Die Restitution der Beute- und Raubkunst im Kollisions- und Völkerrecht, Berlin, New York 2005.

Heckel, Martin: Das Fiskuserbrecht im Internationalen Privatrecht, Tübingen 2006.

Heghmanns, Michael/Scheffler, Uwe (Hrsg.): Handbuch zum Strafverfahren, München 2008 (zitiert: Heghmanns/Scheffler/Bearbeiter).

Heilmeyer, Wolf-Dieter: Zur Einführung in den Kongress „Illegale Archäologie?“, in: *Heilmeyer, Wolf-Dieter/Eule, Cordelia* (Hrsg.), Illegale Archäologie?, Berlin 2004, S. 12–16. (zitiert: Heilmeyer, in: Illegale Archäologie?).

Heuberger, Georg: Die Erwartung der Opfer: „faire und gerechte“ Verfahren, KUR 2007, 65–66.

Heuer, Carl-Heinz: Die Kunstraubzüge der Nationalsozialisten und ihre Rückabwicklung NJW 1999, 2558–2564.

Hilleke, Heinrich: Einführung zum Gesetz über die Entziehung von Erzeugnissen entarteter Kunst, in: *Pfundtner/Neubert,* Das neue Deutsche Reichsrecht, Loseblatt ca. 1944 (zitiert: Hilleke, in: Reichsrecht).

Hipp, Anette: Schutz von Kulturgütern in Deutschland, Berlin, New York 2000.

Hoerschelmann, Axel von: Wirtschaftliche und finanzielle Folgen einer Flucht oder Übersiedlung aus der DDR, IFLA 1989, 27–31.

Hoffmann, Volker H./Knierim, Thomas C.: Rückgabe von im Strafverfahren sichergestellten oder beschlagnahmten Gegenständen, NStZ 2000, 461–464.

Hoffmann-Riem, Wolfgang/Schmidt-Aßmann, Eberhard/Voßkuhle, Andreas (Hrsg.): Grundlagen des Verwaltungsrechts, Band 1: Methoden – Maßstäbe – Aufgaben – Organisation, München 2006 (zitiert: Hoffmann-Riem/Schmidt-Aßmann/Voßkuhle/Bearbeiter).

Hönes, Ernst-Rainer: Das Schatzregal, DÖV 1992, 425–432.

–: Zum Kulturgutbegriff der Haager Konventionen von 1899 bis heute, DÖV 1998, 985–995.

Hübschmann, Walter/Hepp, Ernst/Spitaler, Armin (Hrsg.): Abgabenordnung Finanzgerichtsordnung – Kommentar. Band 13: Kommentierung des Zollkodex, (Loseblatt-Sammlung) Köln 2006 (zitiert: Hübschmann/Hepp/Spitaler/Bearbeiter).

Huguenin, Yves: Kulturgüter bei Staatensukzession, Berlin, New York 2010.

Humphrey, John H.: Editor's Note, Journal of Roman Archaeology, Supplementary Series No. 12, 1994, 4.

Hunsicker, Ernst: Präventive Gewinnabschöpfung – Sicherstellung/Verwertung von Gegenständen und Bargeld aus präventiv-polizeilichen Gründen, Kriminalistik 2003, 234–238.

–: Präventive Gewinnabschöpfung (PräGe) in Theorie und Praxis, 3. Auflage, Frankfurt a.M. 2008 (zitiert: PräGe).

Ipsen, Jörn: Staatsrecht I, Staatsorganisationsrecht, 22. Auflage, Neuwied, Berlin u.a. 2010 (zitiert: Ipsen, Staatsrecht I).

Ipsen, Knut (Hrsg.): Völkerrecht, 5. Auflage, München 2004 (zitiert: Ipsen/Bearbeiter).

Irmscher, Tobias: Kulturgüterschutz im Völkerrecht am Beispiel der Beutekunst in Russland, in: *Koordinierungsstelle für Kulturgutverluste Magdeburg und die Beauftragte der Bundesregierung für Kultur und Medien (Hrsg.),* Im Labyrinth des Rechts? Wege zum Kulturgüterschutz, Veröffentlichungen der Koordinierungsstelle für Kulturgutverluste, Band 7, Magdeburg 2007, S. 15–46 (zitiert: Irmscher, in: Labyrinth des Rechts).

Isaac, Shauna: Swift-Find Looted Art Project, KUR 2006, 130–131.

Isensee, Josef/Kirchhoff, Paul: Handbuch des Staatsrechts, Band 2: Verfassungsstaat. 3. Auflage, Heidelberg 2004 (zitiert Isensee/Kirchhoff/Bearbeiter).

Jaeger, Andrea: Internationaler Kulturgüterschutz, Köln, Berlin, Bonn, München 1993.

Jarass, Hans D./Pieroth, Bodo: Grundgesetz für die Bundesrepublik Deutschland, Kommentar, 11. Auflage, München 2011 (zitiert Jarass/Pieroth).

Jayme, Erik: Die Washingtoner Erklärung über Nazi-Enteignungen von Kunstwerken der Holocaustopfer: Narrative Normen im Kunstrecht, in: *Koordinierungsstelle für Kulturgutverluste (Hrsg.),* Band 2, Museen im Zwielicht, Magdeburg 2002, S. 247–258 (zitiert: Jayme, in: Museen im Zwielicht).

–: Zum Eigentumsherausgabeanspruch von Werken „entartete Kunst“ bei Auslandsbezug, IPRax 1995, 43.

Jenschke, Christoff: Der völkerrechtliche Rückgabeanspruch auf in Kriegszeiten widerrechtlich verbrachte Kulturgüter, Berlin 2005.

Jungkind, Vera: Verwaltungsakte zwischen Hoheitsträgern, Berlin 2008.

Kardel, Philipp: Die Lost Art-Datenbank auf www.lostart.de, KUR 2006, S. 128–129.

Kegel, Gerhard: Von wilden Tieren, zerstreuten Leuten und versunkenen Schiffen, Zum Verhältnis von Besitz und Eigentum beweglicher Sachen, in: *Ficker, Hans Claudius/König, Detlef, u.a. (Hrsg.),* Festschrift für Ernst von Caemmerer, Tübingen 1978, S. 149–178 (zitiert: Kegel, in: FS Caemmerer (1978)).

Kemle, Nicolai: Streit um Goldgefäß pro Irak entschieden, Kunstrechtsspiegel 2009, 194

Kemle, Nicolai: Israel-Museum stellt Beutekunst aus dem Zweiten Weltkrieg aus, Kunstrechtsspiegel 2008, 105.

Kemper, Martin: Rückgabe beschlagnahmter Gegenstände – Bringschuld oder Holschuld? NJW 2005, 3679–3682.

Kennedy, Maev: Not for Sale yet – The 'cursed' 14 pieces of silver worth £100m, in: The Guardian v. 17.10.2006, Onlineausgabe, http://www.guardian.co.uk/uk/2006/oct/17/arts.artsnews (aufgerufen am 14.3.2011).

Kimme, Johannes (Hrsg.): Offene Vermögensfragen: Kommentar, Band 1, Köln Stand: Juni 2009, Loseblatt, 29. Lieferung (zitiert: Kimme/Bearbeiter).

Kindhäuser, Urs/Neumann, Ulfried/Paeffgen, Hans-Ullrich (Hrsg.): Strafgesetzbuch, Lehr- und Praxiskommentar, 3. Auflage, Baden-Baden 2010 (zitiert: NK-StGB/Bearbeiter).

Kirchmaier, Robert: Kulturgüter zur dauerhaften Überlassung in öffentlichen Einrichtungen, in: *Koordinierungsstelle für Kulturgutverluste Magdeburg und die Beauftragte der Bundesregierung für Kultur und Medien (Hrsg.),* Im Labyrinth des Rechts? Wege zum Kulturgüterschutz, Veröffentlichungen der Koordinierungsstelle für Kulturgutverluste, Band 7, Magdeburg 2007, S. 259 –285 (zitiert: Kirchmaier, in: Labyrinth des Rechts).

Kischel, Uwe: Handle und liquidiere? Keine Geschäftsführung ohne Auftrag im öffentlichen Recht, VerwArch. 90 (1999), 391–414.

Kisker, Gunter: Kooperation im Bundesstaat, Tübingen 1971.

Kiss, Alexandre Charles: La notion de patrimoine commun de l' humanité, RdC 175 (1982 II), 99–256.

Knott, Herrmann J.: Der Anspruch auf Herausgabe gestohlen und illegal exportierten Kulturguts, Baden-Baden 1990.

Köbl, Ursula: Das Eigentümer-Besitzer-Verhältnis im Anspruchssystem des BGB, Berlin 1971.

Koch, Arnd: Schatzsuche, Archäologie und Strafrecht – Strafrechtliche Aspekte so genannter „Raubgräberei", NJW 2006, 557–560.

–: Antiken, Recht und (kein) Markt?, KUR 2009, 49–54.

Koellreuter, Andreas/Bucherer, Paul: Asyl für afghanische Kulturgüter in der Schweiz, in: KGS-Forum 12/2008, 44–53.

Kohlenberg, Kerstin: Im Namen meines Vaters, Die Zeit v. 15.1.2009, Feuilleton, S. 41.

König, Harald: Central Collecting Point, www.badv.bund.de/003_menue_links/e0_ov/d0_provenienz/CCP.html (zitiert: CCP, (aufgerufen am 14.3.2011)).

–: Leihgaben der Bundesrepublik Deutschland aus Beständen, die zwischen 1933–1945 in Reichsbesitz gelangten, in: *Koordinierungsstelle für Kulturgutverluste (Hrsg.),* Band 2, Museen im Zwielicht, Magdeburg 2002, S. 149–158 (zitiert: König, in: Museen im Zwielicht).

–: Wiedergutmachung außerhalb des Wiedergutmachungsrechts? – Die Rückgabe verfolgungsbedingt entzogener Kunstgegenstände aus ehemaligem Reichsbesitz im Zuständigkeitsbereich des BARoV, http://www.badv.bund.de/003_menue_links/e0_

ov/d0_provenienz/b1_aufsaetze/a0_wiedergutmachung.html (zitiert: Wiedergutmachung, aufgerufen am 14.3.2011).

–: Rückforderung finanzieller Wiedergutmachungsleistungen im Zusammenhang mit der Gemeinsamen Erklärung der Bundesregierung, der Länder und der kommunalen Spitzenverbände, http://www.badv.bund.de/003_menue_links/e0_ov/d0_provenienz/b1_aufsaetze/d0_rueckforderung.html (zitiert: Rückforderung, aufgerufen am 14.3.2011).

–: Restitution und Verwaltungshandeln – juristische Rahmenbedingungen bei der Umsetzung der Rückgabeentscheidung, http://www.badv.bund.de/003_menue_links/e0_ov/d0_provenienz/b1_aufsaetze/c0_restitution.html (zitiert: Restitution, aufgerufen am 14.3.2011).

–: Provenienzforschung zum Kunstbesitz des Bundes, http://www.badv.bund.de/003_menue_links/e0_ov/d0_provenienz/ (zitiert: Provenienzforschung, aufgerufen am 14.3.2011).

–: Grundlagen der Rückerstattung – Das deutsche Wiedergutmachungsrecht, http://www.badv.bund.de/003_menue_links/e0_ov/d0_provenienz/b1_aufsaetze/b0_grundlagen. html (zitiert: Grundlagen, aufgerufen am 14.3.2011).

Kopp, Ferdinand/Schenke, Wolf-Rüdiger: Verwaltungsgerichtsordnung. Kommentar, 16. Auflage, München 2009 (zitiert: VwGO).

Koumantos, Georges: International Legal Protection of Cultural Property, Introductory Report, in: Council of Europe, International Legal Protection of Cultural Property, Proceedings of the Thirteenth Colloquy on European Law, Delphi, 20.–22.9.1983, Straßburg 1984, S. 12–16 (zitiert: Koumantos, in: International Legal Protection of Cultural Property).

Krämer, Gerd: Bernsteinzimmer-Mosaik: Ersitzung durch den gutgläubigen Erben des bösgläubigen Besitzers?, NJW 1997, 2580–2581.

Krampe, Christoph: Wohin mit dem „Leidenden Menschen“ (76, 50 × 12 m)? – Ein atypischer Rechtsstreit zwischen Künstler und Kunstakademie, NJW 1992, 1264–1270.

Krinzinger, Friedrich: Schutz von archäologischem Kulturgut, in: *Reichelt, Gerte* (Hrsg.), Neues Recht zum Schutz von Kulturgut, Wien 1997, S. 45–54 (zitiert: Krinzinger, in: Neues Recht).

Kühl, Christian (Hrsg.): Strafgesetzbuch. Kommentar, 27. Auflage, München 2011 (zitiert: Kühl).

Kühl, Isabel: Der internationale Leihverkehr der Museen, Köln, Berlin, München 2004.

Kuhn, Petra: Die „Gemeinsame Erklärung“ von Bund, Ländern und kommunalen Spitzenverbänden vom Dezember 1999, in: *Koordinierungsstelle für Kulturgutverluste (Hrsg.)*, Band 2, Museen im Zwielicht, Magdeburg 2002, S. 297–312 (zitiert: Kuhn, in: Museen im Zwielicht).

Kunze, Hans Henning: Restitution „entarteter Kunst“, Berlin, New York 2000.

Kyrieleis, Helmut: Die Position des Deutschen Archäologischen Instituts, in: *Flashar, Martin (Hrsg.),* Bewahren als Problem, S. 163–166 (zitiert: Kyrieleis, in: Bewahren als Problem).

Lattmann, Eveline: Schutz der Kulturgüter bei bewaffneten Konflikten, Zürich 1974.

Lehmann, Klaus-Dieter: Die Stiftung Preußischer Kulturbesitz im Jahr 1999, in: *Präsident der Stiftung Preußischer Kulturbesitz (Hrsg.)*, Jahrbuch Preußischer Kulturbesitz Band XXXVI (1999), Berlin 2000, S. 11–32 (zitiert: Jahrbuch 1999).

–: Grußwort des Präsidenten der Stiftung Preußischer Kulturbesitz, in: *Heilmeyer, Wolf-Dieter/Eule, Cordelia (Hrsg.)*, Illegale Archäologie?, Berlin 2004, S. 9–11 (zitiert: Lehmann, in: Illegale Archäologie?).

Leipziger Kommentar: Laufhütte, Heinrich-Wilhelm (Hrsg.), Strafgesetzbuch, Kommentar, Band 3: §§ 56–79b, 12. Auflage, Berlin u.a. 2008 (zitiert: LK/Bearbeiter).

Leistra, Josephine: The Mauerbach Case, Part I, in: Spoils of War, 1996 (Nr. 3), 22–24.

Lenski, Sophie-Charlotte: Kulturgüterschutz durch Widmung öffentlichen Museumsguts? Kommentar zum Beitrag „Kulturgüterschutz im BGB", KUR 2007, 142–144.

Lepsius, Oliver: Besitz und Sachherrschaft im öffentlichen Recht, Tübingen 2002.

Lesser, Martin: Zur Anwendung des § 983 BGB, in: Dr. J. A. Seuffert's Blätter für Rechtsanwendung, 76 (1911), 791–792.

Lewis, Geoffrey: Selbstregulierung der Museen: Der ICOM-Kodex und das Verhältnis zur Forschung, in: *Heilmeyer, Wolf-Dieter/Eule, Cordelia (Hrsg.)*, Illegale Archäologie?, Berlin 2004, S. 50–60 (zitiert: Lewis, in: Illegale Archäologie?).

Lillteicher, Jürgen: Raub, Recht und Restitution – Die Rückerstattung jüdischen Eigentums in der frühen Bundesrepublik, Göttingen 2007.

Lins, Susanna: Das Fundrecht des BGB, Frankfurt am Main, Berlin u.a. 1994.

Loewenheim, Ulrich (Hrsg.): Urheberrecht, 4. Auflage, München 2010 (zitiert: Schricker/Löwenheim/Bearbeiter, UrhG).

Löffler, Joachim: Die Herausgabe von beschlagnahmten oder sichergestellten Sachen im Strafverfahren, NJW 1991, 1705–1711.

Löw, Ulrike: Raubgrabungen im Irak, in: Mitteilungen der Deutschen Orient-Gesellschaft zu Berlin (135) 2003, 57–80.

Löwe-Rosenberg: Strafprozessordnung und das Gerichtsverfassungsgesetz, Großkommentar, Band 3: §§ 94–111p, *Rieß, Peter (Hrsg.)*, 25. Auflage, Berlin, New York, 2004. (zitiert: Löwe-Rosenberg/Bearbeiter).

MacKenzie, George: Working for the Protection of the World's Cultural Heritage, in: ICOM News 2000, Nr. 2, Vol. 53, S. 8.

Malitz, Kirsten: Beendigung von Zwangsmaßnahmen und Freigabe von Vermögenswerten, NStZ 2003, 61–68.

Manhart, Christian: The Afghan Cultural Heritage Crisis: UNESCO's Response to the Destruction of Statues in Afghanistan, American Journal of Archaeology, Vol. 105, No. 3 (2001), S. 387–388.

Mann, Frederic A.: Anmerkung zu BGH, Urt. v. 22.6.1972 – II ZR 113/70, NJW 1972, 2179.

Mansel, Heinz-Peter: Die Bedeutung des internationalen Privatrechts in Bezug auf das Herausgabeverlangen des Eigentümers bei abhanden gekommenen Kulturgütern, in: *Koordinierungsstelle für Kulturgutverluste Magdeburg und die Beauftragte der Bundesregierung für Kultur und Medien (Hrsg.),* Im Labyrinth des Rechts?, Wege zum Kulturgüterschutz, Veröffentlichungen der Koordinierungsstelle für Kulturgutverluste, Band 7, Magdeburg 2007, S. 129–173 (zitiert: Mansel, in: Labyrinth des Rechts).

Maunz, Theodor/Dürig, Günter (Begr.): Grundgesetz Kommentar, Band VI, Art. 100–146 GG, München, Loseblatt-Sammlung, Stand: Dezember 2007. (zitiert: Maunz/Dürig/Bearbeiter).

Maurer, Hartmut: Schadensersatzansprüche des Lehrers gegen den Schulträger – OLG Köln, NVwZ 1994, 618, JuS 1994, 1015–1019.

–: Allgemeines Verwaltungsrecht, 17. Auflage, München 2009 (zitiert: VerwR).

–: Erstattung der Kosten für die Verwahrung eines Kraftfahrzeugs durch die Polizei – VGH Mannheim, BaWüVPr 1978, 150, JuS 1981, 809–812.

Maurus, Wolfgang: Der politische Auftrag zu Provenienzklärung und Restitution, Tagungsbeitrag der Veranstaltung „Von der Provenienzforschung zur Restitution geraubten Kulturguts: politischer Wille und praktische Umsetzung“ der Initiative Fortbildung für wissenschaftliche Spezialbibliotheken und verwandte Einrichtungen e.V. (veranstaltet am 23./24.9.2004), http://www.initiativefortbildung.de/pdf/provenienz2004/maurus.pdf (zitiert: Provenienzklärung und Restitution, angerufen am 14.3.2011).

Mazzoni, Ira: Weile mit Eile, Süddeutsche Zeitung v. 25.2.2009, Feuilleton S. 13.

Merryman, John Henry: Thinking About the Sevso Treasure, Stanford Public Law and Legal Theory Working Paper Series, Research Paper No. 1105584 v. 12.3.2008, http://ssrn.com/abstract=1105584 (zitiert: Working Paper, aufgerufen am 14.3.2011).

–: A Licit International Trade in Cultural Objects, in: *Briat, Martine/Freedberg, Judith A. (Hrsg.),* Legal Aspects of International Trade in Art, Vol. V, Paris, New York, Den Haag, London, Boston 1996, S. 3–45. (zitiert: Merryman, in: Licit Trade).

–: Thinking about the Elgin Marbles, 83 Michigan L.R. (1985), 1881–1923.

Meyer, Dieter: Strafrechtsentschädigung, 7. Auflage, Köln, München 2008 (zitiert: StrEG).

Meyer-Goßner, Lutz (Hrsg.): Strafprozessordnung – Gerichtsverfassungsgesetz, Nebengesetze und ergänzende Bestimmungen, 53. Auflage, München 2010 (zitiert: Meyer-Goßner/Bearbeiter).

Meysen, Thomas: Die Haftung aus Verwaltungsrechtsverhältnis, Berlin 2000.

Mönch, Regina: Bis die Herkunft des letzten Bildes geklärt ist, FAZ – Onlineausgabe v. 5.11.2008, http://www.faz.net/s/RubCF3AEB154CE64960822FA5429A182360/Doc~E6A8C56A880DF403E9872C0FBEC107ABE~ATpl~Ecommon~Scontent.html (aufgerufen am 14.3.2011).

–: Vertrau auf die Gerechtigkeit, Frankfurter Allgemeine Zeitung v. 23.2.2007, Feuilleton, S. 34.

Moore, Jonathan S.: Enforcing Foreign Ownership Claims in the Antiquity Market, 97 Yale L.J. (1987–1988), 466–487.

Müller, Hellmuth: Öffentlichrechtliche Verwahrung durch den Bürger, JuS 1977, 232–234.

Müller-Karpe, Michael: Jeder Euro des Antikenhandels finanziert die Zerstörung Mesopotamiens, Süddeutsche Zeitung v. 29./30./31.5.2004, S. 15.

–: Antikenhandel ./. Kulturgüterschutz – Zur Missachtung des bestehenden Handelsverbots für archäologisches Kulturgut ungeklärter Provenienz an einem Beispiel, KUR 2010, 91–94.

Müller-Katzenburg, Astrid: Besitz- und Eigentumssituation bei gestohlenen und sonst abhanden gekommenen Kunstwerken, NJW 1999, 2551–2558.

–: Internationale Standards im Kulturgüterverkehr und ihre Bedeutung für das Sach- und Kollisionsrecht, Berlin 1995 (zitiert: Internationale Standards).

–: Erste Erfahrungen des Kunsthandels mit der Schuldrechtsreform, NJW 2006, 552–557.

Münch, Ingo von/Kunig, Philipp (Hrsg.): Grundgesetz-Kommentar, Band 2, Art. 20–69, 5. Auflage, München 2001; Band 3, Art. 70–146, 5. Auflage, München 2003 (zitiert: Münch/Kunig/Bearbeiter).

Münchener Kommentar zum Bürgerlichen Gesetzbuch: Kommentar zum Bürgerlichen Gesetzbuch, hrsg. von *Rebmann/Säcker/Rixecker*, Band 1: Allgemeiner Teil. §§ 1–240. AGB-Gesetz, 4. Auflage, München 2001; Band 2: Schuldrecht, Allgemeiner Teil. §§ 241–432, 5. Auflage, München 2007; Band 4: Schuldrecht, Besonderer Teil 2. §§ 611–704, 5. Auflage, München 2009; Band 6: Sachenrecht. §§ 854–1296. Wohnungseigentumsgesetz. Erbbaurechtsgesetz. 5. Auflage, München 2009; Band 9: Erbrecht. §§ 1922–2385, §§ 27–35 BeurkG, 5. Auflage, München 2010. (zitiert: Bearbeiter, in: MüKo-BGB).

Münchener Kommentar zum Strafgesetzbuch: Münchener Kommentar zum Strafgesetzbuch, *Joecks, Wolfgang/Miebach, Klaus (Hrsg.),* Band 2, Teilband 1, §§ 52–79b, München 2005; Band 3, §§ 185–262, München 2003 (zitiert: Bearbeiter, in: MüKo-StGB).

Mundell Mango, Marlia/Bennett, Anna: The Sevso Treasure, Part 1, Journal of Roman Archaeology, Supplemantary Series No. 12, 1994.

Mußgenug, Reinhard: Europäischer und nationaler Kulturgüter-Schutz, in: *Mußgenug, Reinhard/Roellecke, Gerd* (Hrsg.), Aktuelle Fragen des Kulturgüterschutzes. Beiträge zur Reform des deutschen Kulturgutschutzgesetzes 1955 und seiner Angleichung an den europäischen Kulturgüterschutz, Heidelberg 1998, S. 11–30 (zitiert: Kulturgüter-Schutz).

Nagel, Gisela: Probleme der polizeilichen Sicherstellung, unter besonderer Berücksichtigung des öffentlich-rechtlichen Zurückbehaltungsrechts, Diss., Köln 1988.

Nedden, Claudio: Die Geschäftsführung ohne Auftrag im Öffentlichen Recht, Berlin 1994.

Nicholas, Lynn H.: Der Raub der Europa. Das Schicksal europäischer Kunstwerke im Dritten Reich, München 1995.

–: World War II and The Displacement of Cultural Property, in: *Simpson, Elisabeth (Hrsg.),* The Spoils of War, New York 1997, S. 39–48 (zitiert: Nicolas, in: Spoils of War).

Nieper, Franz/Westerdijk, Arjen S.: Niederländisches Bürgerliches Gesetzbuch, Buch 3: Allgemeiner Teil des Vermögensrechts, Buch 4: Erbrecht, Buch 5: Sachenrecht, München 1996.

O'Keefe, Patrick J.: Commantary on the UNESCO 1970 Convention, 2. Auflage, Leicester 2007 (zitiert: UNESCO 1970).

Odendahl, Kerstin: Kulturgüterschutz – Entwicklung, Struktur und Dogmatik eines ebenenübergreifenden Normensystems, Tübingen 2005. (zitiert: Kulturgüterschutz).

–: Der Schutz der wertvollsten Kulturgüter der Menschheit: Aktuelle völkerrechtliche Entwicklungen, in: Kulturgüterschutz – Künstlerschutz, Tagungsband des Zweiten Heidelberger Kunstrechtstags, *Weller, Matthias/Kemle, Nicolai*/(Hrsg.), Baden-Baden 2009, S. 23–46 (zitiert: Odendahl, in: Kulturgüterschutz – Künstlerschutz).

Oebbecke, Janbernd: Das Recht der Bodendenkmalpflege in der Bundesrepublik Deutschland, DVBl. 1983, 384–391.

Palandt: Bürgerliches Gesetzbuch mit Einführungsgesetz (Auszug) einschließlich Rom I- und Rom II-Verordnung, Allgemeines Gleichbehandlungsgesetz (Auszug), BGB-Informationspflichten-Verordnung, Unterlassungsklagengesetz, Wohn- und Betreuungsvertragsgesetz, Produkthaftungsgesetz, Erbbaurechtsgesetz, Wohnungseigentumsgesetz, Versorgungsausgleichsgesetz, Lebenspartnerschaftsgesetz, Gewaltschutzgesetz – Kommentar, 70. Auflage, München 2011 (zitiert: Palandt/Bearbeiter).

Palmer, Norman: Old Loans and Unclaimed Works, in: *Palmer, Norman (Hrsg.),* Art Loans, London 1997, S. 171–190 (zitiert: Palmer, in: Art Loans).

Papier, Hans-Jürgen: Recht der öffentlichen Sachen, Berlin, New York 1977 (zitiert: Recht der öffentlichen Sachen).

–: Die Forderungsverletzung im öffentlichen Recht, Berlin 1970 (zitiert: Forderungsverletzung).

Pappermann, Ernst/Löhr, Rolf D./Andriske, Wolfgang: Recht der öffentlichen Sachen, München 1987.

Parisot, Véronique: Pillage and Restitution: What Became of Works of Art Removed from France to Germany during World War II? Paris, 17 November 1996, in: International Journal of Cultural Property 6 (1997), 156–157.

Peege, Marco: Gutgläubiger Eigentumserwerb gem. § 935 Abs. 2 BGB: Ein Bedürfnis der Rechtssicherheit, KUR 2007, 111–113.

Pfeiffer, Gerd/Hannich, Rolf: Karlsruher Kommentar zur Strafprozessordnung und zum Gerichtsverfassungsgesetz, 6. Auflage, München 2008 (zitiert: KK/Bearbeiter).

Plambeck, Barbara: Die Verjährung der Vindikation, Frankfurt, Berlin u.a. 1997.

Planche, Edouard: Die UNESCO-Konvention von 1970: Anwendung auf internationaler Ebene, KUR 2010, 143–147.

Prott, Lyndel V./O'Keefe, Patrick J.: Law and the Cultural Heritage, Volume 1, Discovery and Excavation, Oxford 1984 (zitiert: Vol. 1).

–: Law and Cultural Heritage, Volume 3, Movement, London, Edinburgh 1989 (zitiert: Vol. 3).

Prott, Lyndell V.: Private Initiativen im Dienste des kulturellen Erbes, in: *Österreichische Gesellschaft für Kulturgüterschutz (Hrsg.)*, Kulturgüterschutz: Ein Aufruf zu transnationaler Aktion – Private Initiativen zwischen Interessen und Verantwortung, Wien 1995, S. 65–68 (zitiert: Prott, in: Private Initiativen).

Prütting, Hanns/Wegen, Gerhard/Weinreich, Gerd: BGB Kommentar, 5. Auflage, Köln 2010 (zitiert: PWW/Bearbeiter).

Quaritsch, Helmut: Die öffentlich-rechtliche Verwahrung, in: *Lüder, Klaus (Hrsg.)*, Staat und Verwaltung, Berlin 1997, S. 169–179 (zitiert: Quaritsch, in: Staat und Verwaltung).

Radbruch, Gustav: Gesetzliches Unrecht und Übergesetzliches Recht, SJZ 1946, 105–108.

Raiser, Ludwig: Eigentumsanspruch und Recht zum Besitz, in: *Caemmerer, Ernst von/Hallstein, Walter/Mann, Frederic A./Raiser, Ludwig (Hrsg.)*, Festschrift für Manfred Wolff, Tübingen 1952 (zitiert: Raiser, in: FS Wolff (1952)).

Raschèr, Andrea: Grundlagen, Entstehung und Inhalt der Unidroit-Konvention, in: *Schweizerische Akademie der Geistes- und Sozialwissenschaften gemeinsam mit der Schweizerischen Ethnologischen Gesellschaft (Hrsg.)*, Unidroit: Recht und Ethik im Handel mit Kulturgut, Bern, 1998, S. 13–21 (zitiert: Raschèr in: UNIDROIT).

Raue, Benjamin: Haftung von Museen für den Verlust von Kunstwerken – Zugleich Besprechung von LG München I, Urt. v. 4.4.2008 – 23 O 6414/07, KUR 2009, 13–17.

Reich, Steven A./Fischer, Hermann J.: Wem gehören die als „entartete Kunst" verfemten, von den Nationalsozialisten beschlagnahmten Werke? NJW 1993, 1417–1421.

Reithmann, Christoph/Martiny, Dieter: Internationales Vertragsrecht, 7. Auflage, Köln 2010 (zitiert: Reithmann/Martiny/Bearbeiter).

Remien, Oliver: Vindikationsverjährung und Eigentumsschutz. Oder: Welche Rechte bestehen an vor langer Zeit abhanden gekommenen Sachen, insbesondere Kunstwerken?, AcP 201 (2001), 730–756.

Renfrew, Colin: Loot, Legitimacy and Ownership – The Ethical Crisis in Archaeology, London 2000.

Rietschel, Solveig: Internationale Vorgaben zum Kulturgüterschutz und ihre Umsetzung in Deutschland, Berlin 2009.

Rijksdienst Beeldende Kunst (Hrsg.): Old Master Paintings, An Illustrated Summary Catalogue, Den Haag 1992.

Röben, Betsy: Johann Caspar Bluntschli, Francis Lieber und das moderne Völkerrecht 1861–1881, Baden-Baden 2003.

Roellecke, Gerd: Warum schützen wir Kulturgüter?, in: *Mußgenug, Reinhard/Roellecke, Gerd* (Hrsg.), Aktuelle Fragen des Kulturgüterschutzes. Beiträge zur Reform des deutschen Kulturgutschutzgesetzes 1955 und seiner Angleichung an den europäischen Kulturgüterschutz, Heidelberg 1998, S. 31–49 (zitiert: Roellecke, in: Kulturgüter-Schutz).

–.: Kulturgüterschutz und Politik, in: *Grupp, Klaus/Hufeld, Ulrich (Hrsg.),* Recht – Kultur – Finanzen, Festschrift für Reinhard Mußgenug, Heidelberg 2005, S. 473–483 (zitiert: Roellecke, in: FS Mußgenug (2005).

Roemer, Walter: Von den Grenzen und Antinomien des Rechts, SJZ 1946, 9–11.

Röhling, Kerstin: Restitution jüdischer Kulturgüter nach dem Zweiten Weltkrieg, Baden-Baden 2004.

Rousseau, Jean-Jaques: Vom Gesellschaftsvertrag oder Grundsätze des Staatsrechts, 1792, übersetzt und herausgegeben von *Hans Brockard*, Stuttgart 1991.

Rudolf, Walter: Über den internationalen Schutz von Kulturgütern, in: *Hailbronner, Kay/Ress, Georg/Stein, Torsten (Hrsg.),* Staat und Völkerrechtsordnung, Festschrift für Karl Doehring, Berlin 1989, S. 853–871 (zitiert: Rudolf, in: FS Doehring (1989)).

Rudolph, Sabine: Restitution von Kunstwerken aus jüdischem Besitz, Berlin 2007.

Rudolphi, Hans-Joachim/Horn, Eckhard/Samson, Erich: Systematischer Kommentar zum Strafgesetzbuch, Band 2: Allgemeiner Teil – §§ 38–79b; Besonderer Teil – §§ 201–266b; Band 4: Besonderer Teil – §§ 201–266b, Loseblatt-Sammlung, 7., teilweise 8. Auflage, Stand: April 2010 München (zitiert: SK/Bearbeiter).

Rüfner, Wolfgang: Verwaltungsakt und verwaltungsrechtliches Schuldverhältnis im Sozialrecht, JuS 1981, 259–263.

Rumbler, Andreas/Tasch, Stefanie: Provenienzforschung aus der Perspektive des internationalen Kunsthandels, in: *Koordinierungsstelle für Kulturgutverluste (Hrsg.),* Band 2, Museen im Zwielicht, Magdeburg 2002, S. 195–202 (zitiert: Rumbler/Tasch, in: Museen im Zwielicht).

Schack, Heimo: Urheber- und Urhebervertragsrecht, 5. Auflage, Tübingen 2010.

Schaffrath, Christina: Die Rückführung unrechtmäßig nach Deutschland verbrachten Kulturguts an den Ursprungsstaat, Frankfurt am Main, Berlin, Brüssel u.a. 2007.

Schenk, Katrin: Die Umsetzung des UNESCO-Übereinkommens von 1970 in Deutschland aus der Sicht des Gesetzgebers, in: *Weller, Matthias/Kemle, Nicolai/Lynen, Peter Michael (Hrsg.),* Kulturgüterschutz – Künstlerschutz, S. 55–73 (zitiert: Schenk, in: Kulturgüterschutz – Künstlerschutz).

Schieferdecker, Bernd: Die Entfernung von Kraftfahrzeugen als Maßnahme staatlicher Gefahrenabwehr, Berlin 1998.

Schleiß, Richard: Das Schatzrecht in rechtsvergleichender Darstellung, Hamburg 1918.

Schmeinck, Sabine: Internationalprivatrechtliche Aspekte des Kulturgüterschutzes, Berlin, 1994.

Schmidt, Jürgen: Hinterlegungsordnung, Kommentar, 4. Auflage München 2005 (zitiert: HintO).

Schmidt, Rudolf: Gesetzeskonkurrenz im bürgerlichen Recht, München 1915.

Schmidt-Jorzig, Edzard: Vom öffentlichen Eigentum zur öffentlichen Sache, NVwZ 1987, 1025–1031.

Schoch, Friedrich: Geschäftsführung ohne Auftrag im öffentlichen Recht, Die Verwaltung 38 (2005), 91–110.

Schoen, Susanne: Kulturgüterschutz bei – illegaler – Rückkehr kriegsbedingt verbrachter Kulturgüter aus Rußland nach Deutschland, NJW 2001, 537–543.

Schoepp, Sebastian/Cáceres, Javier/Wimmer, Susi: Jäger der verlorenen Schätze, Süddeutschen Zeitung v. 16.5.2008, Onlineausgabe, http://www.sueddeutsche.de/muenchen/484/301481/text/ (aufgerufen am 14.3.2011).

Schomburg, Wolfgang/Lagodny, Otto/Gleß, Sabine/Hackner, Thomas: Internationale Rechtshilfe in Strafsachen, International Cooperation in Criminal Matters, Kommentar zum Gesetz über die internationale Rechtshilfe in Strafsachen (IRG), 4. Auflage, München 2006. (zitiert: Schomburg/Lagodny/Gleß/Hackner/Bearbeiter).

Schönke, Adolf/Schröder, Horst/Eser, Albin (Hrsg.): Strafgesetzbuch Kommentar, 28. Auflage, München 2010 (zitiert: Schönke/Schröder/Bearbeiter).

Schorlemer, Sabine von: Internationaler Kulturgüterschutz, Berlin 1992.

Schroeder, Klaus-Peter: Grundgesetz und Schatzregal, JZ 1988, 676–679.

Schumann, Stefan/Schmidt-Bremme, Götz: Zur Rückführung eingeschmuggelter Kunstwerke in ihre Herkunftsstaaten, NJW 2002, 574–577.

Seidl-Hohenveldern, Ignaz: The Auction of the „Mauerbach Treasure“, Int. J. Cultural Property 6 (1997), 247–266.

Siehr, Kurt: Verjährung der Vindikationsklage? ZRP 2001, 346–347.

–: Rechtsfragen zum Handel mit geraubten Kulturgütern in den Jahren 1933–1950, in: *Unabhängige Expertenkommission Schweiz – Zweiter Weltkrieg (Hrsg.),* Die Schweiz, der Nationalsozialismus und das Recht, Band II: Privatrecht, Zürich 2001, S. 125–203 (zitiert: Siehr, in: Veröffentlichungen der UEK).

–: Kulturgüterschutz, in: *Ebling, Klaus/Schulze, Marcel (Hrsg.)*, Kunstrecht, München 2007, S. 105–149 (zitiert: Siehr, in: Kunstrecht).

–: ‘Safe Havens’ for Endangered Cultural Objects, in: Handbook of Oriental Studies, Section 8, Volume 14 – Art and Archaeology of Afghanistan, S. 325–334, Brill, Leiden, Boston 2006 (zitiert: Siehr, in: Handbook of Oriental Studies, Section 8, Vol. 14 (2006)).

–: Rechtlicher Schutz archäologischer Kulturgüter, in: *Heilmeyer, Wolf-Dieter/Eule, Cordelia* (Hrsg.), Illegale Archäologie?, Berlin 2004, S. 76–95. (zitiert: Siehr, in: Illegale Archäologie?).

–: Völkerrecht und Internationaler Kulturgüterschutz vor Gericht, in: *Frank, Rainer* (Hrsg.), Recht und Kunst, Symposium aus Anlaß des 80. Geburtstags von Wolfram

Müller-Freienfels, Heidelberg 1996, S. 57–71 (zitiert als: Siehr, in: FS Müller-Freienfels (1996)).

–: Verjährt ein Anspruch auf Herausgabe des Eigentums? Deutsches Verjährungsrecht vor englischem Gericht, in: *Carl, Michael H./Güttler, Herbert/Siehr, Kurt (Hrsg.),* Kunstdiebstahl vor Gericht, Berlin, New York 2001, S. 53–75 (zitiert als: Siehr, in: Kunstdiebstahl).

–: Verlust von Ansprüchen auf Herausgabe von Mobilien. Rechtsvergleichendes zum Gutglaubenserwerb, in: *Fischer-Czermak, Constanze/Klatečka, Andreas/Schauer, Martin/Zankl, Wolfgang (Hrsg.),* Festschrift für Rudolf Welser zum 65. Geburtstag, Wien 2004, S. 997–1014 (zitiert: Siehr, FS Welser (2004)).

–: Beutekunst – kriegsbedingt verlagertes Kulturgut, KUR 2009, 39–47.

–: Geraubtes Kulturgut vor nationalen Gerichten, in: *Trunk, Alexander/Knieper, Rolf/Svetalnov, Andrej, G. (Hrsg.),* Russland im Kontexte der internationalen Entwicklung: Internationales Privatrecht, Kulturgüterschutz, geistiges Eigentum, Rechtsvereinheitlichung, Festschrift für Mark Moiseevic Boguslavskij, Berlin 2004, S. 497–528 (zitiert: Siehr, in: FS Boguslavskij (2004)).

–: Der Künstler und sein Werk, A. Eigentum und Besitz, in: *Ebling, Klaus/Schulze, Marcel (Hrsg.),* Kunstrecht, München 2007, S. 50–54 (zitiert: Siehr, in: Kunstrecht/Künstler und sein Werk).

–: Die Umsetzung des UNESCO-Übereinkommens von 1970 in Deutschland aus der Sicht der Wissenschaft, in: *Weller, Matthias/Kemle, Nicolai/Lynen, Peter Michael (Hrsg.),* Kulturgüterschutz – Künstlerschutz, Baden-Baden 2009, S. 75–92 (zitiert: Siehr, in: Kulturgüterschutz – Künstlerschutz).

–: Restitution of Looted Art in Private International Law, in: *Renold, Marc-André/Gabus, Pierre (Hrsg.),* Claims for the Restitution of Looted Art, Genf, Zürich, Basel 2004, S. 71–94 (zitiert: Siehr, in: Claims for Restitution).

–: Internationaler Handel mit archäologischen Kulturgütern, in *Flashar, Martin (Hrsg.),* Bewahren als Problem, S. 107–112, Freiburg im Breisgau 2000 (zitiert: Siehr, in: Bewahren als Problem).

Simons, Lothar: Leistungsstörungen verwaltungsrechtlicher Schuldverhältnisse, Berlin 1967.

Sladek, Gerhard: Die Rolle privater Initiativen für den Kulturgüterschutz am Beispiel der Österreichischen Gesellschaft für Kulturgüterschutz, in: *Reichelt, Gerte (Hrsg.),* Österreichischer, Europäischer und Internationaler Kulturgüterschutz, Wien 2004, S. 73–83 (zitiert: Sladek, in: Internationaler Kulturgüterschutz).

Smyth, C. H.: The Establishment of the Munich Collecting Point in: *Simpson, Elisabeth (Hrsg.),* The Spoils of War, New York 1997, S. 126–130 (zitiert: Smyth, in: Spoils of War).

Soergel, Hans Theodor (Begr.): Kommentar zum Bürgerlichen Gesetzbuch mit Einführungsgesetz und Nebengesetzen, Band 12: §§ 823–853, ProdHG, UmweltHG, 13. Auflage, Stuttgart 2005; Band 14: Sachenrecht 1 §§ 854–984, 13. Auflage Stuttgart 2002; Band 15/1: Sachenrecht 2/1 §§ 985–1017, ErbbauVO. 13. Auflage, Stuttgart 2006. (zitiert: Soergel/Bearbeiter).

Spaun, Susanne: Der Herausgabeanspruch bei Diebstahl oder illegalem Export von Kulturgütern, Frankfurt am Main 2003.

Spindler, Gerald/Heckmann, Jörn: Retrodigitalisierung verwaister Publikationen, GRUR Int 2008, 271–284.

Staudinger, Julius v. (Begr.): Kommentar zum Bürgerlichen Gesetzbuch mit Einführungsgesetz und Nebengesetzen, Buch 1, Allgemeiner Teil, §§ 164–240 (Allgemeiner Teil 5), Neubearbeitung 2009, Berlin 2009; Buch 2, Recht der Schuldverhältnisse, §§ 362–396 (Erfüllung, Hinterlegung, Aufrechnung), Neubearbeitung 2006, Berlin 2006; Buch 2, Recht der Schuldverhältnisse, §§ 581–606 (Pacht, Landpacht, Leihe), Neubearbeitung 2005, Berlin 2005; Buch 3, Sachenrecht Einleitung zum Sachenrecht; §§ 854–882 (Allgemeines Liegenschaftsrecht 1), Neubearbeitung 2007, Berlin 2007; Buch 3, Sachenrecht, §§ 925–984; Anhang zu §§ 929 ff.: Sonderformen der Übereignung (Eigentum 2), Neubearbeitung 2004, Berlin 2004; Buch 3, Sachenrecht, §§ 925–984; §§ 925–984; Anhang zu §§ 929 ff. Sonderformen der Übereignung (Eigentum 2), Neubearbeitung 2004. Berlin 2004; Buch 3, Sachenrecht, §§ 985–1011 (Eigentum 3), Neubearbeitung 2006, Berlin 2006; IPR. Internationales Sachenrecht (vorgesehener 6. Abschnitt, Sachenrecht), 13. Bearbeitung, Berlin 1996 (zitiert: Staudinger/Bearbeiter).

Stein, Laurie A.: Pulitzer Foundation for the Arts, St. Louis, in: *Koordinierungsstelle für Kulturgutverluste (Hrsg.)*, Band 2, Museen im Zwielicht, Magdeburg 2002, S. 149–158 (zitiert: Stein, in: Museen im Zwielicht).

Stein, Torsten/von Buttlar, Christian: Völkerrecht, 12. Auflage, Köln, München 2009 (zitiert: Völkerrecht).

Stelkens, Paul/Bonk, Heinz Joachim/Sachs, Michael (Hrsg.): Verwaltungsverfahrensgesetz Kommentar, 7. Auflage, München 2008 (zitiert: Stelkens/Bonk/Sachs/Bearbeiter).

Stern, Klaus: Verwaltungsprozessuale Grundprobleme in der öffentlichrechtlichen Arbeit, JuS 1965, 355–359.

Stiftung Preußischer Kulturbesitz (Hrsg.): Dokumentation des Fremdbesitzes, Band 2, Berlin 2008.

Stocker, Werner: Das Prinzip des *Common Heritage of Mankind* als Ausdruck des Staatengemeinschaftsinteresses im Völkerrecht, Zürich 1993.

Strauch, Gregor: Rechtsverhältnisse an Kulturgütern im Internationalen Sachenrecht, Berlin 2007.

Streinz, Rudolf (Hrsg.): EUV/EGV, Vertrag über die Europäische Union und Vertrag zur Gründung der Europäischen Gemeinschaft – Kommentar, München 2003 (zitiert: Bearbeiter, in: Streinz, EUV/EGV).

Strupp, Karl: Wörterbuch des Völkerrechts und der Diplomatie, Band 1, Berlin, Leipzig 1924.

Syssoeva, Elena: Kunst im Krieg, Berlin 2003.

Tatzkow, Monika/Henicke, Hartmut: Zur Beweislage bei Rückerstattung von Kunstwerken im Geltungsbereich des Vermögensgesetzes, ZOV 2000, 67–72.

Thiel, Markus: Die verwaltete Kunst, Frankfurt/Main, Berlin, Bern etc. 2003.

Torres Bodet, Jaime: Message from Mr. J. Torres Bodet, Director-General of UNESCO, Museum 3 (1950), 6–7.

Tremml, Bernd/Karger, Michael: Der Amtshaftungsprozess, 2. Auflage, München 2004.

Trott zu Solz, Joost von/Gielen, Imke: Kunstrestitution auf der Grundlage der Beschlüsse der Washingtoner Konferenz vom 3. Dezember 1998 und der Gemeinsamen Erklärung vom Dezember 1999, ZOV 2006, 256–262.

Tuor, Peter/Schnyder, Bernhard/Schmid, Jörg/Rumo-Jungo, Alexandra: Das schweizerische Zivilgesetzbuch, 12. Auflage, Zürich, Basel, Genf 2002.

Turner, Stefan: Das Restitutionsrecht des Staates nach illegaler Ausfuhr von Kulturgütern, Berlin, New York 2002.

Uhl, Antje-Katrin: Der Handel mit Kunstwerken im europäischen Binnenmarkt: Freier Warenverkehr versus nationaler Kulturgüterschutz, Berlin 1993.

Vernon, Catherine: Common Cultural Property: The Search for rights of Protective Intervention, in: Case Western Reserve Journal of International Law 26 (1994), 435–479.

Vieweg, Klaus/Werner, Almuth: Sachenrecht, 4. Auflage, Köln, München 2010 (zitiert: SachR).

Vitzthum, Wolfgang Graf (Hrsg.): Völkerrecht, 5. Auflage, Berlin 2010 (zitiert: Vitzthum/Bearbeiter).

Vogt, Simone: Sichergestellte antike Münzen für Museum August Kestner, Numismatisches Nachrichtenblatt 2010, 147–148.

Wall, Heinrich de: Die Anwendbarkeit privatrechtlicher Vorschriften im Verwaltungsrecht, 1999 Tübingen.

Walser, Joachim: Altes sammeln und handeln unter dem neuen Recht, KUR 2010, 3–8.

Waser, Georges: Gewinner sind die Dunkelmänner: Der Antikenschmuggel heute, in: *Frehner, Matthias (Hrsg.)*, Das Geschäft mit der Raubkunst, Zürich 1998, S. 67–75 (zitiert: Waser, in: Raubkunst).

Weber, Marc: Unveräußerliches Kulturgut im nationalen und internationalen Rechtsverkehr, Berlin, New York 2002.

Weismann, Ernest H.: Die Nachfolge-Organisationen in: *Schwarz, Walter (Hrsg.)*, Die Wiedergutmachung nationalsozialistischen Unrechts durch die Bundesrepublik Deutschland, Band 2, München 1981, S. 725–799 (zitiert: Weismann, in: Wiedergutmachung).

Wernecke, Frauke: Die öffentliche Sache im Widerstreit privater und allgemeiner Belange – verdeutlicht am Beispiel des Hamburgischen Stadtsiegels, AcP 195 (1995), 445–467.

Wernecke, Frauke: Abwehr und Ausgleich „aufgedrängter Bereicherungen" im Bürgerlichen Recht. Eine Untersuchung auf systematischer und rechtsvergleichender Grundlage über den Konflikt zwischen Dispositionsfreiheit und Vorteilsabschöpfung. Berlin 2004.

Wertenbruch, Johannes: Gewährleistung beim Kauf von Kunstgegenständen nach neuem Schuldrecht, NJW 2004, 1977–1982.

Westermann, Harm Peter/Gursky, Karl-Heinz/Eickmann, Dieter: Sachenrecht, 8. Auflage, Heidelberg 2010.

Wiederkehr-Schuler, Elsbeth: Kulturgüterschutz – Freier Kunstmarkt, Zürich 2000.

Wieling, Hans Josef: Sachenrecht, 5. Auflage, Berlin, Heidelberg, New York 2007 (zitiert: SachR).

–: Sachenrecht, 2. Auflage, Berlin, Heidelberg, New York 1994 (zitiert: SachR 1994).

–: Sachenrecht I: Sachen, Besitz und Rechte an beweglichen Sachen, (Enzyklopädie der Rechts- und Staatswissenschaft), Berlin 1990 (zitiert: Sachenrecht I).

–: Sachenrecht, 5. Auflage, Berlin, Heidelberg, New York 2007 (zitiert: SachR 2007).

Wienbracke, Mike: Bemessungsgrenzen der Verwaltungsgebühr, Berlin 2004.

Wiese, Volker: Der Einfluss des EG-Rechts auf das Internationale Sachenrecht der Kulturgüter, Tübingen 2005.

Wild, Michael: Geschäftsführung ohne Auftrag einer Behörde für einen Privaten, VR 1998, 131–135.

Williams, Sharon A.: The International and National Protection of Movable Cultural Property – A Comparative Study, New York 1978.

Wimmer, Norbert: Die Treuhandanstalt als gesetzlicher Vertreter bisher staatlich verwalteter Unternehmen, ZOV 1993, 226–228.

Wimmer, Susi: Rätselhafter Schatz, Süddeutsche Zeitung v. 2.5.2008, Onlineausgabe, http://www.sueddeutsche.de/muenchen/291/441032/text/4/ (aufgerufen am 14.3.2011).

Wolf, Manfred/Wellenhofer, Martina: Sachenrecht, 25. Auflage, München 2010 (zitiert: Wolf, Sachenrecht).

Wolf, Manfred: Die Verwendungsersatzansprüche des Besitzers im Anspruchssystem, AcP 166 (1966), 188–228.

Wolff, Hans/Bachof, Otto/Stober, Rolf (Hrsg.): Verwaltungsrecht I, 12. Auflage, München 2007 (zitiert: VerwR I).

Wolff, Martin/Raiser, Ludwig: Sachenrecht, 10. Auflage 1957 (zitiert: SachR).

Wollschläger, Christian: Geschäftsführung ohne Auftrag im öffentlichen Recht und Erstattungsanspruch, Berlin 1977.

Wyss, Martin Philipp: Kultur als eine Dimension der Völkerrechtsordnung, Zürich 1992.

FSC
www.fsc.org
MIX
Papier | Fördert
gute Waldnutzung
FSC® C083411

Kolibri 360 GmbH
Ferdinand-Jühlke-Straße 7
99095 Erfurt, Deutschland
produktsicherheit@kolibri360.de